메가스터디 고등수학 문제 기본서

CPR 라이트

수학 Ⅱ

구성과 특징 Structure

메가스터디 문제 기본서 **CPR 라이트**는
학습 효과를 극대화하는 구성으로 쉽고 빠르게 학습할 수 있습니다.
메가스터디 개념 기본서 **메가헤르츠**와 함께 사용하면 더 큰 학습 효과를 얻을 수 있습니다.

Concept 개념 체크

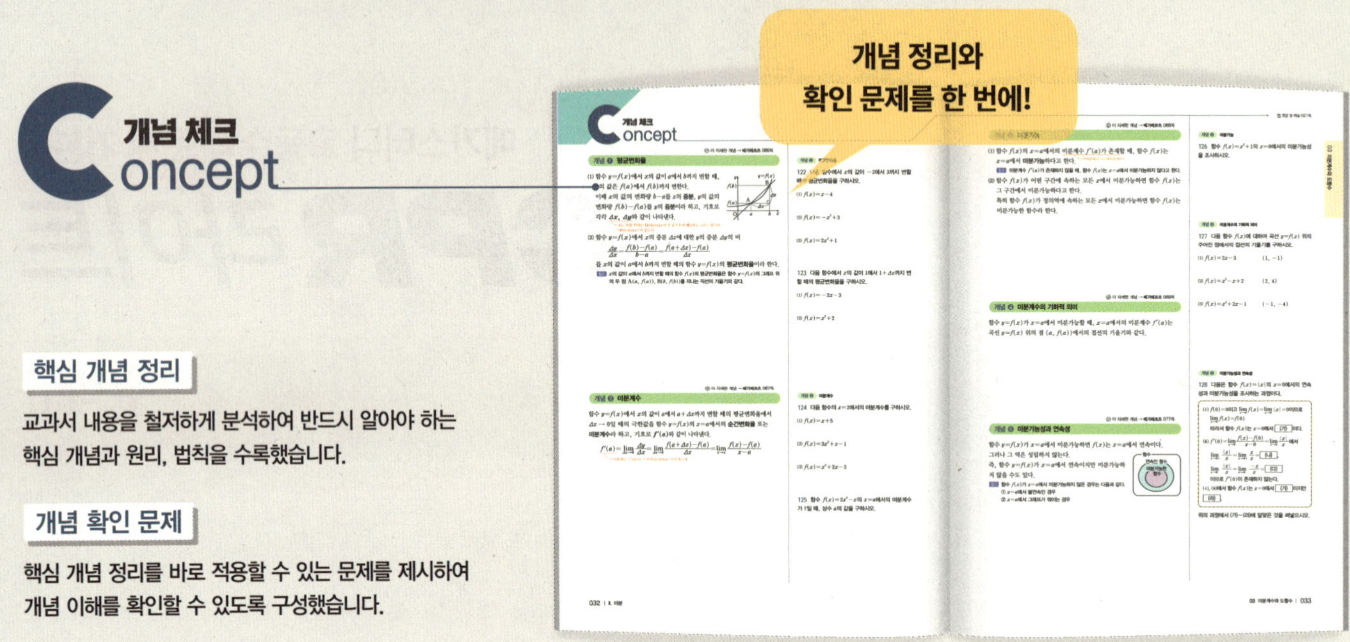

핵심 개념 정리

교과서 내용을 철저하게 분석하여 반드시 알아야 하는
핵심 개념과 원리, 법칙을 수록했습니다.

개념 확인 문제

핵심 개념 정리를 바로 적용할 수 있는 문제를 제시하여
개념 이해를 확인할 수 있도록 구성했습니다.

Pattern 유형 마스터

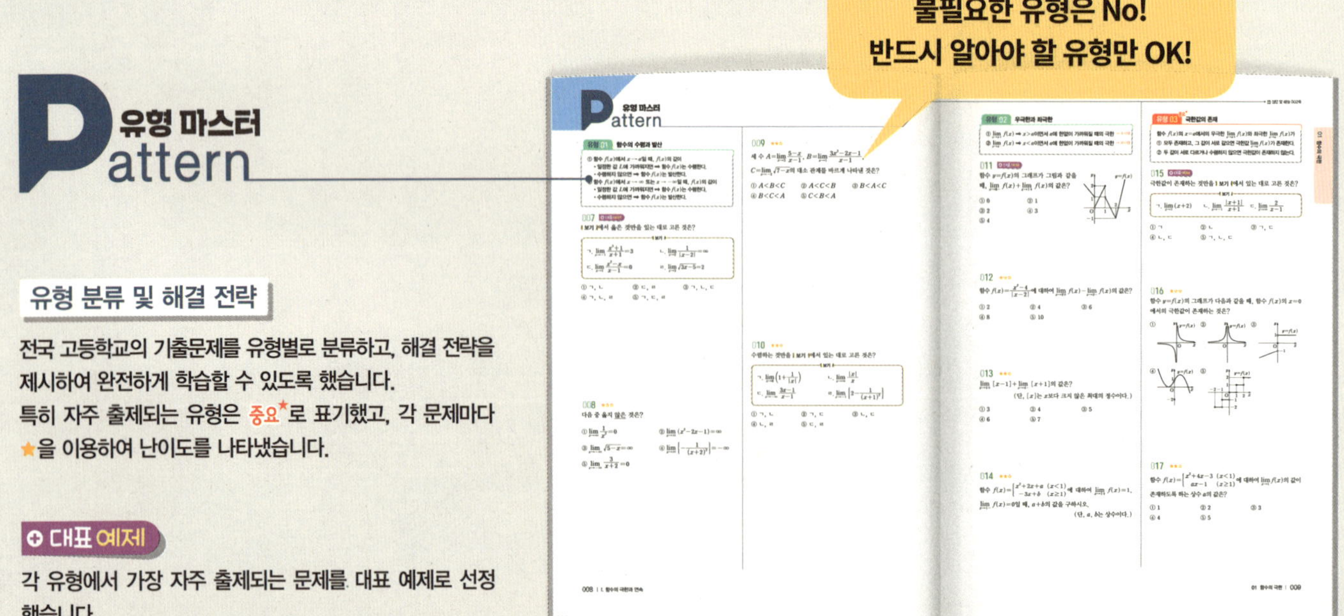

유형 분류 및 해결 전략

전국 고등학교의 기출문제를 유형별로 분류하고, 해결 전략을
제시하여 완전하게 학습할 수 있도록 했습니다.
특히 자주 출제되는 유형은 중요*로 표기했고, 각 문제마다
★을 이용하여 난이도를 나타냈습니다.

➕ 대표 예제

각 유형에서 가장 자주 출제되는 문제를 대표 예제로 선정
했습니다.

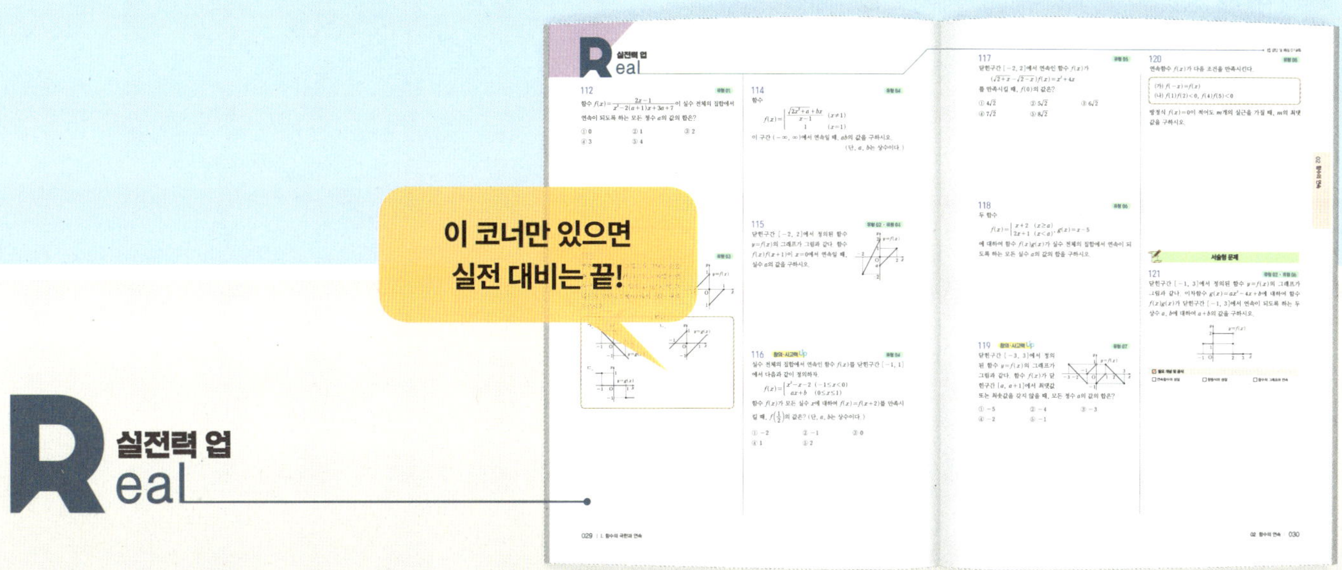

Real 실전력 업

실전 대비 문제

실제 학교에서 출제되는 수준의 문제를 통해 학습한 내용을 스스로 평가하고 실전에 대비할 수 있도록 했습니다.

창의·사고력 **Up**

수학적 사고력과 창의력을 기를 수 있는 문제를 구성하여 종합적 문제 해결 능력을 높이고 고난도 문제에 대비할 수 있도록 했습니다.

서술형 문제

자주 출제되는 서술형 문제를 답안지 작성 시 꼭 필요한 개념 및 공식과 함께 제시하여 실전에 완벽하게 대비할 수 있도록 했습니다.

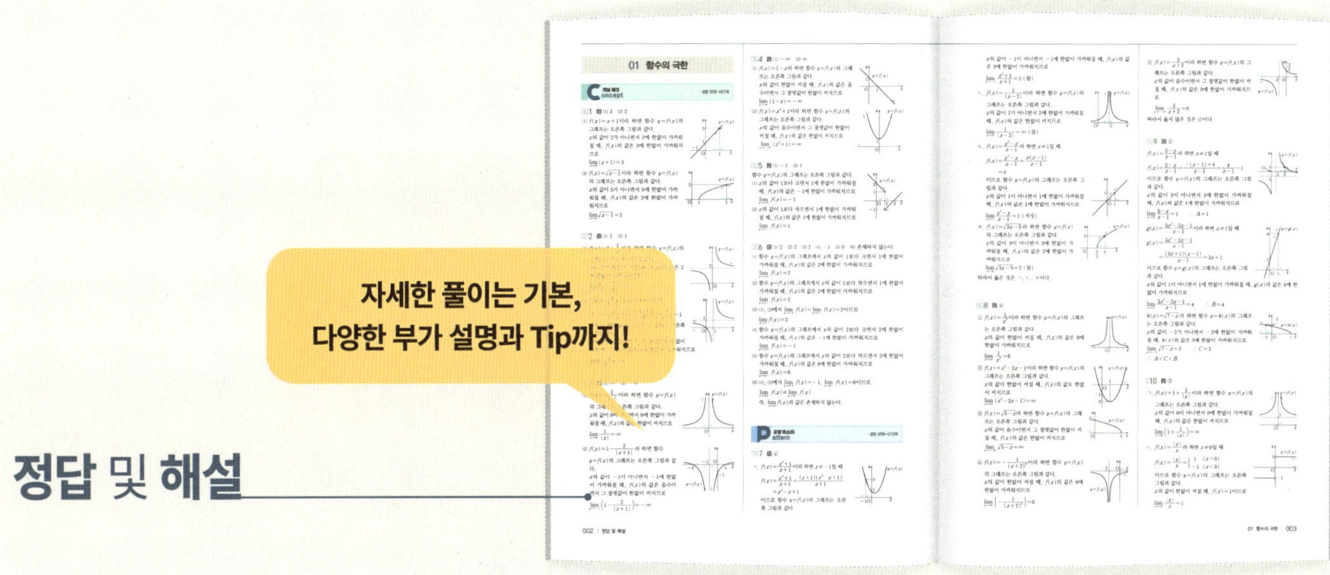

정답 및 해설

첨삭 설명

풀이 과정에서 생기는 궁금증을 해결할 수 있는 도움말을 첨삭 설명으로 추가했습니다.

다른 풀이

다양한 각도에서 문제를 풀어 볼 수 있도록 다른 풀이를 제시했습니다.

선생님 톡톡

꼭 필요한 부분에 선생님이 직접 전하는 문제 해결의 노하우 또는 주의 사항을 제시했습니다.

One Point Lesson

Real 실전력 업 코너의 모든 문항에 문제 풀이의 핵심 전략을 제시했습니다.

빠른 정답

정답만 모아 빠르게 확인할 수 있도록 정답 및 해설 앞에 빠른 정답을 추가했습니다.
자세한 해설은 정답 및 해설을, 채점을 위한 정답 확인은 빠른 정답을 이용하면 편리합니다.

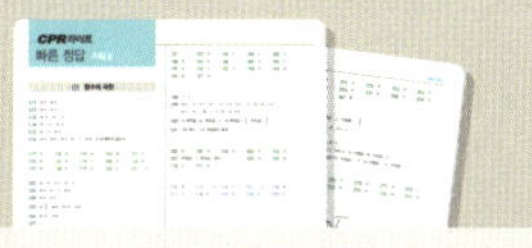

차례 Contents

01 함수의 극한

🔍 더 자세한 개념 ⋯▸ 메가헤르츠 008쪽

개념 ❶ $x \to a$일 때의 함수의 수렴

함수 $f(x)$에서 x의 값이 a가 아니면서 a에 한없이 가까워질 때, $f(x)$의 값이 일정한 값 L에 한없이 가까워지면 함수 $f(x)$는 L에 **수렴**한다고 한다.

이때 L을 함수 $f(x)$의 $x=a$에서의 **극한값** 또는 **극한**이라 하고, 기호로 다음과 같이 나타낸다.

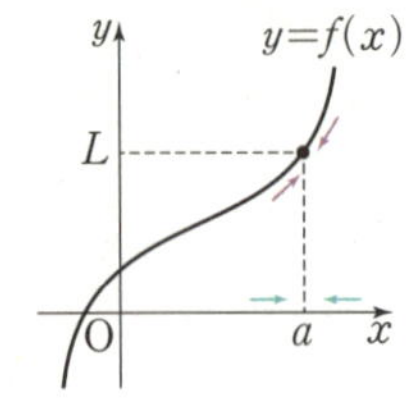

$$\lim_{x \to a} f(x) = L \ \text{또는} \ x \to a\text{일 때} \ f(x) \to L$$

└▸ x의 값이 a가 아니면서 a에 한없이 가까워지는 것을 나타내는 기호이다.

[참고] lim은 극한을 뜻하는 limit의 약자이고, '리미트'라 읽는다.

🔍 더 자세한 개념 ⋯▸ 메가헤르츠 009쪽

개념 ❷ $x \to \infty$ 또는 $x \to -\infty$일 때의 함수의 수렴

x의 값이 한없이 커지는 것을 기호 ∞를 사용하여 $x \to \infty$와 같이 나타내고, x의 값이 음수이면서 그 절댓값이 한없이 커지는 것을 $x \to -\infty$와 같이 나타낸다. 이때 기호 ∞는 **무한대**라 읽는다.

└▸ ∞는 수가 아니라 한없이 커지는 상태를 나타내는 기호이다.

(1) 함수 $f(x)$에서 x의 값이 한없이 커질 때, $f(x)$의 값이 일정한 값 L에 한없이 가까워지면 함수 $f(x)$는 L에 수렴한다고 하고, 기호로 다음과 같이 나타낸다.

$$\lim_{x \to \infty} f(x) = L \ \text{또는} \ x \to \infty\text{일 때} \ f(x) \to L$$

(2) 함수 $f(x)$에서 x의 값이 음수이면서 그 절댓값이 한없이 커질 때, $f(x)$의 값이 일정한 값 M에 한없이 가까워지면 함수 $f(x)$는 M에 수렴한다고 하고, 기호로 다음과 같이 나타낸다.

$$\lim_{x \to -\infty} f(x) = M \ \text{또는} \ x \to -\infty\text{일 때} \ f(x) \to M$$

🔍 더 자세한 개념 ⋯▸ 메가헤르츠 010쪽

개념 ❸ $x \to a$일 때의 함수의 발산

함수 $f(x)$에서 x의 값이 a가 아니면서 a에 한없이 가까워질 때, $f(x)$가 수렴하지 않으면 $f(x)$는 **발산**한다고 한다.

(1) 함수 $f(x)$에서 x의 값이 a가 아니면서 a에 한없이 가까워질 때, $f(x)$의 값이 한없이 커지면 함수 $f(x)$는 양의 무한대로 발산한다고 하고, 기호로 다음과 같이 나타낸다.

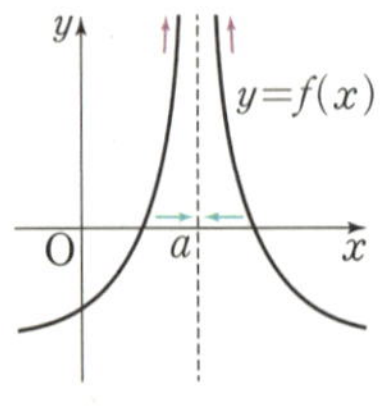

$$\lim_{x \to a} f(x) = \infty \ \text{또는} \ x \to a\text{일 때} \ f(x) \to \infty$$

(2) 함수 $f(x)$에서 x의 값이 a가 아니면서 a에 한없이 가까워질 때, $f(x)$의 값이 음수이면서 그 절댓값이 한없이 커지면 함수 $f(x)$는 음의 무한대로 발산한다고 하고, 기호로 다음과 같이 나타낸다.

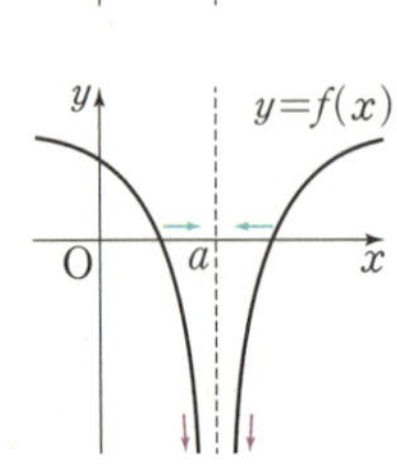

$$\lim_{x \to a} f(x) = -\infty \ \text{또는} \ x \to a\text{일 때} \ f(x) \to -\infty$$

개념 ❶ $x \to a$일 때의 함수의 수렴

001 함수의 그래프를 이용하여 다음 극한값을 구하시오.

(1) $\displaystyle\lim_{x \to 2} (x+1)$

(2) $\displaystyle\lim_{x \to 5} \sqrt{x-1}$

개념 ❷ $x \to \infty$ 또는 $x \to -\infty$일 때의 함수의 수렴

002 함수의 그래프를 이용하여 다음 극한값을 구하시오.

(1) $\displaystyle\lim_{x \to \infty} \left(2 + \frac{1}{x}\right)$

(2) $\displaystyle\lim_{x \to -\infty} \frac{x}{x-1}$

개념 ❸ $x \to a$일 때의 함수의 발산

003 함수의 그래프를 이용하여 다음 극한을 조사하시오.

(1) $\displaystyle\lim_{x \to 0} \frac{1}{|x|}$

(2) $\displaystyle\lim_{x \to -1} \left(1 - \frac{2}{|x+1|}\right)$

더 자세한 개념 ⋯ 메가헤르츠 011쪽

개념 ❹ $x \to \infty$ 또는 $x \to -\infty$일 때의 함수의 발산

함수 $f(x)$에서 x의 값이 한없이 커지거나 x의 값이 음수이면서 그 절댓값이 한없이 커질 때, $f(x)$의 값이 양의 무한대 또는 음의 무한대로 발산하는 것을 각각 기호로 다음과 같이 나타낸다.

$$\lim_{x \to \infty} f(x) = \infty, \quad \lim_{x \to \infty} f(x) = -\infty, \quad \lim_{x \to -\infty} f(x) = \infty, \quad \lim_{x \to -\infty} f(x) = -\infty$$

더 자세한 개념 ⋯ 메가헤르츠 015쪽

개념 ❺ 우극한과 좌극한

(1) 우극한과 좌극한

① 함수 $f(x)$에서 x의 값이 a보다 크면서 a에 한없이 가까워질 때, $f(x)$의 값이 일정한 값 L에 한없이 가까워지면 L을 함수 $f(x)$의 $x=a$에서의 **우극한**이라 하고, 기호로 다음과 같이 나타낸다.

$$\lim_{x \to a+} f(x) = L \text{ 또는 } x \to a+ \text{일 때 } f(x) \to L$$

② 함수 $f(x)$에서 x의 값이 a보다 작으면서 a에 한없이 가까워질 때, $f(x)$의 값이 일정한 값 M에 한없이 가까워지면 M을 함수 $f(x)$의 $x=a$에서의 **좌극한**이라 하고, 기호로 다음과 같이 나타낸다.

$$\lim_{x \to a-} f(x) = M \text{ 또는 } x \to a- \text{일 때 } f(x) \to M$$

[참고] x의 값이 a보다 크면서 a에 한없이 가까워지는 것을 기호로 $x \to a+$와 같이 나타내고, x의 값이 a보다 작으면서 a에 한없이 가까워지는 것을 기호로 $x \to a-$와 같이 나타낸다.

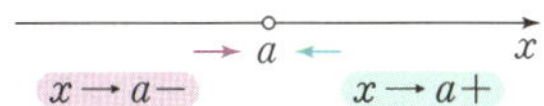

(2) 함수의 극한값의 존재성

$x=a$에서의 우극한과 좌극한이 모두 존재하고 그 값이 L로 같으면 함수 $f(x)$의 $x=a$에서의 극한값이 L이다. 또한, 그 역도 성립하므로 다음이 성립한다.

$$\lim_{x \to a+} f(x) = \lim_{x \to a-} f(x) = L \iff \lim_{x \to a} f(x) = L$$

개념 ❹ $x \to \infty$ 또는 $x \to -\infty$일 때의 함수의 발산

004 함수의 그래프를 이용하여 다음 극한을 조사하시오.

(1) $\displaystyle\lim_{x \to \infty} (1-x)$

(2) $\displaystyle\lim_{x \to -\infty} (x^2+1)$

개념 ❺   우극한과 좌극한

005 함수 $f(x)=\begin{cases} -x+2 & (x<1) \\ x-2 & (x \geq 1) \end{cases}$의 그래프를 이용하여 다음 극한값을 구하시오.

(1) $\displaystyle\lim_{x \to 1+} f(x)$

(2) $\displaystyle\lim_{x \to 1-} f(x)$

006 함수 $y=f(x)$의 그래프가 그림과 같을 때, 다음 극한을 조사하시오.

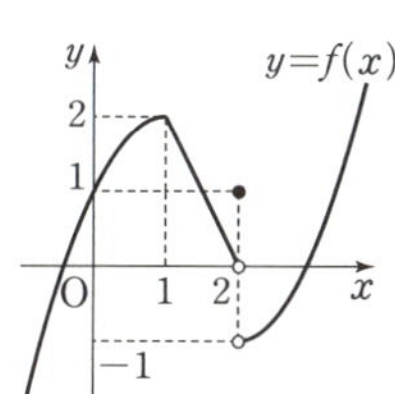

(1) $\displaystyle\lim_{x \to 1+} f(x)$

(2) $\displaystyle\lim_{x \to 1-} f(x)$

(3) $\displaystyle\lim_{x \to 1} f(x)$

(4) $\displaystyle\lim_{x \to 2+} f(x)$

(5) $\displaystyle\lim_{x \to 2-} f(x)$

(6) $\displaystyle\lim_{x \to 2} f(x)$

유형 01 함수의 수렴과 발산

① 함수 $f(x)$에서 $x \to a$일 때, $f(x)$의 값이
• 일정한 값 L에 가까워지면 ➡ 함수 $f(x)$는 수렴한다.
• 수렴하지 않으면 ➡ 함수 $f(x)$는 발산한다.
② 함수 $f(x)$에서 $x \to \infty$ 또는 $x \to -\infty$일 때, $f(x)$의 값이
• 일정한 값 L에 가까워지면 ➡ 함수 $f(x)$는 수렴한다.
• 수렴하지 않으면 ➡ 함수 $f(x)$는 발산한다.

007 ⊕ 대표 예제

| 보기 |에서 옳은 것만을 있는 대로 고른 것은?

┤ 보기 ├

ㄱ. $\lim\limits_{x \to -1} \dfrac{x^3+1}{x+1} = 3$ ㄴ. $\lim\limits_{x \to 2} \dfrac{1}{|x-2|} = \infty$

ㄷ. $\lim\limits_{x \to 1} \dfrac{x^2-x}{x-1} = 0$ ㄹ. $\lim\limits_{x \to 3} \sqrt{3x-5} = 2$

① ㄱ, ㄴ ② ㄷ, ㄹ ③ ㄱ, ㄴ, ㄷ
④ ㄱ, ㄴ, ㄹ ⑤ ㄱ, ㄷ, ㄹ

008 ★☆☆

다음 중 옳지 <u>않은</u> 것은?

① $\lim\limits_{x \to \infty} \dfrac{1}{x^2} = 0$ ② $\lim\limits_{x \to \infty} (x^2-2x-1) = \infty$

③ $\lim\limits_{x \to -\infty} \sqrt{5-x} = \infty$ ④ $\lim\limits_{x \to \infty} \left\{ -\dfrac{1}{(x+2)^2} \right\} = -\infty$

⑤ $\lim\limits_{x \to -\infty} \dfrac{3}{x+2} = 0$

009 ★★☆

세 수 $A = \lim\limits_{x \to 3} \dfrac{5-x}{x-1}$, $B = \lim\limits_{x \to 1} \dfrac{3x^2-2x-1}{x-1}$,

$C = \lim\limits_{x \to -2} \sqrt{7-x}$의 대소 관계를 바르게 나타낸 것은?

① $A < B < C$ ② $A < C < B$ ③ $B < A < C$
④ $B < C < A$ ⑤ $C < B < A$

010 ★★☆

수렴하는 것만을 **| 보기 |**에서 있는 대로 고른 것은?

┤ 보기 ├

ㄱ. $\lim\limits_{x \to 0} \left(1 + \dfrac{1}{|x|} \right)$ ㄴ. $\lim\limits_{x \to \infty} \dfrac{|x|}{x}$

ㄷ. $\lim\limits_{x \to -\infty} \dfrac{3x-1}{x-1}$ ㄹ. $\lim\limits_{x \to 1} \left\{ 2 - \dfrac{1}{(x+1)^2} \right\}$

① ㄱ, ㄴ ② ㄱ, ㄷ ③ ㄴ, ㄷ
④ ㄴ, ㄹ ⑤ ㄷ, ㄹ

유형 02 우극한과 좌극한

① $\lim\limits_{x \to a+} f(x)$ ➡ $x > a$이면서 a에 한없이 가까워질 때의 극한 → 우극한

② $\lim\limits_{x \to a-} f(x)$ ➡ $x < a$이면서 a에 한없이 가까워질 때의 극한 → 좌극한

011 ➕ 대표 예제

함수 $y=f(x)$의 그래프가 그림과 같을 때, $\lim\limits_{x \to 0-} f(x) + \lim\limits_{x \to 1+} f(x)$의 값은?

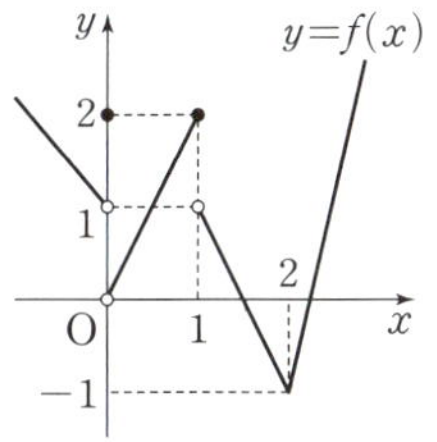

① 0   ② 1
③ 2   ④ 3
⑤ 4

012 ★☆☆

함수 $f(x) = \dfrac{x^2-4}{|x-2|}$에 대하여 $\lim\limits_{x \to 2+} f(x) - \lim\limits_{x \to 2-} f(x)$의 값은?

① 2   ② 4   ③ 6
④ 8   ⑤ 10

013 ★★☆

$\lim\limits_{x \to 4+} [x-1] + \lim\limits_{x \to 4-} [x+1]$의 값은?

(단, $[x]$는 x보다 크지 않은 최대의 정수이다.)

① 3   ② 4   ③ 5
④ 6   ⑤ 7

014 ★★☆

함수 $f(x) = \begin{cases} x^2+2x+a & (x<1) \\ -3x+b & (x \geq 1) \end{cases}$에 대하여 $\lim\limits_{x \to 1+} f(x) = 1$, $\lim\limits_{x \to 1-} f(x) = 0$일 때, $a+b$의 값을 구하시오.

(단, a, b는 상수이다.)

유형 03 중요★ 극한값의 존재

함수 $f(x)$의 $x=a$에서의 우극한 $\lim\limits_{x \to a+} f(x)$와 좌극한 $\lim\limits_{x \to a-} f(x)$가

① 모두 존재하고, 그 값이 서로 같으면 극한값 $\lim\limits_{x \to a} f(x)$가 존재한다.

② 두 값이 서로 다르거나 수렴하지 않으면 극한값이 존재하지 않는다.

015 ➕ 대표 예제

극한값이 존재하는 것만을 ❙ 보기 ❙에서 있는 대로 고른 것은?

❙ 보기 ❙

ㄱ. $\lim\limits_{x \to 1} (x+2)$ ㄴ. $\lim\limits_{x \to -1} \dfrac{|x+1|}{x+1}$ ㄷ. $\lim\limits_{x \to \infty} \dfrac{2}{x-1}$

① ㄱ   ② ㄴ   ③ ㄱ, ㄷ
④ ㄴ, ㄷ   ⑤ ㄱ, ㄴ, ㄷ

016 ★☆☆

함수 $y=f(x)$의 그래프가 다음과 같을 때, 함수 $f(x)$의 $x=0$에서의 극한값이 존재하는 것은?

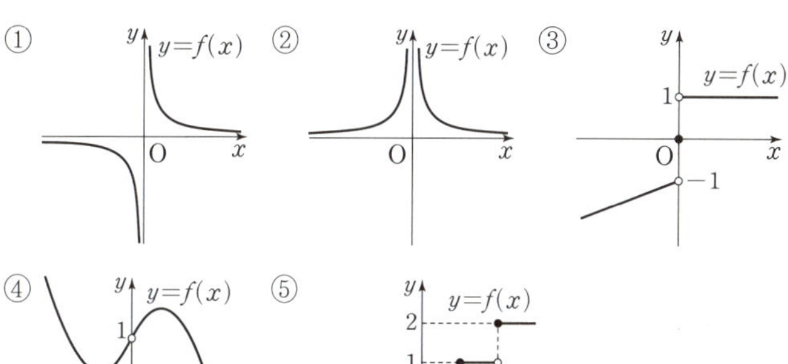

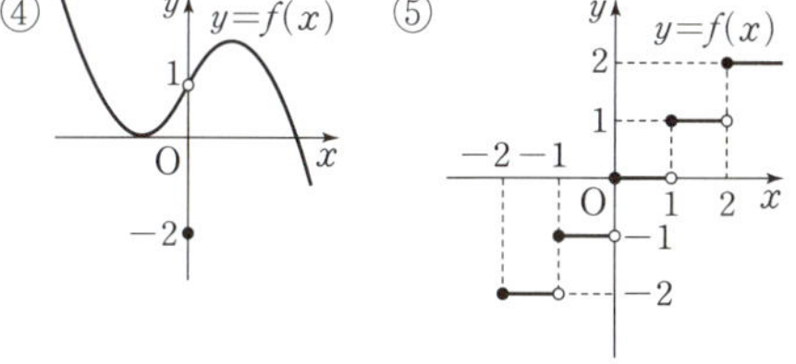

017 ★★☆

함수 $f(x) = \begin{cases} x^2+4x-3 & (x<1) \\ ax-1 & (x \geq 1) \end{cases}$에 대하여 $\lim\limits_{x \to 1} f(x)$의 값이 존재하도록 하는 상수 a의 값은?

① 1   ② 2   ③ 3
④ 4   ⑤ 5

정답 및 해설 004쪽

유형 04 합성함수의 우극한과 좌극한

두 함수 $f(x)$, $g(x)$에 대하여 $\lim\limits_{x \to a+} g(f(x))$의 값은 $f(x)=t$라
한 후 다음을 이용하여 구한다.

① $x \to a+$일 때 $t \to b+$이면
$\Rightarrow \lim\limits_{x \to a+} g(f(x)) = \lim\limits_{t \to b+} g(t)$

② $x \to a+$일 때 $t \to b-$이면
$\Rightarrow \lim\limits_{x \to a+} g(f(x)) = \lim\limits_{t \to b-} g(t)$

③ $x \to a+$일 때 $t = b$이면
$\Rightarrow \lim\limits_{x \to a+} g(f(x)) = g(b)$
$\quad$ ┌ $x \to a+$일 때, t의 값이 b보다 큰 값
$\quad$ 또는 작은 값에서 b에 가까워지지 않고
$\quad$ b의 값 그 자체인 경우

018 ⊕ 대표 예제

두 함수

$$f(x)=\begin{cases} x+4 & (x<0) \\ -3x+2 & (x \geq 0)\end{cases}, \ g(x)=|x|$$

에 대하여 $\lim\limits_{x \to 0-} g(f(x)) + \lim\limits_{x \to 0+} f(g(x))$의 값은?

① 2 　　　② 3 　　　③ 4
④ 5 　　　⑤ 6

019 ★★☆

함수 $y=f(x)$의 그래프가 그림과 같
을 때, 함수 $g(x)=(x-1)^2+1$에 대
하여

$$\lim\limits_{x \to -1+} g(f(x)) + \lim\limits_{x \to 1-} f(g(x))$$

의 값은?

① -1 　　　② 0
③ 1 　　　④ 2
⑤ 3

020 ★★☆

함수 $y=f(x)$의 그래프가 그림과 같
을 때,

$$\lim\limits_{x \to 2+} f(f(x)) + \lim\limits_{x \to 2-} f(f(x))$$

의 값을 구하시오.

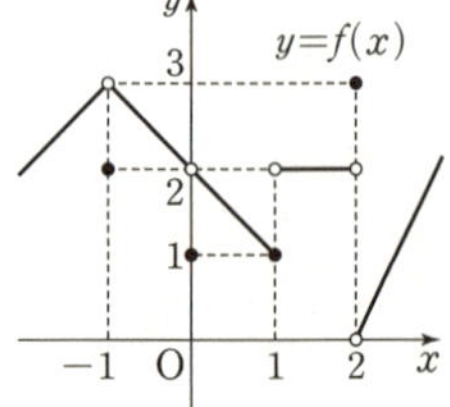

021 ★★★

두 함수 $y=f(x)$, $y=g(x)$의 그래프가 각각 그림과 같다.

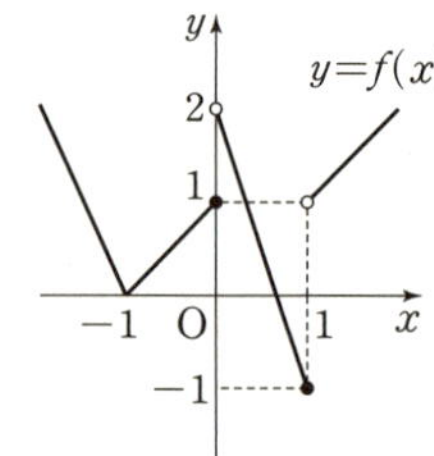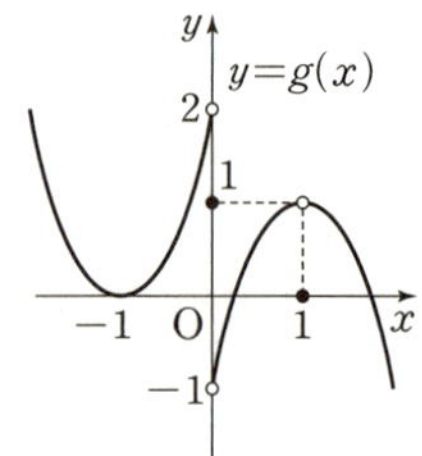

$$\lim\limits_{x \to -1} g(f(x)) + \lim\limits_{x \to 1} f(g(x))$$의 값을 구하시오.

더 자세한 개념 ⋯ 메가헤르츠 021쪽

개념 ⑥ 함수의 극한에 대한 성질

두 함수 $f(x)$, $g(x)$에 대하여

$\lim\limits_{x \to a} f(x) = \alpha$, $\lim\limits_{x \to a} g(x) = \beta$ (α, β는 실수)일 때

(1) $\lim\limits_{x \to a} cf(x) = c \lim\limits_{x \to a} f(x) = c\alpha$ (단, c는 상수)

(2) $\lim\limits_{x \to a} \{f(x) + g(x)\} = \lim\limits_{x \to a} f(x) + \lim\limits_{x \to a} g(x) = \alpha + \beta$

(3) $\lim\limits_{x \to a} \{f(x) - g(x)\} = \lim\limits_{x \to a} f(x) - \lim\limits_{x \to a} g(x) = \alpha - \beta$

(4) $\lim\limits_{x \to a} f(x)g(x) = \lim\limits_{x \to a} f(x) \cdot \lim\limits_{x \to a} g(x) = \alpha\beta$

(5) $\lim\limits_{x \to a} \dfrac{f(x)}{g(x)} = \dfrac{\lim\limits_{x \to a} f(x)}{\lim\limits_{x \to a} g(x)} = \dfrac{\alpha}{\beta}$ (단, $\beta \neq 0$)

참고 함수의 극한에 대한 성질은 $x \to a+$, $x \to a-$, $x \to \infty$, $x \to -\infty$인 경우에도 모두 성립한다.

주의 함수의 극한에 대한 성질은 극한값이 존재할 때에만 성립한다.

더 자세한 개념 ⋯ 메가헤르츠 022쪽

개념 ⑦ 함수의 극한값의 계산

(1) $\dfrac{0}{0}$ 꼴의 함수의 극한

① 분모, 분자가 모두 다항식이면 분모, 분자를 각각 인수분해하여 약분한다.

② 분모, 분자 중 근호가 있으면 근호가 있는 쪽을 유리화한다.

(2) $\dfrac{\infty}{\infty}$ 꼴의 함수의 극한

분모의 최고차항으로 분모, 분자를 각각 나눈다.

참고 ① (분자의 차수) = (분모의 차수) ➡ 극한값은 최고차항의 계수의 비이다.

② (분자의 차수) < (분모의 차수) ➡ 극한값은 0이다.

③ (분자의 차수) > (분모의 차수) ➡ 극한값은 없다.

(3) $\infty - \infty$ 꼴의 함수의 극한

① 다항식은 최고차항으로 묶는다.

② 근호가 있으면 근호가 있는 쪽을 유리화한다.

(4) $\infty \times 0$ 꼴의 함수의 극한

통분하여 인수분해하거나 유리화하여 $\dfrac{0}{0}$ 또는 $\dfrac{\infty}{\infty}$ 꼴로 변형한다.

개념 ⑥ 함수의 극한에 대한 성질

022 두 함수 $f(x)$, $g(x)$에 대하여

$$\lim_{x \to 2} f(x) = 2, \quad \lim_{x \to 2} g(x) = -3$$

일 때, 다음 극한값을 구하시오.

(1) $\lim\limits_{x \to 2} f(x)g(x)$

(2) $\lim\limits_{x \to 2} \{2f(x) + g(x)\}$

(3) $\lim\limits_{x \to 2} \dfrac{3f(x) - g(x)}{g(x)}$

023 다음 극한값을 구하시오.

(1) $\lim\limits_{x \to 1} (3x + 1)$

(2) $\lim\limits_{x \to -1} (x - 1)(x + 3)$

(3) $\lim\limits_{x \to -2} \dfrac{3 - x}{x^2 + 1}$

개념 ⑦ 함수의 극한값의 계산

024 다음 극한값을 구하시오.

(1) $\lim\limits_{x \to 0} \dfrac{x^2 + x}{x}$ (2) $\lim\limits_{x \to 1} \dfrac{x - 1}{\sqrt{x} - 1}$

025 다음 극한을 조사하시오.

(1) $\lim\limits_{x \to \infty} \dfrac{x}{2x + 1}$ (2) $\lim\limits_{x \to \infty} \dfrac{2x - 1}{x^2}$

(3) $\lim\limits_{x \to \infty} \dfrac{x^2 - 1}{3x}$ (4) $\lim\limits_{x \to \infty} \dfrac{2x - 1}{\sqrt{x^2 + 1}}$

026 다음 극한을 조사하시오.

(1) $\lim\limits_{x \to \infty} (x^4 + 2x^3 - x)$ (2) $\lim\limits_{x \to \infty} (\sqrt{x^2 + 1} - x)$

027 $\lim\limits_{x \to 0} \dfrac{1}{x}\left(1 - \dfrac{1}{x + 1}\right)$의 값을 구하시오.

극한값을 구하려는 함수식을 수렴하는 함수에 대한 식으로 나타낸 후 함수의 극한에 대한 성질을 이용한다.

028 ⊕ 대표 예제

두 함수 $f(x)$, $g(x)$에 대하여

$$\lim_{x \to \infty} f(x) = \infty, \quad \lim_{x \to \infty} \{f(x) + g(x)\} = 1$$

일 때, $\displaystyle \lim_{x \to \infty} \frac{4f(x) - 3g(x)}{2f(x) - g(x)}$ 의 값은?

① 2　　　　② $\dfrac{7}{3}$　　　　③ $\dfrac{8}{3}$

④ 3　　　　⑤ $\dfrac{10}{3}$

029 ★☆☆

함수 $f(x)$가 $\displaystyle \lim_{x \to \infty} \frac{f(x)}{x} = 1$을 만족시킬 때, $\displaystyle \lim_{x \to \infty} \frac{3f(x) + 2x}{2f(x) - x}$ 의 값은?

① 1　　　　② 3　　　　③ 5

④ 7　　　　⑤ 9

030 ★★☆

두 함수 $f(x)$, $g(x)$에 대하여 $\displaystyle \lim_{x \to 1} f(x) = \alpha$, $\displaystyle \lim_{x \to 1} g(x) = \beta$라 하자.

$$\lim_{x \to 1} \{f(x) + g(x)\} = 4, \quad \lim_{x \to 1} f(x)g(x) = 3$$

일 때, $\displaystyle \lim_{x \to 1} \frac{f(x) + 4}{2g(x) - 1}$ 의 값은? (단, $\alpha > \beta$)

① 5　　　　② 6　　　　③ 7

④ 8　　　　⑤ 9

031 ★★☆

함수의 극한에 대한 설명 중 **| 보기 |**에서 옳은 것만을 있는 대로 고른 것은? (단, a는 실수이다.)

| 보기 |

ㄱ. $\displaystyle \lim_{x \to \infty} f(x)$와 $\displaystyle \lim_{x \to \infty} \{f(x) + g(x)\}$의 값이 모두 존재하면 $\displaystyle \lim_{x \to \infty} g(x)$의 값도 존재한다.

ㄴ. $\displaystyle \lim_{x \to a} f(x)$와 $\displaystyle \lim_{x \to a} \frac{f(x)}{g(x)}$ 의 값이 모두 존재하면 $\displaystyle \lim_{x \to a} g(x)$의 값도 존재한다. (단, $g(x) \neq 0$)

ㄷ. $\displaystyle \lim_{x \to a} g(x)$와 $\displaystyle \lim_{x \to a} \frac{f(x)}{g(x)}$ 의 값이 모두 존재하면 $\displaystyle \lim_{x \to a} f(x)$의 값도 존재한다. (단, $g(x) \neq 0$)

① ㄱ　　　　② ㄷ　　　　③ ㄱ, ㄷ

④ ㄴ, ㄷ　　　　⑤ ㄱ, ㄴ, ㄷ

유형 06 $\dfrac{0}{0}$ 꼴의 함수의 극한 중요*

① 분모, 분자가 모두 다항식인 경우
  ➡ 분모, 분자를 인수분해한 후 약분한다.
② 분모, 분자 중 근호가 있는 경우
  ➡ 근호가 있는 쪽을 유리화한 후 약분한다.

032 ⊕ 대표 예제

$\displaystyle\lim_{x \to 2} \dfrac{x^2+x-6}{x^2-4}$ 의 값은?

① $\dfrac{1}{4}$ ② $\dfrac{1}{2}$ ③ $\dfrac{3}{4}$

④ 1 ⑤ $\dfrac{5}{4}$

033 ★☆☆

$\displaystyle\lim_{x \to -1} \dfrac{\sqrt{x^2+3}-2}{x+1}$ 의 값은?

① $-\dfrac{5}{2}$ ② -2 ③ $-\dfrac{3}{2}$

④ -1 ⑤ $-\dfrac{1}{2}$

034 ★★☆

$\displaystyle\lim_{x \to 0} \dfrac{\sqrt{a+x}-\sqrt{a-x}}{x}=\dfrac{1}{2}$ 일 때, 상수 a의 값을 구하시오.

035 ★★☆

$\displaystyle\lim_{x \to a} \dfrac{x^2-a^2}{x-a}=6$ 일 때, $\displaystyle\lim_{x \to a} \dfrac{x^3-a^3}{x^2-a^2}$ 의 값은?

(단, a는 실수이다.)

① $\dfrac{3}{2}$ ② $\dfrac{5}{2}$ ③ $\dfrac{7}{2}$

④ $\dfrac{9}{2}$ ⑤ $\dfrac{11}{2}$

유형 07 $\dfrac{\infty}{\infty}$ 꼴의 함수의 극한 중요*

분모의 최고차항으로 분모, 분자를 각각 나눈 후 $\displaystyle\lim_{x \to \infty} \dfrac{k}{x^n}=0$ 임을 이용한다. (단, k는 상수, n은 자연수)

036 ⊕ 대표 예제

$\displaystyle\lim_{x \to \infty} \dfrac{2x-\sqrt{x^2-1}}{\sqrt{9x^2-2x+4}}$ 의 값은?

① $\dfrac{1}{6}$ ② $\dfrac{1}{3}$ ③ $\dfrac{1}{2}$

④ $\dfrac{2}{3}$ ⑤ $\dfrac{5}{6}$

037 ★☆☆

$\displaystyle\lim_{x \to -\infty} \dfrac{\sqrt{x^2+2x}-3x}{\sqrt{4x^2-1}+x+2}$ 의 값은?

① -4 ② -2 ③ 2

④ 4 ⑤ 6

038 ★★☆

$\displaystyle\lim_{x \to \infty} \dfrac{ax^3+bx^2+x-1}{3x^2+5}=3$ 일 때, 두 상수 a, b에 대하여 $a+b$의 값은?

① 1 ② 3 ③ 5

④ 7 ⑤ 9

039 ★★☆

$\displaystyle\lim_{x \to -\infty} \dfrac{ax+2}{\sqrt{4x^2+3x}-x}=-1$ 을 만족시키는 상수 a의 값을 구하시오.

유형 08 　∞−∞ 꼴의 함수의 극한

① 다항식인 경우
　➡ 최고차항으로 묶어 $\infty \times ($상수$)$ 꼴로 변형한다.
② 근호가 있는 경우
　➡ 근호가 있는 쪽을 유리화하여 $\dfrac{\infty}{\infty}$ 꼴로 변형한다.

040 　⊕ 대표 예제

$\displaystyle\lim_{x\to\infty}\left(2x-\sqrt{4x^2-6x+8}\right)$의 값은?

① $\dfrac{1}{2}$　　　　② 1　　　　③ $\dfrac{3}{2}$

④ 2　　　　⑤ $\dfrac{5}{2}$

041 　★☆☆

$\displaystyle\lim_{x\to\infty}\left\{\sqrt{(x+1)^2+1}-\sqrt{(x-1)^2+1}\right\}$의 값은?

① 1　　　　② 2　　　　③ 3
④ 4　　　　⑤ 5

042 　★★☆

$\displaystyle\lim_{x\to\infty}\dfrac{1}{\sqrt{4x^2+ax}-\sqrt{4x^2-ax}}=3$을 만족시키는 상수 a의 값은?

① $\dfrac{1}{6}$　　　　② $\dfrac{1}{3}$　　　　③ $\dfrac{1}{2}$

④ $\dfrac{2}{3}$　　　　⑤ $\dfrac{5}{6}$

유형 09 　∞×0 꼴의 함수의 극한

① (유리식)×(유리식)인 경우
　➡ 괄호 안의 식을 통분하거나 인수분해하여 $\dfrac{0}{0}$ 또는 $\dfrac{\infty}{\infty}$ 꼴로 변형한다.
② 근호가 있는 경우
　➡ 괄호 안의 식을 통분한 후 분자를 유리화하여 $\dfrac{0}{0}$ 또는 $\dfrac{\infty}{\infty}$ 꼴로 변형한다.

043 　⊕ 대표 예제

$\displaystyle\lim_{x\to0}\dfrac{1}{x}\left(\dfrac{x^2-1}{x+2}+\dfrac{1}{2}\right)$의 값은?

① $\dfrac{1}{4}$　　　　② $\dfrac{1}{2}$　　　　③ $\dfrac{3}{4}$

④ 1　　　　⑤ $\dfrac{5}{4}$

044 　★☆☆

$\displaystyle\lim_{x\to\infty}x\left(\dfrac{x}{\sqrt{x^2+3x}}-1\right)$의 값은?

① $-\dfrac{1}{2}$　　　　② -1　　　　③ $-\dfrac{3}{2}$

④ -2　　　　⑤ $-\dfrac{5}{2}$

045 　★★☆

$\displaystyle\lim_{x\to a}\dfrac{1}{x-a}\left(\dfrac{a}{2}-\dfrac{x}{x-a+2}\right)=2$일 때, 상수 a의 값은?

① 2　　　　② 4　　　　③ 6
④ 8　　　　⑤ 10

🔍 더 자세한 개념 ⋯ 메가헤르츠 033쪽

개념 ❽ 미정계수의 결정

두 함수 $f(x)$, $g(x)$에 대하여

(1) $\lim\limits_{x \to a} \dfrac{f(x)}{g(x)} = \alpha$ (α는 실수)이고 $\lim\limits_{x \to a} g(x) = 0$이면

$\lim\limits_{x \to a} f(x) = 0$이다. → $x \to a$일 때, (분모) → 0이고 극한값이 존재하면 (분자) → 0이다.

(2) $\lim\limits_{x \to a} \dfrac{f(x)}{g(x)} = \alpha$ (α는 0이 아닌 실수)이고 $\lim\limits_{x \to a} f(x) = 0$이면

$\lim\limits_{x \to a} g(x) = 0$이다. → $x \to a$일 때, (분자) → 0이고 0이 아닌 극한값이 존재하면 (분모) → 0이다.

개념 ❽ 미정계수의 결정

046 다음 등식이 성립하도록 하는 상수 a의 값을 구하시오.

(1) $\lim\limits_{x \to -1} \dfrac{ax+3}{x+1} = 3$

(2) $\lim\limits_{x \to 2} \dfrac{x^2-2x}{ax^2-5x+2} = \dfrac{2}{3}$

047 다음 등식이 성립하도록 하는 두 상수 a, b의 값을 각각 구하시오. (단, $b \neq 0$)

(1) $\lim\limits_{x \to -3} \dfrac{x+3}{3x+a} = b$

(2) $\lim\limits_{x \to 2} \dfrac{ax^2-x-6}{x-2} = b$

🔍 더 자세한 개념 ⋯ 메가헤르츠 034쪽

개념 ❾ 함수의 극한의 대소 관계

두 함수 $f(x)$, $g(x)$에서 $\lim\limits_{x \to a} f(x) = \alpha$, $\lim\limits_{x \to a} g(x) = \beta$ (α, β는 실수)일 때, a에 가까운 모든 실수 x에서

(1) $f(x) \leq g(x)$이면 $\alpha \leq \beta$이다.

(2) 함수 $h(x)$에 대하여 $f(x) \leq h(x) \leq g(x)$이고 $\alpha = \beta$이면

$\lim\limits_{x \to a} h(x) = \alpha$이다.

> **참고** 함수의 극한의 대소 관계는 $x \to a+$, $x \to a-$, $x \to \infty$, $x \to -\infty$인 경우에도 모두 성립한다.

> **주의** $f(x) < g(x)$이어도 반드시 $\lim\limits_{x \to a} f(x) < \lim\limits_{x \to a} g(x)$인 것은 아니다.
>
> 예를 들어, $f(x) = 0$, $g(x) = \dfrac{1}{x}$이면 모든 양수 x에서 $f(x) < g(x)$이지만
>
> $\lim\limits_{x \to \infty} f(x) = 0$, $\lim\limits_{x \to \infty} g(x) = 0$이므로 $\lim\limits_{x \to \infty} f(x) = \lim\limits_{x \to \infty} g(x)$이다.

개념 ❾ 함수의 극한의 대소 관계

048 함수 $f(x)$가 모든 실수 x에 대하여
$$3x - 1 \leq f(x) \leq x^2 + x$$
를 만족시킬 때, 다음 극한값을 구하시오.

(1) $\lim\limits_{x \to 1} (3x - 1)$

(2) $\lim\limits_{x \to 1} (x^2 + x)$

(3) $\lim\limits_{x \to 1} f(x)$

049 함수 $f(x)$가 $x > 1$인 실수 x에 대하여
$$\dfrac{4x+1}{2x+1} < f(x) < \dfrac{2x-1}{x-1}$$
을 만족시킬 때, $\lim\limits_{x \to \infty} f(x)$의 값을 구하시오.

유형 10 중요* 미정계수의 결정

미정계수가 포함된 함수에서 $x \to a$일 때
① (분모) $\to$ 0이고 극한값이 존재하면
　➡ (분자) $\to$ 0임을 이용하여 미정계수를 구한다.
② (분자) $\to$ 0이고 0이 아닌 극한값이 존재하면
　➡ (분모) $\to$ 0임을 이용하여 미정계수를 구한다.

050 ➕ 대표 예제

$\lim\limits_{x \to -1} \dfrac{x^2+ax+b}{x+1}=3$일 때, 두 상수 a, b에 대하여 $a+b$의 값을 구하시오.

051 ★☆☆

$\lim\limits_{x \to 1} \dfrac{a\sqrt{x+3}-1}{x-1}=b$일 때, 두 상수 a, b에 대하여 $a+b$의 값은?

① $\dfrac{1}{8}$　　② $\dfrac{1}{4}$　　③ $\dfrac{3}{8}$

④ $\dfrac{1}{2}$　　⑤ $\dfrac{5}{8}$

052 ★★☆

$\lim\limits_{x \to 2} \dfrac{2x-4}{ax^2+6x+b}=1$일 때, 두 상수 a, b에 대하여 $a-b$의 값을 구하시오.

053 ★★☆

$\lim\limits_{x \to 2} \dfrac{\sqrt{x^2+5}-3}{ax+b}=\dfrac{1}{3}$일 때, 두 상수 a, b에 대하여 $a+b$의 값은?

① -2　　② -1　　③ 0
④ 1　　⑤ 2

유형 11 중요* 다항함수의 결정

두 다항함수 $f(x)$, $g(x)$에 대하여
① $\lim\limits_{x \to \infty} \dfrac{f(x)}{g(x)}=\alpha$ (α는 0이 아닌 실수)이면
　➡ $f(x)$와 $g(x)$의 차수가 같고, $\alpha=\dfrac{(f(x)\text{의 최고차항의 계수})}{(g(x)\text{의 최고차항의 계수})}$
　이다.
② $\lim\limits_{x \to a} \dfrac{f(x)}{g(x)}=\beta$ (β는 실수), $\lim\limits_{x \to a} g(x)=0$이면
　➡ $\lim\limits_{x \to a} f(x)=f(a)=0$이다.

054 ➕ 대표 예제

다항함수 $f(x)$가
$$\lim_{x \to \infty} \frac{f(x)}{x^2-x}=2, \quad \lim_{x \to 1} \frac{f(x)}{x^2-x}=3$$
을 만족시킬 때, $f(2)$의 값은?

① 1　　② 3　　③ 5
④ 7　　⑤ 9

055 ★★☆

다항함수 $f(x)$가
$$\lim_{x \to \infty} \frac{x^2-x-2}{f(x)}=2, \quad \lim_{x \to 2} \frac{x^2-x-2}{f(x)}=1$$
을 만족시킬 때, $f(3)$의 값은?

① $\dfrac{3}{2}$　　② 2　　③ $\dfrac{5}{2}$

④ 3　　⑤ $\dfrac{7}{2}$

056 ★★☆

다항함수 $f(x)$가
$$\lim_{x \to \infty} \frac{f(x)+x^3}{x^2}=-2, \quad \lim_{x \to 0} \frac{f(x)}{x}=5$$
를 만족시킬 때, $f(1)$의 값을 구하시오.

유형 12 함수의 극한의 대소 관계

세 함수 $f(x)$, $g(x)$, $h(x)$에 대하여 $f(x) \leq h(x) \leq g(x)$이고
$\lim\limits_{x \to a} f(x) = \lim\limits_{x \to a} g(x) = \alpha$ (α는 실수)이면
$\Rightarrow \lim\limits_{x \to a} h(x) = \alpha$

참고 함수의 극한의 대소 관계는 $f(x) < h(x) < g(x)$일 때에도 성립한다.

057 ⊕ 대표 예제

함수 $f(x)$가 $x \neq 1$인 모든 실수 x에 대하여
$$4x^2 - 1 \leq (x-1)^2 f(x) \leq 4x^2 + 1$$
을 만족시킬 때, $\lim\limits_{x \to \infty} f(x)$의 값은?

① 1   ② 2   ③ 3

④ 4   ⑤ 5

058 ★★☆

함수 $f(x)$가 모든 실수 x에 대하여
$$2x + 1 < f(x) < 2x + 5$$
를 만족시킬 때, $\lim\limits_{x \to \infty} \dfrac{\{f(x)\}^3}{2x^3 + 1}$의 값은?

① 3   ② $\dfrac{7}{2}$ ③ 4

④ $\dfrac{9}{2}$ ⑤ 5

059 ★★☆

$x > 1$에서 정의된 함수 $f(x)$가
$$\dfrac{x^2 - 1}{3x} < f(x) < \dfrac{x^2 + 1}{3x - 1}$$
을 만족시킬 때, $\lim\limits_{x \to \infty} \dfrac{f(2x)}{x}$의 값은?

① $\dfrac{1}{6}$ ② $\dfrac{1}{3}$ ③ $\dfrac{1}{2}$

④ $\dfrac{2}{3}$ ⑤ $\dfrac{5}{6}$

유형 13 함수의 극한의 활용

함수의 극한의 활용 문제는 다음과 같은 순서로 푼다.
❶ 구하는 선분의 길이, 도형의 넓이, 점의 좌표 등을 식으로 나타낸다.
❷ 함수의 극한에 대한 성질을 이용하여 극한값을 구한다.

060 ⊕ 대표 예제

그림과 같이 곡선 $y = x^2$ 위의 점 $P(a, a^2)$ $(a > 0)$과 원점 O를 지나고 y축 위의 점 C를 중심으로 하는 원 C가 있다. 이때 $\lim\limits_{a \to 0+} \overline{OC}$의 값은?

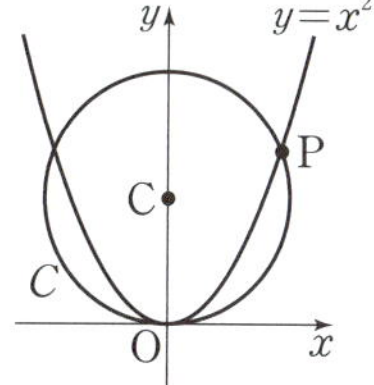

① $\dfrac{1}{6}$ ② $\dfrac{1}{3}$

③ $\dfrac{1}{2}$ ④ $\dfrac{2}{3}$

⑤ $\dfrac{5}{6}$

061 ★★☆

그림과 같이 원 $x^2 + y^2 = r^2$ $(r > 0)$과 곡선 $y = \sqrt{2x}$가 만나는 점 $P(t, \sqrt{2t})$에 대하여 점 P에서 원 $x^2 + y^2 = r^2$에 접하는 직선이 x축과 만나는 점을 Q라 하자. 이때 $\lim\limits_{r \to 0+} \overline{OQ}$의 값을 구하시오. (단, O는 원점이다.)

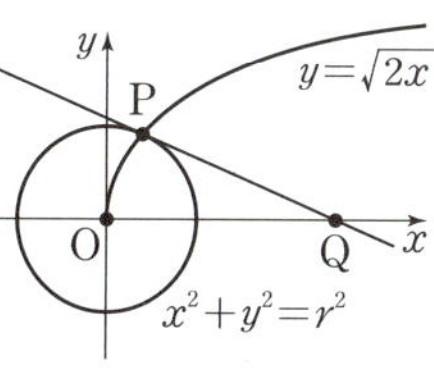

062 ★★☆

그림과 같이 이차함수 $f(x) = \dfrac{1}{3} x^2$의 그래프 위의 점 $P(t, f(t))$ $(t > 0)$에 대하여 점 P를 지나고 직선 OP에 수직인 직선이 y축과 만나는 점을 Q라 하자. 이때 $\lim\limits_{t \to \infty} (\overline{OQ} - \overline{OP})$의 값은? (단, O는 원점이다.)

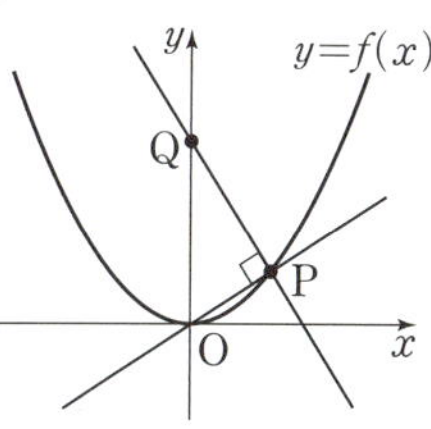

① 1   ② $\dfrac{7}{6}$ ③ $\dfrac{4}{3}$

④ $\dfrac{3}{2}$ ⑤ $\dfrac{5}{3}$

063 유형 02

함수 $f(x)=\begin{cases} x+3 & (x<0) \\ -x(x-1) & (0\le x<1) \\ 2 & (x\ge 1) \end{cases}$ 에 대하여

$\displaystyle\lim_{x\to 0-} f(x)+\lim_{x\to 1+} f(x)$의 값은?

① 3　　　　② 4　　　　③ 5

④ 6　　　　⑤ 7

064 유형 03

두 함수

$$f(x)=\begin{cases} x+3 & (x<1) \\ x^2-2 & (x\ge 1) \end{cases},\ g(x)=\begin{cases} x^2-4x+2 & (x<1) \\ x+k & (x\ge 1) \end{cases}$$

가 있다. 함수 $h(x)=f(x)+g(x)$에 대하여 $\displaystyle\lim_{x\to 1} h(x)$의 값이 존재하도록 하는 상수 k의 값을 구하시오.

065 창의·사고력 UP 유형 04

두 함수 $y=f(x)$, $y=g(x)$의 그래프가 각각 그림과 같다.

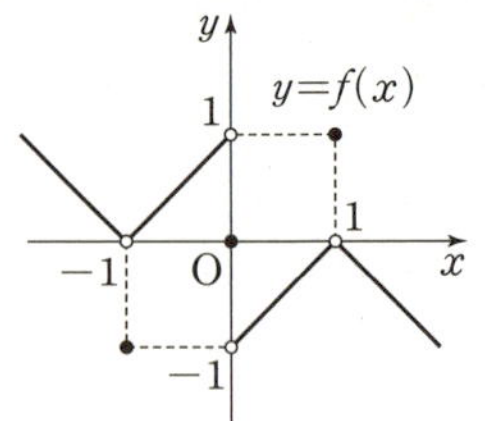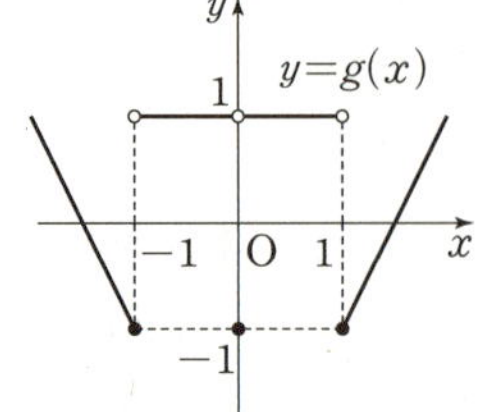

| 보기 |에서 옳은 것만을 있는 대로 고른 것은?

> ㄱ. $\displaystyle\lim_{x\to 0} f(f(x))=1$
> ㄴ. $\displaystyle\lim_{x\to 0} g(f(x))=1$
> ㄷ. $\displaystyle\lim_{x\to 0} f(g(x))=1$

① ㄴ　　　　② ㄷ　　　　③ ㄱ, ㄴ

④ ㄴ, ㄷ　　　　⑤ ㄱ, ㄴ, ㄷ

066 유형 05

함수 $f(x)$가 $\displaystyle\lim_{x\to 1} \dfrac{f(x-1)}{x-1}=2$를 만족시킬 때,

$\displaystyle\lim_{x\to 0} \dfrac{2f(x)+x}{f(x)-x^2}$의 값은?

① $\dfrac{1}{2}$　　　　② $\dfrac{3}{2}$　　　　③ $\dfrac{5}{2}$

④ $\dfrac{7}{2}$　　　　⑤ $\dfrac{9}{2}$

067

유형 06

두 함수 $f(x)$, $g(x)$에 대하여

$$\lim_{x \to 5} \frac{f(x)}{x^2-5x}=4, \quad \lim_{x \to 5} \frac{g(x)}{x^2-25}=6$$

일 때, $\displaystyle\lim_{x \to 5} \frac{g(x)}{f(x)}$의 값은?

① 1   ② 2   ③ 3

④ 4   ⑤ 5

068

유형 07 · 유형 08

$$\lim_{x \to \infty} \frac{\sqrt{x+4}-\sqrt{x-4}}{\sqrt{4x+1}-\sqrt{4x-1}}$$의 값은?

① $\dfrac{1}{2}$ ② 1   ③ 2

④ 4   ⑤ 8

069

유형 09

$$\lim_{x \to -\infty} \frac{x}{2}\left(\frac{1}{2} + \frac{x}{\sqrt{4x^2+x}} \right)$$의 값은?

① $\dfrac{1}{32}$ ② $\dfrac{1}{16}$ ③ $\dfrac{1}{8}$

④ $\dfrac{1}{4}$ ⑤ $\dfrac{1}{2}$

070

유형 10

$\displaystyle\lim_{x \to -1} \frac{x^2-1}{ax^3+bx+6}=1$일 때, 두 상수 a, b에 대하여 $b-a$의 값을 구하시오.

071 창의·사고력 Up

유형 11

삼차함수 $f(x)$가

$$\lim_{x \to -1} \frac{f(x)}{x+1}=-1, \quad \lim_{x \to 1} \frac{f(x)}{x-1}=2$$

를 만족시킬 때, $f(x)$를 $x-3$으로 나누었을 때의 나머지를 구하시오.

072
유형 12

함수 $f(x)$가 모든 실수 x에 대하여

$$x^2+2x-3 \leq f(x) \leq 2x^2-2$$

를 만족시킬 때, $\displaystyle\lim_{x \to 1} \frac{f(x)}{x-1}$의 값은?

① 3 ② 4 ③ 5
④ 6 ⑤ 7

073
유형 13

좌표평면 위의 두 곡선 $y=\sqrt{x}$, $y=2\sqrt{x+1}$과 직선 $x=t\ (t>1)$의 교점을 각각 A, B라 하자. 점 C(1, 0)에 대하여 $\displaystyle\lim_{t \to \infty} (\overline{BC}-\overline{AC})$의 값은?

① $\dfrac{3}{2}$ ② $\dfrac{7}{4}$ ③ 2

④ $\dfrac{9}{4}$ ⑤ $\dfrac{5}{2}$

서술형 문제

074
유형 06

$\displaystyle\lim_{x \to 1} \frac{(x^2+2x-3)^3}{(x^2-1)^m}=n$을 만족시키는 두 자연수 m, n에 대하여 $m+n$의 값을 구하시오.

☑ 필요 개념 및 공식

☐ $\dfrac{0}{0}$ 꼴의 함수의 극한　　　☐ 지수법칙

075
유형 10

$\displaystyle\lim_{x \to 1} \frac{\sqrt{ax^2+2x-4}-2x}{x^2-x}=b$일 때, 두 상수 a, b에 대하여 ab의 값을 구하시오.

☑ 필요 개념 및 공식

☐ 미정계수의 결정　　　☐ $\dfrac{0}{0}$ 꼴의 함수의 극한

02 함수의 연속

개념 체크 Concept

🔍 더 자세한 개념 ⋯→ 메가헤르츠 044쪽

개념 ❶ 함수의 연속과 불연속

(1) **함수의 연속**

함수 $f(x)$가 실수 a에 대하여 다음 조건을 모두 만족시킬 때, $f(x)$는 $x=a$에서 **연속**이라 한다.

  (ⅰ) 함수 $f(x)$가 $x=a$에서 정의되어 있다. → 함숫값 존재

  (ⅱ) 극한값 $\lim\limits_{x \to a} f(x)$가 존재한다. → 극한값 존재

  (ⅲ) $\lim\limits_{x \to a} f(x)=f(a)$ → (극한값)=(함숫값)

(2) **함수의 불연속**

함수 $f(x)$가 $x=a$에서 연속이 아닐 때, $f(x)$는 $x=a$에서 **불연속**이라 한다.

> **참고** 다음과 같이 함수 $f(x)$가 함수의 연속의 세 가지 조건 중 어느 하나라도 만족시키지 않으면 $f(x)$는 $x=a$에서 불연속이다.
>
>   (ⅰ) $f(a)$가 정의되어 있지 않다.   (ⅱ) 극한값 $\lim\limits_{x \to a} f(x)$가 존재하지 않는다.   (ⅲ) $\lim\limits_{x \to a} f(x) \neq f(a)$

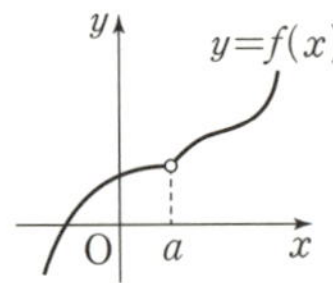 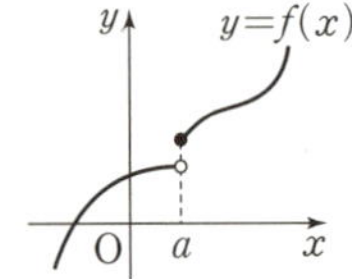 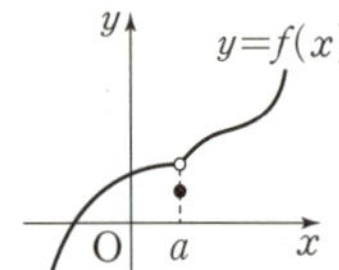

🔍 더 자세한 개념 ⋯→ 메가헤르츠 046쪽

개념 ❷ 구간

두 실수 a, b $(a<b)$에 대하여 집합

  $\{x \,|\, a \leq x \leq b\}$, $\{x \,|\, a \leq x < b\}$, $\{x \,|\, a < x \leq b\}$, $\{x \,|\, a < x < b\}$

를 각각 **구간**이라 하고, 기호로 각각

  $[a,\ b]$, $[a,\ b)$, $(a,\ b]$, $(a,\ b)$

와 같이 나타낸다.

이때 $[a,\ b]$를 **닫힌구간**, $(a,\ b)$를 **열린구간**, $[a,\ b)$, $(a,\ b]$를 **반닫힌 구간** 또는 **반열린 구간**이라 한다.

> **참고** 실수 a에 대하여 집합 $\{x \,|\, x \leq a\}$, $\{x \,|\, x < a\}$, $\{x \,|\, x \geq a\}$, $\{x \,|\, x > a\}$도 각각 구간이라 하고, 기호로 각각 $(-\infty,\ a]$, $(-\infty,\ a)$, $[a,\ \infty)$, $(a,\ \infty)$와 같이 나타낸다.
> 특히 실수 전체의 집합도 하나의 구간이며, 기호로 $(-\infty,\ \infty)$와 같이 나타낸다.

🔍 더 자세한 개념 ⋯→ 메가헤르츠 047쪽

개념 ❸ 연속함수

함수 $f(x)$가 어떤 구간에 속하는 모든 실수에서 연속일 때 $f(x)$는 그 구간에서 연속이라 하고, 어떤 구간에서 연속인 함수를 **연속함수**라 한다.

> **참고** 함수 $f(x)$가 다음 조건을 모두 만족시킬 때, $f(x)$는 닫힌구간 $[a,\ b]$에서 연속이라 한다.
>   (ⅰ) 함수 $f(x)$가 열린구간 $(a,\ b)$에서 연속이다.
>   (ⅱ) $\lim\limits_{x \to a+} f(x)=f(a)$, $\lim\limits_{x \to b-} f(x)=f(b)$

개념 ❶ 함수의 연속과 불연속

076 다음 함수가 $x=1$에서 불연속인 이유를 |보기|에서 고르시오.

> ──── | 보기 | ────
> ㄱ. $f(1)$이 정의되어 있지 않다.
> ㄴ. 극한값 $\lim\limits_{x \to 1} f(x)$가 존재하지 않는다.
> ㄷ. $\lim\limits_{x \to 1} f(x) \neq f(1)$

(1) 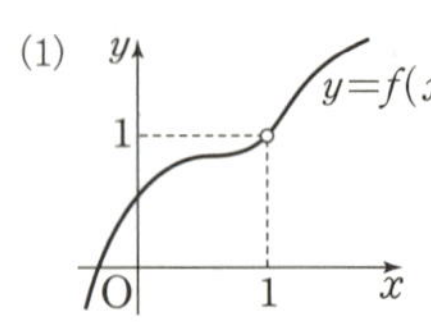   (2) 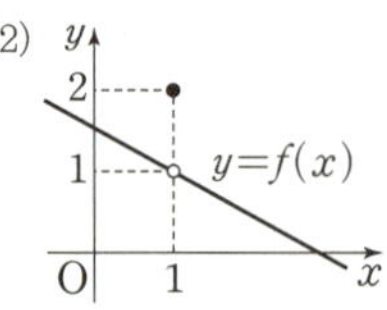

(3) 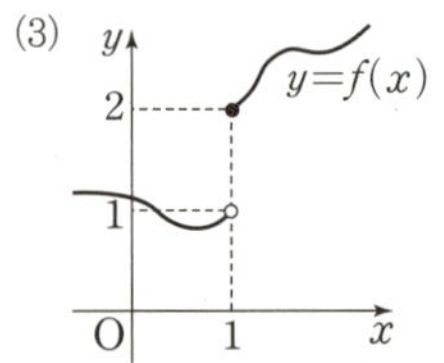

077 다음 함수가 $x=0$에서 연속인지 불연속인지 조사하시오.

(1) $f(x)=x^2+1$ (2) $f(x)=\dfrac{1}{x}$

개념 ❷ 구간

078 다음과 같은 실수의 집합을 구간의 기호로 나타내시오.

(1) $\{x \,|\, -1 \leq x \leq 2\}$ (2) $\{x \,|\, 1 < x \leq 3\}$

(3) $\{x \,|\, x < 6\}$ (4) $\{x \,|\, x \geq -3\}$

079 다음 함수의 정의역을 구간의 기호로 나타내시오.

(1) $f(x)=x^2+2$ (2) $f(x)=\sqrt{9-x^2}$

개념 ❸ 연속함수

080 다음 함수가 연속인 구간을 구하시오.

(1) $f(x)=x^3+2x-3$ (2) $f(x)=\sqrt{3-x}$

유형 01　함수의 연속과 불연속

함수 $f(x)$가 다음 조건을 모두 만족시키면 $x=a$에서 연속이다.
(i) 함수 $f(x)$가 $x=a$에서 정의되어 있다.
(ii) 극한값 $\lim\limits_{x \to a} f(x)$가 존재한다. → $\lim\limits_{x \to a+} f(x) = \lim\limits_{x \to a-} f(x)$
(iii) $\lim\limits_{x \to a} f(x) = f(a)$
한편, 함수 $f(x)$가 $x=a$에서 연속이 아니면 함수 $f(x)$는 $x=a$에서 불연속이다.

081 ⊕ 대표 예제

$x=2$에서 연속인 함수인 것만을 ┃ 보기 ┃에서 있는 대로 고르시오.

┤ 보기 ├

ㄱ. $f(x) = \dfrac{1}{(x-2)^2}$

ㄴ. $g(x) = \begin{cases} \dfrac{x^2-4}{x-2} & (x \neq 2) \\ 4 & (x=2) \end{cases}$

ㄷ. $h(x) = \begin{cases} \dfrac{x-2}{|x-2|} & (x \neq 2) \\ 2 & (x=2) \end{cases}$

082 ★★☆

다음 중 모든 실수 x에서 연속인 함수는?

(단, $[x]$는 x보다 크지 않은 최대의 정수이다.)

① $f(x) = \sqrt{x+1} - 2$

② $f(x) = \begin{cases} x^2+x & (x \geq -1) \\ x+1 & (x < -1) \end{cases}$

③ $f(x) = \dfrac{3x}{2x-1}$

④ $f(x) = \begin{cases} \dfrac{x^2-2x}{x} & (x \neq 0) \\ 2 & (x=0) \end{cases}$

⑤ $f(x) = [x]$

083 ★★☆

함수 $f(x) = \dfrac{1}{1+\dfrac{x}{x+1}}$ 이 불연속이 되도록 하는 x의 값의 개수를 구하시오.

유형 02　중요★　함수의 그래프와 연속

함수 $y=f(x)$의 그래프가 $x=a$에서
① 이어져 있으면 ➡ $f(x)$는 $x=a$에서 연속이다.
② 끊어져 있으면 ➡ $f(x)$는 $x=a$에서 불연속이다.

084 ⊕ 대표 예제

함수 $y=f(x)$의 그래프가 그림과 같다. 열린구간 $(-2, 2)$에서 함수 $f(x)$의 극한값이 존재하지 않는 x의 값을 a개, $f(x)$가 불연속인 x의 값을 b개라 할 때, $a+b$의 값을 구하시오.

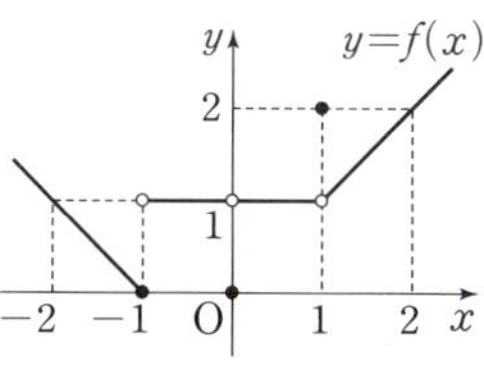

085 ★★☆

열린구간 $(0, 3)$에서 정의된 함수 $y=f(x)$의 그래프가 그림과 같을 때, ┃ 보기 ┃에서 옳은 것만을 있는 대로 고른 것은?

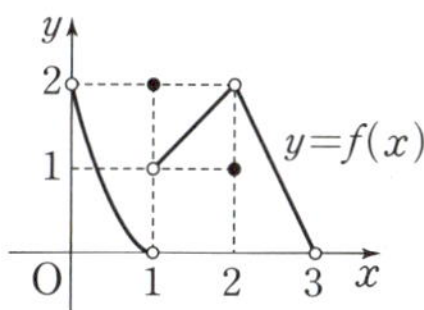

┤ 보기 ├

ㄱ. $\lim\limits_{x \to 2+} f(x) = 2$

ㄴ. $x=1$에서 함수 $f(x)$의 극한값이 존재한다.

ㄷ. 함수 $f(x)$가 불연속인 x의 값은 2개이다.

① ㄱ　　　　② ㄴ　　　　③ ㄱ, ㄷ
④ ㄴ, ㄷ　　　⑤ ㄱ, ㄴ, ㄷ

086 ★★☆

함수 $y=f(x)$의 그래프가 그림과 같다. 닫힌구간 $[-2, 2]$에서 다음 조건을 만족시키는 두 실수 a, b에 대하여 $a+b$의 값은?

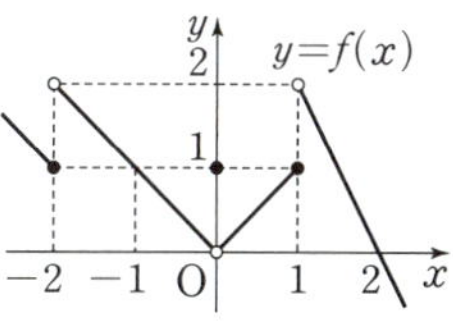

(가) 함수 $f(x)$는 $x=a$에서 불연속이다.
(나) $\lim\limits_{x \to a} f(x)$의 값이 존재한다.
(다) $f(a+1) + f(a-1) = b$

① 1　　　　② 2　　　　③ 3
④ 4　　　　⑤ 5

유형 03 합성함수의 연속

실수 전체의 집합에서 정의된 두 함수 $f(x)$, $g(x)$에 대하여 합성함수 $g(f(x))$가 $x=a$에서 연속이려면

➡ $\lim\limits_{x \to a+} g(f(x)) = \lim\limits_{x \to a-} g(f(x)) = g(f(a))$

087 ⊕ 대표 예제

함수 $y=f(x)$의 그래프가 그림과 같을 때, **│보기│**에서 옳은 것만을 있는 대로 고른 것은?

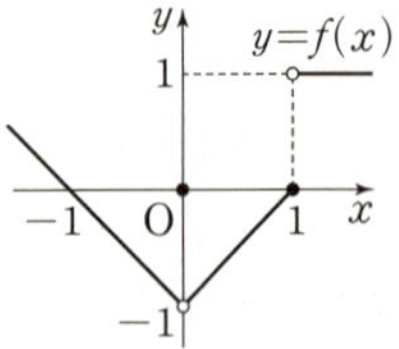

── │ 보기 │ ──

ㄱ. $\lim\limits_{x \to 1} f(x)$의 값은 존재하지 않는다.

ㄴ. $\lim\limits_{x \to 0} f(f(x)) = 0$

ㄷ. 함수 $f(f(x))$는 $x=1$에서 연속이다.

① ㄴ   ② ㄷ   ③ ㄱ, ㄴ

④ ㄱ, ㄷ   ⑤ ㄱ, ㄴ, ㄷ

088 ★☆☆

함수 $y=f(x)$의 그래프가 그림과 같을 때, **│보기│**에서 옳은 것만을 있는 대로 고르시오.

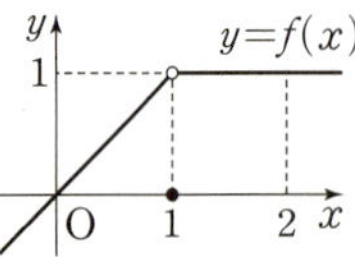

── │ 보기 │ ──

ㄱ. $\lim\limits_{x \to 0} f(f(x)) = 1$

ㄴ. $\lim\limits_{x \to 2} f(f(x))$의 값이 존재한다.

ㄷ. 함수 $f(f(x))$는 $x=1$에서 연속이다.

089 ★★☆

두 함수 $y=f(x)$, $y=g(x)$의 그래프가 각각 그림과 같을 때, $x=0$에서 연속인 함수인 것만을 **│보기│**에서 있는 대로 고른 것은?

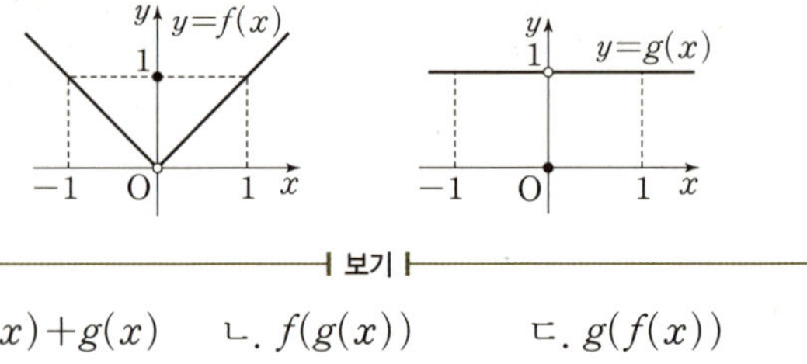

── │ 보기 │ ──

ㄱ. $f(x)+g(x)$ ㄴ. $f(g(x))$ ㄷ. $g(f(x))$

① ㄱ   ② ㄴ   ③ ㄱ, ㄷ

④ ㄴ, ㄷ   ⑤ ㄱ, ㄴ, ㄷ

090 ★★★

두 함수

$$f(x) = \begin{cases} 3x+1 & (x \geq 0) \\ \dfrac{1}{2}x - 1 & (x < 0) \end{cases}, \quad g(x) = x^2 + x - 2$$

에 대하여 합성함수 $f(g(x))$가 $x=a$, $x=b$에서 불연속일 때, $f(a)+f(b)$의 값을 구하시오.

유형 04 ^{중요★} 함수가 연속일 조건

① 함수 $g(x)$가 $x \neq a$인 모든 실수 x에서 연속일 때, 함수

$$f(x) = \begin{cases} g(x) & (x \neq a) \\ k & (x = a) \end{cases}$$ 가 모든 실수 x에서 연속이려면

➡ $\lim\limits_{x \to a} g(x) = k$ → $x=a$에서 연속

② 두 함수 $g(x)$, $h(x)$가 각각 $x \geq a$, $x < a$인 모든 실수 x에서 연속일 때, 함수 $f(x) = \begin{cases} g(x) & (x \geq a) \\ h(x) & (x < a) \end{cases}$ 가 모든 실수 x에서 연속이려면

➡ $\lim\limits_{x \to a+} g(x) = \lim\limits_{x \to a-} h(x) = f(a)$ → $x=a$에서 연속

091 ⊕ 대표 예제

함수 $f(x) = \begin{cases} \dfrac{x^2 - 2x - 3}{x+1} & (x \neq -1) \\ k & (x = -1) \end{cases}$ 가 $x = -1$에서 연속일 때, 상수 k의 값은?

① -1 ② -2 ③ -3
④ -4 ⑤ -5

092 ★★☆

함수 $f(x) = \begin{cases} 2x+3 & (x \geq a) \\ x^2 - x + 3 & (x < a) \end{cases}$ 이 모든 실수 x에서 연속이 되도록 하는 양수 a의 값을 구하시오.

093 ★★☆

함수 $f(x) = \begin{cases} x^2 - 3 & (x < 0) \\ x^2 + ax + b & (0 \leq x < 2) \\ 4x - 3 & (x \geq 2) \end{cases}$ 이 실수 전체의 집합에서 연속일 때, $f(1)$의 값은? (단, a, b는 상수이다.)

① 0 ② 2 ③ 4
④ 6 ⑤ 8

유형 05 ^{중요★} $(x-a)f(x)$ 꼴의 함수의 연속

모든 실수에서 연속인 두 함수 $f(x)$, $g(x)$가 $(x-a)f(x) = g(x)$ 를 만족시키면

➡ $f(a) = \lim\limits_{x \to a} \dfrac{g(x)}{x-a}$

$f(x) = \begin{cases} \dfrac{g(x)}{x-a} & (x \neq a) \\ f(a) & (x = a) \end{cases}$

094 ⊕ 대표 예제

모든 실수 x에서 연속인 함수 $f(x)$가
$$(x-1)f(x) = x^2 - 4x + 3$$
을 만족시킬 때, $f(1)$의 값은?

① -1 ② -2 ③ -3
④ -4 ⑤ -5

095 ★☆☆

함수 $f(x)$가 모든 실수 x에서 연속이고
$$(x+2)f(x) = x^3 + 8$$
을 만족시킬 때, $f(-2)$의 값을 구하시오.

096 ★★☆

모든 실수 x에서 연속인 함수 $f(x)$가
$$(x-3)f(x) = x^2 - ax + 6$$
을 만족시킬 때, $f(3) + f(a)$의 값은? (단, a는 상수이다.)

① 0 ② 2 ③ 4
④ 6 ⑤ 8

097 ★★☆

모든 실수 x에서 연속인 함수 $f(x)$가
$$(x+1)f(x) = x^2 + ax + b$$
를 만족시킨다. $f(-1) = 6$일 때, $a+b$의 값을 구하시오.
(단, a, b는 상수이다.)

더 자세한 개념 ···▸ 메가헤르츠 054쪽

개념 ❹ 연속함수의 성질

두 함수 $f(x)$, $g(x)$가 $x=a$에서 연속이면 다음 함수도 $x=a$에서 연속이다.

(1) $cf(x)$ (단, c는 상수)

(2) $f(x)+g(x)$, $f(x)-g(x)$

(3) $f(x)g(x)$

(4) $\dfrac{f(x)}{g(x)}$ (단, $g(a)\neq0$)

참고 ① 다항함수 $f(x)=a_nx^n+a_{n-1}x^{n-1}+\cdots+a_1x+a_0$ (a_n, a_{n-1}, $\cdots$, a_1, a_0은 상수)은 모든 실수 x에서 연속이다.

② 두 다항함수 $f(x)$, $g(x)$에 대하여 유리함수 $\dfrac{f(x)}{g(x)}$는 $g(x)\neq0$인 모든 실수 x에서 연속이다.

더 자세한 개념 ···▸ 메가헤르츠 055쪽

개념 ❺ 최대·최소 정리

함수 $f(x)$가 닫힌구간 $[a, b]$에서 연속이면 $f(x)$는 이 구간에서 반드시 최댓값과 최솟값을 갖는다.

주의 함수가 연속이 아니거나 닫힌구간이 아닌 경우에는 최댓값 또는 최솟값이 존재하지 않을 수 있음에 주의한다.

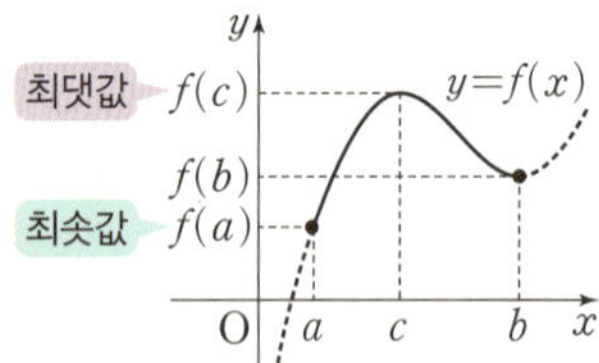

더 자세한 개념 ···▸ 메가헤르츠 057쪽

개념 ❻ 사잇값의 정리

(1) **사잇값의 정리**

함수 $f(x)$가 닫힌구간 $[a, b]$에서 연속이고 $f(a)\neq f(b)$이면 $f(a)$와 $f(b)$ 사이의 임의의 값 k에 대하여 $f(c)=k$인 c가 열린구간 (a, b)에 적어도 하나 존재한다.

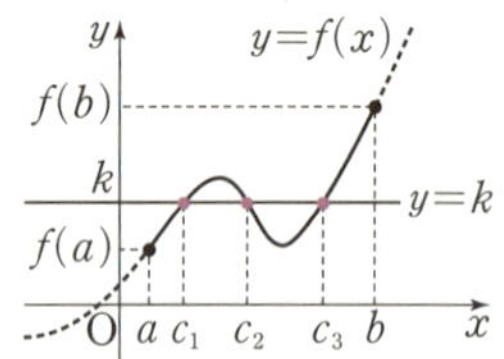

(2) **사잇값의 정리의 응용**

→ $f(a)$와 $f(b)$의 부호가 서로 다르다.

함수 $f(x)$가 닫힌구간 $[a, b]$에서 연속이고 $f(a)f(b)<0$이면 $f(c)=0$인 c가 열린구간 (a, b)에 적어도 하나 존재한다.

즉, 방정식 $f(x)=0$은 열린구간 (a, b)에서 적어도 하나의 실근을 갖는다.

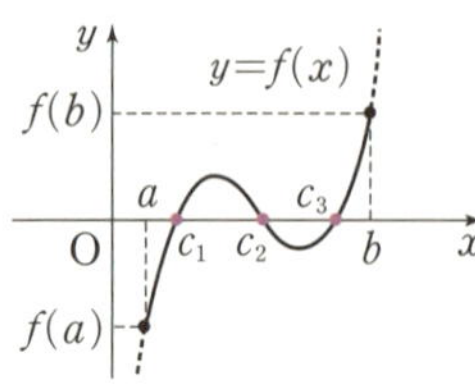

참고 사잇값의 정리를 이용하여 $f(x)$가 연속함수일 때, 주어진 구간에서 방정식 $f(x)=0$의 실근의 존재 여부를 판단할 수 있다.

→ 실근의 개수는 알 수 없다.

개념 ❹ 연속함수의 성질

098 두 함수 $f(x)$, $g(x)$가 모든 실수 x에서 연속일 때, 모든 실수 x에서 항상 연속인 함수인 것만을 **| 보기 |** 에서 있는 대로 고르시오.

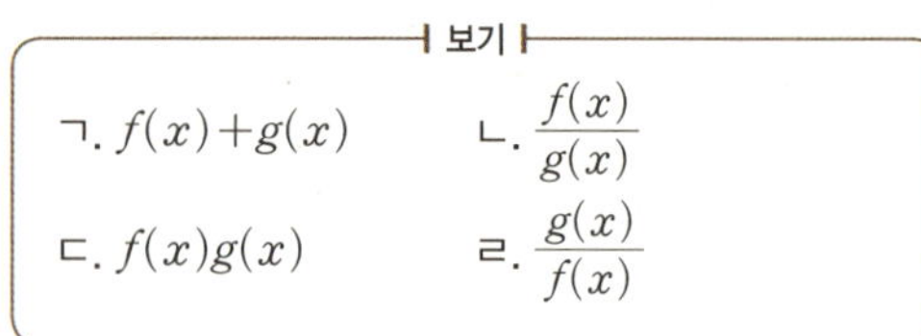

┌─── **| 보기 |** ───┐

ㄱ. $f(x)+g(x)$ ㄴ. $\dfrac{f(x)}{g(x)}$

ㄷ. $f(x)g(x)$ ㄹ. $\dfrac{g(x)}{f(x)}$

└────────────┘

099 두 함수 $f(x)=x-2$, $g(x)=x^2-2x-3$에 대하여 다음 함수가 연속인 구간을 구하시오.

(1) $3f(x)$ (2) $2f(x)-g(x)$

(3) $-\dfrac{2g(x)}{f(x)}$ (4) $\dfrac{f(x)}{g(x)}$

개념 ❺ 최대·최소 정리

100 주어진 구간에서 다음 함수 $f(x)$의 최댓값과 최솟값을 각각 구하시오.

(1) $f(x)=x^2-2x+3$ $[0, 3]$

(2) $f(x)=\dfrac{3}{x+1}$ $[1, 4]$

개념 ❻ 사잇값의 정리

101 다음은 함수 $f(x)=x^2-2x+3$에 대하여 $f(c)=\sqrt{5}$를 만족시키는 c가 열린구간 $(1, 2)$에 적어도 하나 존재함을 증명하는 과정이다.

┌──────────────────┐

함수 $f(x)=x^2-2x+3$은 구간 $(-\infty, \infty)$에서 **(가)** 이므로 닫힌구간 $[1, 2]$에서 **(가)** 이다. 또한, $f(1)\neq f(2)$이고 $f(1)<\sqrt{5}<f(2)$, 즉 $2<\sqrt{5}<3$이므로 **(나)** 에 의하여 $f(c)=\sqrt{5}$를 만족시키는 c가 열린구간 $(1, 2)$에 적어도 하나 존재한다.

└──────────────────┘

위의 과정에서 (가), (나)에 알맞은 것을 써넣으시오.

유형 06 중요★ **연속함수의 성질**

① 두 함수 $f(x)$, $g(x)$가 $x=a$에서 연속이면 다음 함수도 $x=a$에서 연속이다.
  · $cf(x)$ (단, c는 상수)   · $f(x) \pm g(x)$
  · $f(x)g(x)$ · $\dfrac{f(x)}{g(x)}$ (단, $g(a) \neq 0$)
② 함수 $f(x)$가 $x=a$에서 연속이고 함수 $g(x)$가 $x=f(a)$에서 연속이면 합성함수 $g(f(x))$는 $x=a$에서 연속이다.

102 ➕ 대표 예제

두 함수 $f(x)=x-1$, $g(x)=x^2+2x+5$에 대하여 다음 중 모든 실수 x에서 연속인 함수가 <u>아닌</u> 것은?

① $3f(x)+g(x)$ ② $f(x)g(x)$ ③ $\dfrac{f(x)}{g(x)}$

④ $\dfrac{g(x)}{f(x)}$ ⑤ $f(g(x))$

103 ★★☆

실수 전체의 집합에서 정의된 두 함수 $f(x)$, $g(x)$가 연속함수일 때, 연속함수인 것만을 ┤보기├에서 있는 대로 고른 것은?

┤보기├
ㄱ. $2f(x)+g(x)$ ㄴ. $\{f(x)\}^2$
ㄷ. $\dfrac{f(x)}{g(x)+1}$ ㄹ. $f(g(x))$

① ㄱ, ㄴ   ② ㄴ, ㄷ   ③ ㄱ, ㄴ, ㄹ
④ ㄱ, ㄷ, ㄹ   ⑤ ㄴ, ㄷ, ㄹ

104 ★★☆

두 함수
$$f(x)=\begin{cases} x^2-2x+2 & (x \geq 1) \\ -1 & (x<1) \end{cases}, \quad g(x)=x+a$$
에 대하여 함수 $\dfrac{g(x)}{f(x)}$가 모든 실수 x에서 연속일 때, $g(3)$의 값은? (단, a는 상수이다.)

① -2 ② -1 ③ 0
④ 1 ⑤ 2

105 ★★☆

실수 전체의 집합에서 정의된 두 함수 $f(x)$, $g(x)$에 대하여 ┤보기├에서 옳은 것만을 있는 대로 고른 것은?

┤보기├
ㄱ. 두 함수 $f(x)$와 $f(x)-g(x)$가 $x=0$에서 연속이면 함수 $g(x)$도 $x=0$에서 연속이다.
ㄴ. 두 함수 $f(x)$와 $\dfrac{g(x)}{f(x)}$가 $x=0$에서 연속이면 함수 $g(x)$도 $x=0$에서 연속이다. (단, $f(0) \neq 0$)
ㄷ. 두 함수 $f(x)$와 $g(x)$가 $x=0$에서 연속이면 함수 $f(g(x))$도 $x=0$에서 연속이다.

① ㄱ   ② ㄷ   ③ ㄱ, ㄴ
④ ㄴ, ㄷ   ⑤ ㄱ, ㄴ, ㄷ

유형 07 최대·최소 정리

① 함수 $f(x)$가 닫힌구간 $[a, b]$에서 연속일 때, 함수 $f(x)$는 닫힌구간 $[a, b]$에서 반드시 최댓값과 최솟값을 갖는다.
② 함수 $f(x)$가 닫힌구간 $[a, b]$에서 연속이 아닐 때에는 함수 $y=f(x)$의 그래프를 그려서 최댓값과 최솟값의 존재를 확인한다.

106 ⊕ 대표 예제
열린구간 $(0, 5)$에서 정의된 함수 $y=f(x)$의 그래프가 그림과 같을 때, 다음 중 옳지 <u>않은</u> 것은?

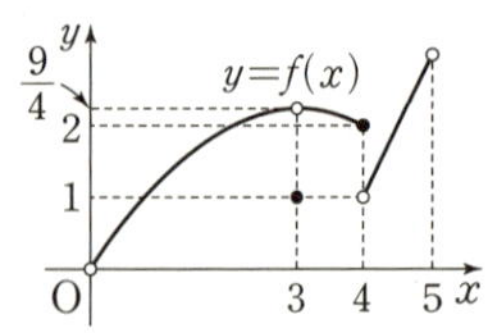

① $\lim\limits_{x \to 4} f(x)$의 값은 존재하지 않는다.
② 함수 $f(x)$가 불연속이 되는 x의 값은 2개이다.
③ 함수 $f(x)$는 닫힌구간 $[1, 2]$에서 최댓값을 갖는다.
④ 함수 $f(x)$는 구간 $[4, 5)$에서 최솟값을 갖는다.
⑤ 함수 $f(x)$는 닫힌구간 $[3, 4]$에서 최솟값을 갖는다.

107 ★☆☆
닫힌구간 $[-1, 3]$에서 정의된 함수
$$f(x)=\begin{cases} x^2-4x+2 & (x \neq 2) \\ 1 & (x=2) \end{cases}$$
이 최댓값 또는 최솟값을 가지면 그 값을 각각 구하시오.

108 ★★☆
두 함수 $f(x)=\dfrac{1}{x-3}$, $g(x)=x^2+2$에 대하여 닫힌구간 $[0, 2]$에서 최댓값과 최솟값을 모두 갖는 함수인 것만을 **보기**에서 있는 대로 고른 것은?

┌─ **보기** ─┐
ㄱ. $f(x)g(x)$ ㄴ. $f(g(x))$ ㄷ. $g(f(x))$
└──────┘

① ㄱ ② ㄴ ③ ㄱ, ㄷ
④ ㄴ, ㄷ ⑤ ㄱ, ㄴ, ㄷ

유형 08 사잇값의 정리

함수 $f(x)$가 닫힌구간 $[a, b]$에서 연속이고 $f(a)f(b)<0$이면 $f(c)=0$인 c가 열린구간 (a, b)에 적어도 하나 존재한다.
즉, 방정식 $f(x)=0$은 열린구간 (a, b)에서 적어도 하나의 실근을 갖는다.

109 ⊕ 대표 예제
방정식 $x^3-x^2+2x-3=0$이 오직 하나의 실근을 가질 때, 다음 중 이 방정식의 실근이 존재하는 구간은?

① $(-2, -1)$ ② $(-1, 0)$ ③ $(0, 1)$
④ $(1, 2)$ ⑤ $(2, 3)$

110 ★☆☆
이차함수 $f(x)$에 대하여
$$f(-1)=a-4, \quad f(2)=3a+8$$
이다. 방정식 $f(x)=0$이 중근이 아닌 오직 하나의 실근을 가질 때, 이 실근이 열린구간 $(-1, 2)$에 존재하도록 하는 모든 정수 a의 값의 합은?

① 3 ② 4 ③ 5
④ 6 ⑤ 7

111 ★★☆
연속함수 $f(x)$에 대하여
$$f(-3)=-1, \ f(-2)=2, \ f(-1)=1,$$
$$f(0)=0, \ f(1)=2, \ f(2)=-4$$
일 때, 방정식 $f(x)=0$은 적어도 n개의 실근을 갖는다. 이때 n의 최댓값은?

① 1 ② 2 ③ 3
④ 4 ⑤ 5

112 유형 01

함수 $f(x)=\dfrac{2x-1}{x^2-2(a+1)x+3a+7}$ 이 실수 전체의 집합에서 연속이 되도록 하는 모든 정수 a의 값의 합은?

① 0 ② 1 ③ 2
④ 3 ⑤ 4

113 유형 03

함수 $y=f(x)$의 그래프가 그림과 같을 때, 합성함수 $g(f(x))$가 $x=0$에서 연속이 되도록 하는 함수 $y=g(x)$의 그래프인 것만을 **│보기│**에서 있는 대로 고르시오.

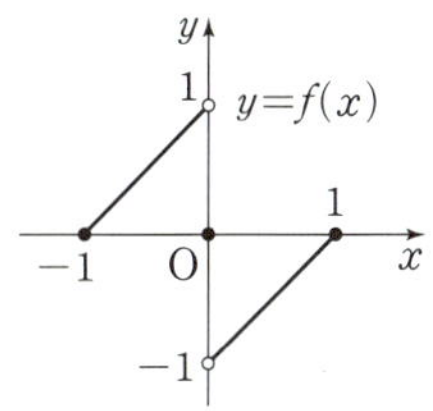

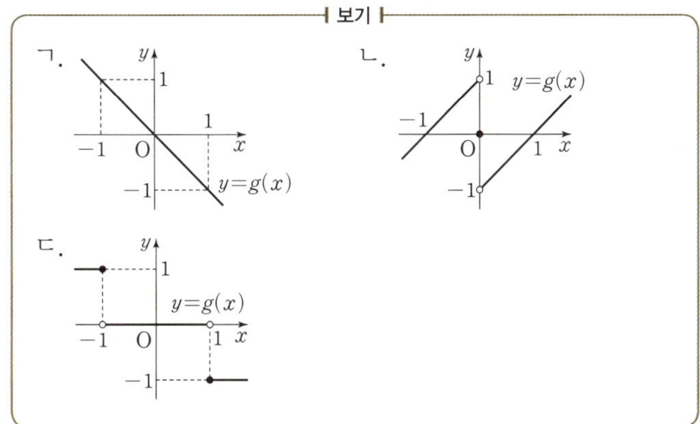

114 유형 04

함수
$$f(x)=\begin{cases} \dfrac{\sqrt{2x^2+a}+bx}{x-1} & (x\neq 1) \\ 1 & (x=1) \end{cases}$$
이 구간 $(-\infty,\ \infty)$에서 연속일 때, ab의 값을 구하시오.
(단, a, b는 상수이다.)

115 유형 02 + 유형 04

닫힌구간 $[-2,\ 2]$에서 정의된 함수 $y=f(x)$의 그래프가 그림과 같다. 함수 $f(x)f(x+1)$이 $x=0$에서 연속일 때, 실수 a의 값을 구하시오.

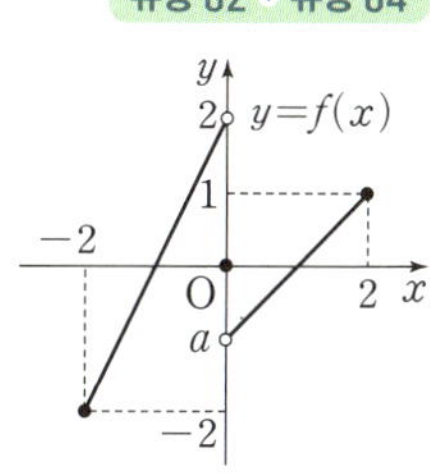

116 창의·사고력 Up 유형 04

실수 전체의 집합에서 연속인 함수 $f(x)$를 닫힌구간 $[-1,\ 1]$에서 다음과 같이 정의하자.
$$f(x)=\begin{cases} x^2-x-2 & (-1\le x<0) \\ ax+b & (0\le x\le 1) \end{cases}$$
함수 $f(x)$가 모든 실수 x에 대하여 $f(x)=f(x+2)$를 만족시킬 때, $f\!\left(\dfrac{1}{2}\right)$의 값은? (단, a, b는 상수이다.)

① -2 ② -1 ③ 0
④ 1 ⑤ 2

117
유형 05

닫힌구간 $[-2, 2]$에서 연속인 함수 $f(x)$가
$$(\sqrt{2+x}-\sqrt{2-x})f(x)=x^2+4x$$
를 만족시킬 때, $f(0)$의 값은?

① $4\sqrt{2}$ ② $5\sqrt{2}$ ③ $6\sqrt{2}$

④ $7\sqrt{2}$ ⑤ $8\sqrt{2}$

118
유형 06

두 함수
$$f(x)=\begin{cases} x+2 & (x\geq a) \\ 2x+1 & (x<a) \end{cases}, \; g(x)=x-5$$
에 대하여 함수 $f(x)g(x)$가 실수 전체의 집합에서 연속이 되도록 하는 모든 실수 a의 값의 합을 구하시오.

119
창의·사고력 Up
유형 07

닫힌구간 $[-3, 3]$에서 정의된 함수 $y=f(x)$의 그래프가 그림과 같다. 함수 $f(x)$가 닫힌구간 $[a, a+1]$에서 최댓값 또는 최솟값을 갖지 않을 때, 모든 정수 a의 값의 합은?

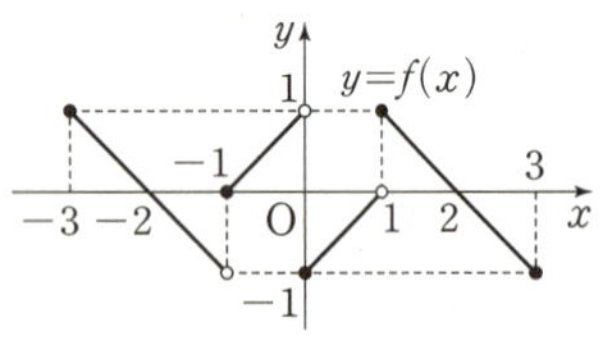

① -5 ② -4 ③ -3

④ -2 ⑤ -1

120
유형 08

연속함수 $f(x)$가 다음 조건을 만족시킨다.

> (가) $f(-x)=f(x)$
> (나) $f(1)f(2)<0$, $f(4)f(5)<0$

방정식 $f(x)=0$이 적어도 m개의 실근을 가질 때, m의 최댓값을 구하시오.

서술형 문제

121
유형 02 + 유형 06

닫힌구간 $[-1, 3]$에서 정의된 함수 $y=f(x)$의 그래프가 그림과 같다. 이차함수 $g(x)=ax^2-4x+b$에 대하여 함수 $f(x)g(x)$가 닫힌구간 $[-1, 3]$에서 연속이 되도록 하는 두 상수 a, b에 대하여 $a+b$의 값을 구하시오.

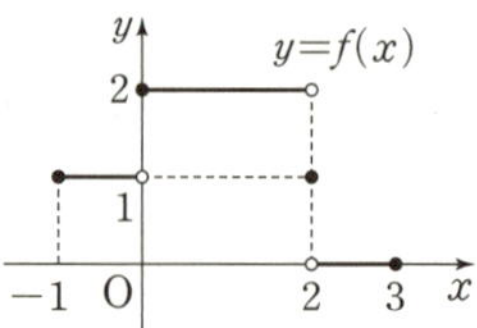

☑ **필요 개념 및 공식**

☐ 연속함수의 성질   ☐ 항등식의 성질   ☐ 함수의 그래프와 연속

03 미분계수와 도함수

더 자세한 개념 ⟶ 메가헤르츠 066쪽

개념 ❶ 평균변화율

(1) 함수 $y=f(x)$에서 x의 값이 a에서 b까지 변할 때, y의 값은 $f(a)$에서 $f(b)$까지 변한다.

이때 x의 값의 변화량 $b-a$를 x의 **증분**, y의 값의 변화량 $f(b)-f(a)$를 y의 **증분**이라 하고, 기호로 각각 $\varDelta x$, $\varDelta y$와 같이 나타낸다.

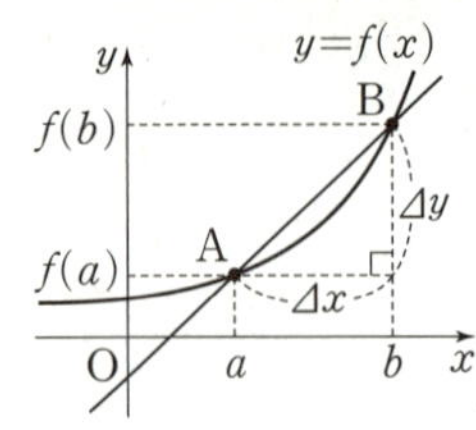

→ $\varDelta$는 차를 뜻하는 Difference의 첫 글자 D에 해당하는 그리스 문자로 '델타(delta)'라 읽는다.

(2) 함수 $y=f(x)$에서 x의 증분 $\varDelta x$에 대한 y의 증분 $\varDelta y$의 비

$$\frac{\varDelta y}{\varDelta x}=\frac{f(b)-f(a)}{b-a}=\frac{f(a+\varDelta x)-f(a)}{\varDelta x}$$

를 x의 값이 a에서 b까지 변할 때의 함수 $y=f(x)$의 **평균변화율**이라 한다.

참고 x의 값이 a에서 b까지 변할 때의 함수 $f(x)$의 평균변화율은 함수 $y=f(x)$의 그래프 위의 두 점 $A(a, f(a))$, $B(b, f(b))$를 지나는 직선의 기울기와 같다.

더 자세한 개념 ⟶ 메가헤르츠 067쪽

개념 ❷ 미분계수

함수 $y=f(x)$에서 x의 값이 a에서 $a+\varDelta x$까지 변할 때의 평균변화율에서 $\varDelta x \to 0$일 때의 극한값을 함수 $y=f(x)$의 $x=a$에서의 **순간변화율** 또는 **미분계수**라 하고, 기호로 $f'(a)$와 같이 나타낸다.

$$f'(a)=\lim_{\varDelta x\to 0}\frac{\varDelta y}{\varDelta x}=\lim_{\varDelta x\to 0}\frac{f(a+\varDelta x)-f(a)}{\varDelta x}=\lim_{x\to a}\frac{f(x)-f(a)}{x-a}$$

→ 미분계수 $f'(a)$는 'f 프라임(prime) a'라 읽는다.

개념 ❶ 평균변화율

122 다음 함수에서 x의 값이 -2에서 3까지 변할 때의 평균변화율을 구하시오.

(1) $f(x)=x-4$

(2) $f(x)=-x^2+3$

(3) $f(x)=2x^3+1$

123 다음 함수에서 x의 값이 1에서 $1+\varDelta x$까지 변할 때의 평균변화율을 구하시오.

(1) $f(x)=-2x-3$

(2) $f(x)=x^2+2$

개념 ❷ 미분계수

124 다음 함수의 $x=2$에서의 미분계수를 구하시오.

(1) $f(x)=x+5$

(2) $f(x)=3x^2+x-1$

(3) $f(x)=x^3+2x-3$

125 함수 $f(x)=2x^2-x$의 $x=a$에서의 미분계수가 7일 때, 상수 a의 값을 구하시오.

더 자세한 개념 ⋯▸ 메가헤르츠 068쪽

개념 ❸ 미분가능

(1) 함수 $f(x)$의 $x=a$에서의 <u>미분계수 $f'(a)$</u>가 존재할 때, 함수 $f(x)$는 $x=a$에서 **미분가능**하다고 한다. (우미분계수)=(좌미분계수)

　참고 미분계수 $f'(a)$가 존재하지 않을 때, 함수 $f(x)$는 $x=a$에서 미분가능하지 않다고 한다.

(2) 함수 $f(x)$가 어떤 구간에 속하는 모든 x에서 미분가능하면 함수 $f(x)$는 그 구간에서 미분가능하다고 한다.

특히 함수 $f(x)$가 정의역에 속하는 모든 x에서 미분가능하면 함수 $f(x)$는 미분가능한 함수라 한다.

더 자세한 개념 ⋯▸ 메가헤르츠 069쪽

개념 ❹ 미분계수의 기하적 의미

함수 $y=f(x)$가 $x=a$에서 미분가능할 때, $x=a$에서의 미분계수 $f'(a)$는 곡선 $y=f(x)$ 위의 점 $(a,\ f(a))$에서의 접선의 기울기와 같다.

더 자세한 개념 ⋯▸ 메가헤르츠 077쪽

개념 ❺ 미분가능성과 연속성

함수 $y=f(x)$가 $x=a$에서 미분가능하면 $f(x)$는 $x=a$에서 연속이다. 그러나 그 역은 성립하지 않는다.

즉, 함수 $y=f(x)$가 $x=a$에서 연속이지만 미분가능하지 않을 수도 있다.

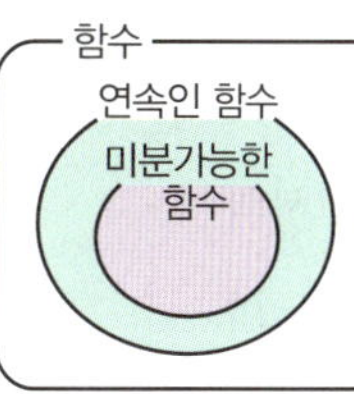

　참고 함수 $f(x)$가 $x=a$에서 미분가능하지 않은 경우는 다음과 같다.
　　① $x=a$에서 불연속인 경우
　　② $x=a$에서 그래프가 꺾이는 경우

개념 ❸ 미분가능

126 함수 $f(x)=x^2+1$의 $x=0$에서의 미분가능성을 조사하시오.

개념 ❹ 미분계수의 기하적 의미

127 다음 함수 $f(x)$에 대하여 곡선 $y=f(x)$ 위의 주어진 점에서의 접선의 기울기를 구하시오.

(1) $f(x)=2x-3$ 　　　　　$(1,\ -1)$

(2) $f(x)=x^2-x+2$ 　　　　$(2,\ 4)$

(3) $f(x)=x^3+2x-1$ 　　　$(-1,\ -4)$

개념 ❺ 미분가능성과 연속성

128 다음은 함수 $f(x)=|x|$의 $x=0$에서의 연속성과 미분가능성을 조사하는 과정이다.

> (i) $f(0)=0$이고 $\displaystyle\lim_{x\to 0}f(x)=\lim_{x\to 0}|x|=0$이므로
> $$\lim_{x\to 0}f(x)=f(0)$$
> 따라서 함수 $f(x)$는 $x=0$에서 　(가)　 이다.
>
> (ii) $\displaystyle f'(0)=\lim_{x\to 0}\frac{f(x)-f(0)}{x-0}=\lim_{x\to 0}\frac{|x|}{x}$ 에서
> $$\lim_{x\to 0+}\frac{|x|}{x}=\lim_{x\to 0+}\frac{x}{x}=\boxed{\text{(나)}},$$
> $$\lim_{x\to 0-}\frac{|x|}{x}=\lim_{x\to 0-}\frac{-x}{x}=\boxed{\text{(다)}}$$
> 이므로 $f'(0)$이 존재하지 않는다.
>
> (i), (ii)에서 함수 $f(x)$는 $x=0$에서 　(가)　 이지만 　(라)　 .

위의 과정에서 (가)~(라)에 알맞은 것을 써넣으시오.

유형 01 중요★ **평균변화율과 미분계수**

① 함수 $y=f(x)$에서 x의 값이 a에서 b까지 변할 때의 평균변화율은

➡ $\dfrac{\Delta y}{\Delta x}=\dfrac{f(b)-f(a)}{b-a}=\dfrac{f(a+\Delta x)-f(a)}{\Delta x}$

② 함수 $f(x)$의 $x=a$에서의 미분계수는

➡ $f'(a)=\displaystyle\lim_{\Delta x\to 0}\dfrac{f(a+\Delta x)-f(a)}{\Delta x}=\lim_{h\to 0}\dfrac{f(a+h)-f(a)}{h}$

$\qquad =\displaystyle\lim_{x\to a}\dfrac{f(x)-f(a)}{x-a}$

---

129 ⊕ 대표예제

함수 $f(x)=x^2+2$에 대하여 x의 값이 0에서 3까지 변할 때의 평균변화율과 $x=a$에서의 미분계수가 같을 때, 상수 a의 값은?

① $\dfrac{1}{2}$ ② 1 ③ $\dfrac{3}{2}$

④ 2 ⑤ $\dfrac{5}{2}$

---

130 ★☆☆

함수 $f(x)=x^3-x+1$에 대하여 닫힌구간 $[-1,\ 1]$에서의 평균변화율과 $x=a$에서 순간변화율이 같을 때, 양수 a의 값은?

① $\dfrac{\sqrt{5}}{5}$ ② $\dfrac{1}{2}$ ③ $\dfrac{\sqrt{3}}{3}$

④ $\dfrac{\sqrt{2}}{2}$ ⑤ 1

---

131 ★★☆

함수 $f(x)=-\dfrac{1}{2}x^2+1$에 대하여 닫힌구간 $[a,\ a+1]$에서의 평균변화율과 $x=1$에서의 순간변화율이 같을 때, 실수 a의 값은?

① 0 ② $\dfrac{1}{2}$ ③ 1

④ $\dfrac{3}{2}$ ⑤ 2

유형 02 중요★ $\displaystyle\lim_{h\to 0}\dfrac{f(a+h)-f(a)}{h}=f'(a)$를 이용한 **극한값의 계산**

미분계수를 이용하여 극한값을 구할 때, 분모의 항이 1개이면

$\displaystyle\lim_{\blacksquare\to 0}\dfrac{f(a+\blacksquare)-f(a)}{\blacksquare}=f'(a)$를 이용할 수 있도록 식을 변형한다.

참고 분자가 $f(a+\blacksquare)-f(a+\blacktriangle)$ 꼴이면 ━ $\blacksquare$ 부분이 서로 같도록 한다.

$\qquad f(a+\blacksquare)-f(a+\blacktriangle)=f(a+\blacksquare)-f(a)+f(a)-f(a+\blacktriangle)$

와 같이 변형한 후 두 개의 극한으로 분리한다.

---

132 ⊕ 대표예제

다항함수 $f(x)$에 대하여 $f'(1)=2$일 때,

$\displaystyle\lim_{h\to 0}\dfrac{f(1+3h)-f(1)}{2h}$의 값을 구하시오.

---

133 ★☆☆

다항함수 $f(x)$에 대하여 $f'(2)=-1$일 때,

$\displaystyle\lim_{h\to 0}\dfrac{f(2+h)-f(2-2h)}{h}$의 값은?

① -3 ② -1 ③ 1

④ 3 ⑤ 5

---

134 ★★☆

다항함수 $f(x)$에 대하여 $f(0)=f'(0)=3$일 때,

$\displaystyle\lim_{h\to 0}\dfrac{f(3h)-3}{h}$의 값은?

① 3 ② 6 ③ 9

④ 12 ⑤ 15

---

135 ★★☆

다항함수 $f(x)$에 대하여 $f'(-1)=2$이고

$\displaystyle\lim_{h\to 0}\dfrac{f(ah-1)-f(bh-1)}{h}=10$

일 때, $a-b$의 값을 구하시오. (단, $a,\ b$는 상수이다.)

유형 03 $\lim\limits_{x \to a} \dfrac{f(x)-f(a)}{x-a}=f'(a)$를 이용한 극한값의 계산

중요*

미분계수를 이용하여 극한값을 구할 때, 분모의 항이 2개이면
$\lim\limits_{▲ \to ●} \dfrac{f(▲)-f(●)}{▲-●}=f'(●)$를 이용할 수 있도록 식을 변형한다.
└→ ▲는 ▲끼리, ●는 ●끼리 서로 같도록 한다.

136 ⊕ 대표예제

다항함수 $f(x)$에 대하여 $f'(2)=2$일 때, $\lim\limits_{x \to 2} \dfrac{f(x)-f(2)}{x^2-4}$의 값은?

① $\dfrac{1}{4}$ ② $\dfrac{1}{2}$ ③ 1

④ 2   ⑤ 4

137 ★★☆

다항함수 $f(x)$에 대하여 $f'(9)=1$일 때, $\lim\limits_{x \to 3} \dfrac{f(x^2)-f(9)}{x-3}$의 값은?

① 1   ② 3   ③ 6

④ 9   ⑤ 12

138 ★★☆

다항함수 $f(x)$에 대하여 $2f(1)=f'(1)$이고
$\lim\limits_{x \to 1} \dfrac{f(x)-xf(1)}{x-1}=5$일 때, $f'(1)$의 값을 구하시오.

139 ★★☆

다항함수 $f(x)$에 대하여 $\lim\limits_{x \to -1} \dfrac{f(x)-4}{x^2-1}=-4$일 때,
$f(-1)+f'(-1)$의 값은?

① -8 ② -4 ③ 4

④ 8   ⑤ 12

유형 04   관계식이 주어진 함수의 미분계수

미분가능한 함수 $f(x)$에 대하여 $f(x+y)$에 대한 항등식이 주어지면
$f'(a)=\lim\limits_{h \to 0} \dfrac{f(a+h)-f(a)}{h}$의 $f(a+h)$에 주어진 항등식을 대입하여 $f'(a)$를 구한다.

140 ⊕ 대표예제

미분가능한 함수 $f(x)$가 모든 실수 x, y에 대하여
$$f(x+y)=f(x)+f(y)$$
를 만족시키고 $f'(0)=3$일 때, $f'(3)$의 값을 구하시오.

141 ★☆☆

미분가능한 함수 $f(x)$가 모든 실수 x, y에 대하여
$$f(x+y)=f(x)+f(y)+kxy$$
를 만족시키고 $f'(0)=2$, $f'(1)=3$일 때, 상수 k의 값은?

① 1   ② 2   ③ 3

④ 4   ⑤ 5

142 ★★☆

미분가능한 함수 $f(x)$가 모든 실수 x, y에 대하여
$$f(x+y)=f(x)+f(y)+3xy$$
를 만족시키고 $f'(1)=5$일 때, $f'(4)$의 값은?

① 6   ② 8   ③ 10

④ 12   ⑤ 14

143 ★★☆

미분가능한 함수 $f(x)$가 모든 실수 x, y에 대하여
$$f(x+y)=f(x)+f(y)-xy+2$$
를 만족시키고 $f'(3)=5$일 때, $f'(k)=0$이 되도록 하는 자연수 k의 값을 구하시오.

유형 05 · 미분계수의 기하적 의미

곡선 $y=f(x)$ 위의 점 $(a,\ f(a))$에서의 접선의 기울기는
➡ 함수 $f(x)$의 $x=a$에서의 미분계수 $f'(a)$와 같다.

참고 곡선 $y=f(x)$ 위의 점 $(a,\ f(a))$에서의 접선이 x축의 양의 방향과
이루는 각의 크기를 θ라 하면 $f'(a)=\tan\theta$이다.

144 ⊕ 대표 예제

그림과 같이 함수 $y=f(x)$의 그래프 위의 $x=3$인 점에서의 접선이 점 $(1,\ 0)$을 지날 때, $\displaystyle\lim_{h\to0}\frac{f(3+h)-f(3-2h)}{h}$의 값을 구하시오.

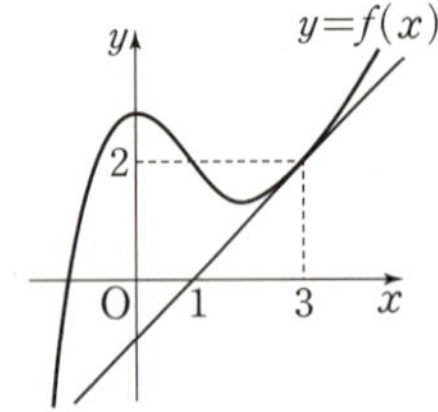

145 ★★☆

함수 $f(x)=x^2+5x+3$에 대하여 곡선 $y=f(x)$ 위의 점 $(-2,\ -3)$에서의 접선이 x축의 양의 방향과 이루는 각의 크기를 θ라 할 때, $\tan\theta$의 값을 구하시오.

146 ★★☆

그림과 같이 함수 $y=f(x)$의 그래프와 직선 $y=k$가 서로 다른 세 점 P, Q, R에서 만난다. 세 점 P, Q, R의 x좌표를 각각 p, q, r라 할 때, **보기**에서 옳은 것만을 있는 대로 고른 것은? (단, $k<0$, $p<q<r$)

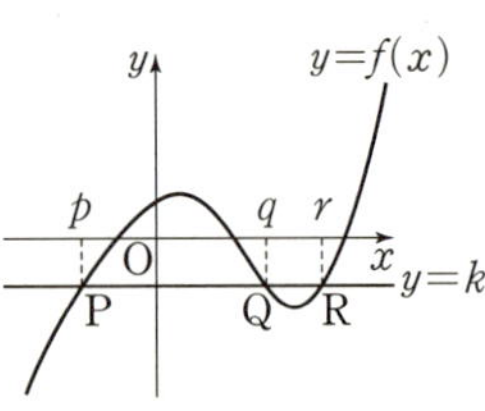

| 보기 |

ㄱ. $f'(q)<0$
ㄴ. $f'(p)f'(q)f'(r)<0$
ㄷ. $f(p)f'(p)-f(q)f'(q)+f(r)f'(r)<0$

① ㄱ   ② ㄴ   ③ ㄱ, ㄴ
④ ㄱ, ㄷ   ⑤ ㄱ, ㄴ, ㄷ

유형 06 · 미분가능성과 연속성

① 함수 $f(x)$가 $x=a$에서 연속
$\iff \displaystyle\lim_{x\to a}f(x)=f(a)$
② 함수 $f(x)$가 $x=a$에서 미분가능
$\iff \displaystyle\lim_{h\to0}\frac{f(a+h)-f(a)}{h}$가 존재하고 $x=a$에서 연속
$\qquad\qquad\qquad f'(a)$

147 ⊕ 대표 예제

함수 $y=f(x)$의 그래프 중 $x=0$에서 미분가능한 것만을 **보기**에서 있는 대로 고르시오.

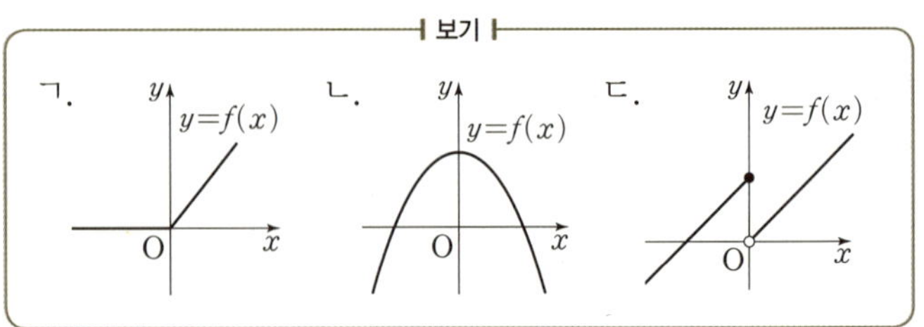

| 보기 |

148 ★★☆

다음 중 $x=0$에서 연속이지만 미분가능하지 <u>않은</u> 함수는?

① $f(x)=1$ ② $f(x)=x^2$ ③ $f(x)=\sqrt{x^2}$
④ $f(x)=\dfrac{|x|}{x}$ ⑤ $f(x)=x|x|$

149 ★★☆

$x=2$에서 연속이지만 미분가능하지 <u>않은</u> 함수인 것만을 **보기**에서 있는 대로 고른 것은?

| 보기 |

ㄱ. $f(x)=|x-2|$
ㄴ. $g(x)=|x^2-4|$
ㄷ. $k(x)=(x-2)|x-2|$

① ㄱ   ② ㄴ   ③ ㄱ, ㄴ
④ ㄱ, ㄷ   ⑤ ㄱ, ㄴ, ㄷ

유형 07 그래프에서 미분가능성과 연속성

함수 $f(x)$가 $x=a$에서 미분가능하면 $f(x)$는 $x=a$에서 연속이다. 그러나 함수 $y=f(x)$의 그래프가 $x=a$에서 불연속이거나 꺾이는 모양이면 $f(x)$는 $x=a$에서 미분가능하지 않다.

150 ⊕ 대표 예제

함수 $y=f(x)$의 그래프가 그림과 같을 때, 열린구간 $(-2, 5)$에서 함수 $f(x)$가 불연속인 x의 값은 m개, 미분가능하지 않은 x의 값은 n개이다. $m+n$의 값을 구하시오.

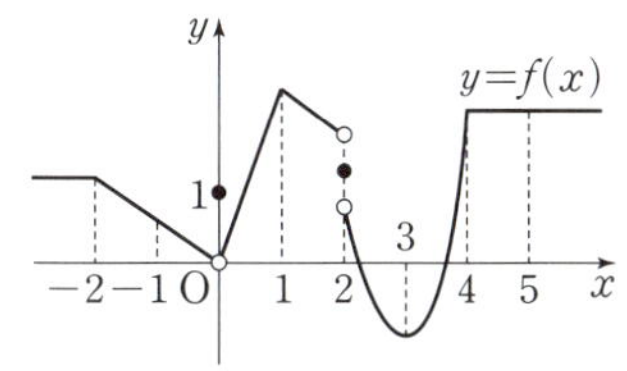

151 ★☆☆

함수 $y=f(x)$의 그래프가 그림과 같을 때, **보기**에서 옳은 것만을 있는 대로 고른 것은?

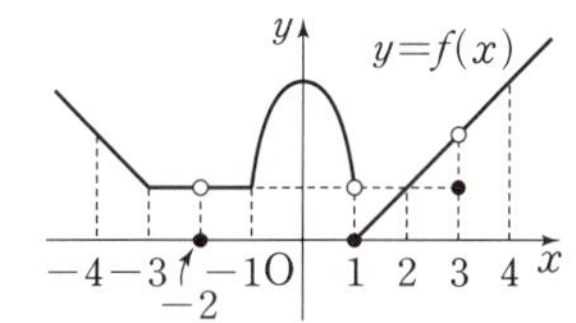

┤ 보기 ├

ㄱ. $\lim\limits_{x \to -2} f(x)$의 값이 존재한다.

ㄴ. 열린구간 $(1, 3)$에서 $f'(x)>0$이다.

ㄷ. 열린구간 $(-4, 4)$에서 함수 $f(x)$가 미분가능하지 않은 x의 값은 5개이다.

① ㄱ
② ㄱ, ㄴ
③ ㄱ, ㄷ
④ ㄴ, ㄷ
⑤ ㄱ, ㄴ, ㄷ

152 ★★☆

열린구간 $(0, 6)$에서 정의된 함수 $y=f(x)$의 그래프가 그림과 같을 때, 다음 중 옳지 <u>않은</u> 것은?

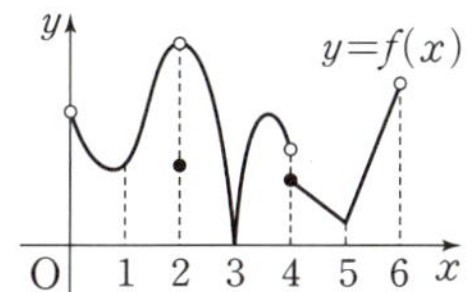

① $\lim\limits_{x \to 2} f(x)$의 값이 존재한다.

② 함수 $f(x)$의 극한값이 존재하지 않는 x의 값은 1개이다.

③ 함수 $f(x)$가 불연속인 x의 값은 2개이다.

④ 함수 $f(x)$가 미분가능하지 않은 x의 값은 3개이다.

⑤ $f'(x)=0$인 x의 값은 2개이다.

유형 08 중요* 미분가능한 함수의 미정계수 구하기

두 다항함수 $g(x)$, $h(x)$에 대하여

함수 $f(x)=\begin{cases} g(x) & (x \geq a) \\ h(x) & (x < a) \end{cases}$가 $x=a$에서 미분가능하면

① 함수 $f(x)$는 $x=a$에서 연속이다.
  ➡ $\lim\limits_{x \to a-} h(x)=g(a)$

② 함수 $f(x)$는 $x=a$에서 미분가능하다.
  ➡ $\lim\limits_{x \to a+} \dfrac{g(x)-g(a)}{x-a}=\lim\limits_{x \to a-} \dfrac{h(x)-h(a)}{x-a}$

153 ⊕ 대표 예제

함수 $f(x)=\begin{cases} x^2+a & (x \geq 1) \\ bx+2 & (x < 1) \end{cases}$가 $x=1$에서 미분가능할 때, 두 상수 a, b에 대하여 $a+b$의 값을 구하시오.

154 ★★☆

함수 $f(x)=\begin{cases} px+q & (x \geq -1) \\ x^3+2x & (x < -1) \end{cases}$가 모든 실수 x에서 미분가능할 때, $f(2)$의 값은? (단, p, q는 상수이다.)

① 10
② 12
③ 14
④ 16
⑤ 18

155 ★★☆

함수 $f(x)=\begin{cases} 2x^2+x+1 & (x \geq a) \\ -x^2+b & (x < a) \end{cases}$가 모든 실수 x에서 미분가능할 때, 두 상수 a, b에 대하여 $a+b$의 값은?

① $\dfrac{1}{2}$
② $\dfrac{7}{12}$
③ $\dfrac{2}{3}$
④ $\dfrac{3}{4}$
⑤ $\dfrac{5}{6}$

더 자세한 개념 ···→ 메가헤르츠 083쪽

개념 ❻ 도함수

미분가능한 함수 $y=f(x)$의 정의역의 각 원소 x에 미분계수 $f'(x)$를 대응시켜 만든 새로운 함수를 함수 $y=f(x)$의 **도함수**라 하고, 기호로

$$f'(x),\ y',\ \frac{dy}{dx},\ \frac{d}{dx}f(x)$$

→ $\frac{dy}{dx}$는 dy를 dx로 나눈다는 뜻이 아니라 y를 x에 대하여 미분한다는 뜻이고, '디와이(dy) 디엑스(dx)'라 읽는다.

와 같이 나타낸다. 즉, 미분가능한 함수 $f(x)$의 도함수는

$$f'(x)=\lim_{\Delta x \to 0}\frac{f(x+\Delta x)-f(x)}{\Delta x}$$
$$=\lim_{h \to 0}\frac{f(x+h)-f(x)}{h}$$

참고 함수 $f(x)$에서 도함수 $f'(x)$를 구하는 것을 $f(x)$를 x에 대하여 미분한다고 하고, 그 계산법을 미분법이라 한다.
또한, 함수 $f(x)$의 $x=a$에서의 미분계수 $f'(a)$는 도함수 $f'(x)$의 식에 $x=a$를 대입한 값이다.

더 자세한 개념 ···→ 메가헤르츠 084쪽

개념 ❼ 함수 $y=x^n$과 상수함수의 도함수

(1) $y=x^n$ (n은 자연수)이면
　① $n\neq 1$일 때, $y'=nx^{n-1}$
　② $n=1$일 때, $y'=1$
(2) $y=c$ (c는 상수)이면 $y'=0$

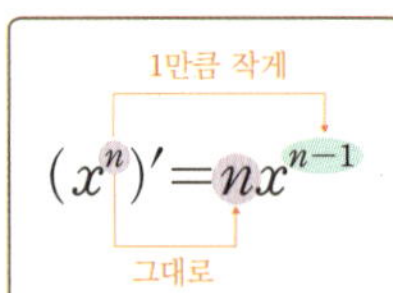

더 자세한 개념 ···→ 메가헤르츠 085쪽

개념 ❽ 미분법의 공식

(1) **함수의 실수배, 합, 차의 미분법** → 함수의 합, 차의 미분법은 세 개 이상의 함수에 대해서도 성립한다.
　두 함수 $f(x)$, $g(x)$가 미분가능할 때
　① $y=cf(x)$ (c는 상수)이면 $y'=cf'(x)$
　② $y=f(x)+g(x)$이면 $y'=f'(x)+g'(x)$
　③ $y=f(x)-g(x)$이면 $y'=f'(x)-g'(x)$

(2) **함수의 곱의 미분법**
　세 함수 $f(x)$, $g(x)$, $h(x)$가 미분가능할 때
　① $y=f(x)g(x)$이면 $y'=f'(x)g(x)+f(x)g'(x)$
　② $y=f(x)g(x)h(x)$이면
　　$y'=f'(x)g(x)h(x)+f(x)g'(x)h(x)+f(x)g(x)h'(x)$
　　참고 함수 $f(x)$가 미분가능할 때, $y=\{f(x)\}^n$ (n은 자연수)이면
　　　$y'=n\{f(x)\}^{n-1}f'(x)$

개념 ❻ 도함수

156 도함수의 정의를 이용하여 다음 함수의 도함수를 구하시오.

(1) $f(x)=-1$

(2) $f(x)=x+1$

(3) $f(x)=-x^3-1$

개념 ❼ 함수 $y=x^n$과 상수함수의 도함수

157 다음 함수를 미분하시오.

(1) $y=x^3$

(2) $y=x^{10}$

(3) $y=-50$

개념 ❽ 미분법의 공식

158 다음 함수를 미분하시오.

(1) $y=-3x+8$

(2) $y=3x^4+2x^3$

159 다음 함수를 미분하시오.

(1) $y=(x+1)(3x-4)$

(2) $y=(x^2+x+1)(2x^2-3)$

(3) $y=x(x-1)(x+1)$

(4) $y=(x-4)^3$

유형 09 다항함수의 미분법

> 두 함수 $f(x)$, $g(x)$가 미분가능할 때
> ① $y=x^n$ (n은 자연수) ➡ $y'=nx^{n-1}$
> ② $y=c$ (c는 상수) ➡ $y'=0$
> ③ $y=cf(x)$ (c는 상수) ➡ $y'=cf'(x)$
> ④ $y=f(x)\pm g(x)$ ➡ $y'=f'(x)\pm g'(x)$ (복부호동순)
> **참고** 위의 ①~④에 의하여 임의의 다항함수
> $y=a_nx^n+a_{n-1}x^{n-1}+\cdots+a_1x+a_0$ (a_0, a_1, a_2, $\cdots$, a_n은 상수)
> 은 미분가능하다.

160 ➕ 대표 예제

함수 $f(x)=x^3+ax^2+6x-1$에 대하여 $f'(2)=2$일 때, 상수 a의 값은?

① -5 ② -4 ③ -3
④ -2 ⑤ -1

161 ★☆☆

함수 $f(x)=x^{20}+x^{19}+x^{18}+\cdots+x+1$에 대하여 $f'(1)$의 값을 구하시오.

162 ★★☆

함수 $f(x)=x^4+px^2+qx+3$의 그래프가 점 $(1, 5)$를 지나고 이 점에서의 접선의 기울기가 7일 때, $f(-1)$의 값은?
(단, p, q는 상수이다.)

① 1 ② 3 ③ 5
④ 7 ⑤ 9

163 ★★☆

함수 $f(x)=2x^3+kx^2-kx+5$의 도함수 $f'(x)$의 최솟값이 $-\dfrac{9}{2}$일 때, 양수 k의 값을 구하시오.

유형 10 중요* 곱의 미분법

> 세 함수 $f(x)$, $g(x)$, $h(x)$가 미분가능할 때
> ① $y=f(x)g(x)$
> ➡ $y'=f'(x)g(x)+f(x)g'(x)$
> ② $y=f(x)g(x)h(x)$
> ➡ $y'=f'(x)g(x)h(x)+f(x)g'(x)h(x)+f(x)g(x)h'(x)$

164 ➕ 대표 예제

함수 $f(x)=(2x^3+x^2+1)(ax+1)$에 대하여 $f'(-1)=6$일 때, 상수 a의 값은?

① $-\dfrac{3}{2}$ ② $-\dfrac{1}{2}$ ③ $\dfrac{1}{2}$
④ $\dfrac{3}{2}$ ⑤ $\dfrac{5}{2}$

165 ★☆☆

함수 $f(x)=(2x+k)^4$에 대하여 $f'(1)=-8$일 때, 실수 k의 값을 구하시오.

166 ★★☆

두 다항함수 $f(x)$, $g(x)$에 대하여
$$f(1)=2,\ f'(1)=4,\ g'(1)=3$$
이고 함수 $h(x)=(x^2+2)f(x)-3g(x)$일 때, $h'(1)$의 값을 구하시오.

167 ★★☆

함수 $f(x)=x(x+1)(2x-3)$에 대하여 $f'(a)=0$을 만족시키는 모든 실수 a의 값의 합은?

① $\dfrac{1}{6}$ ② $\dfrac{1}{3}$ ③ $\dfrac{1}{2}$
④ $\dfrac{2}{3}$ ⑤ $\dfrac{5}{6}$

유형 11 중요* **미분계수를 이용한 극한값의 계산**

미분계수를 이용하여 함수 $f(x)$의 극한값을 구할 때에는 다음과 같은 순서로 한다.
① 미분계수의 정의를 이용하여 주어진 식을 $f'(a)$가 포함된 식으로 변형한다.
② 도함수 $f'(x)$를 구하여 $f'(a)$의 값을 구한다.
③ ①의 식에 $f'(a)$의 값을 대입한다.

168 ⊕ 대표 예제

함수 $f(x)=x^2-4x+2$에 대하여 $\lim\limits_{h\to 0}\dfrac{f(3+h)-f(3-h)}{3h}$의 값은?

① $\dfrac{1}{3}$ ② $\dfrac{2}{3}$ ③ 1

④ $\dfrac{4}{3}$ ⑤ $\dfrac{5}{3}$

169 ★☆☆

함수 $f(x)=-x^3+2x^2+1$에 대하여 $\lim\limits_{x\to 2}\dfrac{f(x)-f(2)}{x^2-4}$의 값은?

① $-\dfrac{5}{2}$ ② -2 ③ $-\dfrac{3}{2}$

④ -1 ⑤ $-\dfrac{1}{2}$

170 ★★☆

함수 $f(x)=x^3-2x+4$에 대하여
$$\lim_{h\to 0}\frac{f(1+ah)-f(1)}{h}=6$$
을 만족시키는 상수 a가 존재할 때, $f'(a)$의 값은?

① 98 ② 100 ③ 102

④ 104 ⑤ 106

유형 12 **미분계수를 이용한 미정계수의 결정**

다항함수 $f(x)$에 대하여 $\lim\limits_{x\to a}\dfrac{f(x)-b}{x-a}=c$ (c는 상수)이면
➡ $f(a)=b$, $f'(a)=c$

171 ⊕ 대표 예제

함수 $f(x)=2x^3+ax+b$에 대하여 $\lim\limits_{x\to 1}\dfrac{f(x)-2}{x-1}=3$일 때, 두 상수 a, b에 대하여 a^2+b^2의 값은?

① 10 ② 13 ③ 18

④ 20 ⑤ 25

172 ★★☆

함수 $f(x)=x^3+x+k$가 $\lim\limits_{x\to 2}\dfrac{xf(x)-2f(2)}{x-2}=50$을 만족시킬 때, 상수 k의 값을 구하시오.

173 ★★☆

함수 $f(x)=(x^2+x-1)(ax+b)$에 대하여
$$\lim_{h\to 0}\frac{f(2+h)-f(2)}{2h}=\frac{5}{2},\quad \lim_{x\to 1}\frac{x^3-1}{f(x)-f(1)}=3$$
일 때, $f(2)$의 값은? (단, a, b는 상수이다.)

① 1 ② 2 ③ 3

④ 4 ⑤ 5

유형 13 미분의 항등식에의 활용

① 함수 $f(x)$와 $f'(a)$에 대한 항등식이 주어진 경우
➡ $f'(a)=k$ (k는 상수)라 하고 양변을 미분한 후 양변에 $x=a$를 대입한다.
② 두 함수 $f(x)$, $f'(x)$에 대한 항등식이 주어진 경우
➡ $f(x)$와 $f'(x)$를 항등식에 대입한 후 항등식의 성질을 이용한다.

174 ⊕ 대표 예제

다항함수 $f(x)$가 모든 실수 x에 대하여
$f(x)=x^2+2xf'(2)$를 만족시킬 때, $f'(3)$의 값은?

① -2 ② -1 ③ 0
④ 1 ⑤ 2

175 ★★☆

함수 $f(x)=3x^2+2x$가 모든 실수 x에 대하여
$xf'(x)+af(x)+2x=0$을 만족시킬 때, 상수 a의 값은?

① -5 ② -4 ③ -3
④ -2 ⑤ -1

176 ★★☆

이차함수 $f(x)$가 모든 실수 x에 대하여 다음 조건을 만족시킨다.

> (가) $(x-1)f'(x)-2f(x)=-5x-13$
> (나) $f'(2)=7$

$f(3)$의 값은?

① 21 ② 23 ③ 25
④ 27 ⑤ 29

유형 14 다항식의 나눗셈에서의 미분법의 활용

다항식 $f(x)$를 $(x-a)^2$으로 나누었을 때
① 나누어떨어지면 ➡ $f(a)=0$, $f'(a)=0$이다.
② 몫을 $Q(x)$, 나머지를 $R(x)$라 하면
➡ $f(x)=(x-a)^2Q(x)+R(x)$
$f'(x)=2(x-a)Q(x)+(x-a)^2Q'(x)+R'(x)$
즉, $f(a)=R(a)$, $f'(a)=R'(a)$이다.

177 ⊕ 대표 예제

다항식 $x^3-27x+a$가 $(x-b)^2$으로 나누어떨어질 때, 두 양수 a, b에 대하여 $a-b$의 값은?

① 49 ② 50 ③ 51
④ 52 ⑤ 53

178 ★★☆

다항식 $2x^{10}+4x$를 $(x-1)^2$으로 나누었을 때의 나머지를 $R(x)$라 할 때, $R(2)$의 값은?

① 30 ② 32 ③ 34
④ 36 ⑤ 38

179 ★★☆

다항식 $f(x)$에 대하여 $f(-1)=-2$, $f'(-1)=1$이고 $f(x)$를 $(x+1)^2$으로 나누었을 때의 나머지를 $R(x)$라 할 때, $R(5)$의 값은?

① 2 ② 4 ③ 6
④ 8 ⑤ 10

180

함수 $f(x)=-x^2+5x$에 대하여 x의 값이 a에서 b까지 변할 때의 평균변화율과 $x=1$에서의 미분계수가 같을 때, 두 상수 a, b에 대하여 $a+b$의 값을 구하시오.

181

다항함수 $f(x)$에 대하여
$$\lim_{n\to\infty}\frac{n}{3}\left\{f\left(2+\frac{1}{n}\right)-f\left(2-\frac{3}{n}\right)\right\}=12$$
일 때, $f'(2)$의 값을 구하시오.

182

다항함수 $f(x)$에 대하여 $f'(a)$와 항상 같은 것만을 |보기|에서 있는 대로 고른 것은?

> ┤ 보기 ├
>
> ㄱ. $\displaystyle\lim_{h\to 0}\frac{f(a)-f(a-h)}{h}$
>
> ㄴ. $\displaystyle\lim_{x\to a}\frac{f(x^2)-f(a^2)}{x-a}$
>
> ㄷ. $\displaystyle\lim_{x\to 2a}\frac{f(2x)-f(4a)}{2x-4a}$

① ㄱ   ② ㄷ   ③ ㄱ, ㄴ
④ ㄱ, ㄷ   ⑤ ㄱ, ㄴ, ㄷ

183

다항함수 $f(x)$가 모든 실수 x, y에 대하여
$$f(x+y)=f(x)+f(y)+2xy(x+y)$$
를 만족시킨다. $f'(0)=-3$일 때, $\displaystyle\sum_{k=1}^{5}f'(k)$의 값은?

① 75   ② 85   ③ 95
④ 105   ⑤ 115

184 창의·사고력 **Up**

그림과 같이 함수 $y=f(x)$의 그래프에 대하여 $0<a<b$일 때, 옳은 것만을 |보기|에서 있는 대로 고른 것은?

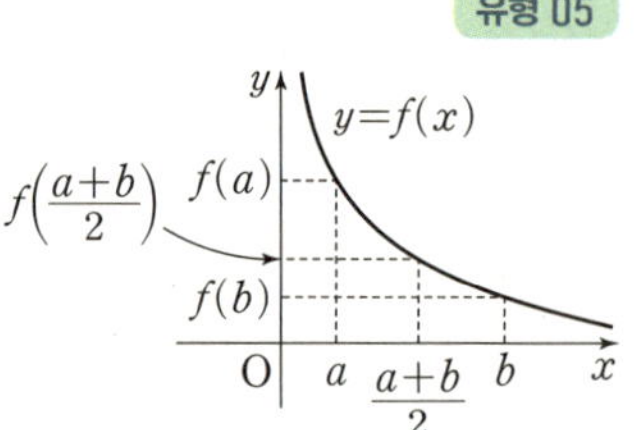

> ┤ 보기 ├
>
> ㄱ. $f\left(\dfrac{a+b}{2}\right)<\dfrac{f(a)+f(b)}{2}$
>
> ㄴ. $f'(a)<f'(b)$
>
> ㄷ. $\dfrac{f(b)-f(a)}{b-a}<f'(b)$

① ㄱ   ② ㄴ   ③ ㄱ, ㄴ
④ ㄴ, ㄷ   ⑤ ㄱ, ㄴ, ㄷ

185 창의·사고력 Up 유형 07

닫힌구간 $[0, 3]$에서 정의된 두 함수 $y=f(x)$, $y=g(x)$의 그래프가 그림과 같을 때, **보기**에서 옳은 것만을 있는 대로 고른 것은?

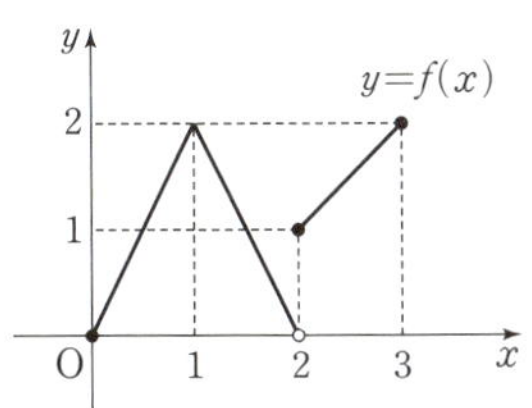

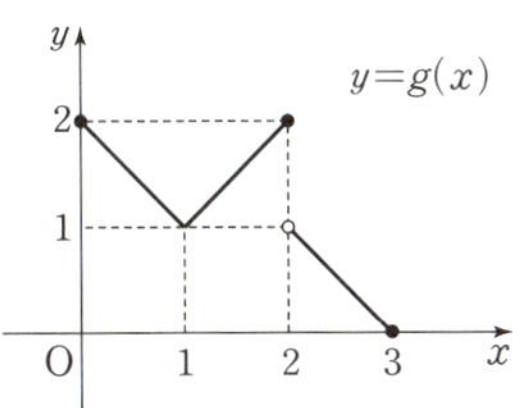

| 보기 |

ㄱ. 함수 $f(x)+g(x)$는 $x=2$에서 연속이다.
ㄴ. 함수 $f(x)g(x)$는 $x=1$에서 미분가능하다.
ㄷ. 함수 $f(g(x))$는 $x=2$에서 미분가능하다.

① ㄱ ② ㄴ ③ ㄷ
④ ㄱ, ㄴ ⑤ ㄴ, ㄷ

186 유형 08

함수 $f(x)=|x-1|(x+k)$가 $x=1$에서 미분가능할 때, $f(2)$의 값은? (단, k는 상수이다.)

① -2 ② -1 ③ 0
④ 1 ⑤ 2

187 유형 09

함수 $f(x)=\displaystyle\sum_{k=1}^{10}\frac{x^{2k}}{2k}$에 대하여 $f'(2)$의 값은?

① $\dfrac{2}{3}(2^{18}-1)$ ② $\dfrac{2}{3}(2^{19}-1)$ ③ $\dfrac{2}{3}(2^{20}-1)$
④ $\dfrac{2}{3}(2^{21}-1)$ ⑤ $\dfrac{2}{3}(2^{22}-1)$

188 유형 10

두 다항함수 $f(x)$, $g(x)$가
$$\lim_{x\to 0}\frac{f(x)-2}{x}=-1,\ \lim_{x\to 0}\frac{g(x)+3}{x}=2$$
를 만족시킬 때, 함수 $h(x)=f(x)g(x)$에 대하여 $h'(0)$의 값은?

① 1 ② 3 ③ 5
④ 7 ⑤ 9

189

유형 12

다항함수 $f(x)=x^3+px^2+qx+1$에 대하여

$$\lim_{x \to -2} \frac{f(x+1)-5}{x^2-4}=1$$일 때, $f(1)$의 값은?

(단, p, q는 상수이다.)

① 1 ② 2 ③ 3
④ 4 ⑤ 5

190 창의·사고력 Up

유형 13

최고차항의 계수가 양수인 다항함수 $f(x)$가 모든 실수 x에 대하여

$$f'(x)\{f'(x)+1\}=4f(x)+8x^2-8$$

을 만족시킬 때, $f(3)$의 값을 구하시오.

서술형 문제

191

유형 12

함수 $f(x)=x^3+2x^2+mx+1$의 그래프에서 접선의 기울기가 항상 1보다 크기 위한 정수 m의 최솟값을 구하시오.

☑ **필요 개념 및 공식**

□ 미분계수를 이용한 미정계수의 결정   □ 이차함수의 최대·최소

192

유형 14

다항함수 $f(x)$에 대하여 $f(x)$를 $(x-2)^2$으로 나누었을 때의 나머지가 $2x+1$일 때, 함수 $y=xf(x)$의 $x=2$에서의 미분계수를 구하시오.

☑ **필요 개념 및 공식**

□ 다항식의 나눗셈에서의 미분법의 활용   □ 곱의 미분법

04 접선의 방정식

🔍 더 자세한 개념 ⋯ 메가헤르츠 098쪽

개념 ❶ 접선의 방정식

함수 $f(x)$가 $x=a$에서 미분가능할 때, 곡선 $y=f(x)$ 위의 점 $P(a, f(a))$에서의 접선의 기울기는 $x=a$에서의 미분계수 $f'(a)$와 같고, 이때의 접선의 방정식은

$$y-f(a)=f'(a)(x-a)$$

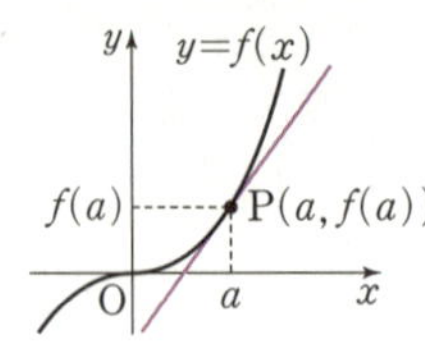

참고 곡선 $y=f(x)$ 위의 점 $(a, f(a))$를 지나고 이 점에서의 접선에 수직인 직선의 방정식은

$$y-f(a)=-\frac{1}{f'(a)}(x-a) \ (단, f'(a)\neq 0)$$

🔍 더 자세한 개념 ⋯ 메가헤르츠 099쪽

개념 ❷ 접선의 방정식을 구하는 방법

(1) **접점의 좌표가 주어진 직선의 방정식**

곡선 $y=f(x)$ 위의 점 $(a, f(a))$에서의 접선의 방정식은 다음과 같은 순서로 구한다.

❶ 접선의 기울기 $f'(a)$를 구한다.

❷ $y-f(a)=f'(a)(x-a)$를 이용하여 접선의 방정식을 구한다.

(2) **기울기가 주어진 접선의 방정식**

곡선 $y=f(x)$에 접하고 기울기가 m인 접선의 방정식은 다음과 같은 순서로 구한다.

❶ 접점의 좌표를 $(t, f(t))$라 한다.

❷ $f'(t)=m$을 이용하여 t의 값을 구한 후 접점의 좌표를 구한다.

❸ $y-f(t)=m(x-t)$를 이용하여 접선의 방정식을 구한다.

주의 기울기가 m인 접선은 두 개 이상 존재할 수 있다.

(3) **곡선 밖의 한 점에서 그은 접선의 방정식**

곡선 $y=f(x)$ 밖의 한 점 (x_1, y_1)에서 그은 접선의 방정식은 다음과 같은 순서로 구한다.

❶ 접점의 좌표를 $(t, f(t))$라 한다.

❷ 직선 $y-f(t)=f'(t)(x-t)$가 점 (x_1, y_1)을 지남을 이용하여 t의 값을 구한다.

❸ t의 값을 $y-f(t)=f'(t)(x-t)$에 대입하여 접선의 방정식을 구한다.

주의 곡선 밖의 한 점에서 그은 접선은 두 개 이상 존재할 수 있다.

🔍 더 자세한 개념 ⋯ 메가헤르츠 101쪽

개념 ❸ 두 곡선의 공통접선

두 함수 $f(x)$, $g(x)$가 $x=a$에서 미분가능하고, 두 곡선 $y=f(x)$, $y=g(x)$가 점 (a, b)에서 공통접선을 가지면 다음이 성립한다.

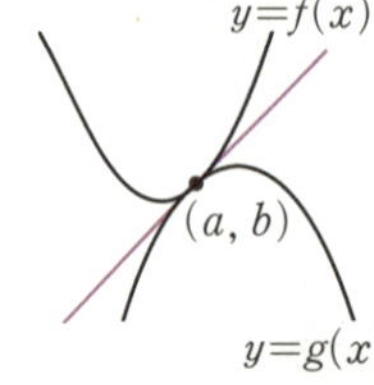

(1) $f(a)=g(a)=b$ ── $x=a$에서 두 함수 $f(x)$, $g(x)$의 함숫값이 같다.

(2) $f'(a)=g'(a)$ ── $x=a$인 점에서의 두 곡선 $y=f(x)$, $y=g(x)$의 접선의 기울기가 같다.

개념 ❶ 접선의 방정식

193 다음 곡선 위의 주어진 점에서의 접선의 기울기를 구하시오.

(1) $y=2x^2-3x+2$ $\qquad (2, 4)$

(2) $y=-2x^3+4x^2+9x-4$ $\qquad (1, 7)$

개념 ❷ 접선의 방정식을 구하는 방법

194 다음 곡선 위의 주어진 점에서의 접선의 방정식을 구하시오.

(1) $y=\frac{1}{3}x^3-x+\frac{1}{3}$ $\qquad (2, 1)$

(2) $y=x^4-3x^2+5$ $\qquad (1, 3)$

195 다음 곡선 $y=f(x)$에 접하고 기울기가 m인 접선의 방정식을 구하시오.

(1) $f(x)=x^2-6x+3$ $\qquad m=2$

(2) $f(x)=x^3-2x+3$ $\qquad m=10$

196 점 $(0, -1)$에서 곡선 $y=x^2$에 그은 접선의 방정식을 구하시오.

개념 ❸ 두 곡선의 공통접선

197 두 곡선 $y=x^3+a$, $y=3x^2-6$이 $x=2$인 점에서 공통접선을 가질 때, 상수 a의 값과 접선의 방정식을 각각 구하시오.

유형 마스터

유형 01 접선의 기울기

> 곡선 $y=f(x)$ 위의 점 $P(a, b)$에서의 접선의 기울기는 $x=a$인 점에서의 미분계수 $f'(a)$와 같다. ──• 미분계수의 기하적 의미

198 ➕ 대표 예제

곡선 $y=x^3+ax^2+3x+b$ 위의 점 $(2, 4)$에서의 접선의 기울기가 7일 때, 두 상수 a, b에 대하여 ab의 값은?

① 1　　　　② 2　　　　③ 3

④ 4　　　　⑤ 5

199 ★☆☆

곡선 $y=x^3-6x^2+ax+b$ 위의 점 $(1, 2)$에서의 접선이 직선 $y=\dfrac{1}{5}x+5$에 수직일 때, 두 상수 a, b에 대하여 $a-b$의 값은?

① -3　　　　② -1　　　　③ 1

④ 3　　　　⑤ 5

200 ★★☆

곡선 $y=f(x)$와 직선 $y=2x-4$가 점 $(3, 2)$에서 접할 때, $\displaystyle\lim_{h\to0}\dfrac{f(3+h)-2}{2h}$의 값은?

① $\dfrac{1}{2}$　　　　② 1　　　　③ $\dfrac{3}{2}$

④ 2　　　　⑤ $\dfrac{5}{2}$

201 ★★☆

함수 $f(x)=2x^2-4x+a$에 대하여 곡선 $y=f(x)$ 위의 점 $(a, f(a))$에서의 접선이 직선 $4x+(a-3)y-3=0$과 평행할 때, a의 값은? (단, $a\neq3$)

① 2　　　　② 4　　　　③ 6

④ 8　　　　⑤ 10

유형 02 ^{중요★} **접점의 좌표가 주어진 접선의 방정식**

> 곡선 $y=f(x)$ 위의 점 $(a,\,f(a))$에서의 접선의 방정식은 다음과 같은 순서로 구한다.
> ❶ 접선의 기울기 $f'(a)$를 구한다.
> ❷ $y-f(a)=f'(a)(x-a)$를 이용하여 접선의 방정식을 구한다.

202 ➕ 대표 예제

곡선 $y=x^3-2x^2+ax-b-4$ 위의 점 $(2,\,-2)$에서의 접선의 방정식이 $y=2x+b$일 때, 두 상수 $a,\,b$에 대하여 $a+b$의 값은?

① -8　　　　② -4　　　　③ 0
④ 4　　　　⑤ 8

203 ★☆☆

곡선 $y=x^3+ax-3$ 위의 점 $(1,\,0)$에서의 접선이 점 $(2,\,b)$를 지날 때, $a-b$의 값은? (단, a는 상수이다.)

① -3　　　　② -1　　　　③ 1
④ 3　　　　⑤ 5

204 ★★☆

곡선 $y=x^3-2x$ 위의 점 $\mathrm{P}(1,\,-1)$에서의 접선을 l이라 하고, 직선 l에 수직이고 점 P를 지나는 직선을 m이라 하자. 두 직선 $l,\,m$이 x축과 만나는 점을 각각 A, B라 할 때, 선분 AB의 길이를 구하시오.

205 ★★☆

곡선 $y=x^3+2x^2-4x-3$ 위의 점 $\mathrm{P}(-1,\,2)$에서의 접선과 이 곡선이 만나는 점 P가 아닌 다른 한 점의 좌표가 $(a,\,b)$일 때, $a-b$의 값을 구하시오.

유형 03 ^{중요★} **기울기가 주어진 접선의 방정식**

> 곡선 $y=f(x)$에 접하고 기울기가 m인 접선의 방정식은 다음과 같은 순서로 구한다.
> ❶ 접점의 좌표를 $(t,\,f(t))$라 한다.
> ❷ $f'(t)=m$을 이용하여 t의 값을 구한 후 접점의 좌표를 구한다.
> ❸ $y-f(t)=m(x-t)$를 이용하여 접선의 방정식을 구한다.

206 ➕ 대표 예제

곡선 $y=3x^2-16x-2a$에 접하고 기울기가 2인 직선의 방정식이 $y=2x+a$일 때, 상수 a의 값은?

① -11　　　　② -9　　　　③ -7
④ -5　　　　⑤ -3

207 ★☆☆

곡선 $y=x^3+3x^2-2x-11$에 접하고 직선 $y=-5x+4$와 평행한 직선이 점 $(a,\,3)$을 지날 때, a의 값은?

① -3　　　　② -1　　　　③ 1
④ 3　　　　⑤ 5

208 ★★☆

곡선 $y=-x^3+4x$에 접하는 직선 중 x축의 양의 방향과 이루는 각의 크기가 $45°$이고 제2사분면을 지나지 않는 직선을 l이라 할 때, 직선 l의 y절편을 구하시오.

209 ★★☆

곡선 $y=\dfrac{2}{3}x^3-4x^2+7x-1$ 위의 점 $(3,\,2)$에서의 접선에 수직이고, 이 곡선에 접하는 직선의 방정식을 $ax+by-13=0$이라 할 때, 두 상수 $a,\,b$에 대하여 ab의 값을 구하시오.

유형 04 **곡선 밖의 한 점에서 그은 접선의 방정식**

곡선 $y=f(x)$ 밖의 한 점 (x_1, y_1)에서 곡선에 그은 접선의 방정식은 다음과 같은 순서로 구한다.
❶ 접점의 좌표를 $(t, f(t))$라 한다.
❷ 직선 $y-f(t)=f'(t)(x-t)$가 점 (x_1, y_1)을 지남을 이용하여 t의 값을 구한다.
❸ t의 값을 $y-f(t)=f'(t)(x-t)$에 대입하여 접선의 방정식을 구한다.

210 ⊕ 대표 예제

점 $(0, 1)$에서 곡선 $y=x^3+3$에 그은 접선의 x절편은?

① $-\dfrac{2}{3}$ ② $-\dfrac{1}{3}$ ③ 0

④ $\dfrac{1}{3}$ ⑤ $\dfrac{2}{3}$

211 ★★☆

점 $(-1, 3)$에서 곡선 $y=x^3-3x$에 그은 두 개의 접선의 기울기를 각각 m_1, m_2라 할 때, $\dfrac{4m_2}{m_1}$의 값은? (단, $m_1 < m_2$)

① -5 ② -3 ③ -1

④ 1 ⑤ 3

212 ★★☆

점 $(0, -1)$에서 곡선 $y=x^4+2$에 그은 접선 중 기울기가 양수인 접선의 방정식이 $y=ax+b$일 때, 두 상수 a, b에 대하여 ab의 값을 구하시오.

213 ★★☆

점 $A(0, -10)$에서 곡선 $y=\dfrac{1}{4}x^4-\dfrac{1}{2}x^2$에 그은 두 접선의 접점을 각각 P, Q라 할 때, 삼각형 APQ의 넓이를 구하시오.

유형 05 중요* **곡선과 직선이 접할 때 미정계수의 결정**

미분가능한 함수 $f(x)$에 대하여 곡선 $y=f(x)$와 직선 $y=mx+n$이 접할 때, 함수 $f(x)$의 미정계수는 다음과 같은 순서로 구한다.
❶ 접점의 좌표를 $(t, f(t))$라 한다.
❷ 직선 $y-f(t)=f'(t)(x-t)$와 직선 $y=mx+n$이 일치함을 이용하여 t의 값을 구한다. $f'(t)=m,\ f(t)-tf'(t)=n$
❸ t의 값을 이용하여 접점의 좌표를 구한 후, 좌표를 이용하여 미정계수를 구한다.

214 ⊕ 대표 예제

곡선 $y=x^3-3x^2+x+a$와 직선 $y=-2x+3$이 접할 때, 상수 a의 값은?

① 1 ② 2 ③ 3

④ 4 ⑤ 5

215 ★★☆

곡선 $y=x^3+ax^2-2ax+a+4$와 직선 $y=3x+b$가 점 $(3, c)$에서 접할 때, $a+b+c$의 값은? (단, a, b는 상수이다.)

① -4 ② -3 ③ -2

④ -1 ⑤ 0

216 ★★☆

곡선 $y=x^3-3x^2+ax+1$과 직선 $y=ax-3$이 a의 값에 관계없이 x좌표가 k인 점에서 접할 때, k의 값을 구하시오.

(단, a는 상수이다.)

217 ★★☆

곡선 $y=x^3+ax+10$과 직선 $y=4x-6$이 접할 때, 접점의 x좌표를 b라 하자. 두 상수 a, b에 대하여 $a+b$의 값은?

① -10 ② -8 ③ -6

④ -4 ⑤ -2

유형 06 접선과 좌표축으로 둘러싸인 도형의 넓이

접선과 좌표축으로 둘러싸인 도형의 넓이는 다음과 같은 순서로 구한다.
❶ 주어진 조건을 이용하여 접선의 방정식을 구한다.
❷ 접선의 x절편과 y절편을 이용하여 도형의 넓이를 구한다.

218 ➕ 대표 예제

곡선 $y=x^3-2x^2+4x-1$ 위의 점 $(1, 2)$에서의 접선과 x축 및 y축으로 둘러싸인 도형의 넓이는?

① $\dfrac{1}{6}$　　　　② $\dfrac{1}{3}$　　　　③ $\dfrac{1}{2}$

④ 1　　　　⑤ 2

219 ★★☆

점 $A(2, -2)$에서 곡선 $y=x^2-4x+3$에 그은 두 접선이 x축과 만나는 점을 각각 B, C라 할 때, 삼각형 ABC의 넓이는?

① 2　　　　② 4　　　　③ 6

④ 8　　　　⑤ 10

220 ★★☆

곡선 $y=x^3-6x^2+12x+1$에 접하는 기울기가 3인 두 직선과 x축 및 y축으로 둘러싸인 도형의 넓이는?

① 2　　　　② 3　　　　③ 4

④ 5　　　　⑤ 6

유형 07 두 곡선의 공통접선

두 곡선 $y=f(x)$, $y=g(x)$가 $x=t$인 점에서 공통접선을 가지면
① $x=t$인 점에서 두 곡선이 만난다.
　➡ $f(t)=g(t)$
② $x=t$인 점에서의 두 곡선의 접선의 기울기가 같다.
　➡ $f'(t)=g'(t)$
이때 두 곡선이 $x=t$인 점에서 접한다고 한다.

221 ➕ 대표 예제

두 곡선 $y=x^3+ax+b$, $y=-x^3+c$가 점 $(1, 1)$에서 접할 때, 세 상수 a, b, c에 대하여 $a+bc$의 값은?

① 2　　　　② 3　　　　③ 4

④ 5　　　　⑤ 6

222 ★★☆

두 곡선 $y=x^3-3x^2+2x+1$, $y=x^2-2x+1$이 한 점에서 공통접선 $y=ax+b$를 가질 때, 두 상수 a, b에 대하여 ab의 값은?

① -6　　　　② -4　　　　③ -2

④ 0　　　　⑤ 2

223 ★★☆

두 곡선 $y=x^2+ax+b$, $y=-x^2+ax+c$가 점 P에서 접한다. 점 P를 지나고 점 P에서의 접선에 수직인 직선의 방정식이 $x+2y-4=0$일 때, 세 상수 a, b, c에 대하여 abc의 값은?

① 0　　　　② 2　　　　③ 4

④ 6　　　　⑤ 8

🔍 더 자세한 개념 ···→ 메가헤르츠 108쪽

개념 ❹ 롤의 정리

함수 $f(x)$가 닫힌구간 $[a, b]$에서 연속이고 열린구간 (a, b)에서 미분가능할 때, $f(a)=f(b)$이면

$$f'(c)=0$$

인 c가 열린구간 (a, b)에 적어도 하나 존재한다.

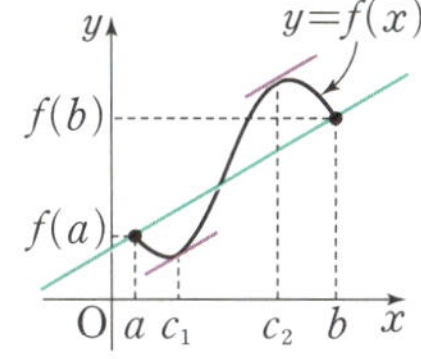

> **참고** ① 롤의 정리는 곡선 $y=f(x)$에서 $f(a)=f(b)$이면 x축과 평행한 접선을 갖는 점이 열린구간 (a, b)에 적어도 하나 존재함을 의미한다.
> ② 롤의 정리는 함수 $f(x)$가 닫힌구간 $[a, b]$에서 불연속이거나 열린구간 (a, b)에서 미분가능하지 않으면 성립하지 않는다.

🔍 더 자세한 개념 ···→ 메가헤르츠 109쪽

개념 ❺ 평균값 정리

함수 $f(x)$가 닫힌구간 $[a, b]$에서 연속이고 열린구간 (a, b)에서 미분가능하면

$$\frac{f(b)-f(a)}{b-a}=f'(c)$$

인 c가 열린구간 (a, b)에 적어도 하나 존재한다.

> **참고** ① 평균값 정리는 곡선 $y=f(x)$ 위의 두 점 $(a, f(a))$, $(b, f(b))$를 지나는 직선과 평행한 접선을 갖는 점이 열린구간 (a, b)에 적어도 하나 존재함을 의미한다.
> ② 평균값 정리에서 $f(a)=f(b)$인 경우가 롤의 정리이다.

개념 ❹ 롤의 정리

224 다음 함수에 대하여 주어진 구간에서 롤의 정리를 만족시키는 상수 c의 값을 구하시오.

(1) $f(x)=x^2-2x+3$ $[0, 2]$

(2) $f(x)=x^3+2x^2-4x-8$ $[-2, 2]$

개념 ❺ 평균값 정리

225 다음 함수에 대하여 주어진 구간에서 평균값 정리를 만족시키는 상수 c의 값을 구하시오.

(1) $f(x)=2x^2-5x+2$ $[1, 4]$

(2) $f(x)=x^3-3x^2+2x+2$ $[0, 3]$

226 다음은 함수 $f(x)$가 닫힌구간 $[a, b]$에서 연속이고 열린구간 (a, b)에서 미분가능할 때, 열린구간 (a, b)에 속하는 모든 x에 대하여 $f'(x)=0$이면 $f(x)$는 닫힌구간 $[a, b]$에서 상수함수임을 보이는 과정이다.

> $a<x\leq b$인 모든 실수 x에 대하여 함수 $f(x)$는 닫힌구간 $[a, x]$에서 연속이고 열린구간 (a, x)에서 미분가능하므로 평균값 정리에 의하여
> $$\frac{f(x)-f(a)}{x-a}=f'(c)$$
> 인 c가 열린구간 $\boxed{\text{(가)}}$에 적어도 하나 존재한다.
> 그런데 $f'(c)=\boxed{\text{(나)}}$이므로
> $$f(x)-f(a)=0 \quad \therefore f(x)=f(a)$$
> 따라서 $f(x)$는 닫힌구간 $[a, b]$에서 상수함수이다.

위의 과정에서 (가), (나)에 알맞은 것을 써넣으시오.

유형 08 롤의 정리

함수 $f(x)$가 닫힌구간 $[a, b]$에서 연속이고 열린구간 (a, b)에서 미분가능할 때, $f(a)=f(b)$이면
$$f'(c)=0$$
인 c가 열린구간 (a, b)에 적어도 하나 존재한다.

주의 롤의 정리를 만족시키는 상수 c의 값을 구할 때에는 $f'(c)=0$인 c가 열린구간 (a, b)에 속하는지 반드시 확인해야 한다.

227 ⊕ 대표 예제

함수 $f(x)=(x-2)^2(x-5)$에 대하여 닫힌구간 $[1, 4]$에서 롤의 정리를 만족시키는 상수 c의 값은?

① $\dfrac{4}{3}$ ② $\dfrac{5}{3}$ ③ 2

④ $\dfrac{7}{3}$ ⑤ $\dfrac{8}{3}$

228 ★☆☆

함수 $f(x)=x^3-2x^2-3x+5$에 대하여 닫힌구간 $[-1, 3]$에서 롤의 정리를 만족시키는 모든 상수 c의 값의 합은?

① $\dfrac{1}{3}$ ② $\dfrac{2}{3}$ ③ 1

④ $\dfrac{4}{3}$ ⑤ $\dfrac{5}{3}$

229 ★★☆

함수 $f(x)=4x^3+ax^2+bx+1$에 대하여 닫힌구간 $[-1, 1]$에서 롤의 정리를 만족시키는 상수가 $-\dfrac{1}{2}$일 때, 두 상수 a, b에 대하여 ab의 값을 구하시오.

230 ★★☆

다음은 함수 $f(x)=|x|$가 닫힌구간 $[-1, 1]$에서 연속이고 $f(-1)=f(1)$이지만 롤의 정리를 만족시키지 않음을 보이는 과정이다.

함수 $f(x)$는 닫힌구간 $[-1, 1]$에서 연속이고 $f(-1)=f(1)=1$이다.
$0<a<1$인 임의의 실수 a에 대하여
$$f'(a)=\lim_{x \to a}\frac{f(x)-f(a)}{x-a}=\lim_{x \to a}\frac{x-a}{x-a}$$
$$=\boxed{(가)} \neq 0$$
$-1<a<0$인 임의의 실수 a에 대하여
$$f'(a)=\lim_{x \to a}\frac{f(x)-f(a)}{x-a}=\lim_{x \to a}\frac{-x-(-a)}{x-a}$$
$$=\boxed{(나)} \neq 0$$
또한,
$$\lim_{x \to 0+}\frac{f(x)-f(0)}{x}=\boxed{(다)},$$
$$\lim_{x \to 0-}\frac{f(x)-f(0)}{x}=-1$$
이므로 $f(x)$는 $x=0$에서 미분계수가 존재하지 않는다.
즉, $f'(c)=0$인 c가 열린구간 $(-1, 1)$에 존재하지 않는다.
따라서 함수 $f(x)$는 닫힌구간 $[-1, 1]$에서 연속이고 $f(-1)=f(1)$이지만 열린구간 $(-1, 1)$에서 미분가능하지 않으므로 롤의 정리를 만족시키지 않는다.

위의 과정에서 (가), (나), (다)에 알맞은 수를 각각 l, m, n이라 할 때, $l-2m+3n$의 값은?

① 2 ② 4 ③ 6

④ 8 ⑤ 10

유형 09 ^{중요*} 평균값 정리

① 함수 $f(x)$가 닫힌구간 $[a, b]$에서 연속이고 열린구간 (a, b)에서 미분가능하면

$$\frac{f(b)-f(a)}{b-a}=f'(c)$$

인 c가 열린구간 (a, b)에 적어도 하나 존재한다.

② 평균값 정리는 곡선 $y=f(x)$ 위의 두 점 $(a, f(a))$, $(b, f(b))$ 를 잇는 직선과 평행한 접선을 갖는 점이 열린구간 (a, b)에 적어도 하나 존재함을 의미한다.

> **주의** 평균값 정리를 만족시키는 상수 c의 값을 구할 때에는
>
> $$\frac{f(b)-f(a)}{b-a}=f'(c)$$ 인 c가 열린구간 (a, b)에 속하는지 반드시 확인해야 한다.

231 ⊕ 대표 예제

함수 $f(x)=x^3-6x^2+12x-6$에 대하여 닫힌구간 $[1, 3]$에서 평균값 정리를 만족시키는 모든 상수 c의 값의 합은?

① 1 ② 2 ③ 3
④ 4 ⑤ 5

232 ★☆☆

함수 $f(x)=x^3-4x^2+3x+6$에 대하여 닫힌구간 $[-1, 2]$에서 평균값 정리를 만족시키는 상수 c의 값이 $p+q\sqrt{13}$일 때, $\dfrac{p}{q}$의 값은? (단, p, q는 유리수이다.)

① -4 ② -1 ③ 2
④ 5 ⑤ 8

233 ★★☆

다항함수 $y=f(x)$의 그래프가 그림과 같을 때, 닫힌구간 $[-2, 5]$에서 평균값 정리를 만족시키는 상수 c의 개수를 구하시오.

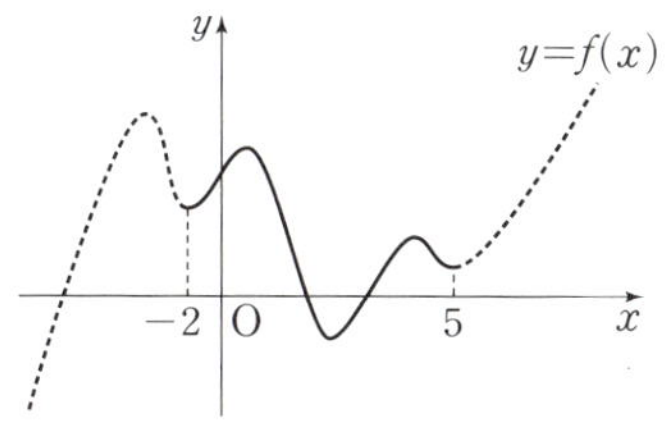

234 ★★☆

다음은 두 함수 $f(x)$, $g(x)$가 닫힌구간 $[a, b]$에서 연속이고 열린구간 (a, b)에서 미분가능할 때, 열린구간 (a, b)에 속하는 모든 x에 대하여 $f'(x)=g'(x)$이면 닫힌구간 $[a, b]$에서 $f(x)=g(x)+k$ (k는 상수)임을 증명하는 과정이다.

> $h(x)=f(x)-g(x)$라 하면 함수 $h(x)$는 닫힌구간 $[a, b]$에서 연속이고 열린구간 (a, b)에서 미분가능하다.
> 이때 열린구간 (a, b)에 속하는 모든 x에 대하여 $f'(x)=g'(x)$이므로
> $$h'(x)=\boxed{\text{(가)}}=0$$
> $a<x\leq b$인 모든 실수 x에 대하여 함수 $h(x)$는 닫힌구간 $[a, x]$에서 $\boxed{\text{(나)}}$에 의하여
> $$\frac{h(x)-h(a)}{x-a}=h'(c)$$
> 인 c가 열린구간 (a, x)에 적어도 하나 존재한다.
> 그런데 $h'(c)=0$이므로
> $$h(x)=h(a)$$
> 따라서 함수 $h(x)$는 닫힌구간 $[a, b]$에서 $\boxed{\text{(다)}}$ 함수이므로
> $$h(x)=f(x)-g(x)=k \ (k\text{는 상수})$$
> $$\therefore f(x)=g(x)+k$$

위의 과정에서 (가), (나), (다)에 알맞은 것은?

	(가)	(나)	(다)
①	$f(x)-g(x)$	롤의 정리	상수
②	$f(x)-g(x)$	평균값 정리	상수
③	$f'(x)-g'(x)$	평균값 정리	상수
④	$f'(x)-g'(x)$	평균값 정리	연속
⑤	$f'(x)-g'(x)$	롤의 정리	연속

235
유형 01

점 $(2, a)$를 지나는 곡선 $y=3x^4+bx^2+c$ 위의 두 점 $(1, 3)$, $(-1, 3)$에서의 접선이 교점을 갖지 않을 때, $a+b-c$의 값은? (단, b, c는 상수이다.)

① 16 ② 17 ③ 18
④ 19 ⑤ 20

237
유형 02

y축에 대하여 대칭인 곡선 $y=f(x)$ 위의 점 $(2, 1)$에서의 접선의 방정식이 $y=2x-3$일 때, 곡선 $y=(2x-1)f(x)$ 위의 $x=-2$인 점에서의 접선의 y절편은?

① 17 ② 19 ③ 21
④ 23 ⑤ 25

236
유형 02

곡선 $y=x^3+ax^2+x+b$ 위의 점 $P(1, 2)$에서 그은 접선을 l이라 하자. 점 P가 이 곡선과 직선 l의 유일한 교점일 때, 두 상수 a, b에 대하여 $b-a$의 값은?

① 2 ② 3 ③ 4
④ 5 ⑤ 6

238
창의·사고력 Up
유형 03

곡선 $y=x^3-3x^2+x+3$에 접하는 직선 중 x축의 방향으로 a만큼 평행이동했을 때 직선 $y=-2x+2$와 일치하는 직선을 l이라 하자. 직선 l을 y축의 방향으로 b만큼 평행이동한 직선이 직선 $y=-2x-2$와 일치한다고 할 때, ab의 값은?

① 3 ② 4 ③ 5
④ 6 ⑤ 7

239

곡선 $y=x^3-6x^2+11x-3$에 접하고 직선 $y=2x$와 교점을 갖지 않는 접선은 2개이다. 이 두 접선 사이의 거리는?

① $\dfrac{\sqrt{5}}{5}$ ② $\dfrac{2\sqrt{5}}{5}$ ③ $\dfrac{3\sqrt{5}}{5}$

④ $\dfrac{4\sqrt{5}}{5}$ ⑤ $\sqrt{5}$

240

점 $(a,\ a-1)$에서 곡선 $y=x^3-x^2$에 그은 접선이 2개가 되도록 하는 모든 실수 a의 값의 합은? (단, $a\neq1$)

① $-\dfrac{2}{3}$ ② $-\dfrac{5}{9}$ ③ $-\dfrac{4}{9}$

④ $-\dfrac{1}{3}$ ⑤ $-\dfrac{2}{9}$

241

서로 다른 두 직선 $y=x+8$, $y=x+a$가 곡선 $y=x^3-9x^2+16x+b$에 접할 때, 두 양수 a, b에 대하여 $a-b$의 값은?

① 1 ② 3 ③ 5

④ 7 ⑤ 9

242

두 곡선 $y=x^3-x^2-x-1$, $y=x^2-3x+3$의 교점을 P라 하자. 두 곡선 위의 점 P에서의 접선을 그을 때, 두 접선과 x축으로 둘러싸인 도형의 넓이는?

① $\dfrac{3}{7}$ ② $\dfrac{5}{7}$ ③ 1

④ $\dfrac{9}{7}$ ⑤ $\dfrac{11}{7}$

243 창의·사고력 Up 유형 07

미분가능한 두 함수 $f(x)$, $g(x)$에 대하여

$$\lim_{x \to 1} \frac{f(x)-x+1}{g(x)+x-1} = \frac{1}{2}$$

이 성립한다. 두 곡선 $y=f(x)$, $y=g(x)$가 $x=1$인 점에서 공통접선 l을 가질 때, 접선 l의 y절편은?

① -3 ② -1 ③ 1

④ 3 ⑤ 5

244 유형 08

함수 $f(x)=x^3+x^2-x+3$에 대하여 닫힌구간 $[-a,\ a]$에서 롤의 정리를 만족시키는 상수 c의 값이 존재할 때, $\dfrac{a}{c}$의 값은? (단, $a>0$)

① 2 ② 3 ③ 4

④ 5 ⑤ 6

서술형 문제

245 유형 05

곡선 $y=x^3-4x^2+ax+2$를 x축의 방향으로 2만큼 평행이동한 곡선이 직선 $y=3x-4$에 접하도록 하는 모든 상수 a의 값의 합을 구하시오.

☑ 필요 개념 및 공식
□ 곡선과 직선이 접할 때 미정계수의 결정   □ 도형의 평행이동

246 유형 09

함수 $f(x)=-4x^2+14x-6$에 대하여 닫힌구간 $[a,\ 1]$에서 평균값 정리를 만족시키는 상수가 $\dfrac{1}{2}$일 때, a의 값을 구하시오.

$$\left(\text{단, } a<\frac{1}{2}\right)$$

☑ 필요 개념 및 공식
□ 평균값 정리

05 함수의 그래프

📖 정답 및 해설 039쪽

🔍 더 자세한 개념 ⋯→ 메가헤르츠 118쪽

개념 ❶ 함수의 증가와 감소

함수 $f(x)$가 어떤 구간에 속하는 임의의 두 수 x_1, x_2에 대하여
(1) $x_1<x_2$일 때, $f(x_1)<f(x_2)$이면 함수 $f(x)$는 이 구간에서 **증가**한다고 한다.
(2) $x_1<x_2$일 때, $f(x_1)>f(x_2)$이면 함수 $f(x)$는 이 구간에서 **감소**한다고 한다.

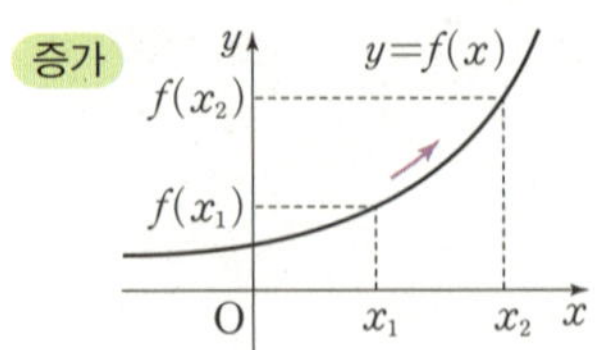

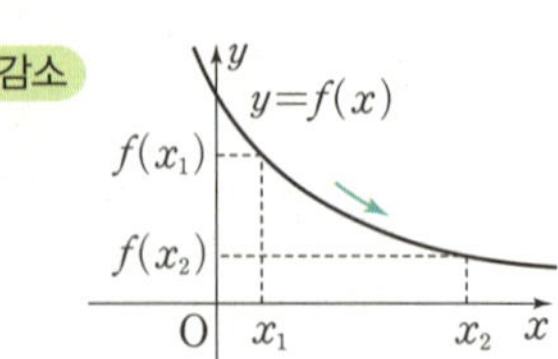

🔍 더 자세한 개념 ⋯→ 메가헤르츠 118쪽

개념 ❷ 함수의 증가와 감소의 판정

함수 $f(x)$가 어떤 열린구간에서 미분가능하고, 이 구간의 모든 x에 대하여
(1) $f'(x)>0$이면 함수 $f(x)$는 이 구간에서 증가한다.
(2) $f'(x)<0$이면 함수 $f(x)$는 이 구간에서 감소한다.

주의 일반적으로 위의 역은 성립하지 않는다.
예를 들어, $f(x)=x^3$은 구간 $(-\infty, \infty)$에서 증가하지만 $f'(x)=3x^2$에서 $f'(0)=0$이다.

개념 ❶ 함수의 증가와 감소

247 다음은 구간 $(-\infty, \infty)$에서 함수 $f(x)=x^3$의 증가와 감소를 조사하는 과정이다.

> $x_1<x_2$인 임의의 두 실수 x_1, x_2에 대하여
> $$x_1^2+x_1x_2+x_2^2=\left(x_1+\frac{x_2}{2}\right)^2+\frac{3}{4}x_2^2>0$$
> 이므로
> $$\begin{aligned} f(x_1)-f(x_2)&=x_1^3-x_2^3 \\ &=(x_1-x_2)(x_1^2+x_1x_2+x_2^2) \\ &\boxed{(가)}\ 0 \end{aligned}$$
> 즉, $f(x_1)\ \boxed{(가)}\ f(x_2)$이다.
> 따라서 함수 $f(x)$는 구간 $(-\infty, \infty)$에서 $\boxed{(나)}$ 한다.

위의 과정에서 (가), (나)에 알맞은 것을 써넣으시오.

248 주어진 구간에서 다음 함수의 증가와 감소를 조사하시오.

(1) $f(x)=2x-1$ $[0, 5]$

(2) $f(x)=x^2$ $(-\infty, 0)$

개념 ❷ 함수의 증가와 감소의 판정

249 다음 함수의 증가와 감소를 조사하시오.

(1) $f(x)=-x^2-4x+6$

(2) $f(x)=x^3-3x^2+6$

유형 01 함수의 증가와 감소

어떤 구간에서 미분가능한 함수 $f(x)$의 증가와 감소는 다음과 같은 순서로 조사한다.
❶ 도함수 $f'(x)$를 구한다.
❷ $f'(x)=0$인 x의 값을 구한다.
❸ ❷에서 구한 x의 값의 좌우에서 $f'(x)$의 부호를 조사하여 함수 $f(x)$의 증가와 감소를 표로 나타낸다. 이때
$f'(x)>0$이면 함수 $f(x)$는 이 구간에서 증가하고,
$f'(x)<0$이면 함수 $f(x)$는 이 구간에서 감소한다.

250 ➕ 대표 예제

함수 $f(x)=x^3-3x^2-9x-3$이 감소하는 구간이 $[a, b]$일 때, $b-a$의 값을 구하시오.

251 ★☆☆

함수 $f(x)=-x^3+12x-1$의 증가, 감소에 대한 다음 설명 중 옳은 것은?

① 함수 $f(x)$는 구간 $(-\infty, -2]$에서 증가한다.
② 함수 $f(x)$는 구간 $[2, \infty)$에서 증가한다.
③ 함수 $f(x)$는 닫힌구간 $[-1, 3]$에서 감소한다.
④ 함수 $f(x)$는 구간 $[-2, 2)$에서 증가한다.
⑤ 함수 $f(x)$는 구간 $[1, 4)$에서 감소한다.

252 ★★☆

함수 $f(x)=x^3-6x^2+ax+4$가 감소하는 구간이 $[b, 6]$일 때, $a-b$의 값은? (단, a는 상수이다.)

① -40　　② -38　　③ -36
④ -34　　⑤ -32

유형 02 실수 전체의 집합에서 함수가 증가 또는 감소하기 위한 조건

① 미분가능한 함수 $f(x)$가 실수 전체의 집합에서 증가한다.
➡ 모든 실수 x에 대하여 $f'(x) \geq 0$이다.
② 미분가능한 함수 $f(x)$가 실수 전체의 집합에서 감소한다.
➡ 모든 실수 x에 대하여 $f'(x) \leq 0$이다.
이때 **유형 01**과 비교하여 등호가 포함되는 조건에 유의한다.

253 ➕ 대표 예제

함수 $f(x)=x^3-3x^2+ax+4$가 실수 전체의 집합에서 증가하도록 하는 실수 a의 최솟값은?

① 2　　② 3　　③ 4
④ 5　　⑤ 6

254 ★★☆

함수 $f(x)=-\dfrac{1}{3}x^3+ax^2+4(1-a)x+3$이 구간 $(-\infty, \infty)$에서 감소하도록 하는 실수 a의 값은?

① 2　　② 3　　③ 4
④ 5　　⑤ 6

255 ★★★

실수 전체의 집합에서 정의된 함수
$$f(x)=(x-2)(x^2-ax+4)$$
의 역함수가 존재하기 위한 정수 a의 개수는?

① 3　　② 4　　③ 5
④ 6　　⑤ 7

유형 03 주어진 구간에서 함수가 증가 또는 감소하기 위한 조건

어떤 구간에서 미분가능한 함수 $f(x)$가 증가 또는 감소하기 위한 조건은 다음과 같은 순서로 구한다.
❶ 도함수 $f'(x)$를 구한다.
❷ 함수 $y=f'(x)$의 그래프의 개형을 그린다.
❸ 어떤 구간에서 함수 $f(x)$가 증가하려면 $f'(x) \geq 0$, 함수 $f(x)$가 감소하려면 $f'(x) \leq 0$이어야 함을 이용한다.

256 ⊕ 대표 예제

함수 $f(x)=x^3-3x^2+ax-3$이 닫힌구간 $[-1, 3]$에서 감소하도록 하는 실수 a의 최댓값은?

① -10 ② -9 ③ -8
④ -7 ⑤ -6

257 ★☆☆

함수 $f(x)=-x^3-2x^2+ax-1$이 열린구간 $(-2, 1)$에서 증가하도록 하는 실수 a의 값의 범위는?

① $a \geq -4$ ② $a \geq -2$ ③ $0 \leq a \leq 3$
④ $a \geq 4$ ⑤ $a \geq 7$

258 ★★☆

정의역이 $\{x \mid -1 \leq x \leq 0\}$인 함수

$$f(x)=-\frac{1}{3}x^3+2x^2+ax+1$$

이 일대일함수가 되도록 하는 양수 a의 최솟값은?

① 2 ② 3 ③ 4
④ 5 ⑤ 6

유형 04 도함수의 그래프를 이용한 함수의 증가와 감소

그래프를 이용한 함수 $f(x)$의 증가와 감소는
① 함수 $y=f(x)$의 그래프가 주어진 경우
 • 어떤 구간에서 그래프의 개형이 ╱과 같으면 이 구간에서 함수 $f(x)$는 증가한다.
 • 어떤 구간에서 그래프의 개형이 ╲과 같으면 이 구간에서 함수 $f(x)$는 감소한다.
② 도함수 $y=f'(x)$의 그래프가 주어진 경우
 • 어떤 구간에서 그래프가 x축의 위쪽에 있으면 이 구간에서 함수 $f(x)$는 증가한다. ┈ $f'(x)>0$
 • 어떤 구간에서 그래프가 x축의 아래쪽에 있으면 이 구간에서 함수 $f(x)$는 감소한다. ┈ $f'(x)<0$

259 ⊕ 대표 예제

구간 $[-4, \infty)$에서 정의된 미분가능한 함수 $y=f(x)$의 그래프가 그림과 같고, 함수 $f(x)$가 닫힌구간 $[a, b]$에서 감소한다고 할 때, $b-a$의 최댓값은?

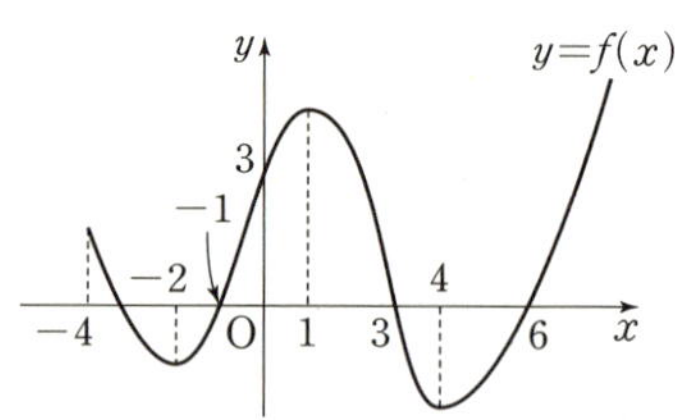

① 3 ② 5 ③ 7
④ 9 ⑤ 11

260 ★★☆

닫힌구간 $[0, 6]$에서 정의된 미분가능한 함수 $y=f(x)$의 그래프가 그림과 같을 때, 함수 $f(x)$가 닫힌구간 $[n, n+1]$에서 증가하도록 하는 정수 n의 개수를 구하시오.

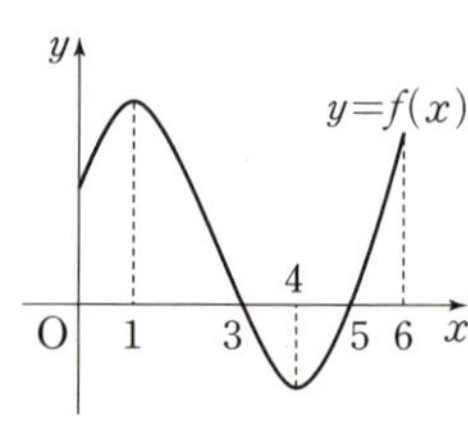

261 ★★☆

삼차함수 $f(x)$의 도함수 $y=f'(x)$의 그래프가 그림과 같을 때, 함수 $f(x)$가 증가하는 구간은 $[a, b]$이다. 이때 ab의 값을 구하시오.

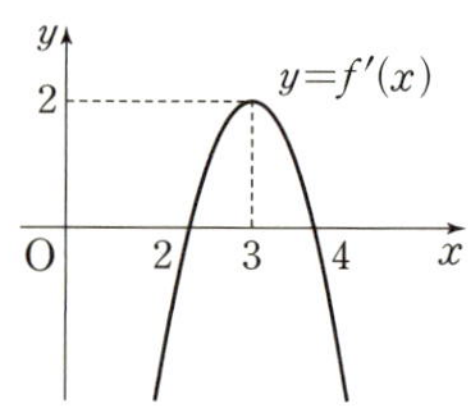

Concept 개념 체크

🔍 더 자세한 개념 ···▶ 메가헤르츠 126쪽

개념 ❸ 함수의 극대와 극소

함수 $f(x)$에서 $x=a$를 포함하는 어떤 열린구간에 속하는 모든 x에 대하여

(1) $f(x) \leq f(a)$일 때, 함수 $f(x)$는 $x=a$에서 **극대**라 하고, $f(a)$를 **극댓값**이라 한다.

(2) $f(x) \geq f(a)$일 때, 함수 $f(x)$는 $x=a$에서 **극소**라 하고, $f(a)$를 **극솟값**이라 한다.

이때 극댓값과 극솟값을 통틀어 **극값**이라 한다.

> **참고** ① 함수 $f(x)$가 $x=a$에서 연속일 때, $x=a$의 좌우에서
> - $f(x)$가 증가하다가 감소하면
>   ➡ 함수 $f(x)$는 $x=a$에서 극대이다.
> - $f(x)$가 감소하다가 증가하면
>   ➡ 함수 $f(x)$는 $x=a$에서 극소이다.
> ② 상수함수 $f(x)=c$는 c가 극댓값이면서 극솟값이다.

🔍 더 자세한 개념 ···▶ 메가헤르츠 127쪽

개념 ❹ 극값과 미분계수 사이의 관계

함수 $f(x)$가 $x=a$에서 미분가능하고 $x=a$에서 극값을 가지면 $f'(a)=0$이다.

> **주의** 일반적으로 위의 역은 성립하지 않는다.
> 예를 들어, 함수 $f(x)=x^3$에서 $f'(x)=3x^2$이므로 $f'(0)=0$이지만 $x=0$에서 극값을 갖지 않는다.

🔍 더 자세한 개념 ···▶ 메가헤르츠 128쪽

개념 ❺ 함수의 극대와 극소의 판정

함수 $f(x)$가 미분가능하고 $f'(a)=0$일 때, $x=a$의 좌우에서 $f'(x)$의 부호가

(1) 양에서 음으로 바뀌면 $f(x)$는 $x=a$에서 극대이고, 극댓값 $f(a)$를 갖는다.
$(+) \to (-)$

(2) 음에서 양으로 바뀌면 $f(x)$는 $x=a$에서 극소이고, 극솟값 $f(a)$를 갖는다.
$(-) \to (+)$

> **참고** $f'(a)=0$이어도 $x=a$의 좌우에서 $f'(x)$의 부호가 바뀌지 않으면 $f(a)$는 극값이 아니다.

개념 ❸ 함수의 극대와 극소

262 함수 $y=f(x)$의 그래프가 그림과 같을 때, 함수 $f(x)$의 극댓값과 극솟값을 구하시오.

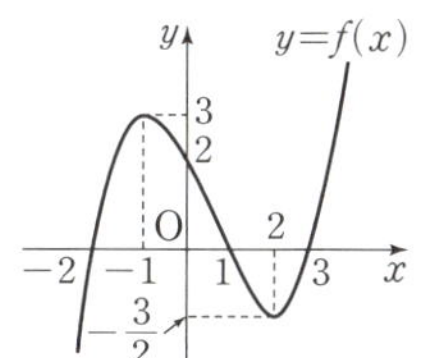

263 함수 $y=f(x)$의 그래프가 그림과 같을 때, 열린구간 $(\alpha,\ \beta)$에서 다음을 구하시오.

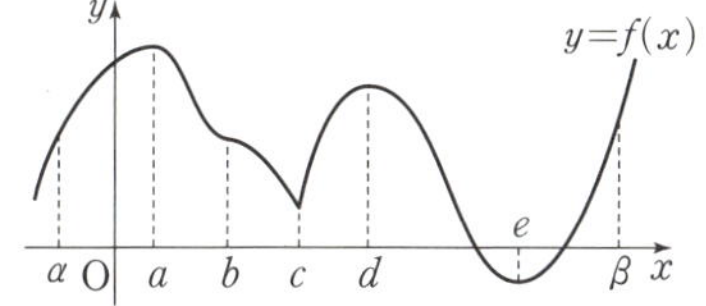

(1) 함수 $f(x)$가 극댓값을 갖는 x의 값

(2) 함수 $f(x)$가 극솟값을 갖는 x의 값

개념 ❹ 극값과 미분계수 사이의 관계

264 미분가능한 함수 $f(x)$가 $x=1$에서 극댓값 3을 가질 때, $f(1)+f'(1)$의 값을 구하시오.

265 두 함수 $f(x)=x^2-ax+4$, $g(x)=-x^3+bx^2+4x-1$이 모두 $x=2$에서 극값을 가질 때, 두 상수 a, b의 값을 각각 구하시오.

개념 ❺ 함수의 극대와 극소의 판정

266 함수 $f(x)=x^3-6x^2+9x+4$에 대하여 다음 물음에 답하시오.

(1) 다음은 함수 $f(x)$의 증가와 감소를 표로 나타낸 것이다. (가), (나)에 알맞은 것을 써넣으시오.

x	$\cdots$	(가)	$\cdots$	3	$\cdots$
$f'(x)$	$+$	0	$-$	0	$+$
$f(x)$	↗	8	↘	(나)	↗

(2) 함수 $f(x)$의 극값을 구하시오.

267 다음 함수의 극값을 구하시오.

(1) $f(x)=x^3-3x$

(2) $f(x)=x^4-2x^2-2$

유형 05 중요* 함수의 극대와 극소

미분가능한 함수 $f(x)$의 극값은 다음과 같은 순서로 구한다.
❶ 도함수 $f'(x)$를 구한다.
❷ $f'(x)=0$인 x의 값 a를 구한다.
❸ $x=a$의 좌우에서 $f'(x)$의 부호를 조사하여 함수 $f(x)$의 증가와 감소를 표로 나타내고, 극값을 구한다. 이때 $f'(x)$의 부호가 양에서 음으로 바뀌면 함수 $f(x)$는 $x=a$에서 극대이고, 음에서 양으로 바뀌면 함수 $f(x)$는 $x=a$에서 극소이다.

참고 미분가능하지 않은 점이 있는 함수의 경우, 그래프를 이용하여 극값을 구한다.

268 ⊕ 대표 예제

함수 $f(x)=(x-1)(x^2-5x+4)$의 극댓값을 M, 극솟값을 m이라 할 때, $M+m$의 값은?

① -4 ② -2 ③ 0
④ 2 ⑤ 4

269 ★☆☆

함수 $f(x)=3x^4-16x^3-6x^2+48x-24$가 극솟값을 갖는 모든 x의 값의 합은?

① 3 ② 5 ③ 7
④ 9 ⑤ 11

270 ★★☆

함수 $f(x)=x^3+2x^2-4x+3$이 $x=a$에서 극댓값 b를 갖는다. 이때 $a+b$의 값은?

① 6 ② 7 ③ 8
④ 9 ⑤ 10

유형 06 함수의 극값과 미정계수

미분가능한 함수 $f(x)$가 $x=a$에서 극값 β를 갖는다.
➡ $f(a)=\beta$, $f'(a)=0$
　　　　　　$x=a$에서 극값을 갖는다.

271 ⊕ 대표 예제

함수 $f(x)=2x^3+ax^2+12x+b$가 $x=2$에서 극솟값 6을 가질 때, 두 상수 a, b에 대하여 $a+b$의 값은?

① -9 ② -7 ③ -5
④ -3 ⑤ -1

272 ★☆☆

함수 $f(x)=x^3-3x^2+a$의 극댓값이 7일 때, 함수 $f(x)$의 극솟값을 구하시오. (단, a는 상수이다.)

273 ★★☆

함수 $f(x)=-x^3+ax^2+bx+3$이 $x=7$에서 극댓값을 갖고, $x=-1$에서 극솟값을 가질 때, 두 상수 a, b에 대하여 $a+b$의 값을 구하시오.

274 ★★★

함수 $f(x)=2x^3+ax^2+bx+c$가 $x=0$에서 극솟값 2를 갖고, 곡선 $y=f(x)$가 직선 $y=10$에 접할 때, 세 상수 a, b, c에 대하여 $a+b+c$의 값은?

① 6 ② 8 ③ 10
④ 12 ⑤ 14

함수 $f(x)$의 도함수 $y=f'(x)$의 그래프에 대하여 오른쪽 그림과 같이 x축과 만나는 점의 좌우에서 $f'(x)$의 부호가

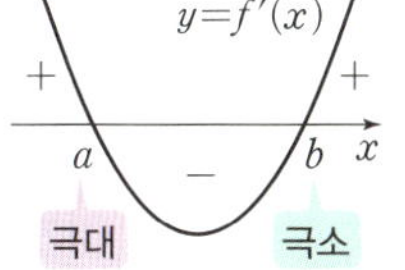

① 양$(+)$ ⟶ 음$(-)$
  ➡ 함수 $f(x)$는 $x=a$에서 극대
② 음$(-)$ ⟶ 양$(+)$
  ➡ 함수 $f(x)$는 $x=b$에서 극소

275 ⊕ 대표 예제

함수 $f(x)=\dfrac{1}{3}x^3+ax^2+bx+c$의 도함수 $y=f'(x)$의 그래프가 그림과 같다. 함수 $f(x)$의 극댓값이 $\dfrac{16}{3}$일 때, 함수 $f(x)$의 극솟값은? (단, a, b, c는 상수이다.)

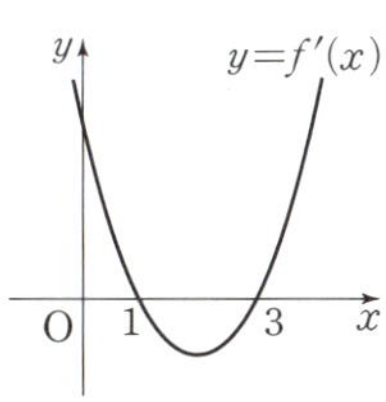

① 2 ② 4 ③ 6
④ 8 ⑤ 10

276 ★★☆

함수 $f(x)=-x^3+ax^2+bx+c$의 도함수 $y=f'(x)$의 그래프가 그림과 같다. 함수 $f(x)$의 극댓값과 극솟값의 합이 4일 때, 세 상수 a, b, c에 대하여 $a+b+c$의 값을 구하시오.

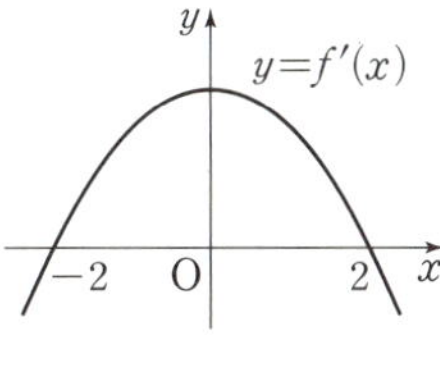

277 ★★☆

함수 $f(x)=3x^4+ax^3+bx^2+c$의 도함수 $y=f'(x)$의 그래프가 그림과 같다. 함수 $f(x)$의 극댓값이 16일 때, 함수 $f(x)$의 모든 극솟값의 합은?

(단, a, b, c는 상수이다.)

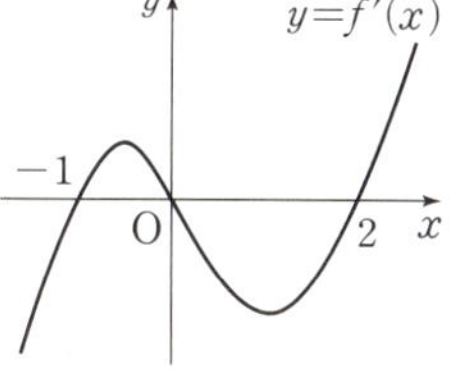
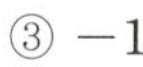

① -5 ② -3 ③ -1
④ 1 ⑤ 3

278 ★★★

사차함수 $f(x)$의 도함수 $y=f'(x)$의 그래프와 삼차함수 $g(x)$의 도함수 $y=g'(x)$의 그래프가 각각 그림과 같다. 함수 $h(x)=f(x)-g(x)$가 $x=a$에서 극솟값을 가질 때, 모든 a의 값의 합은?

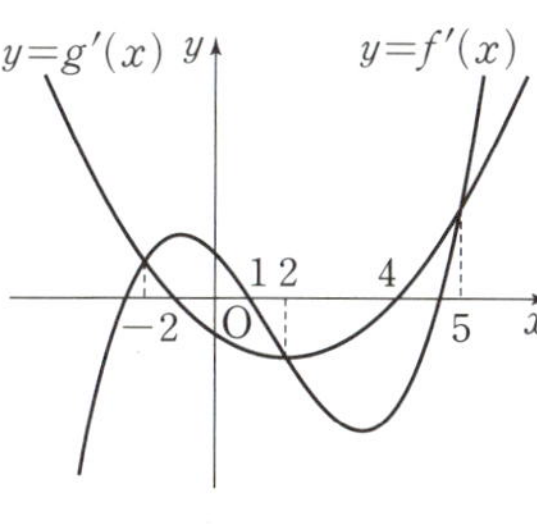

① -1 ② 0 ③ 1
④ 2 ⑤ 3

개념 체크 Concept

정답 및 해설 043쪽

더 자세한 개념 ⋯ 메가헤르츠 133쪽

개념 ❻ 함수의 그래프

미분가능한 함수 $y=f(x)$의 그래프의 개형은 다음과 같은 순서로 그린다.
❶ 도함수 $f'(x)$를 구한다.
❷ $f'(x)=0$인 x의 값을 구한다.
❸ ❷에서 구한 x의 값의 좌우에서 $f'(x)$의 부호를 조사하여 $f(x)$의 증가와 감소를 표로 나타내고, 극값을 구한다.
❹ 함수의 증가와 감소, 극대와 극소, 좌표축과의 교점 등을 이용하여 함수 $y=f(x)$의 그래프의 개형을 그린다.

더 자세한 개념 ⋯ 메가헤르츠 134쪽

개념 ❼ 삼차함수와 극값

(1) 삼차함수 $f(x)$가 극값을 갖는다. → 극댓값과 극솟값을 모두 갖는다.
　⟺ 이차방정식 $f'(x)=0$이 서로 다른 두 실근을 갖는다.
　⟺ 이차방정식 $f'(x)=0$의 판별식을 D라 하면 $D>0$이다.
(2) 삼차함수 $f(x)$가 극값을 갖지 않는다. → 극댓값과 극솟값을 모두 갖지 않는다.
　⟺ 이차방정식 $f'(x)=0$이 중근 또는 서로 다른 두 허근을 갖는다.
　⟺ 이차방정식 $f'(x)=0$의 판별식을 D라 하면 $D\leq0$이다.

더 자세한 개념 ⋯ 메가헤르츠 135쪽

개념 ❽ 사차함수와 극값

(1) 최고차항의 계수가 양수인 사차함수 $f(x)$에 대하여 → 항상 극솟값을 갖는다.
　① 사차함수 $f(x)$가 극댓값을 갖는다. → 극댓값과 극솟값을 모두 갖는다.
　　⟺ 삼차방정식 $f'(x)=0$이 서로 다른 세 실근을 갖는다.
　② 사차함수 $f(x)$가 극댓값을 갖지 않는다.
　　⟺ 삼차방정식 $f'(x)=0$이 중근 또는 서로 다른 두 허근을 갖는다.
(2) 최고차항의 계수가 음수인 사차함수 $f(x)$에 대하여 → 항상 극댓값을 갖는다.
　① 사차함수 $f(x)$가 극솟값을 갖는다. → 극댓값과 극솟값을 모두 갖는다.
　　⟺ 삼차방정식 $f'(x)=0$이 서로 다른 세 실근을 갖는다.
　② 사차함수 $f(x)$가 극솟값을 갖지 않는다.
　　⟺ 삼차방정식 $f'(x)=0$이 중근 또는 서로 다른 두 허근을 갖는다.

개념 ❻ 　함수의 그래프

279 다음 함수의 그래프의 개형을 그리시오.

(1) $f(x)=2x^3-9x^2+12x-3$

(2) $f(x)=-x^3-x+2$

280 다음 함수의 그래프의 개형을 그리시오.

(1) $f(x)=x^4-4x^3+4x^2-4$

(2) $f(x)=x^4-2x^3+3$

개념 ❼ 　삼차함수와 극값

281 삼차함수 $f(x)=x^3+ax^2+3x+2$가 극값을 갖도록 하는 실수 a의 값의 범위를 구하시오.

282 삼차함수 $f(x)=x^3-ax^2+12x-3$이 극값을 갖지 않도록 하는 실수 a의 값의 범위를 구하시오.

개념 ❽ 　사차함수와 극값

283 사차함수 $f(x)=x^4+2ax^3+4ax^2-3$이 극댓값과 극솟값을 모두 갖도록 하는 실수 a의 값의 범위를 구하시오.

정답 및 해설 044쪽

유형 08 ^{중요*} 함수의 그래프

함수 $f(x)$의 도함수 $y=f'(x)$의 그래프가 주어지면 다음과 같은 순서로 함수 $y=f(x)$의 그래프의 개형을 추론한다.
❶ 함수 $y=f'(x)$의 그래프가 x축과 만나는 점의 x좌표를 이용하여 $f'(x)=0$인 x의 값을 구한다.
❷ $f(x)$가 증가(감소)하는 구간을 찾는다. → 유형 04
  • x축의 위쪽, 즉 $f'(x)>0$인 구간에서 증가
  • x축의 아래쪽, 즉 $f'(x)<0$인 구간에서 감소 → 유형 07
❸ 함수 $f(x)$의 증가와 감소를 표로 나타내고, 극값을 구한다.
❹ 함수 $y=f(x)$의 그래프의 개형을 추론한다.

284 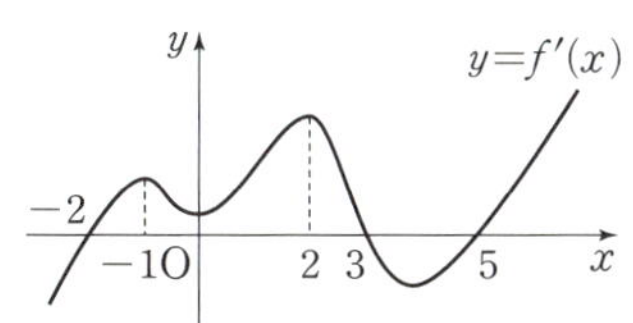 대표 예제

함수 $f(x)$의 도함수 $y=f'(x)$의 그래프가 그림과 같을 때, | 보기 |에서 옳은 것만을 있는 대로 고르시오.

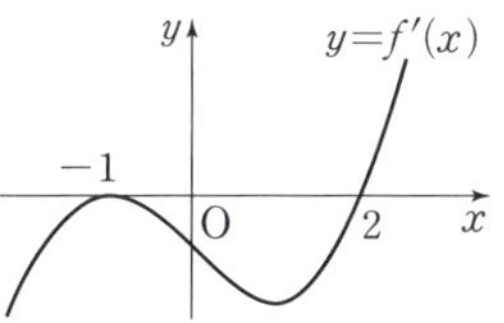

| 보기 |
ㄱ. 함수 $f(x)$는 열린구간 $(-2, 2)$에서 증가한다.
ㄴ. 함수 $f(x)$는 닫힌구간 $[2, 3]$에서 감소한다.
ㄷ. 함수 $f(x)$는 $x=-1$에서 극댓값을 갖는다.
ㄹ. 함수 $f(x)$는 $x=3$에서 극댓값을 갖는다.

285 ★★☆

다항함수 $f(x)$의 도함수 $y=f'(x)$의 그래프가 그림과 같을 때, 다음 중 함수 $y=f(x)$의 그래프의 개형이 될 수 있는 것은?

① 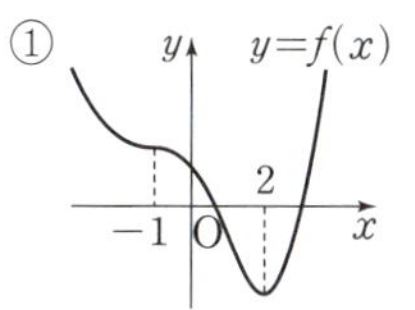

② 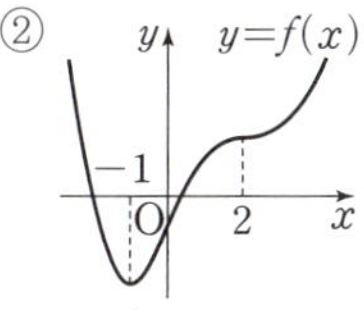

③ 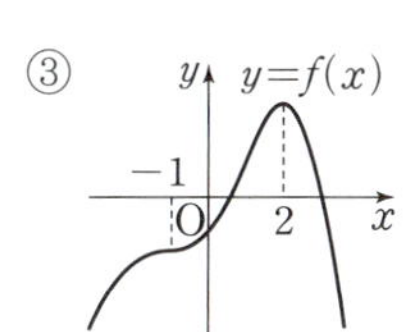

④ 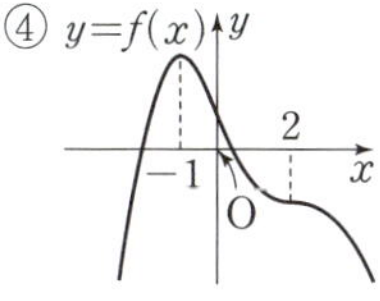

⑤ 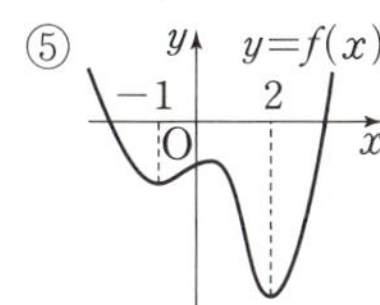

유형 09 실수 전체의 집합에서 삼차함수가 극값을 가질 조건

삼차함수 $f(x)$에 대하여 이차방정식 $f'(x)=0$의 판별식을 D라 하면
① $f(x)$가 극값을 갖는다.
  ➡ $f'(x)=0$이 서로 다른 두 실근을 갖는다.
    즉, $D>0$이다.
② $f(x)$가 극값을 갖지 않는다.
  ➡ $f'(x)=0$이 중근 또는 허근을 갖는다.
    즉, $D\leq0$다.

286 대표 예제

함수 $f(x)=x^3-8x^2+ax+3$이 극댓값과 극솟값을 모두 갖도록 하는 자연수 a의 최댓값은?

① 21 ② 22 ③ 23
④ 24 ⑤ 25

287 ★☆☆

함수 $f(x)=2x^3-ax^2+6x+3$이 극값을 갖지 않도록 하는 정수 a의 개수는?

① 7 ② 9 ③ 11
④ 13 ⑤ 15

288 ★★☆

함수 $f(x)=\dfrac{1}{3}x^3-\dfrac{(4+mn)}{2}x^2+4mnx+3$이 극값을 갖지 않도록 하는 두 정수 m, n의 순서쌍 (m, n)의 개수는?

① 4 ② 6 ③ 8
④ 10 ⑤ 12

| 유형 10 | 주어진 구간에서 삼차함수가 극값을 가질 조건 |

삼차함수 $f(x)$가 주어진 구간에서 극댓값과 극솟값을 모두 갖는다.
➡ 이차방정식 $f'(x)=0$이 주어진 구간에서 서로 다른 두 실근을 가지므로 다음 세 가지를 확인한다.
① 이차방정식 $f'(x)=0$의 판별식 D의 부호
② 구간의 양 끝 점에서의 $f'(x)$의 함숫값의 부호
③ 함수 $y=f'(x)$의 그래프의 축의 위치

289 ⊕ 대표 예제
함수 $f(x)=x^3-3x^2+ax-1$이 열린구간 $(0, 3)$에서 극솟값을 갖도록 하는 정수 a의 최솟값은?

① -12 ② -11 ③ -10
④ -9 ⑤ -8

290 ★★☆
함수 $f(x)=x^3-6x^2+ax+1$이 열린구간 $(0, 8)$에서 극댓값과 극솟값을 모두 갖도록 하는 실수 a의 값의 범위는?

① $-4<a<4$ ② $-2<a<8$ ③ $-2<a<12$
④ $0<a<12$ ⑤ $0<a<16$

291 ★★☆
함수 $f(x)=\dfrac{1}{3}x^3+ax^2+(a-2)x-2$가 구간 $(-\infty, -1)$에서 극댓값을 갖고, 구간 $(1, \infty)$에서 극솟값을 갖도록 하는 실수 a의 값의 범위가 $\alpha<a<\beta$일 때, $\dfrac{\alpha}{\beta}$의 값은?

① -3 ② -1 ③ 0
④ 1 ⑤ 3

| 유형 11 | 사차함수가 극값을 가질 조건 |

사차함수 $f(x)$에 대하여
① $f(x)$가 극댓값과 극솟값을 모두 갖는다.
➡ 삼차방정식 $f'(x)=0$이 서로 다른 세 실근을 갖는다.
② $f(x)$가 극댓값 또는 극솟값을 갖지 않는다.
➡ 삼차방정식 $f'(x)=0$은 한 실근과 두 허근 또는 한 실근과 중근 또는 삼중근을 갖는다.

292 ⊕ 대표 예제
함수 $f(x)=x^4-\dfrac{4}{3}ax^3+8x^2$이 극댓값과 극솟값을 모두 갖도록 하는 실수 a의 값의 범위가 $a<\alpha$ 또는 $a>\beta$일 때, $\alpha\beta$의 값을 구하시오.

293 ★★☆
함수 $f(x)=-\dfrac{1}{4}x^4+ax^3-9x^2$이 극솟값을 갖도록 하는 자연수 a의 최솟값은?

① 1 ② 2 ③ 3
④ 4 ⑤ 5

294 ★★☆
사차함수 $f(x)$의 도함수 $f'(x)$가
$$f'(x)=(x-1)(nx^2-12x+3)$$
일 때, 함수 $f(x)$가 극댓값을 갖지 않도록 하는 자연수 n의 최솟값을 구하시오.

295 ★★★
함수 $f(x)=3x^4+4ax^3+6(a+3)x^2$이 극댓값을 갖지 않도록 하는 실수 a의 최댓값을 M, 최솟값을 m이라 할 때, $M+m$의 값을 구하시오.

더 자세한 개념 ⋯▶ 메가헤르츠 144쪽

개념 ⑨ 함수의 최대와 최소

함수 $f(x)$가 닫힌구간 $[a, b]$에서 연속일 때, 최댓값과 최솟값은 다음과 같은 순서로 구한다.

> 최대·최소 정리에 의하여 함수 $f(x)$는 이 구간에서 반드시 최댓값과 최솟값을 갖는다.

❶ 주어진 구간에서 $f(x)$의 극댓값과 극솟값을 구한다.

❷ 주어진 구간의 양 끝 점에서의 함숫값 $f(a)$, $f(b)$를 구한다.

❸ ❶, ❷에서 구한 극댓값, 극솟값, $f(a)$, $f(b)$ 중에서 가장 큰 값이 최댓값이고, 가장 작은 값이 최솟값이다.

> **참고** 닫힌구간 $[a, b]$에서 연속함수 $f(x)$의 극값이 오직 하나 존재할 때
> ① 극값이 극댓값이면 (극댓값)＝(최댓값)
> ② 극값이 극솟값이면 (극솟값)＝(최솟값)

더 자세한 개념 ⋯▶ 메가헤르츠 144쪽

개념 ⑩ 함수의 최대와 최소의 활용

길이, 넓이, 부피 등의 최댓값 또는 최솟값은 다음과 같은 순서로 구한다.

❶ 적당한 변수를 미지수 x라 한다.

❷ 구하는 값을 미지수 x에 대한 함수로 나타낸다.

❸ 미분하여 극값을 구한다.

❹ x의 값의 범위에 주의하여 최댓값 또는 최솟값을 구한다.

개념 ⑨ 함수의 최대와 최소

296 주어진 구간에서 다음 함수의 최댓값과 최솟값을 구하시오.

(1) $f(x)=x^3-3x+1$ $\qquad [0, 3]$

(2) $f(x)=-x^3+3x^2+3$ $\qquad [-1, 3]$

(3) $f(x)=x^4-8x^2+4$ $\qquad [-3, 0]$

(4) $f(x)=\dfrac{1}{4}x^4+\dfrac{1}{2}x^2-2x+4$ $\qquad [-2, 2]$

개념 ⑩ 함수의 최대와 최소의 활용

297 그림과 같이 한 변의 길이가 6인 정사각형 모양의 종이의 네 모퉁이에서 크기가 같은 정사각형을 잘라 내고, 남은 부분을 접어서 뚜껑이 없는 직

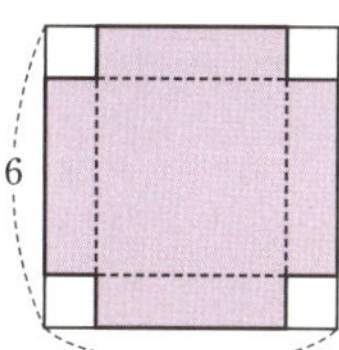

육면체 모양의 상자를 만들려고 한다. 잘라 내는 정사각형의 한 변의 길이를 x라 할 때, 다음 물음에 답하시오.

(1) 상자의 밑면의 한 변의 길이를 x에 대한 식으로 나타내시오.

(2) x의 값의 범위를 구하시오.

(3) 상자의 부피를 $V(x)$라 할 때, $V(x)$를 구하시오.

(4) 상자의 부피의 최댓값을 구하시오.

닫힌구간 $[a, b]$에서 연속인 함수 $f(x)$의 최댓값과 최솟값은 다음과 같은 순서로 구한다.
❶ 주어진 구간에서 $f(x)$의 극값을 구한다.
❷ $f(a)$, $f(b)$를 구한다.
❸ ❶, ❷에서 구한 극값, $f(a)$, $f(b)$ 중에서 가장 큰 값이 최댓값, 가장 작은 값이 최솟값이다.
→ 극댓값과 극솟값이 반드시 최댓값과 최솟값이 되는 것은 아니다.

298 ⊕ 대표 예제

닫힌구간 $[-1, 5]$에서 함수 $f(x)=x^3-6x^2+5$의 최댓값을 M, 최솟값을 m이라 할 때, $M+m$의 값은?

① -28 ② -26 ③ -24
④ -22 ⑤ -20

299 ★★☆

닫힌구간 $[-4, 4]$에서 함수 $f(x)=-x^3+3x^2+9x+2$의 최댓값을 M, 최솟값을 m이라 할 때, $\dfrac{M}{m}$의 값은?

① -26 ② -24 ③ -22
④ -20 ⑤ -18

300 ★★☆

닫힌구간 $[0, 3]$에서 함수 $f(x)=3x^4-4x^3-12x^2+13$은 $x=a$에서 최댓값 b를 가질 때, $a+b$의 값은?

① 41 ② 42 ③ 43
④ 44 ⑤ 45

닫힌구간 $[a, b]$에서 함수 $f(x)$의 최댓값 또는 최솟값이 주어졌을 때, 주어진 구간에서의 $f(x)$의 극값, $f(a)$, $f(b)$를 비교하여 미정계수를 결정한다.

301 ⊕ 대표 예제

닫힌구간 $[-3, 2]$에서 함수 $f(x)=x^3+3x^2+k$의 최솟값이 3일 때, 함수 $f(x)$의 최댓값은? (단, k는 상수이다.)

① 17 ② 19 ③ 21
④ 23 ⑤ 25

302 ★★☆

닫힌구간 $[-2, 0]$에서 함수 $f(x)=-x^3+3x^2+9x+k$는 $x=a$에서 최댓값 8, $x=b$에서 최솟값 c를 갖는다. 이때 abc의 값을 구하시오. (단, k는 상수이다.)

303 ★★☆

$0 \le x \le 4$에서 함수 $f(x)=(x+1)(x^2-7x+a)+b$는 $x=1$에서 최댓값 22를 갖는다. 이때 함수 $f(x)$의 최솟값은?
(단, a, b는 상수이다.)

① 10 ② 12 ③ 14
④ 16 ⑤ 18

도형의 길이, 넓이, 부피의 최댓값 또는 최솟값은 다음과 같은 순서로 구한다.

❶ 다음을 이용하여 구하려는 것을 한 문자에 대한 함수로 나타낸다.
 · 두 점 사이의 거리
 · 평면도형의 길이와 넓이
 · 입체도형의 부피
❷ 도함수를 이용하여 함수의 최댓값 또는 최솟값을 구한다.
❸ 구한 답이 문제의 조건에 맞는지 확인한다.

· 변수의 제한 조건이 있으면 변수의 범위를 정한다.
예를 들어, x가 길이이면 $x>0$을 만족시켜야 한다.

304 ✚ 대표 예제

곡선 $y=x^2$ 위를 움직이는 점 P와 점 $(5, -1)$ 사이의 거리의 최솟값은?

① $\sqrt{5}$ ② $2\sqrt{5}$ ③ $3\sqrt{5}$

④ $4\sqrt{5}$ ⑤ $5\sqrt{5}$

305 ★★☆

곡선 $y=-x^2+12x$ 위를 움직이는 점 P에서 x축에 내린 수선의 발을 H라 할 때, 삼각형 OHP의 넓이의 최댓값은?

(단, O는 원점이고, 점 P는 제1사분면에 있다.)

① 126   ② 128   ③ 130

④ 132   ⑤ 134

306 ★★☆

그림과 같이 곡선 $y=9-x^2$과 x축으로 둘러싸인 도형에 내접하고 한 변이 x축 위에 있는 직사각형의 넓이의 최댓값은?

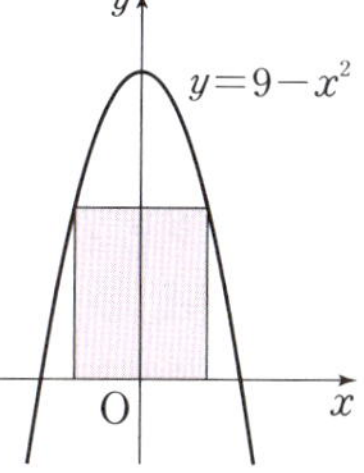

① $11\sqrt{3}$ ② $12\sqrt{3}$

③ $13\sqrt{3}$ ④ $14\sqrt{3}$

⑤ $15\sqrt{3}$

307 ★★★

그림과 같이 밑면의 반지름의 길이가 3, 높이가 9인 원뿔에 내접하는 원기둥의 부피의 최댓값은?

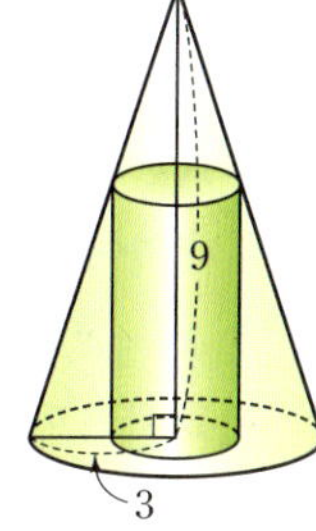

① 10π ② 11π

③ 12π ④ 13π

⑤ 14π

308

다음은 함수 $f(x)=2x^3-9x^2+ax+b$의 증가와 감소를 나타낸 표이다.

x	$\cdots$	1	$\cdots$	c	$\cdots$
$f'(x)$	$+$	0	$-$	0	$+$
$f(x)$	$\nearrow$		$\searrow$	-2	$\nearrow$

세 상수 a, b, c에 대하여 $a+b+c$의 값은?

① 4 ② 6 ③ 8
④ 10 ⑤ 12

309

함수 $f(x)=-x^3+ax^2+(a-6)x+3$이 임의의 두 실수 x_1, x_2에 대하여
$$(x_1-x_2)\{f(x_1)-f(x_2)\}<0$$
을 만족시키도록 하는 실수 a의 최댓값을 M, 최솟값을 m이라 할 때, $M-m$의 값은?

① 3 ② 5 ③ 7
④ 9 ⑤ 11

310

두 실수 a, b에 대하여 삼차함수 $f(x)$가 다음 조건을 만족시킬 때, $a+b$의 최댓값은?

(가) $f'(x)=3x^2-(a-b)x-b^2+a+b-4$
(나) 함수 $f(x)$는 닫힌구간 $[-2,\ 0]$에서 감소하고, 구간 $[1,\ \infty)$에서 증가한다.

① -3 ② -1 ③ 1
④ 3 ⑤ 5

311

다항함수 $y=f(x)$의 그래프가 그림과 같다.

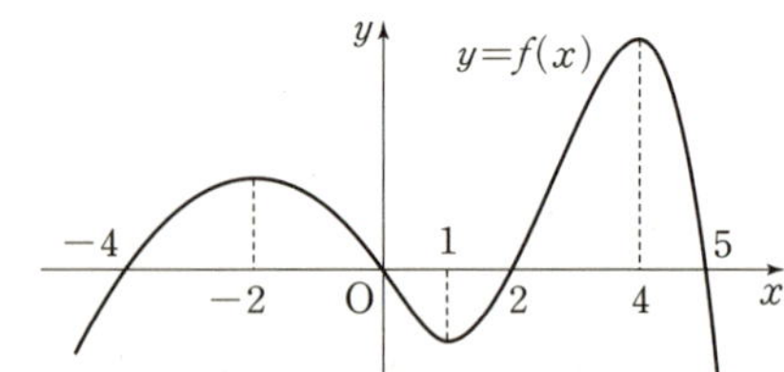

$g(x)=\{f(x)\}^2$이라 할 때, 함수 $g(x)$에 대하여 다음 중 옳은 것은?

① 함수 $g(x)$는 구간 $(-\infty,\ -4]$에서 증가한다.
② 함수 $g(x)$는 구간 $[-4,\ 0)$에서 증가한다.
③ 함수 $g(x)$는 열린구간 $(-2,\ 0)$에서 감소한다.
④ 함수 $g(x)$는 닫힌구간 $[1,\ 4]$에서 감소한다.
⑤ 함수 $g(x)$는 열린구간 $(2,\ 5)$에서 감소한다.

312

유형 05

함수 $f(x)=|x^2-4x-12|$가 $x=a$에서 극댓값 b를 갖고,
$x=c$에서 극솟값을 가질 때, $a+b+c$의 최댓값은?

① 16   ② 18   ③ 20
④ 22   ⑤ 24

313 창의·사고력 Up

유형 06

사차함수 $f(x)=ax^4-abx^2+4a$가 $x=\alpha$ 또는 $x=2$에서 극
솟값을 갖고, $x=\beta$에서 극댓값을 갖는다. 좌표평면에서 세 점
$A(\alpha, f(\alpha))$, $B(\beta, f(\beta))$, $C(2, f(2))$에 대하여 삼각형
ABC가 정삼각형일 때, ab의 값은?

(단, a, b는 상수이고, $a>0$이다.)

① $\dfrac{\sqrt{3}}{3}$ ② 1   ③ $\sqrt{3}$
④ 3   ⑤ $3\sqrt{3}$

314

유형 07

삼차함수 $f(x)=ax^3+bx^2+cx+d$의 도
함수 $y=f'(x)$의 그래프가 그림과 같고,
함수 $f(x)$의 극솟값이 -6이다. 함수
$f(x)$가 $x=a$에서 극댓값 M을 갖는다고
할 때, $3(M-a)$의 값은?

(단, a, b, c, d는 상수이다.)

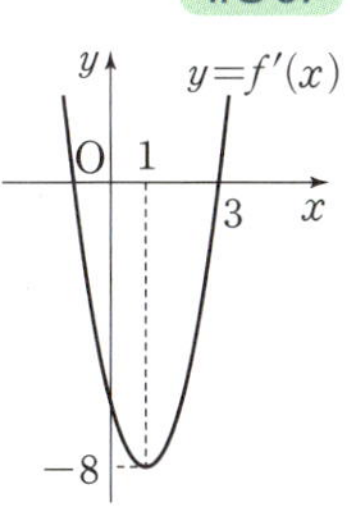

① 41   ② 43   ③ 45
④ 47   ⑤ 49

315

유형 08

함수 $f(x)$의 도함수 $y=f'(x)$의 그래프가 그림과 같을 때,
보기에서 옳은 것만을 있는 대로 고른 것은?

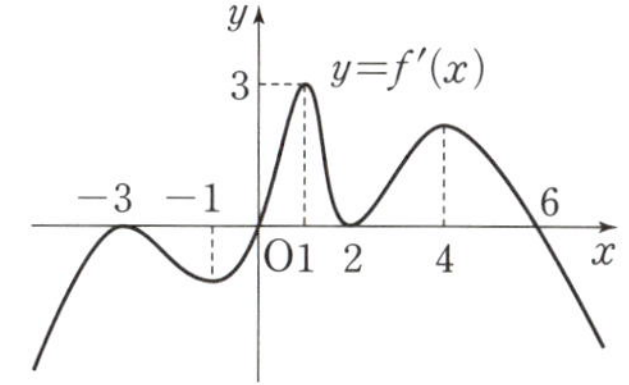

┤ 보기 ├

ㄱ. $f(1)-f(4)<0$
ㄴ. $\displaystyle\lim_{x\to-\infty}f(x)=-\infty$
ㄷ. 함수 $f(x)$가 극값을 갖는 x의 값은 4개이다.

① ㄱ   ② ㄴ   ③ ㄱ, ㄴ
④ ㄱ, ㄷ   ⑤ ㄴ, ㄷ

316

유형 10

함수 $f(x)=\dfrac{2}{3}x^3-\dfrac{a}{2}x^2+(a-2)x+3$이 열린구간 $(-2, 2)$
에서 극값을 하나만 갖도록 하는 실수 a의 값의 범위가 $a<\alpha$
또는 $a>\beta$일 때, $\beta-\alpha$의 값은?

① 6   ② 7   ③ 8
④ 9   ⑤ 10

317 창의·사고력 Up 유형 11

함수 $f(x)=-(x+1)^2(x^2-4x+a)$에 대하여 다음 조건을 만족시키는 실수 k가 단 하나만 존재하도록 하는 a가 될 수 있는 것은?

> 함수 $f(x)$에서 $x=k$를 포함하는 어떤 열린구간에 속하는 모든 x에 대하여 $f(x)\leq f(k)$이다.

① -15 ② -10 ③ -5
④ 0 ⑤ 5

318 유형 12

닫힌구간 $[1, 5]$에서 함수
$$f(x)=(x^2-6x+5)^3-3(x^2-6x+5)+2$$
의 최댓값을 M, 최솟값을 m이라 할 때, $M-m$의 값은?

① 54 ② 55 ③ 56
④ 57 ⑤ 58

319 유형 13

닫힌구간 $[-3, 0]$에서 함수 $f(x)=2ax^3+3ax^2+b$의 최댓값이 15, 최솟값이 -13일 때, $a-b$의 값을 구하시오.
(단, a, b는 상수이고, $a<0$이다.)

서술형 문제

320 유형 09

최고차항의 계수가 1인 삼차함수 $f(x)$의 도함수 $y=f'(x)$의 그래프가 그림과 같을 때, 함수 $h(x)=f(x)-kx$의 극값이 존재하기 위한 정수 k의 최솟값을 구하시오.

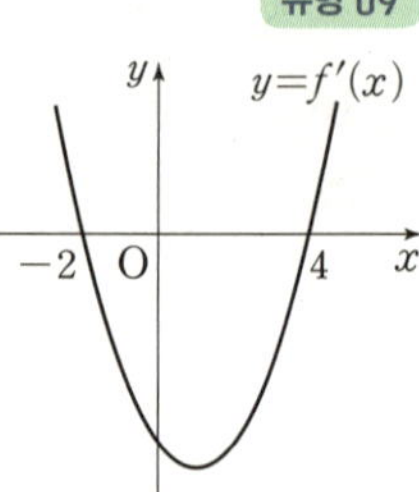

☑ 필요 개념 및 공식
□ 삼차함수가 극값을 가질 조건   □ 이차방정식의 판별식

321 유형 14

그림과 같이 한 변의 길이가 12인 정삼각형 모양의 종이의 세 귀퉁이에서 합동인 사각형을 잘라 내고 남은 부분을 접어서 뚜껑이 없는 삼각기둥 모양의 선물 상자를 만들려고 한다. 이때 만들 수 있는 상자의 부피의 최댓값을 구하시오.

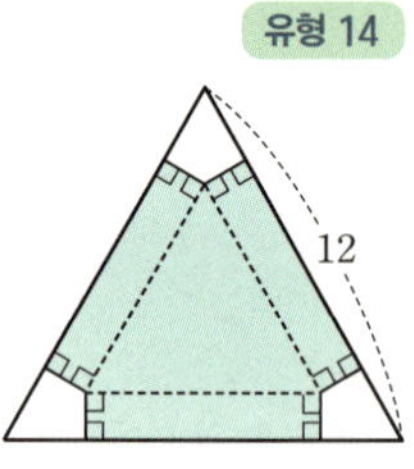

☑ 필요 개념 및 공식
□ 함수의 최대와 최소의 활용   □ 삼각비

06 도함수의 활용

📑 정답 및 해설 052쪽

🔍 더 자세한 개념 ⋯▶ 메가헤르츠 154쪽

개념 ❶ 방정식의 실근의 개수

(1) 방정식 $f(x)=0$의 서로 다른 실근의 개수
$\iff$ 함수 $y=f(x)$의 그래프와 x축의 교점의 개수

(2) 방정식 $f(x)=g(x)$의 서로 다른 실근의 개수
$\iff$ 방정식 $f(x)-g(x)=0$의 서로 다른 실근의 개수
$\iff$ 두 함수 $y=f(x)$, $y=g(x)$의 그래프의 교점의 개수

> 함수 $y=f(x)-g(x)$의 그래프와 x축의 교점의 개수와 같다.

🔍 더 자세한 개념 ⋯▶ 메가헤르츠 155쪽

개념 ❷ 삼차방정식의 근의 판별

(1) 삼차함수 $f(x)$가 극값을 갖는 경우

삼차함수 $f(x)$가 극값을 가질 때, 삼차방정식 $f(x)=0$의 근은 극값을 이용하여 다음과 같이 판별할 수 있다.
① (극댓값)$\times$(극솟값)$<0 \iff$ 서로 다른 세 실근
② (극댓값)$\times$(극솟값)$=0 \iff$ 한 실근과 중근 (서로 다른 두 실근)
③ (극댓값)$\times$(극솟값)$>0 \iff$ 한 실근과 두 허근

참고 각 경우에 대한 함수 $y=f(x)$의 그래프의 개형은 다음과 같다.

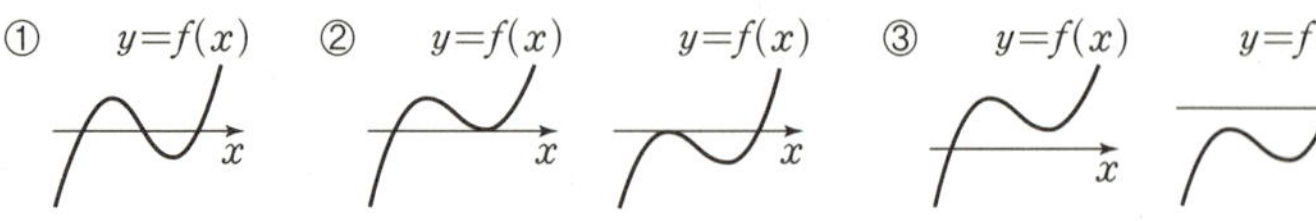

(2) 삼차함수 $f(x)$가 극값을 갖지 않는 경우

삼차함수 $f(x)$가 극값을 갖지 않을 때, 삼차방정식 $f(x)=0$은 삼중근(서로 같은 세 실근)을 갖거나 한 실근과 두 허근을 갖는다.

개념 ❶ 방정식의 실근의 개수

322 다음 방정식의 서로 다른 실근의 개수를 구하시오.

(1) $x^3-6x^2+15=0$

(2) $\dfrac{1}{4}x^4-\dfrac{1}{3}x^3-x^2=0$

(3) $x^3-3x=-2$

(4) $x^4-2x^2=1$

(5) $x^3-2=3x^2-3x$

(6) $3x^4+5x^3-8x^2=x^3+4x^2-1$

개념 ❷ 삼차방정식의 근의 판별

323 방정식 $x^3+3x^2-9x+a=0$의 근이 다음 조건을 만족시키도록 하는 실수 a의 값 또는 범위를 구하시오.

(1) 서로 다른 세 실근

(2) 한 실근과 중근

(3) 한 실근과 두 허근

정답 및 해설 053쪽

유형 01 중요* 방정식의 실근의 개수

방정식 $f(x)=k$의 서로 다른 실근의 개수는 함수 $y=f(x)$의 그래프와 직선 $y=k$의 교점의 개수와 같다.

324 ⊕ 대표 예제

x에 대한 방정식 $x^3-5x^2+3x-k=0$이 서로 다른 세 실근을 갖도록 하는 정수 k의 개수는?

① 7   ② 8   ③ 9
④ 10   ⑤ 11

325 ★★☆

x에 대한 방정식 $2x^3-15x^2+24x+k=0$이 서로 다른 두 실근을 갖도록 하는 모든 실수 k의 값의 합을 구하시오.

326 ★★☆

x에 대한 방정식 $3x^4+4x^3-12x^2+2-k=0$이 서로 다른 네 실근을 갖도록 하는 실수 k의 값의 범위가 $a<k<b$일 때, ab의 값은?

① -10 ② -8 ③ -6
④ -4 ⑤ -2

유형 02 방정식의 실근의 부호

방정식 $f(x)=k$의 실근은 함수 $y=f(x)$의 그래프와 직선 $y=k$의 교점의 x좌표와 같다.
① 방정식 $f(x)=k$가 양수인 근을 갖는 경우
  ➡ 교점의 x좌표가 양수
② 방정식 $f(x)=k$가 음수인 근을 갖는 경우
  ➡ 교점의 x좌표가 음수

327 ⊕ 대표 예제

x에 대한 방정식 $x^3-3x^2-24x+k=0$이 서로 다른 두 개의 양수인 근과 한 개의 음수인 근을 갖도록 하는 실수 k의 값의 범위는?

① $-28<k<80$ ② $-28<k<0$
③ $-28\leq k<0$ ④ $0<k<80$
⑤ $0\leq k<80$

328 ★★☆

x에 대한 방정식 $x^3-2x^2-2x=\dfrac{1}{2}x^2+k$가 오직 한 개의 음수인 근을 갖도록 하는 정수 k의 최댓값은?

① -8 ② -7 ③ -6
④ -5 ⑤ -4

329 ★★☆

x에 대한 방정식 $x^4+4x^3+20=2x^2+12x+k$가 서로 다른 두 개의 양수인 근과 서로 다른 두 개의 음수인 근을 갖도록 하는 정수 k의 개수를 구하시오.

유형 03 중요* **삼차방정식의 근의 판별**

삼차함수 $f(x)$가 극값을 가질 때, 삼차방정식 $f(x)=0$의 근은 극값을 이용하여 다음과 같이 판별한다.
① (극댓값)×(극솟값)<0 ⟺ 서로 다른 세 실근
② (극댓값)×(극솟값)=0 ⟺ 한 실근과 중근 (서로 다른 두 실근)
③ (극댓값)×(극솟값)>0 ⟺ 한 실근과 두 허근

330 ⊕ 대표 예제

x에 대한 방정식 $2x^3-3ax^2+8=0$이 한 실근과 두 허근을 갖도록 하는 정수 a의 최댓값은? (단, $a\neq0$)

① -2 ② -1 ③ 1
④ 2 ⑤ 3

331 ★★☆

x에 대한 방정식 $x^3+3ax^2+4=0$이 서로 다른 세 실근을 갖도록 하는 실수 a의 값의 범위는? (단, $a\neq0$)

① $a<-1$ ② $a<0$ ③ $a>0$
④ $a>1$ ⑤ $0<a<1$

332 ★★☆

함수 $f(x)=x^3-\dfrac{3}{2}x^2-18x+2$에 대하여 함수 $y=f(x)$의 그래프를 y축의 방향으로 k만큼 평행이동시켰더니 함수 $y=g(x)$의 그래프와 일치하였다. 방정식 $g(x)=0$이 서로 다른 두 실근을 갖도록 하는 모든 k의 값의 합은?

① $\dfrac{21}{2}$ ② $\dfrac{23}{2}$ ③ $\dfrac{25}{2}$
④ $\dfrac{27}{2}$ ⑤ $\dfrac{29}{2}$

333 ★★★

함수 $f(x)=x^3-3ax+5a$가 극값을 갖고, 방정식 $f(x)=0$이 오직 한 개의 실근을 갖도록 하는 정수 a의 개수는?

① 3 ② 4 ③ 5
④ 6 ⑤ 7

🔍 더 자세한 개념 ⋯ 메가헤르츠 160쪽

개념 ❸ 모든 실수에 대하여 성립하는 부등식의 증명

모든 실수 x에 대하여 부등식 $f(x) \geq 0$ 또는 $f(x) \leq 0$이 성립함을 다음과 같이 증명할 수 있다.

(1) 부등식 $f(x) \geq 0$이 성립함을 보이려면
　➡ (함수 $f(x)$의 최솟값)≥ 0임을 보인다.

(2) 부등식 $f(x) \leq 0$이 성립함을 보이려면
　➡ (함수 $f(x)$의 최댓값)≤ 0임을 보인다.

참고　모든 실수 x에 대하여 부등식 $f(x) \geq g(x)$가 성립함을 보이려면
　➡ $h(x) = f(x) - g(x)$라 하고, (함수 $h(x)$의 최솟값)≥ 0임을 보인다.

🔍 더 자세한 개념 ⋯ 메가헤르츠 161쪽

개념 ❹ 주어진 구간에서 성립하는 부등식의 증명

어떤 구간에서 부등식 $f(x) \geq 0$ 또는 $f(x) \leq 0$이 성립함을 다음과 같이 증명할 수 있다.

(1) 어떤 구간에서 부등식 $f(x) \geq 0$이 성립함을 보이려면
　➡ 그 구간에서 (함수 $f(x)$의 최솟값)≥ 0임을 보인다.

(2) 어떤 구간에서 부등식 $f(x) \leq 0$이 성립함을 보이려면
　➡ 그 구간에서 (함수 $f(x)$의 최댓값)≤ 0임을 보인다.

참고　어떤 구간에서 부등식 $f(x) \geq g(x)$가 성립함을 보이려면
　➡ $h(x) = f(x) - g(x)$라 하고, 그 구간에서 (함수 $h(x)$의 최솟값)≥ 0임을 보인다.

개념 ❸ 모든 실수에 대하여 성립하는 부등식의 증명

334 다음은 모든 실수 x에 대하여 부등식 $3x^4 - 4x^3 + 1 \geq 0$이 성립함을 증명하는 과정이다.

> $f(x) = 3x^4 - 4x^3 + 1$이라 하면
> 　$f'(x) = 12x^3 - 12x^2 = 12x^2(x-1)$
> $f'(x) = 0$에서 $x = 0$ 또는 $x = \boxed{(가)}$
> 즉, 함수 $f(x)$의 최솟값은 $\boxed{(나)}$ 이므로
> $f(x) \geq 0$이다.
> 따라서 모든 실수 x에 대하여 부등식
> $3x^4 - 4x^3 + 1 \geq 0$이 성립한다.

위의 과정에서 (가), (나)에 알맞은 수를 써넣으시오.

개념 ❹ 주어진 구간에서 성립하는 부등식의 증명

335 다음은 $x > 0$일 때, 부등식 $x^3 - 3x^2 + 5 \geq 0$이 성립함을 증명하는 과정이다.

> $f(x) = x^3 - 3x^2 + 5$라 하면
> 　$f'(x) = 3x^2 - 6x = 3x(x-2)$
> $f'(x) = 0$에서 $x = \boxed{(가)}$ $(\because x > 0)$
> $x > 0$일 때, 함수 $f(x)$의 최솟값은 $\boxed{(나)}$ 이므로
> $f(x) \geq 0$이다.
> 따라서 $x > 0$일 때, 부등식 $x^3 - 3x^2 + 5 \geq 0$이 성립한다.

위의 과정에서 (가), (나)에 알맞은 수를 써넣으시오.

유형 04 부등식의 증명

어떤 구간에서 부등식 $f(x) \geq g(x)$가 성립함을 보이려면
$h(x) = f(x) - g(x)$라 하고, 그 구간에서
(함수 $h(x)$의 최솟값)≥ 0임을 보인다.

336 ⊕ 대표예제

다음은 두 함수 $f(x) = x^3 + x^2 + 2x + 3$, $g(x) = x^2 + 5x + 1$에 대하여 $0 \leq x \leq 2$일 때, 부등식 $f(x) \geq g(x)$가 성립함을 증명하는 과정이다.

> $h(x) = f(x) - g(x) = x^3 - 3x + 2$라 하면
> $$h'(x) = 3x^2 - 3 = 3(x+1)(x-1)$$
> $h'(x) = 0$에서 $x = \boxed{\text{(가)}}$ ($\because 0 \leq x \leq 2$)
> $0 \leq x \leq 2$일 때, 함수 $h(x)$의 최솟값은 $\boxed{\text{(나)}}$ 이므로
> $h(x) \geq 0$이다.
> 따라서 $0 \leq x \leq 2$일 때, 부등식 $f(x) \geq g(x)$가 성립한다.

위의 과정에서 (가), (나)에 알맞은 수를 써넣으시오.

337 ★★☆

다음은 2 이상의 자연수 n에 대하여 $x > 1$일 때, 부등식 $x^n + n > nx$가 성립함을 증명하는 과정이다.

> $f(x) = x^n - nx + n$이라 하면
> $$f'(x) = nx^{n-1} - n = n(x^{n-1} - 1)$$
> n은 2 이상의 자연수이고 $x > 1$이므로 $\boxed{\text{(가)}}$
> 즉, $x > 1$에서 함수 $f(x)$는 증가하므로
> $f(x) > \boxed{\text{(나)}}$
> 이때 $\boxed{\text{(나)}} = 1$이므로 $f(x) > 0$이다.
> 따라서 2 이상의 자연수 n에 대하여 $x > 1$일 때, 부등식 $x^n + n > nx$가 성립한다.

위의 과정에서 (가), (나)에 알맞은 것은?

	(가)	(나)
①	$f'(x) > 0$	$f(0)$
②	$f'(x) > 0$	$f(1)$
③	$f'(x) > 0$	$f(2)$
④	$f'(x) > 1$	$f(0)$
⑤	$f'(x) > 1$	$f(1)$

유형 05 중요★ 모든 실수에 대하여 부등식이 성립할 조건

모든 실수 x에 대하여 부등식 $f(x) \geq 0$이 성립하려면
(함수 $f(x)$의 최솟값)≥ 0이어야 한다.

338 ⊕ 대표예제

모든 실수 x에 대하여 부등식 $x^4 - 4x^2 + k \geq 0$이 성립하도록 하는 실수 k의 값의 범위는?

① $k \leq 0$ 　② $k \leq 4$ 　③ $k \geq 0$
④ $k \geq 2$ 　⑤ $k \geq 4$

339 ★★☆

모든 실수 x에 대하여 부등식 $3x^4 - 4x^3 - 12x^2 \geq k$가 성립하도록 하는 정수 k의 최댓값은?

① -35 　② -34 　③ -33
④ -32 　⑤ -31

340 ★★☆

두 함수 $f(x) = 3x^4 + 5x^3 + x + k$, $g(x) = -3x^3 + x$에 대하여 함수 $y = f(x)$의 그래프가 함수 $y = g(x)$의 그래프보다 항상 위쪽에 있도록 하는 정수 k의 최솟값을 구하시오.

유형 06 주어진 구간에서 부등식이 성립할 조건 ; 증가, 감소의 활용

① 열린구간 (a, b)에서 함수 $f(x)$가 증가할 때, 이 구간에서
 • 부등식 $f(x)>k$가 항상 성립하려면 $f(a) \geq k$
 • 부등식 $f(x)<k$가 항상 성립하려면 $f(b) \leq k$
② 열린구간 (a, b)에서 함수 $f(x)$가 감소할 때, 이 구간에서
 • 부등식 $f(x)>k$가 항상 성립하려면 $f(b) \geq k$
 • 부등식 $f(x)<k$가 항상 성립하려면 $f(a) \leq k$

341 ⊕ 대표 예제

$1<x<3$일 때, 부등식 $\dfrac{2}{3}x^3-5x^2+8x+k>0$이 항상 성립하도록 하는 실수 k의 최솟값은?

① 2 ② $\dfrac{5}{2}$ ③ 3

④ $\dfrac{7}{2}$ ⑤ 4

342 ★★☆

$x>2$일 때, 부등식 $x^3-3x+k>0$이 항상 성립하도록 하는 실수 k의 최솟값은?

① -2 ② -1 ③ 0
④ 1 ⑤ 2

343 ★★☆

열린구간 $(3, 5)$에서 함수 $f(x)=2x^3-x^2+k$의 그래프가 함수 $g(x)=2x^2+12x$의 그래프보다 항상 위쪽에 있도록 하는 실수 k의 최솟값을 구하시오.

유형 07 주어진 구간에서 부등식이 성립할 조건 ; 최대, 최소의 활용

① 어떤 구간에서 부등식 $f(x) \geq k$가 항상 성립하려면 그 구간에서 (함수 $f(x)$의 최솟값) $\geq k$이어야 한다.
② 어떤 구간에서 부등식 $f(x) \leq k$가 항상 성립하려면 그 구간에서 (함수 $f(x)$의 최댓값) $\leq k$이어야 한다.

344 ⊕ 대표 예제

$x>1$일 때, 부등식 $x^3-3x^2 \geq k$가 항상 성립하도록 하는 실수 k의 최댓값은?

① -5 ② -4 ③ -3
④ -2 ⑤ -1

345 ★★☆

$x \geq 0$일 때, 부등식 $4x^3-3kx^2+16 \geq 0$이 항상 성립하도록 하는 모든 자연수 k의 값의 합을 구하시오.

346 ★★☆

두 함수 $f(x)=x^3+2x^2-x$, $g(x)=\dfrac{1}{2}x^2+5x+k$에 대하여 $-2 \leq x \leq 2$에서 부등식 $f(x)>g(x)$가 항상 성립하도록 하는 정수 k의 최댓값은?

① -5 ② -4 ③ -3
④ -2 ⑤ -1

🔍 더 자세한 개념 ⋯ 메가헤르츠 166쪽

개념 ⑤ 속도와 가속도

수직선 위를 움직이는 점 P의 시각 t에서의 위치 x가 $x=f(t)$일 때, 시각 t에서의 점 P의 속도 v와 가속도 a는

$$v=\frac{dx}{dt}=f'(t),\ a=\frac{dv}{dt}=v'(t)$$

→ 위치 ➡ 속도 ➡ 가속도

이때 시각 t에서의 점 P의 속력은 $|v|$이다.

참고 속도 $v=f'(t)$의 부호는 점 P의 운동 방향을 나타낸다. 즉, $v>0$이면 양의 방향으로 움직이고 $v<0$이면 음의 방향으로 움직인다.

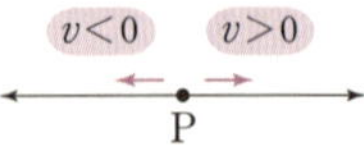

또한, $v=0$이면 점 P는 운동 방향이 바뀌거나 정지한다.

🔍 더 자세한 개념 ⋯ 메가헤르츠 168쪽

개념 ⑥ 시각에 대한 변화율

어떤 물체의 시각 t에서의 길이를 l, 넓이를 S, 부피를 V라 할 때, 시간이 Δt만큼 경과하는 동안의 길이, 넓이, 부피의 변화량을 각각 Δl, ΔS, ΔV라 하면

(1) **시각 t에서의 길이 l의 변화율**

➡ $\displaystyle\lim_{\Delta t\to 0}\frac{\Delta l}{\Delta t}=\frac{dl}{dt}$

(2) **시각 t에서의 넓이 S의 변화율**

➡ $\displaystyle\lim_{\Delta t\to 0}\frac{\Delta S}{\Delta t}=\frac{dS}{dt}$

(3) **시각 t에서의 부피 V의 변화율**

➡ $\displaystyle\lim_{\Delta t\to 0}\frac{\Delta V}{\Delta t}=\frac{dV}{dt}$

개념 ⑤ 속도와 가속도

347 수직선 위를 움직이는 점 P의 시각 t에서의 위치 x가 다음과 같을 때, 시각 $t=2$에서의 점 P의 속도 v와 가속도 a를 구하시오.

(1) $x=t^2-3t+2$

(2) $x=-2t^2+8t+6$

(3) $x=t^3+2t^2-3t+4$

개념 ⑥ 시각에 대한 변화율

348 어떤 물체의 시각 t에서의 길이 l이 $l=3t^2+2t+1$일 때, $t=2$에서의 물체의 길이의 변화율을 구하시오.

349 어떤 도형의 시각 t에서의 넓이 S가 $S=t^3+2t^2+t$일 때, $t=3$에서의 도형의 넓이의 변화율을 구하시오.

350 어떤 도형의 시각 t에서의 부피 V가 $V=(2t^2+t+1)(t+1)$일 때, $t=1$에서의 도형의 부피의 변화율을 구하시오.

유형 08 수직선 위를 움직이는 점의 속도와 가속도

수직선 위를 움직이는 점 P의 시각 t에서의 위치 x가 $x=f(t)$일 때, 시각 t에서의 점 P의 속도 v와 가속도 a는

$$v=\frac{dx}{dt}=f'(t),\ a=\frac{dv}{dt}=v'(t)$$

이때 시각 t에서의 점 P의 속력은 $|v|$이다.

351 ⊕ 대표 예제

원점을 출발하여 수직선 위를 움직이는 점 P의 시각 t에서의 위치 x가 $x=t^3-6t^2+9t$일 때, 점 P가 출발 후 다시 원점을 지나는 순간의 속도는?

① -4 ② -2 ③ 0
④ 2 ⑤ 4

352 ★☆☆

원점을 출발하여 수직선 위를 움직이는 점 P의 시각 t에서의 위치 x가 $x=t^3-3t^2-15t$일 때, 속도가 30인 순간의 점 P의 가속도는?

① 24 ② 25 ③ 26
④ 27 ⑤ 28

353 ★☆☆

수직선 위를 움직이는 점 P의 시각 t에서의 위치 x가 $x=-t^3+6t^2-10t$이다. $1\le t\le 4$에서 점 P의 속력의 최댓값을 구하시오.

354 ★★☆

수직선 위를 움직이는 점 P의 시각 t에서의 위치 x가 $x=t^3-t^2+4t+5$이다. 속도가 12인 순간의 위치를 x_1, 가속도가 16인 순간의 위치를 x_2라 할 때, x_1+x_2의 값은?

① 50 ② 51 ③ 52
④ 53 ⑤ 54

유형 09 중요★ 속도, 가속도와 운동 방향

① 수직선 위를 움직이는 점 P가 운동 방향을 바꾸는 순간의 속도는 0이다.
② 수직선 위를 움직이는 두 점 P, Q가 서로 반대 방향으로 움직일 때
➡ (점 P의 속도)×(점 Q의 속도)<0

같은 방향으로 움직이면 (점 P의 속도)×(점 Q의 속도)>0

355 ⊕ 대표 예제

원점을 출발하여 수직선 위를 움직이는 점 P의 시각 t에서의 위치 x가 $x=2t^3-15t^2+36t$일 때, 점 P가 출발 후 처음으로 운동 방향을 바꾸는 순간의 위치를 구하시오.

356 ★★☆

원점을 출발하여 수직선 위를 움직이는 점 P의 시각 t에서의 위치 x가 $x=\dfrac{1}{4}t^4-2t^3+\dfrac{11}{2}t^2-6t$일 때, 점 P가 출발 후 세 번째로 운동 방향을 바꾸는 순간의 가속도를 구하시오.

357 ★★☆

수직선 위를 움직이는 두 점 P, Q의 시각 t에서의 위치 x_P, x_Q가 각각 $x_P=t^2-4t-5$, $x_Q=t^2-8t+7$이다. 두 점 P, Q가 서로 반대 방향으로 움직이는 시각 t의 값의 범위가 $\alpha<t<\beta$일 때, $\alpha+\beta$의 값은?

① 4 ② 5 ③ 6
④ 7 ⑤ 8

358 ★★☆

원점을 출발하여 수직선 위를 움직이는 점 P의 시각 t에서의 위치 x가 $x=t^3-9t^2+15t$이고, 점 P는 출발 후 운동 방향을 두 번 바꾼다. 운동 방향을 바꾸는 순간의 위치를 각각 A, B라 할 때, 두 점 A, B 사이의 거리를 구하시오.

유형 10 (중요★) 수직 운동을 하는 물체의 위치와 속도

지면에서 똑바로 (지면과 수직으로) 위로 던진 물체의 t초 후의 높이를 h m라 할 때

① t초 후의 물체의 속도 ➡ $\dfrac{dh}{dt}$

② 최고 지점에 도달했을 때의 속도 ➡ 0 ─── 최고 지점에 도달하는 순간 물체는 정지한다.

③ 물체가 지면에 떨어지는 순간의 높이 ➡ 0

359 ⊕ 대표예제

지면에서 30 m/s의 속도로 똑바로 위로 던진 물체의 t초 후의 지면으로부터의 높이를 h m라 하면 $h=30t-5t^2$이다. 이 물체가 최고 지점에 도달했을 때 지면으로부터의 높이는?

① 30 m   ② 35 m   ③ 40 m
④ 45 m   ⑤ 50 m

360 ★★☆

지면으로부터 30 m의 높이에서 지면과 수직으로 위로 던진 공의 t초 후의 지면으로부터의 높이를 h m라 하면 $h=30+5t-5t^2$이다. 이 공이 지면에 떨어지는 순간의 속력은 몇 m/s인가?

① 17 m/s   ② 19 m/s   ③ 21 m/s
④ 23 m/s   ⑤ 25 m/s

361 ★★☆

지면으로부터 25 m의 높이에서 20 m/s의 속도로 지면과 수직으로 위로 던진 물체의 t초 후의 지면으로부터의 높이를 h m라 하면 $h=25+20t-5t^2$이다. 물체를 던져 올린 순간부터 지면에 떨어질 때까지 물체가 이동한 거리는?

① 65 m   ② 70 m   ③ 75 m
④ 80 m   ⑤ 85 m

유형 11 속도, 가속도와 그래프

① 수직선 위를 움직이는 점 P의 시각 t에서의 속도 $v(t)$의 그래프에서 $t=a$에서의 가속도는 $t=a$인 점에서의 접선의 기울기와 같다.

② 수직선 위를 움직이는 점 P의 시각 t에서의 위치 $x(t)$의 그래프에서
• $x'(t)>0$인 구간 ➡ (점 P의 속도)>0
• $x'(t)=0$일 때 ➡ (점 P의 속도)$=0$ ─── 시각 t에서의 점 P의 속도는 $x'(t)$이다.
• $x'(t)<0$인 구간 ➡ (점 P의 속도)<0

362 ⊕ 대표예제

원점을 출발하여 수직선 위를 움직이는 점 P의 시각 t에서의 속도 $v(t)$의 그래프가 그림과 같을 때, 다음 중 옳지 <u>않은</u> 것은?

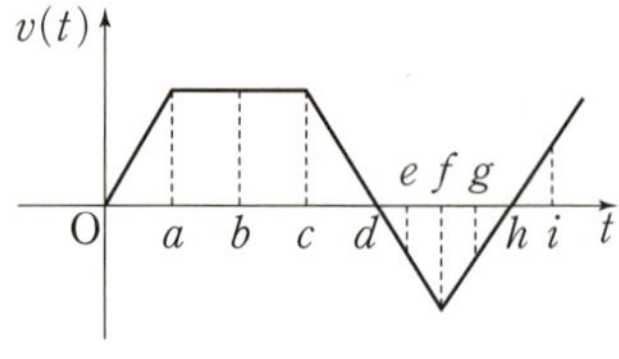

① $t=b$일 때, 가속도는 0이다.
② $c<t<d$일 때, 속도는 감소한다.
③ $c<t<f$일 때, 가속도는 일정하다.
④ $0<t<i$에서 점 P는 운동 방향을 2번 바꾼다.
⑤ $t=d$일 때, 점 P의 위치는 원점이다.

363 ★★☆

수직선 위를 움직이는 점 P의 시각 t에서의 속도 $v(t)$의 그래프가 그림과 같을 때, ┃보기┃에서 옳은 것만을 있는 대로 고르시오.

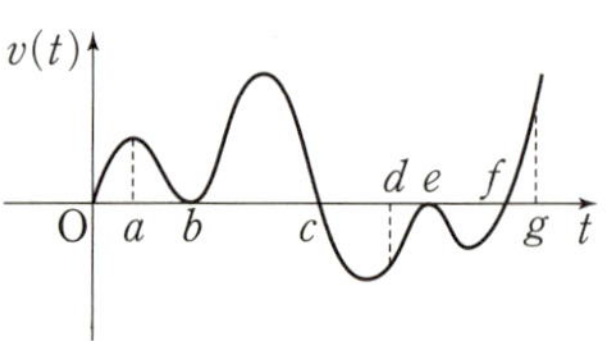

┤ 보기 ├

ㄱ. $t=a$일 때와 $t=d$일 때 점 P의 운동 방향은 서로 반대이다.
ㄴ. $t=d$일 때, 점 P의 가속도는 음의 값이다.
ㄷ. $0<t<g$에서 점 P는 운동 방향을 4번 바꾼다.

364 ★★★

수직선 위를 움직이는 점 P의 시각 t에서의 위치 $x(t)$는 t에 대한 삼차식이고, 그 그래프는 그림과 같다. 점 P의 가속도가 0이 되는 시각을 구하시오.

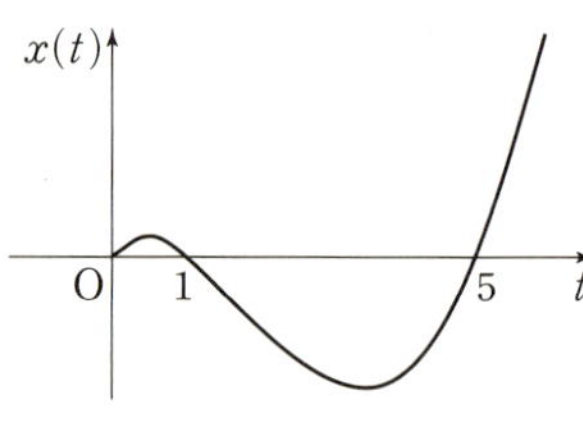

유형 12 시각에 대한 변화율

어떤 물체의 시각 t에서의 길이를 l, 넓이를 S, 부피를 V라 할 때, 시각 t에서의 변화율은 다음과 같은 순서로 구한다.

❶ t초 후의 길이 l, 넓이 S, 부피 V에 대한 관계식을 세운다.

❷ t에 대하여 미분한다.

- 길이의 변화율 ➡ $\dfrac{dl}{dt}$

- 넓이의 변화율 ➡ $\dfrac{dS}{dt}$

- 부피의 변화율 ➡ $\dfrac{dV}{dt}$

❸ ❷에서 구한 식에 주어진 조건을 만족시키는 t의 값을 대입한다.

365 대표 예제

그림과 같이 키가 1.8 m인 사람이 높이 5 m인 가로등 바로 밑에서 출발하여 매초 2 m의 속도로 일직선으로 걸어갈 때, 이 사람의 그림자의 길이의 변화율은?

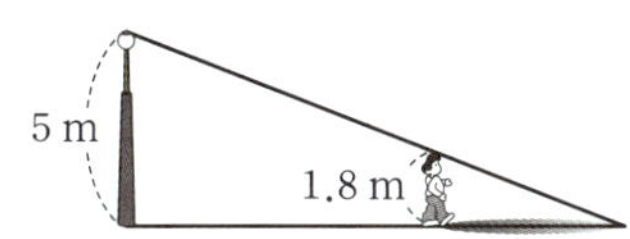

① $\dfrac{9}{16}$ m/s ② $\dfrac{3}{4}$ m/s ③ $\dfrac{15}{16}$ m/s

④ $\dfrac{9}{8}$ m/s ⑤ $\dfrac{21}{16}$ m/s

366 ★★☆

한 변의 길이가 5 cm인 정사각형의 가로와 세로의 길이가 각각 매초 1 cm, 2 cm씩 길어지고 있다. 가로의 길이가 8 cm가 되는 순간의 직사각형의 넓이의 변화율은?

① 25 cm²/s ② 27 cm²/s ③ 29 cm²/s

④ 31 cm²/s ⑤ 33 cm²/s

367 ★★☆

그림과 같이 길이가 8 cm인 선분 AB 위의 한 점 P가 점 A에서 출발하여 점 B를 향해 매초 1 cm씩 움직인다. 점 A를 중심으로 하고 선분 AP를 반지름으로 하는 원을 O_1, 점 B를 중심으로 하고 선분 BP를 반지름으로 하는 원을 O_2라 할 때, 점 P가 출발한 지 5초 후의 두 원 O_1, O_2의 넓이의 합의 변화율은?

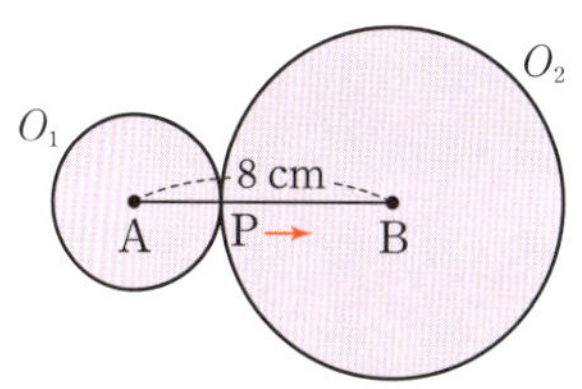

① 2π cm²/s ② $\dfrac{5}{2}\pi$ cm²/s ③ 3π cm²/s

④ $\dfrac{7}{2}\pi$ cm²/s ⑤ 4π cm²/s

368 ★★★

그림과 같이 밑면의 반지름의 길이가 4 cm, 높이가 8 cm인 원뿔 모양의 그릇이 있다. 이 그릇에 수면의 높이가 매초 $\dfrac{4}{3}$ cm씩 올라가도록 물을 채워 넣을 때, 수면의 높이가 3 cm가 되는 순간의 물의 부피의 변화율은?

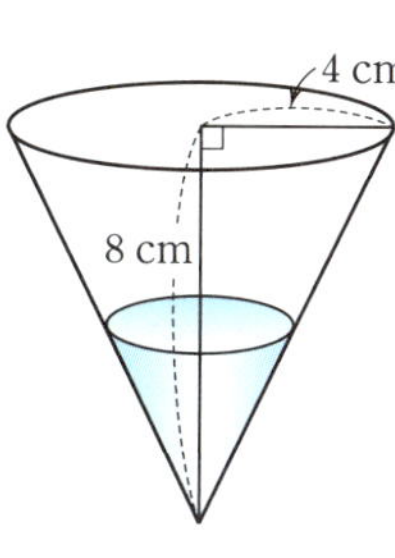

① π cm³/s ② 2π cm³/s ③ 3π cm³/s

④ 4π cm³/s ⑤ 5π cm³/s

369 유형 01

x에 대한 방정식 $\dfrac{3}{4}x^4-2x^3-\dfrac{3}{2}x^2+6x-10+k=0$이 서로 다른 두 실근을 갖도록 하는 자연수 k의 개수를 구하시오.

370 유형 02

두 정수 a, b에 대하여 x에 대한 방정식 $x^4+a=6x^2+b$의 서로 다른 모든 실근의 곱이 양수가 되도록 하는 b의 최솟값이 2일 때, a의 값은?

① 4   ② 6   ③ 8
④ 10   ⑤ 12

371 유형 03

x에 대한 방정식 $x^3+\dfrac{3}{2}x^2+2=\dfrac{3}{2}ax^2+3ax$가 서로 다른 두 실근을 갖도록 하는 서로 다른 모든 실수 a의 값의 합은?

① -4 ② $-\dfrac{10}{3}$ ③ $-\dfrac{8}{3}$
④ -2 ⑤ $-\dfrac{4}{3}$

372 창의·사고력 Up   유형 05

함수 $f(x)=\dfrac{1}{4}x^4-\dfrac{2}{3}x^3+x^2$의 그래프를 x축의 방향으로 a만큼 평행이동하였더니 함수 $y=g(x)$의 그래프와 일치하였다. 모든 실수 x에 대하여 부등식 $g(x)\geq x-5$가 성립하도록 하는 실수 a의 최댓값을 $\dfrac{q}{p}$라 할 때, $p+q$의 값을 구하시오.

(단, p와 q는 서로소인 자연수이다.)

373　유형 06

$x \geq 1$일 때, 부등식 $\dfrac{1}{3}x^3 + (1-a)x^2 - 4ax \geq \dfrac{1}{3}$이 항상 성립하도록 하는 실수 a의 최댓값을 M이라 하자. $10M$의 값을 구하시오.

374　창의·사고력 Up　유형 07

$-1 \leq x \leq 3$일 때, 부등식 $|x^3 - 6x^2 + 9x + a| \leq 20$이 항상 성립하도록 하는 정수 a의 개수를 구하시오.

375　유형 08

원점을 출발하여 수직선 위를 움직이는 두 점 P, Q의 시각 t에서의 위치 x_P, x_Q가 각각

$$x_P = t^3 - t^2 + t, \ x_Q = 3t^2 + t$$

이다. 출발 후 두 점 P, Q의 위치가 같아지는 순간의 두 점의 속도의 합은?

① 58　　　　② 60　　　　③ 62
④ 64　　　　⑤ 66

376　유형 09

수직선 위를 움직이는 점 P의 시각 t에서의 위치 x가
$x = -t^3 + at^2 + bt + 1$이다. 점 P가 $t=3$에서 운동 방향을 바꾸고 그 순간의 위치가 10일 때, $t=5$에서의 점 P의 위치는?

(단, a, b는 상수이다.)

① -14　　　　② -12　　　　③ -10
④ -8　　　　⑤ -6

377　유형 10

지면에서 a m/s의 속도로 지면과 수직으로 위로 던진 물체의 t초 후의 지면으로부터의 높이를 h m라 하면 $h = at - 5t^2$이다. 이 물체가 최소 20 m인 지점까지 도달하기 위한 양수 a의 최솟값을 구하시오.

378
유형 11

수직선 위를 움직이는 점 P의 시각 t에서의 위치 $x(t)$의 그래프가 그림과 같을 때, **보기**에서 옳은 것만을 있는 대로 고른 것은?

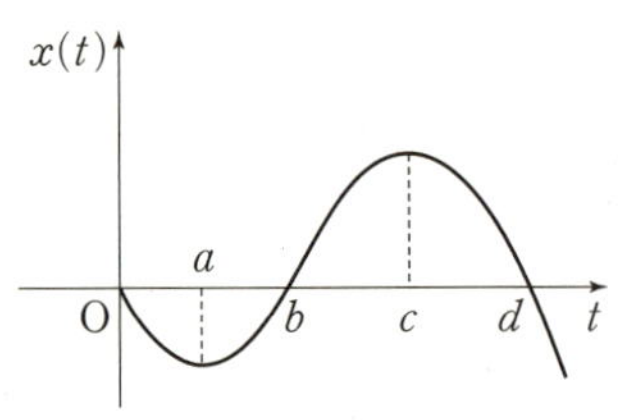

── 보기 ──

ㄱ. $t=d$일 때, 점 P의 위치는 원점이다.
ㄴ. $t=a$일 때, 점 P의 속도는 0이다.
ㄷ. $t=b$일 때, 점 P는 운동 방향을 바꾼다.

① ㄱ　　　　② ㄴ　　　　③ ㄱ, ㄴ
④ ㄱ, ㄷ　　　⑤ ㄴ, ㄷ

379
유형 12

반지름의 길이가 $1\,\text{cm}$인 구의 반지름의 길이가 매초 $a\,\text{cm}$씩 길어진다. 반지름의 길이가 $8\,\text{cm}$가 되는 순간의 구의 겉넓이의 변화율이 $32\pi\,\text{cm}^2/\text{s}$일 때, 구의 부피의 변화율은 $k\pi\,\text{cm}^3/\text{s}$이다. 상수 k의 값을 구하시오.

서술형 문제

380
유형 04

모든 실수 x에 대하여 부등식 $x^4-2x^2+4\geq-4x^3+12x-5$ 가 성립함을 보이시오.

☑ **필요 개념 및 공식**
☐ 부등식이 항상 성립할 조건　　　　☐ 함수의 최대와 최소

381
유형 08

직선 철로를 달리는 기차가 제동을 건 후 t초 동안 움직인 거리를 $x\,\text{m}$라 하면 $x=16t-0.5t^2$이다. 이 기차가 승객을 태우기 위해 A역에 정확히 정지하려면 A역으로부터 전방 몇 m의 지점에서 제동을 걸어야 하는지 구하시오.

☑ **필요 개념 및 공식**
☐ 수직선 위를 움직이는 점의 속도와 가속도

07 부정적분

⊙ 더 자세한 개념 ⋯▸ 메가헤르츠 178쪽

개념 ❶ 부정적분의 정의

(1) 함수 $F(x)$의 도함수가 $f(x)$, 즉 $F'(x)=f(x)$일 때, $F(x)$를 $f(x)$의 **부정적분**이라 하고, 기호로 $\displaystyle\int f(x)\,dx$와 같이 나타낸다.

(2) 함수 $f(x)$의 부정적분 중 하나를 $F(x)$라 하면

'적분 $f(x)\,dx$' 또는
'인티그럴(integral) $f(x)\,dx$'라 읽는다.

$$\overbrace{\int f(x)\,dx}^{\text{부정적분}}=\underbrace{F(x)+C}_{\text{미분}}$$

이다. 이때 $f(x)$를 피적분함수, C를 **적분상수**, x를 적분변수라 한다.

> **참고** 함수 $f(x)$의 부정적분을 구하는 것을 $f(x)$를 적분한다고 하고, 그 계산법을 적분법이라 한다.

⊙ 더 자세한 개념 ⋯▸ 메가헤르츠 179쪽

개념 ❷ 부정적분과 미분의 관계

함수 $f(x)$에 대하여

(1) $\dfrac{d}{dx}\left\{\displaystyle\int f(x)\,dx\right\}=f(x)$

(2) $\displaystyle\int\left\{\dfrac{d}{dx}f(x)\right\}dx=f(x)+C$ (단, C는 적분상수)

> **주의** 미분과 적분의 계산 순서에 따라 그 결과는 적분상수 C만큼의 차이가 생긴다.
> 즉, $\dfrac{d}{dx}\left\{\displaystyle\int f(x)\,dx\right\}\neq\displaystyle\int\left\{\dfrac{d}{dx}f(x)\right\}dx$임에 유의한다.

개념 ❶ 부정적분의 정의

382 다음 부정적분을 구하시오.

(1) $\displaystyle\int 3\,dx$

(2) $\displaystyle\int (-2x)\,dx$

(3) $\displaystyle\int 3x^2\,dx$

(4) $\displaystyle\int (-4x^3)\,dx$

383 다음 등식을 만족시키는 함수 $f(x)$를 구하시오. (단, C는 적분상수이다.)

(1) $\displaystyle\int f(x)\,dx=x^2-4x+C$

(2) $\displaystyle\int f(x)\,dx=-\dfrac{1}{2}x^2+5x+C$

(3) $\displaystyle\int f(x)\,dx=2x^3+x^2+C$

개념 ❷ 부정적분과 미분의 관계

384 다음을 계산하시오.

(1) $\dfrac{d}{dx}\displaystyle\int (x^3+x)\,dx$

(2) $\displaystyle\int\left\{\dfrac{d}{dx}(x^3+x)\right\}dx$

개념 ❸ 함수 $y=x^n$의 부정적분

n이 음이 아닌 정수일 때

$$\int x^n\, dx = \frac{1}{n+1}x^{n+1} + C \quad (\text{단, } C\text{는 적분상수})$$

참고 ① k가 상수일 때, $\int k\, dx = kx + C$ (단, C는 적분상수)

② $\int 1\, dx$를 간단히 $\int dx$로 나타내기도 한다.

개념 ❹ 함수의 실수배, 합, 차의 부정적분

두 함수 $f(x)$, $g(x)$에 대하여

(1) $\int kf(x)\, dx = k\int f(x)\, dx$ (단, k는 0이 아닌 상수)

(2) $\int \{f(x)+g(x)\}\, dx = \int f(x)\, dx + \int g(x)\, dx$

(3) $\int \{f(x)-g(x)\}\, dx = \int f(x)\, dx - \int g(x)\, dx$

참고 (2), (3)은 세 개 이상의 함수에 대해서도 성립한다.

---

385 다음 부정적분을 구하시오.

(1) $\displaystyle\int x^3\, dx$

(2) $\displaystyle\int x^8\, dx$

(3) $\displaystyle\int x^{50}\, dx$

386 다음 부정적분을 구하시오.

(1) $\displaystyle\int (2x+1)\, dx$

(2) $\displaystyle\int (x^2-3x+4)\, dx$

(3) $\displaystyle\int (x+2)^2\, dx$

(4) $\displaystyle\int (x-1)(x+1)(x^2+1)\, dx$

387 다음 부정적분을 구하시오.

(1) $\displaystyle\int (x-3)^2\, dx + \int (x+3)^2\, dx$

(2) $\displaystyle\int (x+1)^3\, dx - \int (x^3+1)\, dx$

(3) $\displaystyle\int \frac{x^2}{x-1}\, dx - \int \frac{1}{x-1}\, dx$

유형 01 부정적분의 정의

함수 $F(x)$가 $f(x)$의 한 부정적분이다.
$\iff \int f(x)\,dx = F(x) + C$ (단, C는 적분상수)
$\iff F'(x) = f(x)$
$\iff$ 함수 $F(x)$의 도함수가 $f(x)$이다.

388 ⊕ 대표 예제

등식 $\int (x-2)f(x)\,dx = 2x^3 - 6x^2 + C$를 만족시키는 다항함수 $f(x)$에 대하여 $f(1)$의 값은? (단, C는 적분상수이다.)

① 2   ② 4   ③ 6
④ 8   ⑤ 10

389 ★☆☆

다항함수 $f(x)$에 대하여 $x^4 + 2x^2 - 8x + 4$는 $(x-1)f(x)$의 부정적분일 때, $f(2)$의 값은?

① 30   ② 32   ③ 34
④ 36   ⑤ 38

390 ★★☆

함수 $F(x) = x^4 + ax^3 + bx^2$은 함수 $f(x)$의 한 부정적분이다. $f(-1) = -4$, $f'(0) = 6$일 때, $F(1)$의 값은?
(단, a, b는 상수이다.)

① 3   ② 4   ③ 5
④ 6   ⑤ 7

유형 02 부정적분과 미분의 관계

① $F'(x) = f(x)$일 때, $\int f(x)\,dx = F(x) + C$이므로
$$\rightarrow \frac{d}{dx}\left\{ \int f(x)\,dx \right\} = \frac{d}{dx}\{F(x) + C\} = f(x)$$
(단, C는 적분상수)

② 미분가능한 함수 $f(x)$에 대하여
$$\rightarrow \int \left\{ \frac{d}{dx} f(x) \right\} dx = \int f'(x)\,dx = f(x) + C$$
(단, C는 적분상수)

391 ⊕ 대표 예제

모든 실수 x에 대하여
$$\frac{d}{dx}\left\{ \int (ax^2 + 3x - 7)\,dx \right\} = 2x^2 + 3x + b$$
가 성립할 때, 두 상수 a, b에 대하여 $a + b$의 값은?

① -10 ② -5 ③ 0
④ 5   ⑤ 10

392 ★★☆

다항함수 $f(x)$에 대하여 $f(1) = 3$이고
$$\frac{d}{dx}\left\{ \int x^2 f(x)\,dx \right\} = 4x^5 + 2x^3 + ax^2$$
일 때, $f(2)$의 값을 구하시오. (단, a는 상수이다.)

393 ★★☆

함수 $F(x) = \int \left\{ \frac{d}{dx}(x^3 + 3x^2 - 1) \right\} dx$에 대하여 $F(1) = 2$일 때, $F(2)$의 값을 구하시오.

394 ★★☆

함수 $f(x)$에 대하여
$$f(x) = \int \left\{ \frac{d}{dx}(x^3 - 2x^2 - 8x + 3) \right\} dx$$
이고 $f(0) = 0$일 때, 방정식 $f(x) = 0$의 서로 다른 실근의 개수를 a, 모든 실근의 합을 b라 하자. $a + b$의 값을 구하시오.

유형 03 부정적분의 계산

① n이 음이 아닌 정수일 때
$$\Rightarrow \int x^n\,dx=\frac{1}{n+1}x^{n+1}+C \text{ (단, } C\text{는 적분상수)}$$
② 두 함수 $f(x)$, $g(x)$에 대하여
- $\int kf(x)\,dx=k\int f(x)\,dx$ (단, k는 0이 아닌 상수)
- $\int \{f(x)\pm g(x)\}\,dx=\int f(x)\,dx\pm\int g(x)\,dx$ (복부호동순)

395 ➕ 대표 예제

함수 $f(x)$에 대하여
$$f(x)=\int (2-\sqrt{x})^3\,dx+\int (2+\sqrt{x})^3\,dx$$
이고 $f(0)=-10$일 때, $f(1)$의 값은?

① 8 ② 9 ③ 10
④ 11 ⑤ 12

396 ★★☆

$f(x)=1+2x+3x^2+\cdots+10x^9$에 대하여

$F(x)=\int f(x)\,dx$라 하자. $F(1)=11$일 때, $F(2)$의 값은?

① $2^{10}-1$ ② 2^{10} ③ $2^{11}-1$
④ 2^{11} ⑤ $2^{11}+1$

397 ★★☆

$f(x)=\int \dfrac{x^2}{x-2}\,dx-\int \dfrac{4}{x-2}\,dx$에 대하여 함수 $y=f(x)$의 그래프가 원점을 지나고 함수 $f(x)$는 $x=a$에서 최솟값 b를 갖는다. $a+b$의 값은?

① -4 ② -3 ③ -2
④ -1 ⑤ 0

유형 04 도함수가 주어진 경우의 부정적분

함수 $f(x)$의 도함수 $f'(x)$가 주어지면 $f(x)$는 다음과 같은 순서로 구한다.

❶ $f(x)=\int f'(x)\,dx$임을 이용하여 $f(x)$를 적분상수 C를 포함한 식으로 나타낸다.
❷ 주어진 함숫값을 이용하여 C의 값을 구한다.
❸ ❷에서 구한 C의 값을 ❶에서 구한 식에 대입하여 함수 $f(x)$를 구한다.

398 ➕ 대표 예제

함수 $f(x)$에 대하여 $f'(x)=6x^2+2x+3a$이고 $f(0)=-3$, $f(1)=3$일 때, $f(-1)$의 값은?
(단, a는 상수이다.)

① -10 ② -9 ③ -8
④ -7 ⑤ -6

399 ★★☆

다항함수 $f(x)$에 대하여 $x\neq\dfrac{1}{2}$일 때, $f'(x)=\dfrac{4x^2-1}{2x-1}$이고 $f(-2)=3$이다. $f(3)$의 값을 구하시오.

400 ★★☆

점 $(0,\ 3)$을 지나는 곡선 $y=f(x)$ 위의 점 $(x,\ f(x))$에서의 접선의 기울기가 $4x-3$일 때, $f(2)$의 값은?

① 1 ② 3 ③ 5
④ 7 ⑤ 9

401 ★★☆

함수 $f(x)$를 적분해야 할 것을 잘못하여 미분하였더니 $12x^2-6x$가 되었다. $f(1)=1$이고, $f(x)$의 부정적분 중 하나를 $F(x)$라 할 때, $F(0)=3$이다. $F(x)$를 $x-1$로 나누었을 때의 나머지를 구하시오.

함수 $f(x)$와 그 부정적분 $F(x)$사이의 관계식이 주어지면 $f(x)$는 다음과 같은 순서로 구한다.

❶ 주어진 등식의 양변을 x에 대하여 미분하여 도함수 $f'(x)$를 구한다.

❷ $f(x)=\int f'(x)\,dx$임을 이용하여 함수 $f(x)$를 구한다.

402 ➕ 대표 예제

다항함수 $f(x)$에 대하여

$$\int f(x)\,dx = xf(x) - 3x^4 + 2x^3$$

이 성립한다. $f(1)=1$일 때, $f(2)$의 값은?

① 16　　　② 20　　　③ 24

④ 28　　　⑤ 32

403 ★★☆

다항함수 $f(x)$에 대하여

$$\int xf'(x)\,dx = xf(x) - 2x^2 + 3x$$

가 성립한다. $g(x)=\int f(x)\,dx$이고 $g(0)=0$일 때, $g(1)$의 값은?

① -2　　　② -1　　　③ 0

④ 1　　　⑤ 2

404 ★★☆

다항함수 $f(x)$와 그 부정적분 $F(x)$에 대하여

$$F(x) - xf(x) = 2x^3 + 4x^2$$

이 성립한다. $f(0)=1$일 때, $F(1)$의 값을 구하시오.

함수 $f(x)$의 $x=a$에서의 미분계수 $f'(a)$는

$$\Rightarrow f'(a) = \lim_{h \to 0} \frac{f(a+h)-f(a)}{h} = \lim_{x \to a} \frac{f(x)-f(a)}{x-a}$$

405 ➕ 대표 예제

함수 $f(x)$에 대하여

$$f(x) = \int (x^2 - 5x + 2)\,dx$$

일 때, $\displaystyle\lim_{h \to 0} \frac{f(2+h)-f(2-h)}{h}$의 값은?

① -10　　　② -8　　　③ -6

④ -4　　　⑤ -2

406 ★☆☆

함수 $f(x)$에 대하여

$$f(x) = \int (4x^3 - 4x + 2)\,dx$$

일 때, $\displaystyle\lim_{x \to 1} \frac{f(x)-f(1)}{2x-2}$의 값을 구하시오.

407 ★★☆

다항함수 $f(x)$에 대하여

$$\lim_{h \to 0} \frac{f(x+2h)-f(x-h)}{4h} = 3x^3 - \frac{9}{2}x^2 - 3x + 6$$

이고 $f(0)=8$일 때, $f(x)$를 $x-1$로 나누었을 때의 나머지는?

① 11　　　② 12　　　③ 13

④ 14　　　⑤ 15

408 유형 01

| 보기 |에서 옳은 것만을 있는 대로 고른 것은?

┌─ 보기 ─┐

ㄱ. $\int 3\,dx = 3x + C$ (단, C는 적분상수)

ㄴ. $4x$의 부정적분은 $2x^2$이다.

ㄷ. $x^2 - x + 2$는 $2x - 1$의 부정적분 중 하나이다.

① ㄱ   ② ㄴ   ③ ㄱ, ㄴ

④ ㄱ, ㄷ   ⑤ ㄱ, ㄴ, ㄷ

409 유형 02

함수 $f(x) = \dfrac{d}{dx}\left\{\int (x^2 + ax + 5)\,dx\right\}$는 $x = b$에서 최솟값 c를 가지고, $f'(2) = -2$이다. $a + b + c$의 값은?

(단, a는 상수이다.)

① -7 ② -6 ③ -5

④ -4 ⑤ -3

410 창의·사고력 Up 유형 02 · 유형 03

두 일차함수 $f(x)$, $g(x)$에 대하여

$$\frac{d}{dx}\{f(x) + g(x)\} = 5, \quad \frac{d}{dx}\{f(x)g(x)\} = 12x + 1$$

이고 $f(0) = -1$, $g(0) = 2$일 때, $f(1) + g(2)$의 값을 구하시오.

411 유형 04

곡선 $y = f(x)$는 점 $(1, 0)$을 지나고 이 곡선 위의 점 (x, y)에서의 접선의 기울기는 $4x + k$이다. 방정식 $f(x) = 0$이 중근을 가질 때, 상수 k의 값은?

① -4 ② -3 ③ -2

④ -1 ⑤ 0

412 유형 04

모든 실수 x에 대하여 연속인 함수 $f(x)$의 도함수가

$$f'(x) = \begin{cases} 4x - 4 & (x > -1) \\ k & (x < -1) \end{cases}$$

이고 $f(1) = 3$, $f(-2) = 1$일 때, $f(-3)$의 값은?

(단, k는 상수이다.)

① -10 ② -9 ③ -8

④ -7 ⑤ -6

정답 및 해설 066쪽

413 창의·사고력 Up

유형 04

사차함수 $f(x)$의 도함수 $y=f'(x)$의 그래프가 그림과 같다. 함수 $f(x)$의 극댓값이 5이고, $f(-1)=13$일 때, 모든 극솟값의 합을 구하시오.

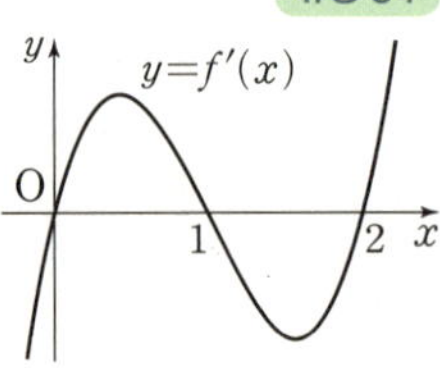

414

유형 05

다항함수 $f(x)$의 도함수 $f'(x)$에 대하여

$$\int (x-1)f'(x)\,dx = -\frac{2}{3}x^3 + 3x^2 - 4x - 1$$

이 성립한다. $f(1)=-3$일 때, $f(x)$의 최댓값은?

① -5 ② -4 ③ -3
④ -2 ⑤ -1

415

유형 05

다항함수 $f(x)$에 대하여

$$2f(x) + \int xf(x)\,dx = \frac{1}{2}x^4 + \frac{1}{3}x^3 + \frac{5}{2}x^2 + 2x$$

가 성립할 때, $f(1)$의 값은?

① 0 ② 1 ③ 2
④ 3 ⑤ 4

416

유형 06

미분가능한 함수 $f(x)$가 임의의 두 실수 x, y에 대하여

$$f(x+y)=f(x)+f(y)+xy$$

를 만족시킨다. $f'(0)=4$일 때, $f(-1)$의 값은?

① $-\dfrac{7}{2}$ ② $-\dfrac{3}{2}$ ③ $\dfrac{1}{2}$
④ $\dfrac{5}{2}$ ⑤ $\dfrac{9}{2}$

서술형 문제

417

유형 01

이차함수 $f(x)=3x^2+2x+1$과 $f(x)$의 한 부정적분 $F(x)$에 대하여 함수 $g(x)=xF(x)$는 $x=0$에서 극값을 가진다. $F(1)$의 값을 구하시오.

☑ 필요 개념 및 공식

☐ 부정적분의 뜻   ☐ 함수의 곱의 미분법   ☐ 극값과 미분계수

418

유형 02

함수 $f(x)$에 대하여

$$f(x)=\int \left\{ \frac{d}{dx}\left(\int 3x^2\,dx \right) \right\} dx$$

이고 $f(2)=3$일 때, $f(4)$의 값을 구하시오.

☑ 필요 개념 및 공식

☐ 부정적분과 미분의 관계

08 정적분

🔍 더 자세한 개념 ⋯ 메가헤르츠 196쪽

개념 ❶ 정적분의 정의

(1) 닫힌구간 $[a,\ b]$에서 연속인 함수 $f(x)$의 한 부정적분을 $F(x)$라 하면 $F(b)-F(a)$를 함수 $f(x)$의 a에서 b까지의 **정적분**이라 하고, 기호로 다음과 같이 나타낸다.

$$\int_a^b f(x)\,dx=\Big[F(x)\Big]_a^b=F(b)-F(a)$$

참고 ① 정적분 $\int_a^b f(x)\,dx$의 값을 구하는 것을 함수 $f(x)$를 a에서 b까지 적분한다고 하고, a를 아래끝, b를 위끝이라 한다. 이때 a부터 b까지를 적분 구간이라 한다.
② 변수를 x 대신 다른 문자를 사용하여 나타내어도 그 값은 변하지 않는다. 즉,
$$\int_a^b f(x)\,dx=\int_a^b f(y)\,dy=\int_a^b f(t)\,dt$$

(2) $a \geq b$일 때, 정적분 $\int_a^b f(x)\,dx$의 정의

함수 $f(x)$가 두 실수 a, b를 포함하는 구간에서 연속일 때, 다음이 성립한다.

① $\int_a^a f(x)\,dx=0$ → 적분 구간의 위끝과 아래끝이 서로 같으면 그 값은 0이다.

② $\int_a^b f(x)\,dx=-\int_b^a f(x)\,dx$ → 적분 구간의 위끝과 아래끝을 서로 바꾸면 부호가 바뀐다.

🔍 더 자세한 개념 ⋯ 메가헤르츠 197쪽

개념 ❷ 정적분의 성질

(1) 두 함수 $f(x)$, $g(x)$가 닫힌구간 $[a,\ b]$에서 연속일 때, 다음이 성립한다.

① $\int_a^b kf(x)\,dx=k\int_a^b f(x)\,dx$ (단, k는 상수)

② $\int_a^b \{f(x)+g(x)\}\,dx=\int_a^b f(x)\,dx+\int_a^b g(x)\,dx$

③ $\int_a^b \{f(x)-g(x)\}\,dx=\int_a^b f(x)\,dx-\int_a^b g(x)\,dx$ → 적분 구간이 서로 같다.

(2) 함수 $f(x)$가 임의의 세 실수 a, b, c를 포함하는 구간에서 연속일 때, 다음이 성립한다.

$$\int_a^c f(x)\,dx+\int_c^b f(x)\,dx=\int_a^b f(x)\,dx$$ → 피적분함수가 서로 같다.

참고 a, b, c의 대소에 관계없이 성립한다.

개념 ❶ 정적분의 정의

419 다음 정적분의 값을 구하시오.

(1) $\int_1^2 x^2\,dx$

(2) $\int_2^3 (4t-2)\,dt$

(3) $\int_{-1}^2 (x^2+6x)\,dx$

(4) $\int_{-3}^0 (3s^2+2)\,ds$

420 다음 정적분의 값을 구하시오.

(1) $\int_1^1 (x^3-2x+3)\,dx$

(2) $\int_1^2 (x^3-1)\,dx+\int_2^1 (x^3-1)\,dx$

개념 ❷ 정적분의 성질

421 다음 정적분의 값을 구하시오.

(1) $\int_1^2 4(x+1)\,dx$

(2) $\int_{-1}^2 (3x+1)\,dx+\int_{-1}^2 (3x-1)\,dx$

(3) $\int_0^3 (x^2+x+1)\,dx+\int_0^3 (x^2-x+1)\,dx$

(4) $\int_0^1 (6x-1)\,dx-\int_0^1 (4x-1)\,dx$

422 다음 정적분의 값을 구하시오.

(1) $\int_0^1 (x-1)\,dx+\int_1^2 (x-1)\,dx$

(2) $\int_0^5 (3x^2+1)\,dx+\int_5^1 (3x^2+1)\,dx$

유형 01 정적분의 정의

① 닫힌구간 $[a, b]$에서 연속인 함수 $f(x)$의 한 부정적분을 $F(x)$
라 하면

$$\Rightarrow \int_a^b f(x)\,dx = \Big[F(x)\Big]_a^b = F(b) - F(a)$$

② $\int_a^a f(x)\,dx = 0,\ \int_b^a f(x)\,dx = -\int_a^b f(x)\,dx$

423 ⊕ 대표 예제

정적분 $\displaystyle\int_2^2 (x^2 - x)\,dx + \int_1^2 \left(\frac{2x^3 + 2x}{2x - 1} - \frac{x^2 + 1}{2x - 1}\right) dx$의 값은?

① 2   ② $\dfrac{7}{3}$ ③ $\dfrac{8}{3}$

④ 3   ⑤ $\dfrac{10}{3}$

424 ★★☆

함수 $f(x) = 3x^2 + 2ax$가 $\displaystyle\int_0^1 f(x)\,dx = f(1)$을 만족시킬 때,
상수 a의 값은?

① -2 ② -1 ③ 0

④ 1   ⑤ 2

425 ★★☆

$\displaystyle\int_1^a (3x^2 - 7x + 1)\,dx = 0$일 때, 상수 a의 값을 구하시오.

(단, $a > 1$)

426 ★★☆

부등식 $\displaystyle\int_0^2 (3x^2 - 4nx + 5)\,dx > 0$을 만족시키는 모든 자연수
n의 값의 합을 구하시오.

유형 02 정적분의 계산

두 함수 $f(x)$, $g(x)$가 세 실수 a, b, c를 포함하는 구간에서 연속
일 때

① $\displaystyle\int_a^b kf(x)\,dx = k\int_a^b f(x)\,dx$ (단, k는 상수)

② $\displaystyle\int_a^b \{f(x) \pm g(x)\}\,dx = \int_a^b f(x)\,dx \pm \int_a^b g(x)\,dx$ (복부호동순)

③ $\displaystyle\int_a^c f(x)\,dx + \int_c^b f(x)\,dx = \int_a^b f(x)\,dx$

427 ⊕ 대표 예제

정적분 $\displaystyle\int_0^1 (x - 1)^3\,dx - \int_1^0 (x + 1)^3\,dx$의 값은?

① $\dfrac{5}{2}$ ② 3   ③ $\dfrac{7}{2}$

④ 4   ⑤ $\dfrac{9}{2}$

428 ★☆☆

정적분 $\displaystyle\int_1^2 \frac{x^4}{x^2 + 1}\,dx - \int_1^2 \frac{1}{x^2 + 1}\,dx$의 값은?

① $\dfrac{1}{3}$ ② $\dfrac{2}{3}$ ③ 1

④ $\dfrac{4}{3}$ ⑤ $\dfrac{5}{3}$

429 ★★☆

정적분

$$\int_{-1}^3 (x - 1)(x^2 + x + 1)\,dx + \int_3^2 (x^3 - 1)\,dx$$

의 값을 구하시오.

430 ★★☆

함수 $f(x) = x^2 + 2x - 1$에 대하여 정적분

$$\int_{-1}^1 f(x)\,dx + \int_1^2 f(x)\,dx - \int_{-1}^0 f(x)\,dx$$

의 값을 구하시오.

유형 03 **구간에 따라 다르게 정의된 함수의 정적분**

함수 $f(x)=\begin{cases} g(x) & (x\geq c) \\ h(x) & (x\leq c) \end{cases}$ 가 닫힌구간 $[a, b]$에서 연속이고, $a<c<b$일 때

$$\Rightarrow \int_a^b f(x)\,dx=\int_a^c h(x)\,dx+\int_c^b g(x)\,dx$$

431 ⊕ 대표예제

함수 $f(x)=\begin{cases} 3x-4 & (x\geq 2) \\ 2 & (x\leq 2) \end{cases}$ 에 대하여 정적분 $\int_{-1}^4 f(x)\,dx$ 의 값은?

① 12   ② 14   ③ 16

④ 18   ⑤ 20

432 ★☆☆

함수 $f(x)=\begin{cases} -4x+10 & (x\geq 1) \\ 4x+2 & (x\leq 1) \end{cases}$ 에 대하여 정적분

$\int_0^3 f(x)\,dx$의 값을 구하시오.

433 ★★☆

실수 전체의 집합에서 정의된 함수 $y=f(x)$의 그래프가 그림과 같을 때,
정적분 $\int_{-2}^3 xf(x)\,dx$의 값을 구하시오.

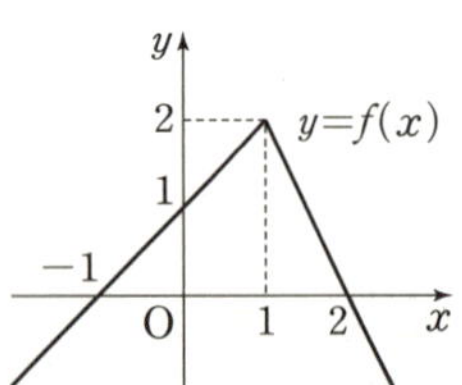

434 ★★☆

실수 전체의 집합에서 연속인 함수
$$f(x)=\begin{cases} x^2+ax+5 & (x\geq 2) \\ 2x+1 & (x<2) \end{cases}$$
에 대하여 정적분 $\int_{-1}^3 f(x)\,dx$의 값을 구하시오.

(단, a는 상수이다.)

유형 04 중요★ **절댓값 기호를 포함한 함수의 정적분**

절댓값 기호를 포함한 함수의 정적분은 다음과 같은 순서로 푼다.

❶ 절댓값 기호 안의 식의 값이 0이 되는 x의 값을 기준으로 범위를 나누어 함수를 나타낸다.

$$\Rightarrow |f(x)|=\begin{cases} f(x) & (f(x)\geq 0) \\ -f(x) & (f(x)\leq 0) \end{cases}$$

❷ ❶에서 구한 절댓값 기호 안의 식의 값이 0이 되는 x의 값을 기준으로 적분 구간을 나누어 각 구간에서의 정적분의 값을 구한다.

$$\Rightarrow \int_a^b |f(x)|\,dx=\int_a^c \{-f(x)\}\,dx+\int_c^b f(x)\,dx$$

$a\leq x\leq c$에서 $f(x)\leq 0$ $c\leq x\leq b$에서 $f(x)\geq 0$

435 ⊕ 대표예제

정적분 $\int_0^2 |x^2-x|\,dx$의 값을 구하시오.

436 ★☆☆

정적분 $\int_{-1}^2 (x^2+|x|+1)\,dx$의 값은?

① 8   ② $\dfrac{17}{2}$ ③ 9

④ $\dfrac{19}{2}$ ⑤ 10

437 ★★☆

등식 $\int_0^k |x^2-x-2|\,dx=12$를 만족시키는 상수 k의 값은?

(단, $k>2$)

① 3   ② 4   ③ 5

④ 6   ⑤ 7

더 자세한 개념 ⋯ 메가헤르츠 205쪽

개념 ❸ 정적분으로 정의된 함수의 미분

(1) **정적분으로 정의된 함수**

$f(t)$가 연속함수일 때, 정적분 $\displaystyle\int_a^x f(t)\,dt$ (a는 실수)에서 $f(t)$의 한 부정적분을 $F(t)$라 하면

$$\int_a^x f(t)\,dt = \Big[\,F(t)\,\Big]_a^x = F(x) - F(a)$$

이므로 $\displaystyle\int_a^x f(t)\,dt$는 x에 대한 함수이다.

(2) **정적분으로 정의된 함수의 미분**

① $\dfrac{d}{dx}\displaystyle\int_a^x f(t)\,dt = f(x)$ (단, a는 실수)

　→ x의 계수가 1인 경우, 즉 $x+a$ 꼴에서만 성립한다.

② $\dfrac{d}{dx}\displaystyle\int_x^{x+a} f(t)\,dt = f(x+a) - f(x)$ (단, a는 실수)

더 자세한 개념 ⋯ 메가헤르츠 208쪽

개념 ❹ 정적분으로 정의된 함수의 극한

(1) $\displaystyle\lim_{x\to 0} \dfrac{1}{x}\int_a^{x+a} f(t)\,dt = f(a)$

(2) $\displaystyle\lim_{x\to a} \dfrac{1}{x-a}\int_a^x f(t)\,dt = f(a)$

---

438 다음을 구하시오.

(1) $\dfrac{d}{dx}\displaystyle\int_0^x (t^2+t)\,dt$

(2) $\dfrac{d}{dx}\displaystyle\int_{-1}^x (4-t^2)\,dt$

(3) $\dfrac{d}{dx}\displaystyle\int_x^{x+1} 2t^2\,dt$

439 모든 실수 x에 대하여 다음 등식이 성립할 때, $f(x)$를 구하시오.

(1) $\displaystyle\int_2^x f(t)\,dt = x^2 - 4x + 4$

(2) $\displaystyle\int_{-1}^x f(t)\,dt = x^4 - 2x^3 - 4x^2 - x$

440 다음 함수 $f(x)$에 대하여 $f'(1)$의 값을 구하시오.

(1) $f(x) = \displaystyle\int_3^x (t+5)\,dt$

(2) $f(x) = \displaystyle\int_x^{x+1} (s-1)^2\,ds$

441 다음을 구하시오.

(1) $\displaystyle\lim_{x\to 0} \dfrac{1}{x}\int_0^x (t^3+3t-2)\,dt$

(2) $\displaystyle\lim_{x\to 0} \dfrac{1}{x}\int_1^{x+1} (4s+5)\,ds$

(3) $\displaystyle\lim_{x\to 1} \dfrac{1}{x-1}\int_1^x (t^2+1)\,dt$

(4) $\displaystyle\lim_{x\to -1} \dfrac{1}{x+1}\int_{-1}^x (5-s)\,ds$

유형 05 · 중요* · 정적분을 포함한 등식 ; 적분 구간이 상수인 경우

함수 $f(x)$가 $f(x)=g(x)+\int_a^b f(t)\,dt$ (a, b는 상수) 꼴로 주어진 경우 함수 $f(x)$는 다음과 같은 순서로 구한다.

❶ $\int_a^b f(t)\,dt=k$ (k는 상수)라 한다.

❷ $f(x)=g(x)+k$에서 $\int_a^b f(t)\,dt=\int_a^b \{g(t)+k\}\,dt=k$임을 이용하여 k의 값을 구한다.

❸ k의 값을 $f(x)=g(x)+k$에 대입하여 함수 $f(x)$를 구한다.

442 ⊕ 대표 예제

다항함수 $f(x)$에 대하여

$$f(x)=3x^2+\int_0^2 f(t)\,dt$$

가 성립할 때, $f(2)$의 값을 구하시오.

443 ★★☆

다항함수 $f(x)$에 대하여

$$f(x)=2x+x\int_1^2 f(t)\,dt$$

가 성립할 때, $\int_{-2}^1 f(x)\,dx$의 값을 구하시오.

444 ★★☆

다항함수 $f(x)$에 대하여

$$f(x)=\frac{9}{16}+2x\int_0^2 f(t)\,dt+\left\{\int_0^2 f(t)\,dt\right\}^2$$

이 성립할 때, $\int_0^4 f(x)\,dx$의 값은?

① $-\dfrac{15}{2}$ ② -7 ③ $-\dfrac{13}{2}$

④ -6 ⑤ $-\dfrac{11}{2}$

유형 06 · 정적분을 포함한 등식 ; 적분 구간에 변수 x가 있는 경우

$\int_a^x f(t)\,dt=g(x)$ (a는 상수) 꼴로 주어진 경우 함수 $f(x)$는 다음과 같은 순서로 구한다.

❶ 양변에 $x=a$를 대입하여 미정계수 또는 조건을 구한다.

➡ $\int_a^a f(t)\,dt=g(a)$ ∴ $g(a)=0$

❷ 양변을 x에 대하여 미분하여 함수 $f(x)$를 구한다.

➡ $f(x)=g'(x)$

445 ⊕ 대표 예제

함수 $f(x)$가 모든 실수 x에 대하여

$$\int_1^x f(t)\,dt=ax^2+2x-3$$

을 만족시킬 때, $f(1)$의 값을 구하시오. (단, a는 상수이다.)

446 ★★☆

함수 $f(x)$가 모든 실수 x에 대하여

$$\int_a^x f(t)\,dt=x^3-2(a+1)x-3$$

을 만족시킬 때, $f(2)$의 값은? (단, a는 실수이다.)

① 1 ② 2 ③ 3

④ 4 ⑤ 5

447 ★★☆

임의의 실수 x에 대하여 등식

$$\int_a^x f(t)\,dt=x^2-2x-3$$

을 만족시키는 함수 $f(x)$가 있다. $f(a)$의 값은? (단, $a>0$)

① -4 ② -2 ③ 0

④ 2 ⑤ 4

유형 07　정적분을 포함한 등식 ; 적분 구간과 피적분함수에 변수 x가 있는 경우

$\int_a^x (x-t)f(t)\,dt = g(x)$ (a는 상수) 꼴로 주어진 경우 함수 $f(x)$는 다음과 같은 순서로 구한다.

❶ 양변에 $x=a$를 대입하여 미정계수 또는 조건을 구한다.

➡ $\int_a^a (a-t)f(t)\,dt = g(a)$ ∴ $g(a)=0$

❷ 등식의 좌변을 $\int_a^x (x-t)f(t)\,dt = x\int_a^x f(t)\,dt - \int_a^x tf(t)\,dt$ 로 변형한 후 양변을 x에 대하여 미분한다.

➡ $\left\{\int_a^x f(t)\,dt + xf(x)\right\} - xf(x) = \int_a^x f(t)\,dt = g'(x)$

❸ ❷에서 구한 식의 양변을 x에 대하여 미분하여 함수 $f(x)$를 구한다.

448 ⊕ 대표 예제

다항함수 $f(x)$가 모든 실수 x에 대하여

$$\int_1^x (x-t)f(t)\,dt = 2x^3 + ax + 4$$

를 만족시킬 때, $\int_1^2 f(x)\,dx$의 값을 구하시오.

(단, a는 상수이다.)

449 ★★☆

다항함수 $f(x)$가 모든 실수 x에 대하여

$$\int_{-1}^x (x-t)f(t)\,dt = ax^2 + bx - 4$$

를 만족시킬 때, ab의 값을 구하시오. (단, a, b는 상수이다.)

450 ★★☆

다항함수 $f(x)$가 모든 실수 x에 대하여

$$\int_a^x (x-t)f(t)\,dt = x^3 - ax^2 - 2ax + 8$$

을 만족시킬 때, $f(a)$의 값은? (단, a는 상수이다.)

① 6　　　② 7　　　③ 8

④ 9　　　⑤ 10

유형 08　정적분으로 정의된 함수의 극대, 극소

함수 $f(x) = \int_a^x g(t)\,dt$ (a는 상수)의 극값은 다음과 같은 순서로 구한다.

❶ 양변을 x에 대하여 미분한다. ➡ $f'(x) = g(x)$

❷ $f'(x)=0$을 만족시키는 x의 값을 구하여 함수 $f(x)$의 증가와 감소를 표로 나타낸다. ← 즉, $g(x)=0$

❸ 함수 $f(x)$의 극값을 구한다.

451 ⊕ 대표 예제

함수 $f(x) = \int_0^x 3(t+1)(t-3)\,dt$의 극댓값과 극솟값을 각각 M, m이라 할 때, $M-m$의 값을 구하시오.

452 ★★☆

함수 $f(x) = \int_a^x (3t^2 - 3)\,dt$의 극솟값이 0일 때, 극댓값을 M이라 하자. $M-a$의 값을 구하시오. (단, $a \neq 1$)

453 ★★☆

함수 $f(x) = \int_{-1}^x (-t^2 - t + a)\,dt$가 $x=-3$에서 극솟값을 가질 때, 함수 $f(x)$의 극댓값을 M이라 하자. $2M+a$의 값은?

(단, a는 상수이다.)

① 31　　　② 32　　　③ 33

④ 34　　　⑤ 35

유형 09 정적분으로 정의된 함수의 최대, 최소

정적분으로 정의된 함수 $f(x)$의 최대, 최소는 다음과 같은 순서로 구한다.
❶ 양변을 x에 대하여 미분하여 $f'(x)$를 구한다.
❷ $f'(x)=0$을 만족시키는 x의 값을 구하여 함수 $f(x)$의 증가와 감소를 표로 나타낸다.
❸ 함수 $f(x)$의 최댓값과 최솟값을 구한다.

454 ➕ 대표 예제

$0 \leq x \leq 5$에서 정의된 함수

$$f(x)=\int_1^x (t^2-2t-8)\,dt$$

의 최솟값은?

① -20 ② -18 ③ -16
④ -14 ⑤ -12

455 ★★☆

$0 \leq x \leq 2$에서 정의된 함수 $f(x)=\int_x^{x+1} (t^3-7t)\,dt$의 최댓값과 최솟값의 합은?

① -8 ② -4 ③ 0
④ 4 ⑤ 8

456 ★★☆

함수 $f(x)$가 임의의 실수 x에 대하여 등식

$$\int_0^x (t-x)f(t)\,dt=-x^4+8x^3-3x^2$$

을 만족시킬 때, 함수 $f(x)$의 최솟값은?

① -45 ② -42 ③ -39
④ -36 ⑤ -33

유형 10 정적분으로 정의된 함수의 극한

함수 $f(x)$의 한 부정적분을 $F(x)$라 할 때
① $\displaystyle\lim_{x \to 0}\frac{1}{x}\int_a^{x+a} f(t)\,dt=\lim_{x \to 0}\frac{F(x+a)-F(a)}{x}=F'(a)=f(a)$
② $\displaystyle\lim_{x \to a}\frac{1}{x-a}\int_a^{x} f(t)\,dt=\lim_{x \to a}\frac{F(x)-F(a)}{x-a}=F'(a)=f(a)$

457 ➕ 대표 예제

$\displaystyle\lim_{h \to 0}\frac{1}{h}\int_2^{2+3h} (3x^2-5)\,dx$의 값은?

① 19 ② 21 ③ 23
④ 25 ⑤ 27

458 ★★☆

함수 $f(x)=x^2-3x-3$에 대하여

$$\lim_{x \to 2}\frac{1}{x-2}\int_4^{x^2} f'(t)\,dt$$

의 값을 구하시오.

459 ★★☆

함수 $f(x)=x^2+ax$에 대하여

$$\lim_{h \to 0}\frac{1}{h}\int_{2-2h}^{2+h} f(x)\,dx=6$$

일 때, 상수 a의 값을 구하시오.

460 ★★☆

함수 $f(x)=x^3-8x^2+2x+a$에 대하여

$$\lim_{x \to 1}\frac{1}{x^3-1}\int_x^{1} f(t)\,dt=1$$

일 때, 상수 a의 값은?

① -2 ② -1 ③ 0
④ 1 ⑤ 2

461
유형 01

함수 $f(x)=3x^2+ax$에 대하여 $\displaystyle\int_0^1 f(x)\,dx=0$일 때, 정적분 $\displaystyle\int_0^1 \{f(x)\}^2\,dx$의 값은? (단, a는 상수이다.)

① $\dfrac{1}{15}$ ② $\dfrac{2}{15}$ ③ $\dfrac{3}{15}$

④ $\dfrac{4}{15}$ ⑤ $\dfrac{1}{3}$

462
유형 02

최고차항의 계수가 1인 이차함수 $f(x)$가 등식
$$\int_0^1 f(x)\,dx=\int_1^2 f(x)\,dx=\int_0^2 f(x)\,dx$$
를 만족시킬 때, $f(1)$의 값은?

① $-\dfrac{2}{3}$ ② $-\dfrac{1}{3}$ ③ $\dfrac{1}{3}$

④ $\dfrac{2}{3}$ ⑤ 1

463
유형 04

실수 전체의 집합에서 미분가능한 함수 $f(x)$에 대하여 $f'(x)=|x^3-1|$이고 $f(0)=0$일 때, $f(2)$의 값은?

① $\dfrac{3}{2}$ ② 2 ③ $\dfrac{5}{2}$

④ 3 ⑤ $\dfrac{7}{2}$

464
유형 05

다항함수 $f(x)$에 대하여
$$f(x)=6x^2+\int_{-1}^2 (2x-1)f(t)\,dt$$
가 성립할 때, $f(1)$의 값을 구하시오.

465
유형 01 · 유형 06

함수 $f(x)=3x^2-6x+5$에 대하여
$$\frac{d}{dx}\left\{\int_1^x f(t)\,dt\right\}-\int_1^x \left\{\frac{d}{dt}f(t)\right\}dt$$
의 값은?

① 1 ② 2 ③ 3

④ 4 ⑤ 5

466
유형 06

다항함수 $f(x)$가 모든 실수 x에 대하여
$$2f(x)=4x^3-2x+\int_1^x f'(t)\,dt$$
를 만족시킬 때, $\displaystyle\int_0^2 f(x)\,dx$의 값은?

① 6 ② 7 ③ 8

④ 9 ⑤ 10

467

유형 07

함수 $f(x)$가 모든 실수 x에 대하여

$$\int_1^x (x-t)f'(t)\,dt = x^4 + ax^2 + 1$$

을 만족시키고 $f(1)=1$일 때, $f(2)$의 값은?

① 21 ② 22 ③ 23
④ 24 ⑤ 25

468

유형 08

함수 $f(x)=\displaystyle\int_0^x (-3t^2+2at+b)\,dt$가 $x=-1$에서 극솟값 -8을 가질 때, 극댓값을 M이라 하자. $M+a+b$의 값을 구하시오. (단, a, b는 상수이다.)

469 창의·사고력 Up

유형 09

이차함수 $y=f(x)$의 그래프가 그림과 같을 때, $1\le x\le 4$에서 정의된 함수 $g(x)=\displaystyle\int_x^1 f(t)\,dt$의 최댓값은?

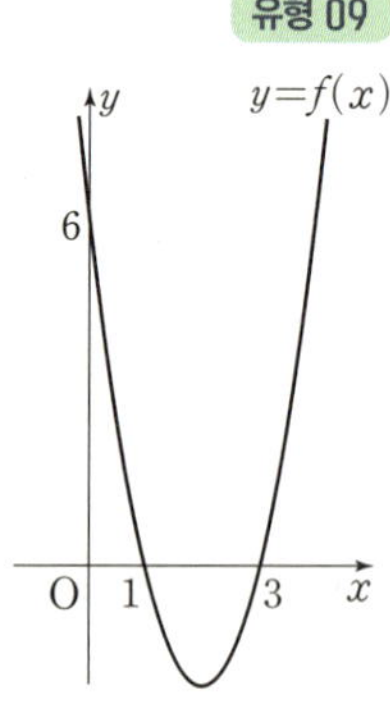

① $\dfrac{5}{3}$ ② 2

③ $\dfrac{7}{3}$ ④ $\dfrac{8}{3}$

⑤ 3

470

유형 01 + 유형 09

정적분 $\displaystyle\int_{-1}^k (6-2x)\,dx$의 값이 최대가 되도록 하는 상수 k의 값을 a, 그때의 정적분의 값을 b라 할 때, $a+b$의 값은?

① 16 ② 17 ③ 18
④ 19 ⑤ 20

471 창의·사고력 Up

유형 10

함수 $f(x)=x^2+4x$에 대하여

$$\lim_{x\to 2} \frac{1}{x^2-2x}\int_2^x (x+t)f(t)\,dt$$

의 값을 구하시오.

서술형 문제

472

유형 03

실수 전체의 집합에서 연속인 함수 $f(x)$에 대하여

$$f'(x)=\begin{cases} 2 & (x>1) \\ 2x-1 & (x<1) \end{cases}$$

이고 $f(0)=1$일 때, $\displaystyle\int_0^2 f(x)\,dx$의 값을 구하시오.

☑ 필요 개념 및 공식
□ 정적분의 정의   □ 함수의 연속

09 정적분의 활용

더 자세한 개념 ···▶ 메가헤르츠 220쪽

개념 ❶ 곡선과 x축 사이의 넓이

(1) **정적분과 넓이의 관계**

함수 $f(x)$가 닫힌구간 $[a, b]$에서 연속이고 $f(x) \geq 0$일 때, 곡선 $y = f(x)$와 x축 및 두 직선 $x = a$, $x = b$로 둘러싸인 도형의 넓이 S는

$$S = \int_a^b f(x)\,dx$$

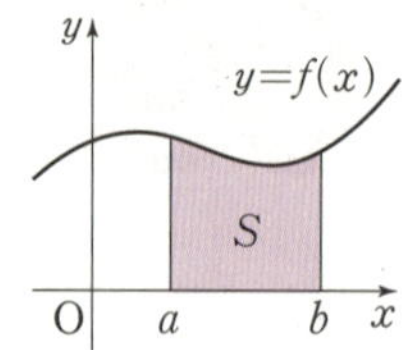

(2) **곡선과 x축 사이의 넓이**

함수 $f(x)$가 닫힌구간 $[a, b]$에서 연속일 때, 곡선 $y = f(x)$와 x축 및 두 직선 $x = a$, $x = b$로 둘러싸인 도형의 넓이 S는

$$S = \int_a^b |f(x)|\,dx$$

참고 $S = \int_a^b |f(x)|\,dx = \int_a^c f(x)\,dx + \int_c^b \{-f(x)\}\,dx$

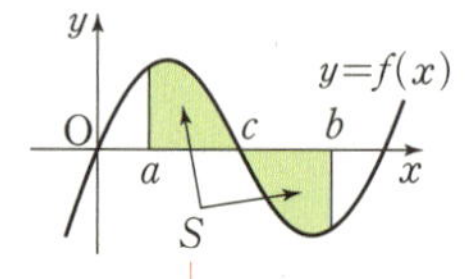

닫힌구간 $[a, c]$에서 $f(x) \geq 0$이고,
닫힌구간 $[c, b]$에서 $f(x) \leq 0$이다.

더 자세한 개념 ···▶ 메가헤르츠 222쪽

개념 ❷ 우함수와 기함수의 정적분

함수 $f(x)$가 닫힌구간 $[-a, a]$에서 연속일 때

(1) 모든 실수 x에 대하여 $f(-x) = f(x)$, 즉 함수 $f(x)$가 우함수이면

$$\int_{-a}^a f(x)\,dx = 2\int_0^a f(x)\,dx$$

(2) 모든 실수 x에 대하여 $f(-x) = -f(x)$, 즉 함수 $f(x)$가 기함수이면

$$\int_{-a}^a f(x)\,dx = 0$$

더 자세한 개념 ···▶ 메가헤르츠 223쪽

개념 ❸ 주기함수의 정적분

연속함수 $f(x)$가 주기가 k인 주기함수, 즉 모든 실수 x에 대하여 $f(x+k) = f(x)$ (k는 0이 아닌 상수)이면

(1) $\int_a^b f(x)\,dx = \int_{a+k}^{b+k} f(x)\,dx$ → 주기 k만큼 평행이동해도 정적분의 값은 같다.

(2) $\int_a^{a+k} f(x)\,dx = \int_b^{b+k} f(x)$ → 한 주기에 해당하는 구간에서의 정적분의 값은 일정하다.

개념 ❶ 곡선과 x축 사이의 넓이

473 그림과 같이 곡선 $y = x(2-x)$와 x축으로 둘러싸인 도형의 넓이를 구하시오.

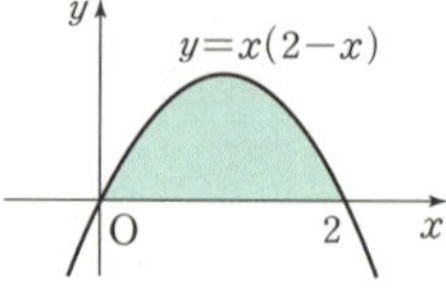

474 곡선 $y = 3x^3 - 6x^2$과 x축으로 둘러싸인 도형의 넓이를 구하시오.

475 그림과 같이 곡선 $y = (x+1)^2$과 x축 및 두 직선 $x = 0$, $x = 1$로 둘러싸인 도형의 넓이를 구하시오.

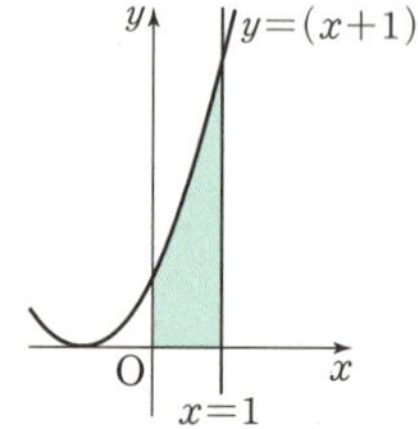

476 곡선 $y = 3x^2 + 1$과 x축 및 두 직선 $x = -1$, $x = 1$로 둘러싸인 도형의 넓이를 구하시오.

개념 ❷ 우함수와 기함수의 정적분

477 다음 정적분의 값을 구하시오.

(1) $\int_{-1}^1 (x^4 - 3x^2 + 6)\,dx$

(2) $\int_{-2}^2 (x^5 - 4x^3 - 2x)\,dx$

(3) $\int_{-3}^3 (x^3 + 3x^2 - 4x - 5)\,dx$

개념 ❸ 주기함수의 정적분

478 연속함수 $f(x)$에 대하여 주기가 3이고 $\int_0^2 f(x)\,dx = 5$일 때, $\int_3^5 f(x)\,dx$의 값을 구하시오.

479 연속함수 $f(x)$가 모든 실수 x에 대하여 $f(x+4) = f(x)$, $\int_{-2}^2 f(x)\,dx = 3$일 때, $\int_2^6 f(x)\,dx$의 값을 구하시오.

유형 01 곡선과 x축 사이의 넓이

① 함수 $f(x)$에 대하여 곡선 $y=f(x)$와 x축으로 둘러싸인 도형의 넓이 S는
$$S=\int_a^c f(x)\,dx+\int_c^b \{-f(x)\}\,dx$$

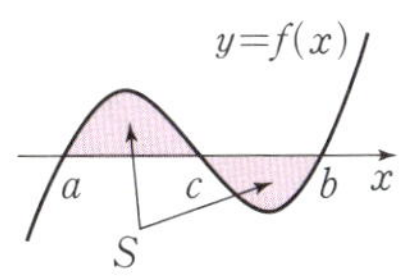

② 함수 $f(x)$에 대하여 곡선 $y=f(x)$와 x축 및 두 직선 $x=a$, $x=b$로 둘러싸인 도형의 넓이 S는
$$S=\int_a^c f(x)\,dx+\int_c^b \{-f(x)\}\,dx$$

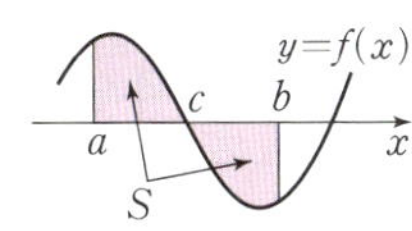

480 ⊕ 대표 예제

곡선 $y=x(x-1)(x-2)$와 x축으로 둘러싸인 도형의 넓이는?

① $\dfrac{1}{2}$ ② $\dfrac{3}{4}$ ③ 1

④ $\dfrac{5}{4}$ ⑤ $\dfrac{3}{2}$

481 ★☆☆

곡선 $y=ax-x^2\ (a>0)$과 x축으로 둘러싸인 도형의 넓이가 36일 때, 상수 a의 값을 구하시오.

482 ★★☆

곡선 $y=\dfrac{1}{2}x^3-4$와 x축 및 두 직선 $x=0$, $x=4$로 둘러싸인 도형의 넓이를 구하시오.

483 ★★☆

곡선 $y=x^3$과 x축 및 두 직선 $x=-2$, $x=a$로 둘러싸인 도형의 넓이가 5일 때, a의 값은? (단, $a>0$)

① $\dfrac{\sqrt{2}}{4}$ ② $\dfrac{1}{2}$ ③ $\dfrac{\sqrt{2}}{2}$

④ $\sqrt{2}$ ⑤ 2

유형 02 중요★ 두 도형의 넓이가 같은 경우

곡선 $y=f(x)$와 x축으로 둘러싸인 두 도형의 넓이를 각각 S_1, S_2라 할 때, $S_1=S_2$이면
$$\int_a^\gamma f(x)\,dx=0$$

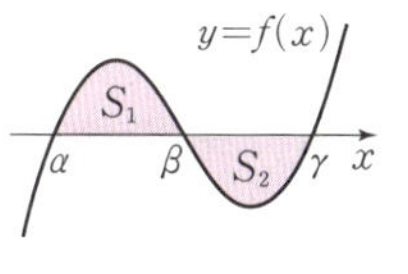

484 ⊕ 대표 예제

그림과 같이 곡선 $y=x^2-a$와 x축, y축 및 직선 $x=3$으로 둘러싸인 두 도형의 넓이를 각각 S_1, S_2라 할 때, $S_1=S_2$이다. 상수 a의 값을 구하시오. (단, $a>0$)

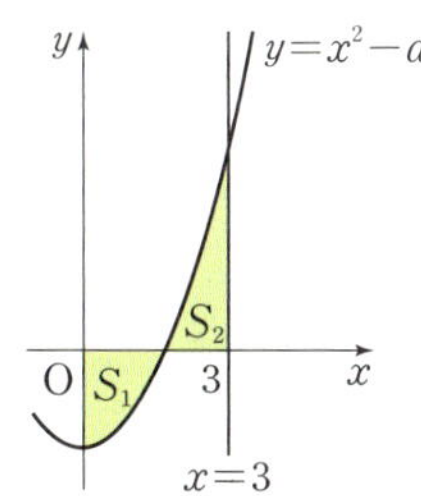

485 ★★☆

곡선 $y=x^3-(a+1)x^2+ax$와 x축으로 둘러싸인 두 도형의 넓이가 서로 같을 때, 상수 a의 값은? (단, $a>1$)

① $\dfrac{5}{4}$ ② $\dfrac{3}{2}$ ③ $\dfrac{7}{4}$

④ 2 ⑤ $\dfrac{9}{4}$

486 ★★★

그림과 같이 곡선 $y=x^2-4x+k$와 x축 및 y축으로 둘러싸인 도형의 넓이를 A, 이 곡선과 x축으로 둘러싸인 도형의 넓이를 B라 할 때, $B=2A$이다. 이때 상수 k의 값을 구하시오.

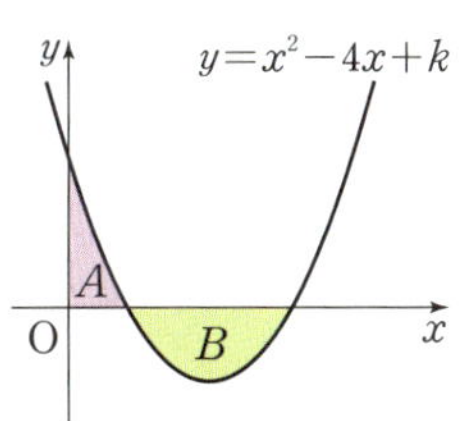

유형 03 우함수와 기함수의 정적분

닫힌구간 $[-a,\ a]$에서 피적분함수 $f(x)$가

① $f(-x)=f(x)$, 즉 우함수이면 $\displaystyle\int_{-a}^{a}f(x)\,dx=2\int_{0}^{a}f(x)\,dx$

② $f(-x)=-f(x)$, 즉 기함수이면 $\displaystyle\int_{-a}^{a}f(x)\,dx=0$

참고 ① 우함수 ➡ 짝수 차수의 항 또는 상수항의 합으로만 이루어진 함수
② 기함수 ➡ 홀수 차수의 항으로만 이루어진 함수

487 ⊕ 대표 예제

함수 $f(x)=x^4-6x^2+5$에 대하여 정적분

$$\int_{-2}^{1}f(x)\,dx+\int_{1}^{2}f(x)\,dx$$

의 값을 구하시오.

488 ★☆☆

$$\int_{-2}^{3}x(x-1)(x+1)(x^2+2)\,dx$$
$$-\int_{2}^{3}x(x-1)(x+1)(x^2+2)\,dx$$

의 값은?

① 0　　　　　　② 1　　　　　　③ 2
④ 3　　　　　　⑤ 4

489 ★★☆

등식 $\displaystyle\int_{-a}^{a}(3x^2-4)\,dx=0$을 만족시키는 양수 a의 값을 구하시오.

490 ★★★

다음 조건을 만족시키는 다항함수 $f(x)$에 대하여 정적분 $\displaystyle\int_{-2}^{4}f(x)\,dx$의 값을 구하시오.

(가) $\displaystyle\int_{-1}^{2}f(x)\,dx=3,\ \int_{-1}^{4}f(x)\,dx=15$
(나) 모든 실수 x에 대하여 $f(-x)=-f(x)$이다.

유형 04 주기함수의 정적분

함수 $f(x)$가 정의되는 구간의 모든 실수 x에 대하여
$f(x+k)=f(x)$ (k는 0이 아닌 상수)이면

① $\displaystyle\int_{a}^{b}f(x)\,dx=\int_{a+kn}^{b+kn}f(x)\,dx$ (단, n은 정수)

② $\displaystyle\int_{a}^{a+kn}f(x)\,dx=\int_{b}^{b+kn}f(x)\,dx$ (단, n은 정수)

491 ⊕ 대표 예제

모든 실수 x에서 연속인 함수 $f(x)$가 다음 조건을 만족시킨다.

(가) $\displaystyle\int_{0}^{3}f(x)\,dx=4$
(나) 모든 실수 x에 대하여 $f(x+3)=f(x)$이다.

정적분 $\displaystyle\int_{-3}^{15}f(x)\,dx$의 값을 구하시오.

492 ★★☆

정의된 함수 $f(x)$가 $0\le x\le 2$일 때 $f(x)=2x-x^2$이고, 모든 실수 x에 대하여 $f(x+2)=f(x)$를 만족시킨다. 정적분 $\displaystyle\int_{1}^{7}f(x)\,dx$의 값은?

① 1　　　　　　② 2　　　　　　③ 3
④ 4　　　　　　⑤ 5

493 ★★★

연속함수 $f(x)$가 모든 실수 x에 대하여
$$f(x+2)=f(x)$$
를 만족시킨다. $\displaystyle\int_{0}^{5}f(x)\,dx=7,\ \int_{-1}^{3}f(x)\,dx=6$일 때, 정적분 $\displaystyle\int_{-2}^{9}f(x)\,dx$의 값을 구하시오.

정답 및 해설 079쪽

더 자세한 개념 ⋯ 메가헤르츠 229쪽

개념 ④ 두 곡선 사이의 넓이

두 함수 $f(x)$, $g(x)$가 닫힌구간 $[a, b]$에서 연속일 때, 두 곡선 $y=f(x)$, $y=g(x)$ 및 두 직선 $x=a$, $x=b$로 둘러싸인 도형의 넓이 S는

$$S=\int_a^b |f(x)-g(x)|\,dx$$

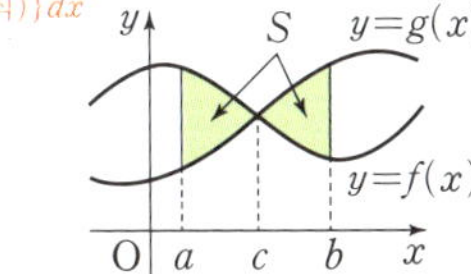

참고 $S=\int_a^b |f(x)-g(x)|\,dx = \int_a^b \{(\text{위쪽 곡선의 식})-(\text{아래쪽 곡선의 식})\}\,dx$

$$=\int_a^c \{f(x)-g(x)\}\,dx+\int_c^b \{g(x)-f(x)\}\,dx$$

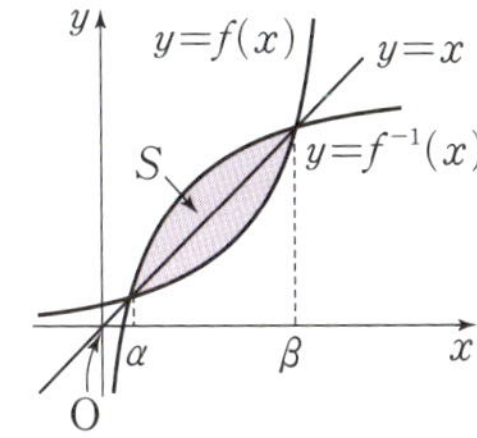

닫힌구간 $[a, c]$에서 $f(x)\geq g(x)$이고,
닫힌구간 $[c, b]$에서 $f(x)\leq g(x)$이다.

더 자세한 개념 ⋯ 메가헤르츠 230쪽

개념 ⑤ 역함수의 그래프와 넓이

함수 $y=f(x)$와 그 역함수 $y=f^{-1}(x)$의 그래프는 직선 $y=x$에 대하여 대칭이므로

(1) 함수 $y=f(x)$와 그 역함수 $y=f^{-1}(x)$의 그래프로 둘러싸인 도형의 넓이는 두 그래프의 교점의 x좌표가 α, β일 때 그 넓이를 S라 하면

$$S=\int_\alpha^\beta |f(x)-f^{-1}(x)|\,dx$$

$$=2\int_\alpha^\beta |x-f(x)|\,dx$$

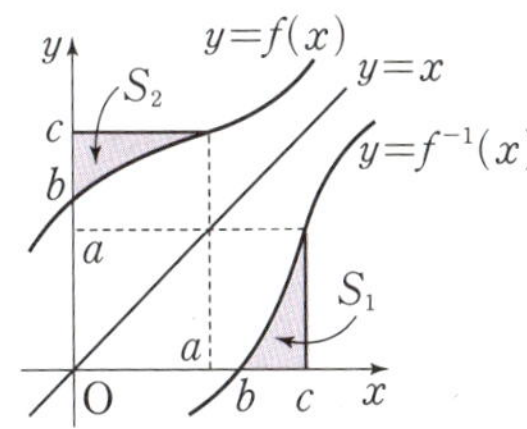

(2) 함수 $y=f(x)$의 역함수 $y=f^{-1}(x)$의 그래프와 x축 및 직선 $x=c$로 둘러싸인 도형의 넓이를 S_1, 함수 $y=f(x)$의 그래프와 y축 및 직선 $y=c$로 둘러싸인 도형의 넓이를 S_2라 하면

$$S_1=S_2=ac-\int_0^a f(x)\,dx$$

---

494 그림과 같이 곡선 $y=-x^2+3x$와 직선 $y=x$로 둘러싸인 도형의 넓이를 구하시오.

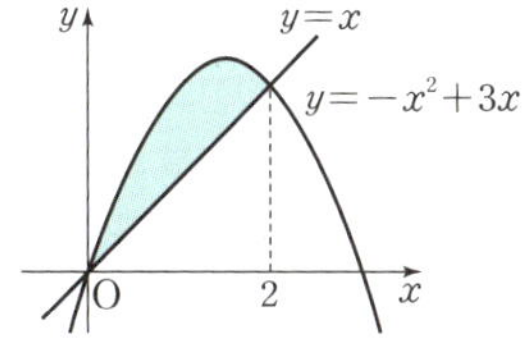

495 곡선 $y=x^2-3$과 직선 $y=-2x$로 둘러싸인 도형의 넓이를 구하시오.

496 그림과 같이 두 곡선 $y=x^2-4$, $y=-x^2+4$로 둘러싸인 도형의 넓이를 구하시오.

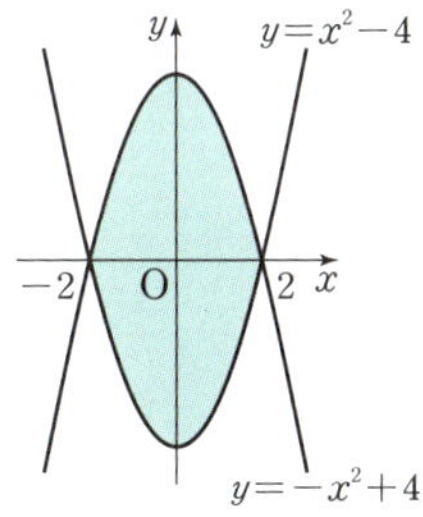

497 두 곡선 $y=\frac{1}{2}x^2+2$, $y=x^2$으로 둘러싸인 도형의 넓이를 구하시오.

498 그림과 같이 두 곡선 $y=x^2+2x-3$, $y=2x^2$과 두 직선 $x=1$, $x=2$로 둘러싸인 도형의 넓이를 구하시오.

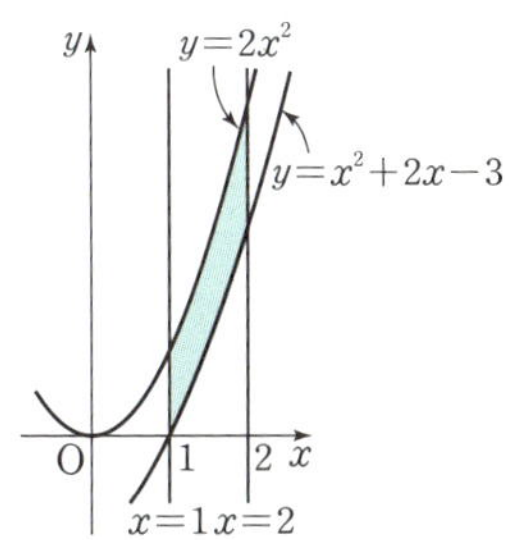

499 함수 $f(x)=x^3$ $(x\geq 0)$의 역함수를 $g(x)$라 할 때, 두 곡선 $y=f(x)$, $y=g(x)$로 둘러싸인 도형의 넓이를 구하시오.

곡선과 직선으로 둘러싸인 도형의 넓이는 다음과 같은 순서로 구한다.
❶ 곡선과 직선의 교점의 x좌표를 구하여 적분 구간을 정한다.
❷ 곡선과 직선을 그려 위치 관계를 파악한다.
❸ ❶의 적분 구간에서 {(위쪽 그래프의 식)−(아래쪽 그래프의 식)}
의 정적분의 값을 구한다.

500 ⊕ 대표 예제

곡선 $y=x^3-x^2$과 직선 $y=x-1$로 둘러싸인 도형의 넓이는?

① $\dfrac{1}{3}$　　　② $\dfrac{2}{3}$　　　③ 1

④ $\dfrac{4}{3}$　　　⑤ $\dfrac{5}{3}$

501 ★★☆

곡선 $y=x^3-3x$와 직선 $y=x$로 둘러싸인 도형의 넓이는?

① 2　　　② 4　　　③ 6

④ 8　　　⑤ 10

502 ★★☆

곡선 $y=x^2-x$와 직선 $y=ax$로 둘러싸인 도형의 넓이가 36
일 때, 양수 a의 값은?

① 4　　　② 5　　　③ 6

④ 7　　　⑤ 8

두 곡선으로 둘러싸인 도형의 넓이는 다음과 같은 순서로 구한다.
❶ 두 곡선의 교점의 x좌표를 구하여 적분 구간을 정한다.
❷ 두 곡선을 그려 위치 관계를 파악한다.
❸ ❶의 적분 구간에서 {(위쪽 곡선의 식)−(아래쪽 곡선의 식)}의 정적
분의 값을 구한다.

503 ⊕ 대표 예제

두 곡선 $y=x^3+x^2-x$, $y=x^2$으로 둘러싸인 도형의 넓이는?

① $\dfrac{1}{4}$　　　② $\dfrac{1}{2}$　　　③ $\dfrac{3}{4}$

④ 1　　　⑤ $\dfrac{5}{4}$

504 ★★☆

두 곡선 $y=x^3$, $y=x^2+2x$로 둘러싸인 두 도형의 넓이를 각
각 S_1, S_2라 할 때, S_2-S_1의 값은? (단, $S_1<S_2$)

① $\dfrac{3}{2}$　　　② $\dfrac{7}{4}$　　　③ 2

④ $\dfrac{9}{4}$　　　⑤ $\dfrac{5}{2}$

505 ★★☆

두 곡선 $y=-x^2+4x+2$, $y=x^2+2ax+2-4a$로 둘러싸인
도형의 넓이가 9일 때, 양수 a의 값은?

① 1　　　② $\dfrac{5}{4}$　　　③ $\dfrac{3}{2}$

④ $\dfrac{7}{4}$　　　⑤ 2

유형 07 곡선과 접선으로 둘러싸인 도형의 넓이

곡선과 접선으로 둘러싸인 도형의 넓이는 다음과 같은 순서로 구한다.
❶ 접선의 방정식을 구한다. → 곡선 $y=f(x)$ 위의 점 $(a, f(a))$에서의 접선의 방정식은 $y-f(a)=f'(a)(x-a)$이다.
❷ 곡선과 접선의 교점의 x좌표를 구하여 적분 구간을 정한다.
❸ 곡선과 접선을 그려 위치 관계를 파악한다.
❹ ❷의 적분 구간에서 {(위쪽 그래프의 식) − (아래쪽 그래프의 식)}의 정적분의 값을 구한다.

506 ⊕ 대표예제

곡선 $y=x^2$ $(x \geq 0)$과 이 곡선 위의 점 $(1, 1)$에서의 접선 및 y축으로 둘러싸인 도형의 넓이는?

① 1 ② $\dfrac{1}{2}$ ③ $\dfrac{1}{3}$

④ $\dfrac{1}{4}$ ⑤ $\dfrac{1}{5}$

507 ★★☆

곡선 $y=x^3+1$과 이 곡선 위의 점 $(1, 2)$에서의 접선으로 둘러싸인 도형의 넓이를 구하시오.

508 ★★☆

그림과 같이 곡선 $y=ax^2+1$과 이 곡선 위의 점 $P(2, 4a+1)$에서의 접선 및 y축으로 둘러싸인 도형의 넓이가 16일 때, 양수 a의 값은?

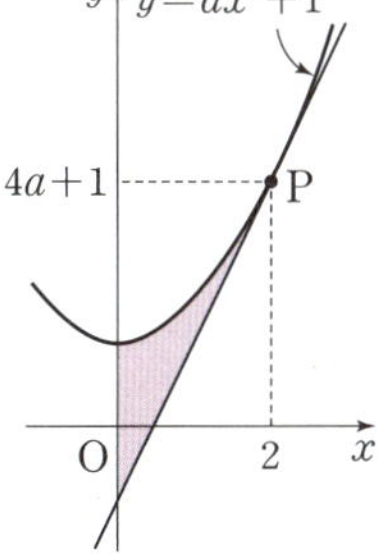

① 2 ② 3
③ 4 ④ 5
⑤ 6

유형 08 도형의 넓이를 이등분하는 경우

오른쪽 그림과 같이 곡선 $y=f(x)$와 x축으로 둘러싸인 도형의 넓이 S가 곡선 $y=g(x)$에 의하여 이등분되면

$$\Rightarrow \int_0^a |f(x)-g(x)|\,dx=\dfrac{1}{2}S$$

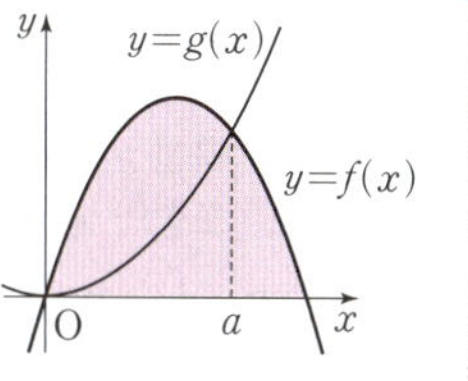

509 ⊕ 대표예제

곡선 $y=-x^2+2x$와 x축으로 둘러싸인 도형의 넓이가 직선 $y=mx$에 의하여 이등분될 때, 양수 m에 대하여 $(2-m)^3$의 값은?

① 1 ② 2 ③ 3
④ 4 ⑤ 5

510 ★★☆

양수 m에 대하여 곡선 $y=x^2-3x$와 직선 $y=mx$로 둘러싸인 도형의 넓이가 곡선 $y=x^2-3x$와 x축으로 둘러싸인 도형의 넓이의 2배일 때, m^3+9m^2+27m의 값을 구하시오.

511 ★★☆

그림과 같이 곡선 $y=-x^3+x^2$과 x축으로 둘러싸인 도형의 넓이를 S_1, 이 곡선과 곡선 $y=mx^2$으로 둘러싸인 도형의 넓이를 S_2라 할 때, $S_1=2S_2$이다. $(1-m)^4$의 값을 구하시오. (단, $0<m<1$)

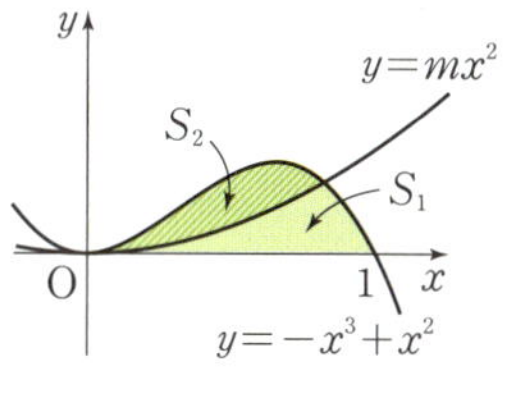

유형 09 역함수의 그래프와 넓이

함수 $y=f(x)$와 그 역함수 $y=f^{-1}(x)$의 그래프에 대하여
① 두 곡선의 교점의 x좌표가 각각 α, β일 때, 두 곡선 $y=f(x)$, $y=f^{-1}(x)$로 둘러싸인 도형의 넓이 S는

$$S=\int_{\alpha}^{\beta} |f(x)-f^{-1}(x)|\,dx$$
$$=2\int_{\alpha}^{\beta} |x-f(x)|\,dx$$

② $S_1=S_2$

$$=ac-\int_{0}^{a} f(x)\,dx$$

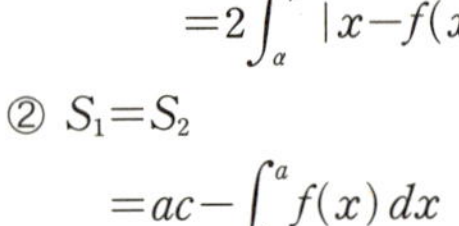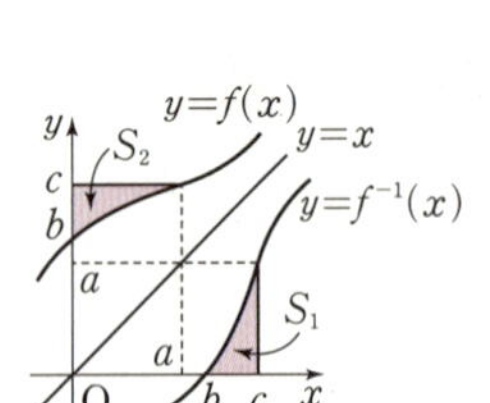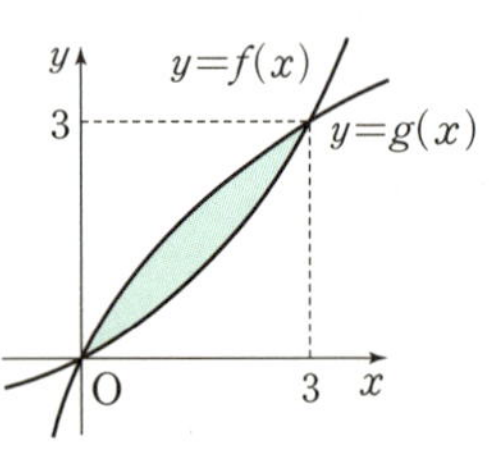

512 ⊕ 대표 예제

그림과 같이 함수 $y=f(x)$와 그 역함수 $y=g(x)$의 그래프가 원점과 점 $(3, 3)$에서 만나고 $\int_{0}^{3} f(x)\,dx=4$일 때, 두 곡선 $y=f(x)$, $y=g(x)$로 둘러싸인 도형의 넓이를 구하시오.

513 ★★☆

함수 $f(x)=\sqrt{x-3}$의 역함수를 $g(x)$라 할 때, 정적분 $\int_{3}^{7} f(x)\,dx+\int_{0}^{2} g(x)\,dx$의 값은?

① 10 　　② 12 　　③ 14
④ 16 　　⑤ 18

514 ★★☆

그림과 같이 함수 $y=f(x)$와 그 역함수 $y=g(x)$의 그래프가 두 점 $(1, 1)$, $(4, 4)$에서 만나고 두 곡선 $y=f(x)$, $y=g(x)$로 둘러싸인 도형의 넓이가 3일 때, $\int_{1}^{4} g(x)\,dx$의 값을 구하시오.

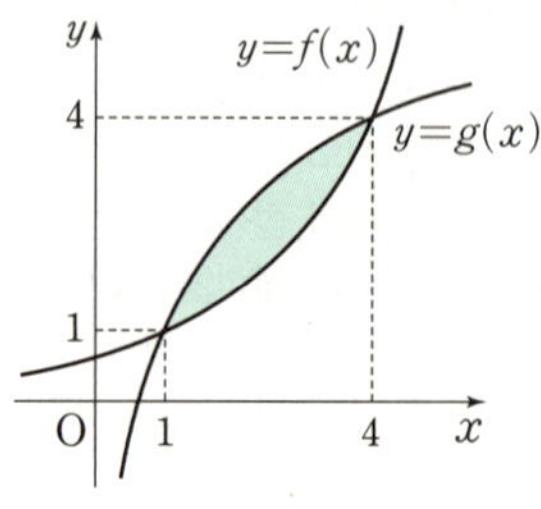

515 ★★★

함수 $f(x)=\dfrac{1}{2}x^2+x+4 \ (x\geq0)$의 역함수를 $g(x)$라 할 때, $\int_{4}^{8} g(x)\,dx$의 값은?

① $\dfrac{10}{3}$ 　　② $\dfrac{11}{3}$ 　　③ 4
④ $\dfrac{13}{3}$ 　　⑤ $\dfrac{14}{3}$

더 자세한 개념 ··· **메가헤르츠 239쪽**

개념 ❻ 수직선 위를 움직이는 점의 위치

수직선 위를 움직이는 점 P의 시각 t에서의 속도가 $v(t)$이고, 시각 $t=t_0$에서의 위치가 x_0일 때, 시각 t에서의 점 P의 위치 x는

$$x=x_0+\int_{t_0}^{t} v(t)\,dt$$

참고 위치와 속도는 다음과 같은 관계가 성립한다.

$$\boxed{위치} \xrightarrow[적분]{미분} \boxed{속도}$$

더 자세한 개념 ··· **메가헤르츠 239쪽**

개념 ❼ 수직선 위를 움직이는 점의 움직인 거리

수직선 위를 움직이는 점 P의 시각 t에서의 속도가 $v(t)$일 때
(1) 시각 $t=a$에서 $t=b$까지 점 P의 위치의 변화량은

$$\int_{a}^{b} v(t)\,dt$$

(2) 시각 $t=a$에서 $t=b$까지 점 P가 움직인 거리는

$$\int_{a}^{b} |v(t)|\,dt$$

참고 수직선 위를 움직이는 점 P에 대하여 $a<b<c$일 때
① $t=a$에서 $t=c$까지 점 P의 위치의 변화량은
➡ x_2-x_0
② $t=a$에서 $t=c$까지 점 P가 움직인 거리는
➡ $|x_1-x_0|+|x_2-x_1|$

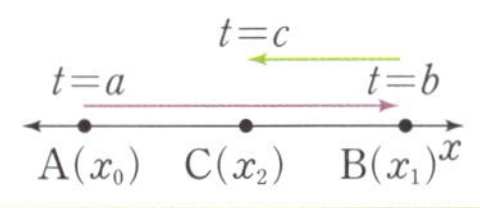

개념 ❻ 수직선 위를 움직이는 점의 위치

516 원점을 출발하여 수직선 위를 움직이는 점 P의 시각 t에서의 속도가 $v(t)=t^2-2t$일 때, $t=5$에서의 점 P의 위치를 구하시오.

517 좌표가 1인 점을 출발하여 수직선 위를 움직이는 점 P의 시각 t에서의 속도가 $v(t)=2t-1$일 때, $t=3$에서의 점 P의 위치를 구하시오.

개념 ❼ 수직선 위를 움직이는 점의 움직인 거리

518 원점을 출발하여 수직선 위를 움직이는 점 P의 시각 t에서의 속도가 $v(t)=3t^2-6t$일 때, 다음을 구하시오.

(1) $t=1$에서 $t=3$까지 점 P의 위치의 변화량

(2) $t=1$에서 $t=3$까지 점 P가 움직인 거리

519 좌표가 3인 점을 출발하여 수직선 위를 움직이는 점 P의 시각 t에서의 속도가 $v(t)=2t-6$일 때, 다음을 구하시오.

(1) $t=2$에서 $t=4$까지 점 P의 위치의 변화량

(2) $t=2$에서 $t=4$까지 점 P가 움직인 거리

유형 10 ★중요 수직선 위를 움직이는 점의 위치와 위치의 변화량

수직선 위를 움직이는 점 P의 시각 t에서의 속도가 $v(t)$이고, 시각 $t=t_0$에서의 위치가 x_0일 때

① 시각 t에서의 점 P의 위치 x는

$$\Rightarrow x=x_0+\int_{t_0}^{t} v(t)\,dt$$

② 시각 $t=a$에서 $t=b$까지 점 P의 위치의 변화량은

$$\Rightarrow \int_{a}^{b} v(t)\,dt$$

520 ✚ 대표 예제

원점을 출발하여 수직선 위를 움직이는 점 P의 t초 후의 속도가 $v(t)=6-2t$일 때, 점 P의 운동 방향이 바뀌는 시각에서의 점 P의 위치는?

① 7　　　　② 9　　　　③ 11
④ 13　　　　⑤ 15

521 ★☆☆

수직선 위를 움직이는 점 P의 시각 t에서의 속도가 $v(t)=4+2t$이고 $t=3$에서의 점 P의 위치가 20일 때, $t=0$에서의 점 P의 위치는?

① -2　　　　② -1　　　　③ 0
④ 1　　　　⑤ 2

522 ★★☆

원점을 출발하여 수직선 위를 움직이는 점 P의 시각 t에서의 속도가

$$v(t)=\begin{cases} t^2-2t & (0\le t\le 1) \\ -t^2+2t-2 & (t\ge 1) \end{cases}$$

일 때, $t=3$에서의 점 P의 위치는?

① $-\dfrac{16}{3}$　　　　② $-\dfrac{13}{3}$　　　　③ $-\dfrac{10}{3}$
④ $-\dfrac{7}{3}$　　　　⑤ $-\dfrac{4}{3}$

유형 11 ★중요 수직선 위를 움직이는 점의 움직인 거리

수직선 위를 움직이는 점 P의 시각 t에서의 속도가 $v(t)$일 때, 시각 $t=a$에서 $t=b$까지 점 P가 움직인 거리 s는

$$\Rightarrow s=\int_{a}^{b} |v(t)|\,dt$$

523 ✚ 대표 예제

강의 상류로 10 m/s의 속도로 움직이는 모터보트의 시동을 끈 지 t초 후의 속도 $v(t)$ m/s가 $v(t)=10-2t$ $(0\le t\le 20)$이다. 시동을 끈 후 모터보트의 속도가 -6 m/s이 될 때까지 움직인 거리는?

① 32 m　　　　② 34 m　　　　③ 36 m
④ 38 m　　　　⑤ 40 m

524 ★★☆

원점을 출발하여 수직선 위를 움직이는 점 P의 시각 t에서의 속도가 $v(t)=8-2t$이다. 점 P가 출발 후 다시 원점으로 되돌아올 때까지 움직인 거리는?

① 16　　　　② 20　　　　③ 24
④ 28　　　　⑤ 32

525 ★★☆

어느 직선 도로에서 출발한 자동차의 t초 후의 속도 $v(t)$ m/s가 $v(t)=\dfrac{3}{4}t^2-6t$이고 10초 이후로는 속도가 일정하다고 한다. 이 자동차가 출발한 후 30초 동안 이동한 거리는?

① 342 m　　　　② 354 m　　　　③ 366 m
④ 378 m　　　　⑤ 390 m

유형 12   수직 운동을 하는 물체의 위치와 움직인 거리

수직 운동을 하는 물체의 t초 후의 속도가 $v(t)$이고, 시각 $t=t_0$에서의 높이가 x_0일 때

① 시각 t에서의 물체의 높이 x는

$$x=x_0+\int_{t_0}^{t} v(t)\,dt$$

② 시각 $t=a$에서 $t=b$까지 물체의 높이의 변화량은

$$\int_{a}^{b} v(t)\,dt$$

③ 시각 $t=a$에서 $t=b$까지 물체가 움직인 거리 s는

$$s=\int_{a}^{b} |v(t)|\,dt$$

526   ⊕ 대표 예제

지면에서 30 m/s의 속도로 지면과 수직하게 위로 던진 공의 t초 후의 속도 $v(t)$ m/s가 $v(t)=30-10t$ $(0\leq t\leq 6)$이다. 물체가 최고 높이에 도달했을 때의 지면으로부터의 높이를 구하시오.

527   ★★☆

지상 40 m의 높이에서 10 m/s의 속도로 지면과 수직하게 위로 쏘아 올린 물체의 t초 후의 속도 $v(t)$ m/s가 $v(t)=10-10t$ $(0\leq t\leq 4)$이다. 이 물체가 4초 동안 움직인 거리를 구하시오.

528   ★★☆

지상 25 m의 높이에서 20 m/s의 속도로 지면과 수직하게 위로 던진 공의 t초 후의 속도 $v(t)$ m/s가 $v(t)=20-10t$이다. 이 공이 지면에 떨어질 때까지 걸린 시간은?

① 4초   ② 4.5초   ③ 5초

④ 5.5초   ⑤ 6초

유형 13   중요★   그래프에서의 위치와 움직인 거리

수직선 위를 움직이는 점 P의 시각 t에서의 속도 $v(t)$의 그래프가 오른쪽 그림과 같을 때, 속도 $v(t)$의 그래프와 t축으로 둘러싸인 도형의 넓이를 각각 S_1, S_2라 하면 시각 $t=0$에서 $t=a$까지

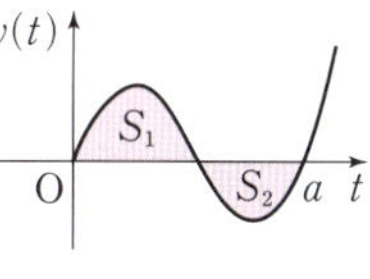

① 점 P의 위치의 변화량은 $\Rightarrow \displaystyle\int_{0}^{a} v(t)\,dt=S_1-S_2$

② 점 P가 움직인 거리는 $\Rightarrow \displaystyle\int_{0}^{a} |v(t)|\,dt=S_1+S_2$

529   ⊕ 대표 예제

수직선 위를 움직이는 점 P의 시각 t에서의 속도 $v(t)$의 그래프가 그림과 같다. $t=0$에서 $t=4$까지 점 P가 움직인 거리를 구하시오. (단, $0\leq t\leq 4$)

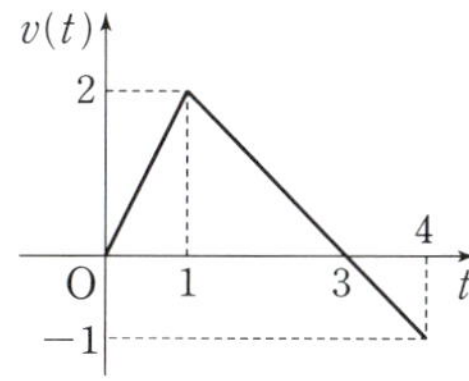

530   ★★☆

수직선 위를 움직이는 점 P의 시각 t에서의 속도 $v(t)$의 그래프가 그림과 같다. $t=0$에서의 점 P의 위치가 3일 때, $t=6$에서의 점 P의 위치는?

(단, $0\leq t\leq 6$)

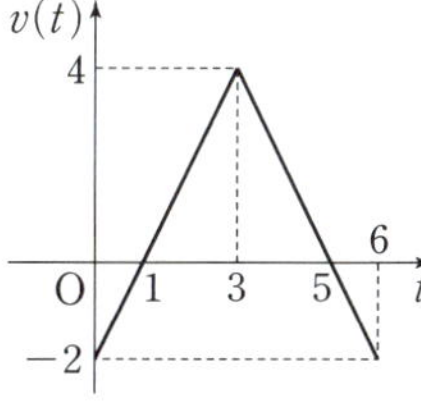

① 5   ② 6   ③ 7

④ 8   ⑤ 9

531   ★★☆

원점을 출발하여 수직선 위를 움직이는 물체의 시각 t에서의 속도 $v(t)$의 그래프가 그림과 같다. 점 P가 출발 후 다시 원점을 지나는 시각을 구하시오. (단, $0\leq t\leq 7$)

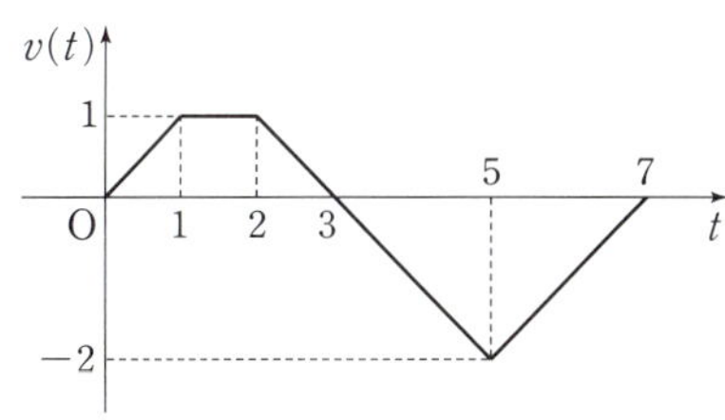

532

함수 $f(x)=-x^2+2x+3$에 대하여 그림과 같이 곡선 $y=f(x)$와 x축으로 둘러싸인 도형을 직선 $x=t$ $(0\leq t\leq 3)$와 y축으로 나누었을 때의 세 도형의 넓이를 각각 S_1, S_2, S_3이라 하자. S_1, S_2, S_3이 이 순서대로 등차수열을 이룰 때, 공차는?

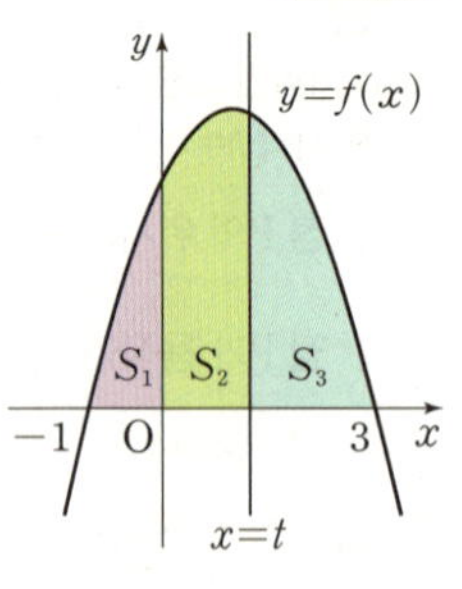

① $\dfrac{14}{9}$ ② $\dfrac{5}{3}$ ③ $\dfrac{16}{9}$

④ $\dfrac{17}{9}$ ⑤ 2

533

그림과 같이 곡선 $y=-x^2+4x+k$와 x축 및 y축으로 둘러싸인 도형의 넓이를 S_1, 이 곡선과 x축으로 둘러싸인 도형의 넓이를 S_2라 하자. $S_1=S_2$일 때, 상수 k의 값은?

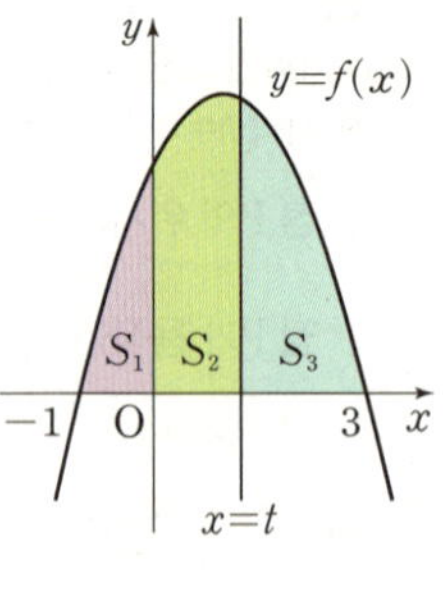

① -5 ② -4
③ -3 ④ -2
⑤ -1

534

일차함수 $f(x)$에 대하여
$$\int_{-1}^{1} xf(x)\,dx=6,\quad \int_{-1}^{1} x^2 f(x)\,dx=2$$
가 성립할 때, $f(1)$의 값은?

① 12 ② 14 ③ 16
④ 18 ⑤ 20

535　창의·사고력 Up

함수 $f(x)$가 다음 조건을 만족시킬 때, 정적분 $\displaystyle\int_{1}^{5} f(x)\,dx$의 값은?

> (가) $0\leq x\leq 1$에서 $f(x)=x(2-x)$
> (나) 모든 실수 x에 대하여 $f(-x)=f(x)$이다.
> (다) 모든 실수 x에 대하여 $f(x+2)=f(x)$이다.

① 2 ② $\dfrac{8}{3}$ ③ $\dfrac{10}{3}$

④ 4 ⑤ $\dfrac{14}{3}$

536

그림과 같이 삼차함수 $y=f(x)$의 그래프와 직선 $y=g(x)$로 둘러싸인 도형의 넓이가 2일 때, $f(3)-g(3)$의 값은?

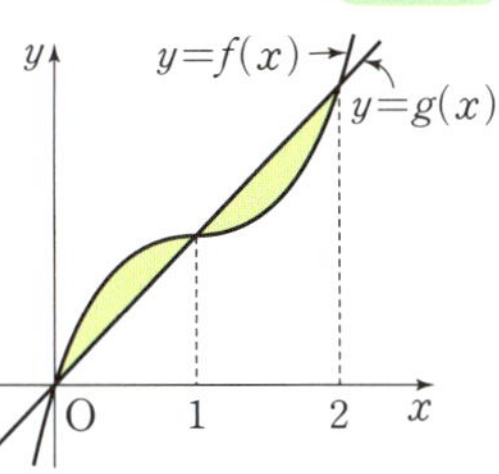

① 24 ② 27

③ 30 ④ 33

⑤ 36

537

곡선 $y=x^2$을 x축에 대하여 대칭이동한 후 x축의 방향으로 3만큼, y축의 방향으로 17만큼 평행이동한 곡선 $y=f(x)$가 있다. 두 곡선 $y=x^2$, $y=f(x)$로 둘러싸인 도형의 넓이는?

① 35 ② $\dfrac{110}{3}$ ③ $\dfrac{115}{3}$

④ 40 ⑤ $\dfrac{125}{3}$

538

점 $(1,\ -4)$에서 곡선 $y=\dfrac{1}{2}x^2$에 그은 두 접선과 이 곡선으로 둘러싸인 도형의 넓이를 구하시오.

539　창의·사고력 Up

닫힌구간 $[1,\ 5]$에서 연속인 함수 $f(x)$에 대하여 역함수 $g(x)$가 존재하고 다음 조건을 만족시킨다.

> (가) 방정식 $f(x)=x$의 근은 $x=1$, $x=5$이다.
> (나) $2\displaystyle\int_{1}^{5} f(x)\,dx=\int_{f(1)}^{f(5)} g(x)\,dx$

$\displaystyle\int_{1}^{5} f(x)\,dx$의 값을 구하시오.

540 창의·사고력 Up   유형 11

직선 트랙에서 A가 P 지점을 지나면서 $3\,\mathrm{m/s}$의 일정한 속도로 달리고 있고, B는 A가 P 지점을 지난 지 3초 후에 P 지점을 지나서 A를 따라갔다. B가 P 지점을 지난 지 t초 후의 속도가 $(t^2+2t)\,\mathrm{m/s}$일 때, A와 B가 만나는 시각은 B가 P 지점을 지난 지 몇 초 후인가?

① 1초　　　② 2초　　　③ 3초

④ 4초　　　⑤ 5초

541   유형 13

원점을 출발하여 수직선 위를 움직이는 점 P의 시각 t에서의 속도 $v(t)$의 그래프가 그림과 같다.

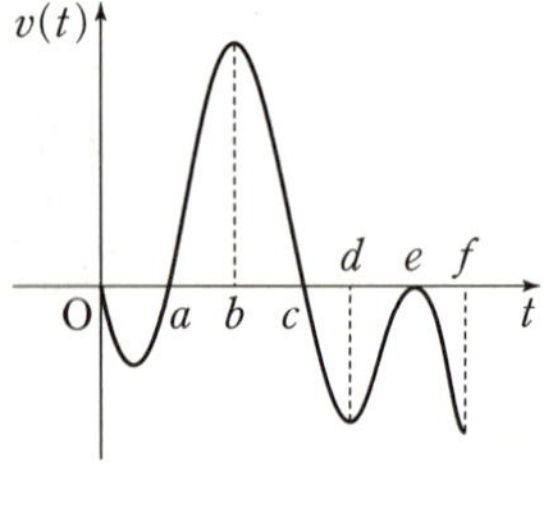

$$\int_0^e v(t)\,dt = \int_a^f v(t)\,dx,$$

$$\int_a^c v(t)\,dt = \int_c^f |v(t)|\,dt$$일 때,

▌보기▐에서 옳은 것만을 있는 대로 고른 것은? (단, $0 \le t \le f$)

┌─────── 보기 ───────┐

ㄱ. 점 P는 운동 방향을 2번 바꾼다.

ㄴ. $t=b$일 때, 점 P는 원점에서 가장 멀리 떨어져 있다.

ㄷ. $t=e$일 때, 점 P는 원점을 지난다.

└──────────────────┘

① ㄱ　　　② ㄴ　　　③ ㄱ, ㄷ

④ ㄴ, ㄷ　　　⑤ ㄱ, ㄴ, ㄷ

542   유형 02 · 유형 06

그림과 같이 두 곡선 $y=ax(x-2)^2$, $y=x(2-x)$로 둘러싸인 두 도형의 넓이가 서로 같을 때, 상수 a의 값을 구하시오. $\left(\text{단, } a > \dfrac{1}{2}\right)$

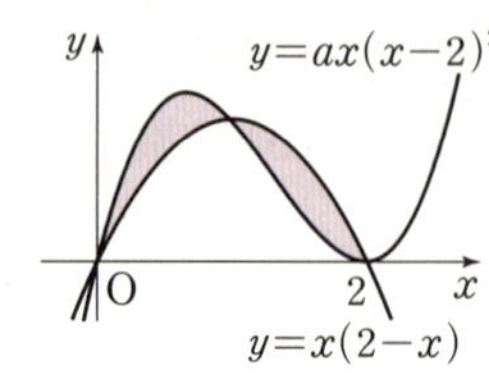

☑ 필요 개념 및 공식
☐ 두 곡선 사이의 넓이　　　☐ 두 도형의 넓이가 같은 경우

543   유형 10

원점을 출발하여 수직선 위를 움직이는 점 P의 시각 t에서의 속도가 $v(t)=3t^2-6t-9$이다. 점 P가 원점에서 음의 방향으로 가장 멀리 떨어져 있을 때의 시각을 $t=a$라 할 때, $t=a$에서의 점 P의 위치를 구하시오.

☑ 필요 개념 및 공식
☐ 수직선 위를 움직이는 점의 위치　　　☐ 속도와 가속도

Memo

메가스터디 고등수학 문제 기본서

CPR 라이트

수학 II

정답 및 해설

메가스터디 BOOKS

01 함수의 극한

001 (1) 3 (2) 2
002 (1) 2 (2) 1
003 (1) ∞ (2) $-\infty$
004 (1) $-\infty$ (2) ∞
005 (1) -1 (2) 1
006 (1) 2 (2) 2 (3) 2 (4) -1 (5) 0 (6) 존재하지 않는다.

007 ④ **008** ④ **009** ② **010** ③ **011** ③
012 ④ **013** ⑤ **014** 1 **015** ③ **016** ④
017 ③ **018** ⑤ **019** ④ **020** 5 **021** -2

022 (1) -6 (2) 1 (3) -3
023 (1) 4 (2) -4 (3) 1
024 (1) 1 (2) 2
025 (1) $\dfrac{1}{2}$ (2) 0 (3) ∞ (4) 2
026 (1) ∞ (2) 0
027 1

028 ② **029** ③ **030** ③ **031** ③ **032** ⑤
033 ⑤ **034** 4 **035** ④ **036** ② **037** ④
038 ⑤ **039** 3 **040** ④ **041** ② **042** ④
043 ① **044** ③ **045** ③

046 (1) 3 (2) 2
047 (1) $a=9$, $b=\dfrac{1}{3}$ (2) $a=2$, $b=7$
048 (1) 2 (2) 2 (3) 2
049 2

050 9 **051** ⑤ **052** 7 **053** ① **054** ③
055 ⑤ **056** 2 **057** ④ **058** ③ **059** ④
060 ③ **061** 2 **062** ④

063 ③ **064** 3 **065** ④ **066** ③ **067** ③
068 ⑤ **069** ① **070** 14 **071** 12 **072** ②
073 ① **074** 11 **075** 9

02 함수의 연속

076 (1) ㄱ (2) ㄷ (3) ㄴ
077 (1) 연속 (2) 불연속
078 (1) $[-1, 2]$ (2) $(1, 3]$ (3) $(-\infty, 6)$ (4) $[-3, \infty)$
079 (1) $(-\infty, \infty)$ (2) $[-3, 3]$
080 (1) $(-\infty, \infty)$ (2) $(-\infty, 3]$

081 ㄴ **082** ② **083** 2 **084** 4 **085** ③
086 ② **087** ③ **088** ㄴ **089** ⑤ **090** 2
091 ④ **092** 3 **093** ① **094** ② **095** 12
096 ③ **097** 15

098 ㄱ, ㄷ
099 (1) $(-\infty, \infty)$ (2) $(-\infty, \infty)$ (3) $(-\infty, 2)$, $(2, \infty)$
　　(4) $(-\infty, -1)$, $(-1, 3)$, $(3, \infty)$
100 (1) 최댓값 : 6, 최솟값 : 2 (2) 최댓값 : $\dfrac{3}{2}$, 최솟값 : $\dfrac{3}{5}$
101 (가) 연속 (나) 사잇값의 정리

102 ④ **103** ③ **104** ⑤ **105** ③ **106** ④
107 최댓값 : 7, 최솟값 : 없다. 　　**108** ③ **109** ④
110 ① **111** ③

112 ③ **113** ㄴ, ㄷ **114** 1 **115** -1 **116** ②
117 ① **118** 6 **119** ③ **120** 4 **121** 2

03 미분계수와 도함수

122 (1) 1 (2) -1 (3) 14
123 (1) -2 (2) $\varDelta x+2$
124 (1) 1 (2) 13 (3) 14
125 2
126 미분가능하다.
127 (1) 2 (2) 3 (3) 5
128 (가) 연속 (나) 1 (다) -1 (라) 미분가능하지 않다

129 ③ **130** ③ **131** ② **132** 3 **133** ①
134 ③ **135** 5 **136** ② **137** ③ **138** 10
139 ⑤ **140** 3 **141** ① **142** ⑤ **143** 8
144 3 **145** 1 **146** ⑤ **147** ㄴ **148** ③
149 ③ **150** 6 **151** ⑤ **152** ④ **153** 5
154 ② **155** ④

156 (1) $f'(x)=0$ (2) $f'(x)=1$ (3) $f'(x)=-3x^2$
157 (1) $y'=3x^2$ (2) $y'=10x^9$ (3) $y'=0$
158 (1) $y'=-3$ (2) $y'=12x^3+6x^2$
159 (1) $y'=6x-1$ (2) $y'=8x^3+6x^2-2x-3$ (3) $y'=3x^2-1$
　　(4) $y'=3(x-4)^2$

09 정적분의 활용

473 $\dfrac{4}{3}$ 474 4   475 $\dfrac{7}{3}$ 476 4

477 (1) $\dfrac{52}{5}$ (2) 0   (3) 24   478 5   479 3

480 ①   481 6   482 28   483 ④   484 3

485 ④   486 $\dfrac{8}{3}$ 487 $\dfrac{4}{5}$ 488 ①   489 2

490 12   491 24   492 ④   493 16

494 $\dfrac{4}{3}$ 495 $\dfrac{32}{3}$ 496 $\dfrac{64}{3}$ 497 $\dfrac{16}{3}$ 498 $\dfrac{7}{3}$

499 $\dfrac{1}{2}$

500 ④   501 ④   502 ②   503 ②   504 ④

505 ①   506 ③   507 $\dfrac{27}{4}$ 508 ⑤   509 ④

510 27   511 $\dfrac{1}{2}$ 512 1   513 ③   514 9

515 ⑤

516 $\dfrac{50}{3}$ 517 7   518 (1) 2   (2) 6

519 (1) 0   (2) 2

520 ②   521 ②   522 ①   523 ②   524 ⑤

525 ④   526 45 m   527 50 m   528 ③   529 $\dfrac{7}{2}$

530 ⑤   531 5

532 ④   533 ③   534 ①   535 ②   536 ①

537 ⑤   538 9   539 8   540 ③   541 ③

542 1   543 -27

296 (1) 최댓값: 19, 최솟값: -1　(2) 최댓값: 7, 최솟값: 3

　　(3) 최댓값: 13, 최솟값: -12　(4) 최댓값: 14, 최솟값: $\dfrac{11}{4}$

297 (1) $6-2x$　(2) $0<x<3$　(3) $V(x)=4x^3-24x^2+36x$　(4) 16

298 ④　**299** ①　**300** ③　**301** ④　**302** 2
303 ⑤　**304** ②　**305** ②　**306** ②　**307** ③

308 ③　**309** ④　**310** ②　**311** ③　**312** ⑤
313 ③　**314** ⑤　**315** ①　**316** ③　**317** ③
318 ①　**319** 11　**320** -26　**321** 32

06 도함수의 활용

322 (1) 3　(2) 3　(3) 2　(4) 2　(5) 1　(6) 4

323 (1) $-27<a<5$　(2) $a=-27$ 또는 $a=5$　(4) $a<-27$ 또는 $a>5$

324 ③　**325** 5　**326** ③　**327** ④　**328** ②
329 8　**330** ③　**331** ①　**332** ⑤　**333** ④

334 (가) 1　(나) 0

335 (가) 2　(나) 1

336 (가) 1　(나) 0　**337** ②　**338** ⑤　**339** ④
340 17　**341** ③　**342** ①　**343** 9　**344** ②
345 10　**346** ②

347 (1) $v=1$, $a=2$　(2) $v=0$, $a=-4$　(3) $v=17$, $a=16$
348 14　**349** 40　**350** 14

351 ③　**352** ①　**353** 10　**354** ③　**355** 28
356 2　**357** ③　**358** 32　**359** ④　**360** ⑤
361 ①　**362** ⑤　**363** ㄱ　**364** 2　**365** ④
366 ②　**367** ⑤　**368** ③

369 12　**370** ④　**371** ③　**372** 67　**373** 2
374 21　**375** ⑤　**376** ①　**377** 20　**378** ③
379 128　**380** 해설 참조　　**381** 128 m

07 부정적분

382 (1) $3x+C$　(2) $-x^2+C$　(3) x^3+C　(4) $-x^4+C$
383 (1) $f(x)=2x-4$　(2) $f(x)=-x+5$　(3) $f(x)=6x^2+2x$
384 (1) x^3+x　(2) x^3+x+C
385 (1) $\dfrac{1}{4}x^4+C$　(2) $\dfrac{1}{9}x^9+C$　(3) $\dfrac{1}{51}x^{51}+C$
386 (1) x^2+x+C　(2) $\dfrac{1}{3}x^3-\dfrac{3}{2}x^2+4x+C$　(3) $\dfrac{1}{3}x^3+2x^2+4x+C$

　　(4) $\dfrac{1}{5}x^5-x+C$
387 (1) $\dfrac{2}{3}x^3+18x+C$　(2) $x^3+\dfrac{3}{2}x^2+C$　(3) $\dfrac{1}{2}x^2+x+C$

388 ③　**389** ②　**390** ④　**391** ②　**392** 33
393 18　**394** 5　**395** ⑤　**396** ③　**397** ①
398 ④　**399** 13　**400** ③　**401** 3　**402** ②
403 ②　**404** -4　**405** ②　**406** 1　**407** ③

408 ④　**409** ①　**410** 9　**411** ①　**412** ②
413 8　**414** ④　**415** ①　**416** ①　**417** 3
418 59

08 정적분

419 (1) $\dfrac{7}{3}$　(2) 8　(3) 12　(4) 33
420 (1) 0　(2) 0
421 (1) 10　(2) 9　(3) 24　(4) 1
422 (1) 0　(2) 2

423 ⑤　**424** ①　**425** 3　**426** 3　**427** ③
428 ④　**429** $\dfrac{3}{4}$　**430** $\dfrac{14}{3}$　**431** ③　**432** 8
433 $\dfrac{1}{6}$　**434** $\dfrac{37}{3}$　**435** 1　**436** ②　**437** ②

438 (1) x^2+x　(2) $4-x^2$　(3) $4x+2$
439 (1) $f(x)=2x-4$　(2) $f(x)=4x^3-6x^2-8x-1$
440 (1) 6　(2) 1
441 (1) -2　(2) 9　(3) 2　(4) 6

442 4　**443** 6　**444** ①　**445** 4　**446** ④
447 ⑤　**448** 18　**449** 32　**450** ④　**451** 32
452 6　**453** ③　**454** ②　**455** ①　**456** ②
457 ②　**458** 20　**459** -1　**460** ⑤

461 ②　**462** ②　**463** ⑤　**464** 24　**465** ②
466 ⑤　**467** ⑤　**468** 121　**469** ④　**470** ④
471 24　　**472** $\dfrac{17}{6}$

160 ②	**161** 210	**162** ④	**163** 3	**164** ②
165 −3	**166** 7	**167** ②	**168** ④	**169** ④
170 ⑤	**171** ③	**172** 14	**173** ⑤	**174** ①
175 ④	**176** ②	**177** ③	**178** ①	**179** ②

180 2	**181** 9	**182** ①	**183** ③	**184** ⑤
185 ②	**186** ④	**187** ③	**188** ④	**189** ①
190 17	**191** 3	**192** 9		

04 접선의 방정식

193 (1) 5 (2) 11
194 (1) $y=3x-5$ (2) $y=-2x+5$
195 (1) $y=2x-13$ (2) $y=10x-13$ 또는 $y=10x+19$
196 $y=2x-1$ 또는 $y=-2x-1$
197 $a=-2$, $y=12x-18$

198 ④	**199** ③	**200** ②	**201** ①	**202** ①
203 ①	**204** 2	**205** 3	**206** ②	**207** ①
208 −2	**209** 9	**210** ②	**211** ①	**212** −4
213 24	**214** ②	**215** ④	**216** 2	**217** ③
218 ①	**219** ①	**220** ③	**221** ⑤	**222** ①
223 ⑤				

224 (1) 1 (2) $\dfrac{2}{3}$
225 (1) $\dfrac{5}{2}$ (2) 2
226 (가) (a, x) (나) 0

227 ③	**228** ④	**229** 4	**230** ③	**231** ④
232 ①	**233** 3	**234** ③		

235 ③	**236** ⑤	**237** ②	**238** ④	**239** ④
240 ⑤	**241** ④	**242** ①	**243** ①	**244** ②
245 10	**246** 0			

05 함수의 그래프

247 (가) < (나) 증가
248 (1) 증가 (2) 감소
249 (1) 구간 $(-\infty, -2]$에서 증가하고, 구간 $[-2, \infty)$에서 감소한다.
  (2) 구간 $(-\infty, 0]$, $[2, \infty)$에서 증가하고, 닫힌구간 $[0, 2]$에서 감소한다.

250 4	**251** ④	**252** ④	**253** ②	**254** ①
255 ⑤	**256** ②	**257** ⑤	**258** ④	**259** ①
260 3	**261** 8			

262 극댓값 : 3, 극솟값 : $-\dfrac{3}{2}$
263 (1) a, d (2) c, e
264 3
265 $a=4$, $b=2$
266 (1) (가) 1 (나) 4 (2) 극댓값 : 8, 극솟값 : 4
267 (1) 극댓값 : 2, 극솟값 : -2 (2) 극댓값 : -2, 극솟값 : -3

268 ①	**269** ①	**270** ④	**271** ②	**272** 3
273 30	**274** ②	**275** ②	**276** 14	**277** ①
278 ⑤				

279
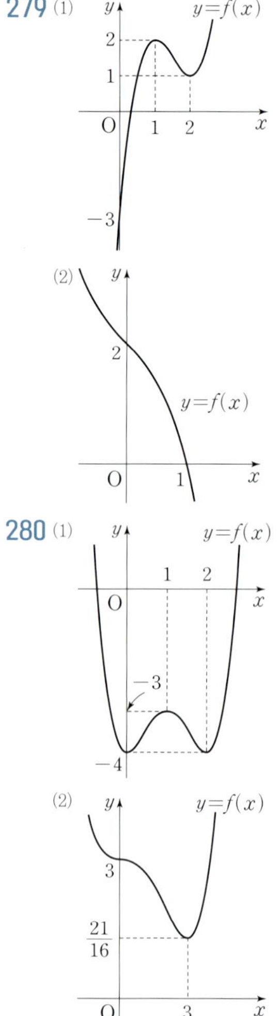

281 $a<-3$ 또는 $a>3$
282 $-6 \le a \le 6$
283 $a<0$ 또는 $a>\dfrac{32}{9}$

284 ㄱ, ㄹ	**285** ①	**286** ①	**287** ④	**288** ②
289 ⑤	**290** ④	**291** ①	**292** −16	**293** ③
294 9	**295** 3			

메가스터디 고등수학 문제 기본서

CPR 라이트

수학 II

정답 및 해설

01 함수의 극한

001 답 (1) 3 (2) 2

(1) $f(x)=x+1$이라 하면 함수 $y=f(x)$의 그래프는 오른쪽 그림과 같다.

x의 값이 2가 아니면서 2에 한없이 가까워질 때, $f(x)$의 값은 3에 한없이 가까워지므로

$$\lim_{x\to 2}(x+1)=3$$

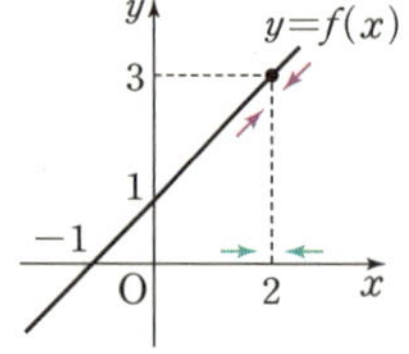

(2) $f(x)=\sqrt{x-1}$이라 하면 함수 $y=f(x)$의 그래프는 오른쪽 그림과 같다.

x의 값이 5가 아니면서 5에 한없이 가까워질 때, $f(x)$의 값은 2에 한없이 가까워지므로

$$\lim_{x\to 5}\sqrt{x-1}=2$$

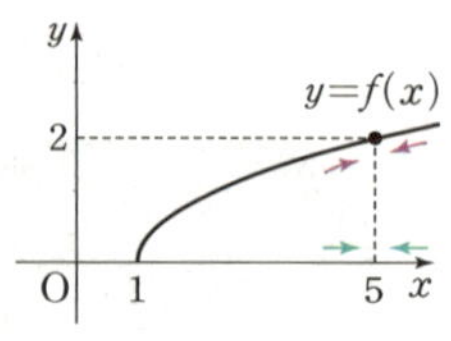

002 답 (1) 2 (2) 1

(1) $f(x)=2+\dfrac{1}{x}$이라 하면 함수 $y=f(x)$의 그래프는 오른쪽 그림과 같다.

x의 값이 한없이 커질 때, $f(x)$의 값은 2에 한없이 가까워지므로

$$\lim_{x\to\infty}\left(2+\frac{1}{x}\right)=2$$

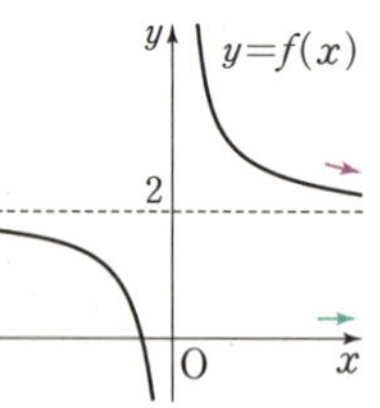

(2) $f(x)=\dfrac{x}{x-1}$라 하면 $x\neq 1$일 때

$$f(x)=\frac{x}{x-1}=\frac{(x-1)+1}{x-1}=\frac{1}{x-1}+1$$

이므로 함수 $y=f(x)$의 그래프는 오른쪽 그림과 같다.

x의 값이 음수이면서 그 절댓값이 한없이 커질 때, $f(x)$의 값은 1에 한없이 가까워지므로

$$\lim_{x\to-\infty}\frac{x}{x-1}=1$$

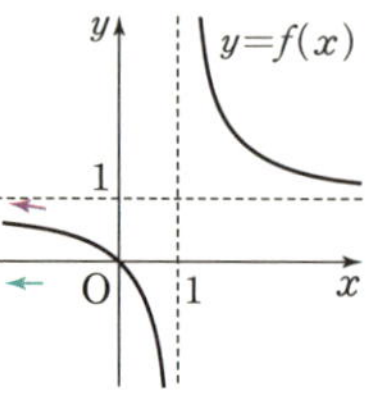

003 답 (1) ∞ (2) $-\infty$

(1) $f(x)=\dfrac{1}{|x|}$이라 하면 함수 $y=f(x)$의 그래프는 오른쪽 그림과 같다.

x의 값이 0이 아니면서 0에 한없이 가까워질 때, $f(x)$의 값은 한없이 커지므로

$$\lim_{x\to 0}\frac{1}{|x|}=\infty$$

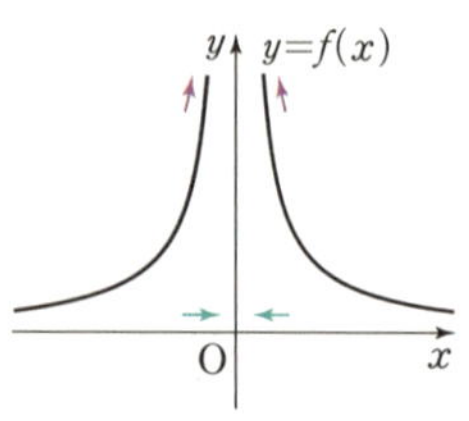

(2) $f(x)=1-\dfrac{2}{|x+1|}$라 하면 함수 $y=f(x)$의 그래프는 오른쪽 그림과 같다.

x의 값이 -1이 아니면서 -1에 한없이 가까워질 때, $f(x)$의 값은 음수이면서 그 절댓값이 한없이 커지므로

$$\lim_{x\to-1}\left(1-\frac{2}{|x+1|}\right)=-\infty$$

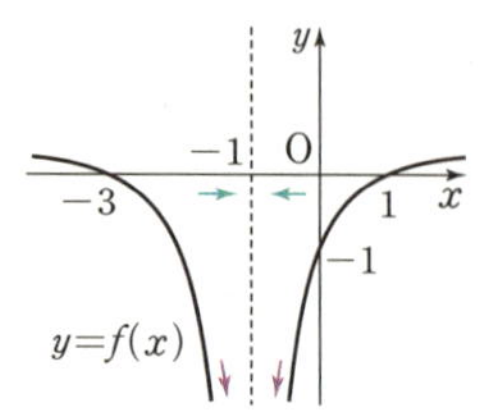

004 답 (1) $-\infty$ (2) ∞

(1) $f(x)=1-x$라 하면 함수 $y=f(x)$의 그래프는 오른쪽 그림과 같다.

x의 값이 한없이 커질 때, $f(x)$의 값은 음수이면서 그 절댓값이 한없이 커지므로

$$\lim_{x\to\infty}(1-x)=-\infty$$

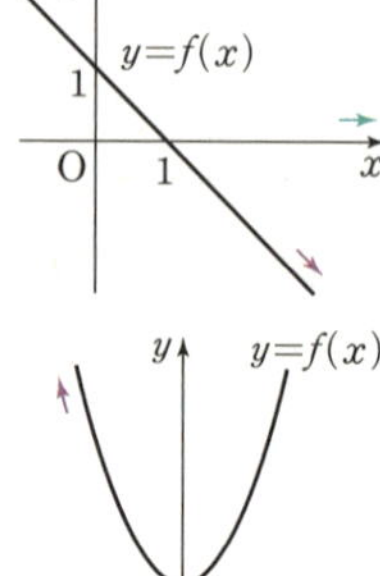

(2) $f(x)=x^2+1$이라 하면 함수 $y=f(x)$의 그래프는 오른쪽 그림과 같다.

x의 값이 음수이면서 그 절댓값이 한없이 커질 때, $f(x)$의 값은 한없이 커지므로

$$\lim_{x\to-\infty}(x^2+1)=\infty$$

005 답 (1) -1 (2) 1

함수 $y=f(x)$의 그래프는 오른쪽 그림과 같다.

(1) x의 값이 1보다 크면서 1에 한없이 가까워질 때, $f(x)$의 값은 -1에 한없이 가까워지므로

$$\lim_{x\to 1+}f(x)=-1$$

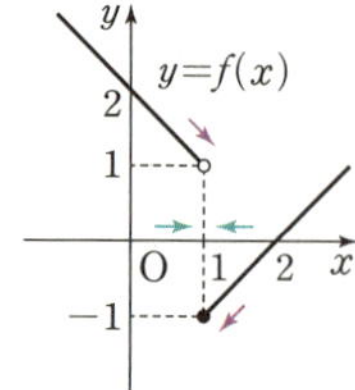

(2) x의 값이 1보다 작으면서 1에 한없이 가까워질 때, $f(x)$의 값은 1에 한없이 가까워지므로

$$\lim_{x\to 1-}f(x)=1$$

006 답 (1) 2 (2) 2 (3) 2 (4) -1 (5) 0 (6) 존재하지 않는다.

(1) 함수 $y=f(x)$의 그래프에서 x의 값이 1보다 크면서 1에 한없이 가까워질 때, $f(x)$의 값은 2에 한없이 가까워지므로

$$\lim_{x\to 1+}f(x)=2$$

(2) 함수 $y=f(x)$의 그래프에서 x의 값이 1보다 작으면서 1에 한없이 가까워질 때, $f(x)$의 값은 2에 한없이 가까워지므로

$$\lim_{x\to 1-}f(x)=2$$

(3) (1), (2)에서 $\lim\limits_{x\to 1+}f(x)=\lim\limits_{x\to 1-}f(x)=2$이므로

$$\lim_{x\to 1}f(x)=2$$

(4) 함수 $y=f(x)$의 그래프에서 x의 값이 2보다 크면서 2에 한없이 가까워질 때, $f(x)$의 값은 -1에 한없이 가까워지므로

$$\lim_{x\to 2+}f(x)=-1$$

(5) 함수 $y=f(x)$의 그래프에서 x의 값이 2보다 작으면서 2에 한없이 가까워질 때, $f(x)$의 값은 0에 한없이 가까워지므로

$$\lim_{x\to 2-}f(x)=0$$

(6) (4), (5)에서 $\lim\limits_{x\to 2+}f(x)=-1$, $\lim\limits_{x\to 2-}f(x)=0$이므로

$$\lim_{x\to 2+}f(x)\neq\lim_{x\to 2-}f(x)$$

즉, $\lim\limits_{x\to 2}f(x)$의 값은 존재하지 않는다.

007 답 ④

ㄱ. $f(x)=\dfrac{x^3+1}{x+1}$이라 하면 $x\neq-1$일 때

$$f(x)=\frac{x^3+1}{x+1}=\frac{(x+1)(x^2-x+1)}{x+1}$$
$$=x^2-x+1$$

이므로 함수 $y=f(x)$의 그래프는 오른쪽 그림과 같다.

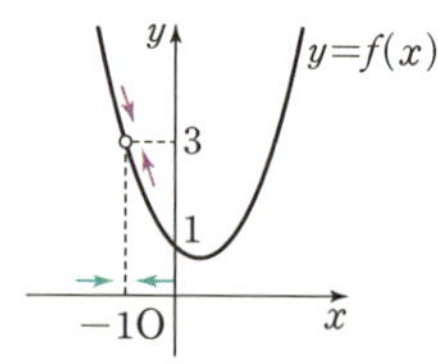

x의 값이 -1이 아니면서 -1에 한없이 가까워질 때, $f(x)$의 값은 3에 한없이 가까워지므로

$$\lim_{x \to -1} \frac{x^3+1}{x+1}=3 \ (\text{참})$$

ㄴ. $f(x)=\dfrac{1}{|x-2|}$이라 하면 함수 $y=f(x)$의

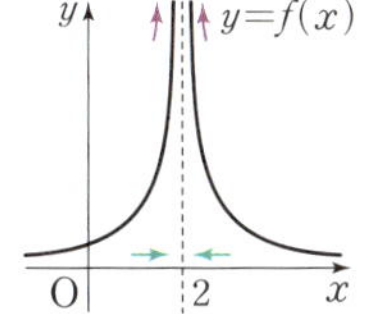

그래프는 오른쪽 그림과 같다.

x의 값이 2가 아니면서 2에 한없이 가까워질 때, $f(x)$의 값은 한없이 커지므로

$$\lim_{x \to 2} \frac{1}{|x-2|}=\infty \ (\text{참})$$

ㄷ. $f(x)=\dfrac{x^2-x}{x-1}$라 하면 $x \neq 1$일 때

$$f(x)=\frac{x^2-x}{x-1}=\frac{x(x-1)}{x-1}=x$$

이므로 함수 $y=f(x)$의 그래프는 오른쪽 그림과 같다.

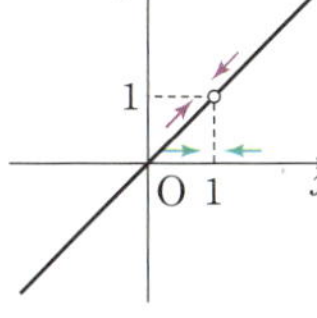

x의 값이 1이 아니면서 1에 한없이 가까워질 때, $f(x)$의 값은 1에 한없이 가까워지므로

$$\lim_{x \to 1} \frac{x^2-x}{x-1}=1 \ (\text{거짓})$$

ㄹ. $f(x)=\sqrt{3x-5}$라 하면 함수 $y=f(x)$의 그래프는 오른쪽 그림과 같다.

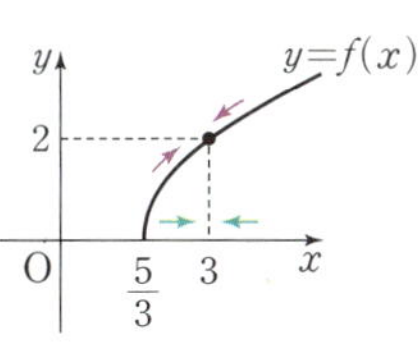

x의 값이 3이 아니면서 3에 한없이 가까워질 때, $f(x)$의 값은 2에 한없이 가까워지므로

$$\lim_{x \to 3} \sqrt{3x-5}=2 \ (\text{참})$$

따라서 옳은 것은 ㄱ, ㄴ, ㄹ이다.

008 답 ④

① $f(x)=\dfrac{1}{x^2}$이라 하면 함수 $y=f(x)$의 그래프는 오른쪽 그림과 같다.

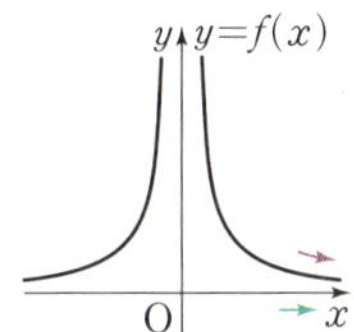

x의 값이 한없이 커질 때, $f(x)$의 값은 0에 한없이 가까워지므로

$$\lim_{x \to \infty} \frac{1}{x^2}=0$$

② $f(x)=x^2-2x-1$이라 하면 함수 $y=f(x)$의 그래프는 오른쪽 그림과 같다.

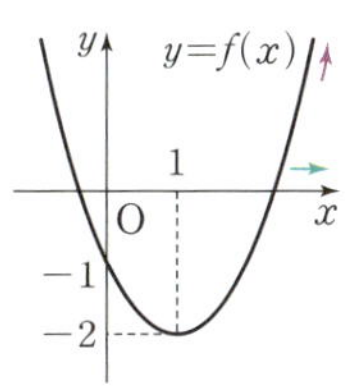

x의 값이 한없이 커질 때, $f(x)$의 값도 한없이 커지므로

$$\lim_{x \to \infty} (x^2-2x-1)=\infty$$

③ $f(x)=\sqrt{5-x}$라 하면 함수 $y=f(x)$의 그래프는 오른쪽 그림과 같다.

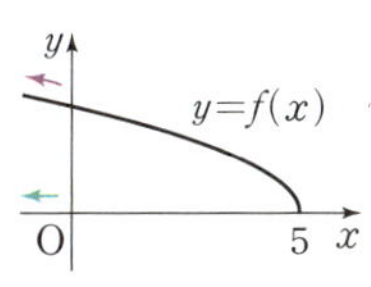

x의 값이 음수이면서 그 절댓값이 한없이 커질 때, $f(x)$의 값은 한없이 커지므로

$$\lim_{x \to -\infty} \sqrt{5-x}=\infty$$

④ $f(x)=-\dfrac{1}{(x+2)^2}$이라 하면 함수 $y=f(x)$의 그래프는 오른쪽 그림과 같다.

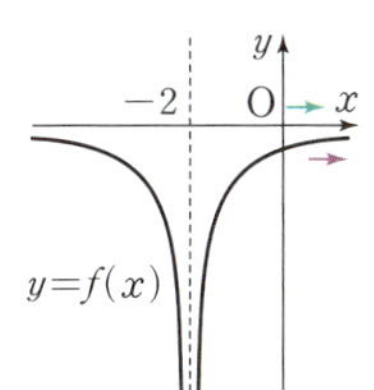

x의 값이 한없이 커질 때, $f(x)$의 값은 0에 한없이 가까워지므로

$$\lim_{x \to \infty} \left\{-\frac{1}{(x+2)^2}\right\}=0$$

⑤ $f(x)=\dfrac{3}{x+2}$이라 하면 함수 $y=f(x)$의 그래프는 오른쪽 그림과 같다.

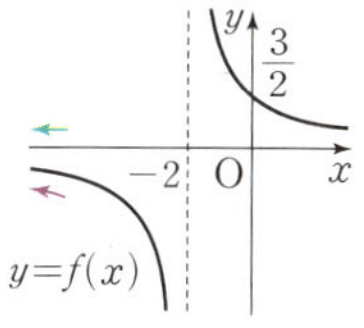

x의 값이 음수이면서 그 절댓값이 한없이 커질 때, $f(x)$의 값은 0에 한없이 가까워지므로

$$\lim_{x \to -\infty} \frac{3}{x+2}=0$$

따라서 옳지 않은 것은 ④이다.

009 답 ②

$f(x)=\dfrac{5-x}{x-1}$라 하면 $x \neq 1$일 때

$$f(x)=\frac{5-x}{x-1}=\frac{-(x-1)+4}{x-1}=\frac{4}{x-1}-1$$

이므로 함수 $y=f(x)$의 그래프는 오른쪽 그림과 같다.

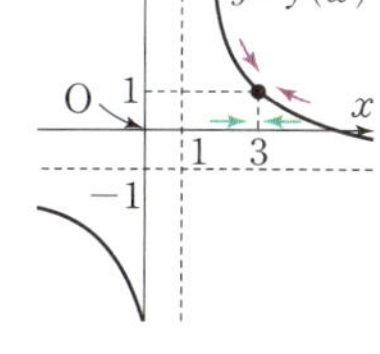

x의 값이 3이 아니면서 3에 한없이 가까워질 때, $f(x)$의 값은 1에 한없이 가까워지므로

$$\lim_{x \to 3} \frac{5-x}{x-1}=1 \qquad \therefore A=1$$

$g(x)=\dfrac{3x^2-2x-1}{x-1}$이라 하면 $x \neq 1$일 때

$$g(x)=\frac{3x^2-2x-1}{x-1}=\frac{(3x+1)(x-1)}{x-1}=3x+1$$

이므로 함수 $y=g(x)$의 그래프는 오른쪽 그림과 같다.

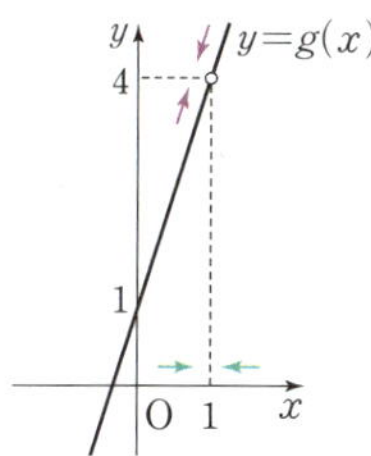

x의 값이 1이 아니면서 1에 한없이 가까워질 때, $g(x)$의 값은 4에 한없이 가까워지므로

$$\lim_{x \to 1} \frac{3x^2-2x-1}{x-1}=4 \qquad \therefore B=4$$

$h(x)=\sqrt{7-x}$라 하면 함수 $y=h(x)$의 그래프는 오른쪽 그림과 같다.

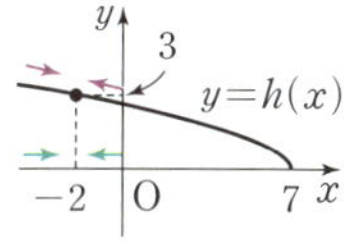

x의 값이 -2가 아니면서 -2에 한없이 가까워질 때, $h(x)$의 값은 3에 한없이 가까워지므로

$$\lim_{x \to -2} \sqrt{7-x}=3 \qquad \therefore C=3$$

$$\therefore A<C<B$$

010 답 ③

ㄱ. $f(x)=1+\dfrac{1}{|x|}$이라 하면 함수 $y=f(x)$의 그래프는 오른쪽 그림과 같다.

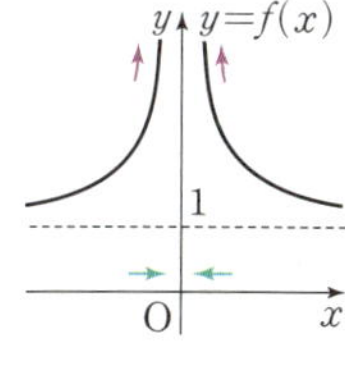

x의 값이 0이 아니면서 0에 한없이 가까워질 때, $f(x)$의 값은 한없이 커지므로

$$\lim_{x \to 0} \left(1+\frac{1}{|x|}\right)=\infty$$

ㄴ. $f(x)=\dfrac{|x|}{x}$라 하면 $x \neq 0$일 때

$$f(x)=\frac{|x|}{x}=\begin{cases} 1 & (x>0) \\ -1 & (x<0) \end{cases}$$

이므로 함수 $y=f(x)$의 그래프는 오른쪽 그림과 같다.

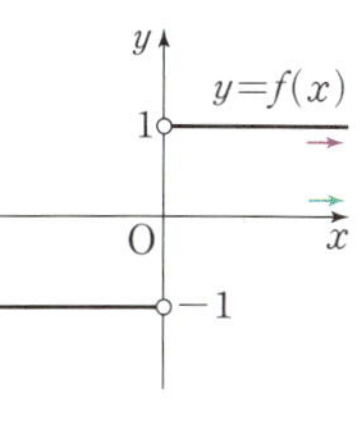

x의 값이 한없이 커질 때, $f(x)=1$이므로

$$\lim_{x \to \infty} \frac{|x|}{x}=1$$

ㄷ. $f(x)=\dfrac{3x-1}{x-1}$이라 하면 $x\neq1$일 때

$$f(x)=\frac{3x-1}{x-1}=\frac{3(x-1)+2}{x-1}$$

$$=\frac{2}{x-1}+3$$

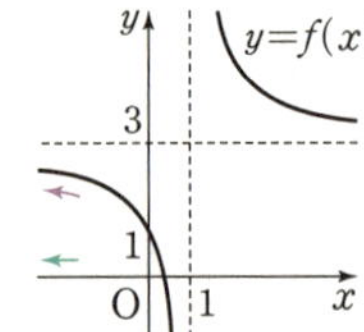

이므로 함수 $y=f(x)$의 그래프는 오른쪽
그림과 같다.

x의 값이 음수이면서 그 절댓값이 한없이 커질 때, $f(x)$의 값은
3에 한없이 가까워지므로

$$\lim_{x\to-\infty}\frac{3x-1}{x-1}=3$$

ㄹ. $f(x)=2-\dfrac{1}{(x+1)^2}$이라 하면 함수 $y=f(x)$

의 그래프는 오른쪽 그림과 같다.

x의 값이 -1이 아니면서 -1에 한없이 가

까워질 때, $f(x)$의 값은 음수이면서 그 절댓

값이 한없이 커지므로

$$\lim_{x\to-1}\left\{2-\frac{1}{(x+1)^2}\right\}=-\infty$$

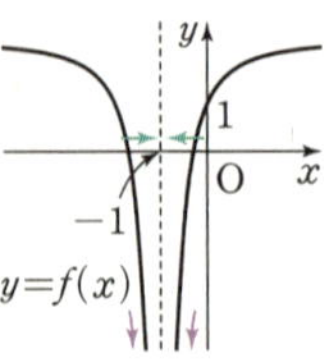

따라서 수렴하는 것은 ㄴ, ㄷ이다.

011 답 ③

주어진 함수 $y=f(x)$의 그래프에서

$\lim\limits_{x\to0-}f(x)=1$, $\lim\limits_{x\to1+}f(x)=1$이므로

$$\lim_{x\to0-}f(x)+\lim_{x\to1+}f(x)=1+1=2$$

012 답 ④

$$\lim_{x\to2+}f(x)=\lim_{x\to2+}\frac{x^2-4}{|x-2|}=\lim_{x\to2+}\frac{(x+2)(x-2)}{x-2}$$

$$=\lim_{x\to2+}(x+2)=4$$

$$\lim_{x\to2-}f(x)=\lim_{x\to2-}\frac{x^2-4}{|x-2|}=\lim_{x\to2-}\frac{(x+2)(x-2)}{-(x-2)}$$

$$=\lim_{x\to2-}\{-(x+2)\}=-4$$

$$\therefore \lim_{x\to2+}f(x)-\lim_{x\to2-}f(x)=4-(-4)=8$$

013 답 ⑤

$x\to4+$일 때 $x-1\to3+$이므로

$$\lim_{x\to4+}[x-1]=3$$

$x\to4-$일 때 $x+1\to5-$이므로

$$\lim_{x\to4-}[x+1]=4$$

$$\therefore \lim_{x\to4+}[x-1]+\lim_{x\to4-}[x+1]=3+4=7$$

$[x]$가 x보다 크지 않은 최대의 정수일 때, 정수 n에 대하여

(1) $n\leq x<n+1$이면 $[x]=n$ ➡ $\lim\limits_{x\to n+}[x]=n$

(2) $n-1\leq x<n$이면 $[x]=n-1$ ➡ $\lim\limits_{x\to n-}[x]=n-1$

014 답 1

$\lim\limits_{x\to1+}f(x)=\lim\limits_{x\to1+}(-3x+b)=-3+b=1$이므로 $b=4$

$\lim\limits_{x\to1-}f(x)=\lim\limits_{x\to1-}(x^2+2x+a)=3+a=0$이므로 $a=-3$

$$\therefore a+b=-3+4=1$$

015 답 ③

ㄱ. $\lim\limits_{x\to1}(x+2)=1+2=3$

절댓값 기호를 포함한 함수의 경우, x의 값의 범위를 나누어 우극한과 좌극한을 각각 구한다.

ㄴ. $\lim\limits_{x\to-1+}\dfrac{|x+1|}{x+1}=\lim\limits_{x\to-1+}\dfrac{x+1}{x+1}=\lim\limits_{x\to-1+}1=1,$

$\lim\limits_{x\to-1-}\dfrac{|x+1|}{x+1}=\lim\limits_{x\to-1-}\dfrac{-(x+1)}{x+1}=\lim\limits_{x\to-1-}(-1)=-1$

이므로 $\lim\limits_{x\to-1+}\dfrac{|x+1|}{x+1}\neq\lim\limits_{x\to-1-}\dfrac{|x+1|}{x+1}$

즉, $\lim\limits_{x\to-1}\dfrac{|x+1|}{x+1}$의 값은 존재하지 않는다.

ㄷ. $f(x)=\dfrac{2}{x-1}$라 하면 함수 $y=f(x)$의

그래프는 오른쪽 그림과 같으므로

$$\lim_{x\to\infty}\frac{2}{x-1}=0$$

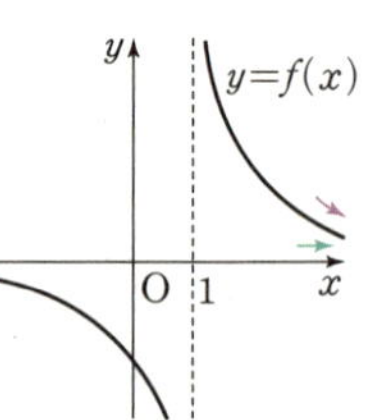

함수의 그래프를 그릴 수 있는 경우, 그래프를 그려서 극한값을 확인한다.

따라서 극한값이 존재하는 것은 ㄱ, ㄷ이다.

016 답 ④

① $\lim\limits_{x\to0+}f(x)=\infty$, $\lim\limits_{x\to0-}f(x)=-\infty$이므로 $x=0$에서의 극한값이

존재하지 않는다.

② $\lim\limits_{x\to0}f(x)=\infty$이므로 $x=0$에서의 극한값이 존재하지 않는다.

③ $\lim\limits_{x\to0+}f(x)=1$, $\lim\limits_{x\to0-}f(x)=-1$에서 $\lim\limits_{x\to0+}f(x)\neq\lim\limits_{x\to0-}f(x)$이

므로 $x=0$에서의 극한값이 존재하지 않는다.

④ $\lim\limits_{x\to0+}f(x)=1$, $\lim\limits_{x\to0-}f(x)=1$에서 $\lim\limits_{x\to0}f(x)=1$이므로 $x=0$에

서의 극한값이 존재한다.

⑤ $\lim\limits_{x\to0+}f(x)=0$, $\lim\limits_{x\to0-}f(x)=-1$에서 $\lim\limits_{x\to0+}f(x)\neq\lim\limits_{x\to0-}f(x)$이

므로 $x=0$에서의 극한값이 존재하지 않는다.

따라서 함수 $f(x)$의 $x=0$에서의 극한값이 존재하는 것은 ④이다.

017 답 ③

$\lim\limits_{x\to1}f(x)$의 값이 존재하려면 $\lim\limits_{x\to1+}f(x)=\lim\limits_{x\to1-}f(x)$이어야 하므로

$\lim\limits_{x\to1+}f(x)=\lim\limits_{x\to1+}(ax-1)=a-1,$

$\lim\limits_{x\to1-}f(x)=\lim\limits_{x\to1-}(x^2+4x-3)=2$

에서 $a-1=2$ $\therefore a=3$

$x\to1+$이면 $x>1$이므로 $\lim\limits_{x\to1+}f(x)$의 값은 $x\geq1$일 때의 함수식에서 정하고,

$x\to1-$이면 $x<1$이므로 $\lim\limits_{x\to1-}f(x)$의 값은 $x<1$일 때의 함수식에서 정하면 돼.

018 답 ⑤

$f(x)=t$라 하면 $x\to0-$일 때 $t\to4-$이므로 ($x<0$일 때, $t=x+4$이다.)

$$\lim_{x\to0-}g(f(x))=\lim_{t\to4-}g(t)=\lim_{t\to4-}|t|=4$$

$g(x)=s$라 하면 $x\to0+$일 때 $s\to0+$이므로 ($x>0$일 때, $s=x$이다.)

$$\lim_{x\to0+}f(g(x))=\lim_{s\to0+}f(s)=\lim_{s\to0+}(-3s+2)=2$$

$$\therefore \lim_{x\to0-}g(f(x))+\lim_{x\to0+}f(g(x))=4+2=6$$

019 답 ④

$f(x)=t$라 하면 $x\to-1+$일 때 $t\to1-$이므로

$$\lim_{x\to-1+}g(f(x))=\lim_{t\to1-}g(t)=\lim_{t\to1-}\{(t-1)^2+1\}=1$$

$g(x)=s$라 하면 $x\to1-$일 때 $s\to1+$이므로

$$\lim_{x\to1-}f(g(x))=\lim_{s\to1+}f(s)=1$$

$$\therefore \lim_{x \to -1+} g(f(x)) + \lim_{x \to 1-} f(g(x)) = 1 + 1 = 2$$

020 답 5

$f(x) = t$라 하면

$x \to 2+$일 때 $t \to 0+$이므로

$$\lim_{x \to 2+} f(f(x)) = \lim_{t \to 0+} f(t) = 2$$

$x \to 2-$일 때 $t = 2$이므로

$$\lim_{x \to 2-} f(f(x)) = f(2) = 3$$

$$\therefore \lim_{x \to 2+} f(f(x)) + \lim_{x \to 2-} f(f(x)) = 2 + 3 = 5$$

우극한과 좌극한이 다름에 주의하자.

021 답 -2

$f(x) = t$라 하면 $x \to -1$일 때 $t \to 0+$이므로

$$\lim_{x \to -1} g(f(x)) = \lim_{t \to 0+} g(t) = -1$$

$g(x) = s$라 하면 $x \to 1$일 때 $s \to 1-$이므로

$$\lim_{x \to 1} f(g(x)) = \lim_{s \to 1-} f(s) = -1$$

$$\therefore \lim_{x \to -1} g(f(x)) + \lim_{x \to 1} f(g(x)) = -1 + (-1) = -2$$

개념 체크 Concept
• 본문 011쪽

022 답 (1) -6 (2) 1 (3) -3

(1) $\displaystyle \lim_{x \to 2} f(x)g(x) = \lim_{x \to 2} f(x) \cdot \lim_{x \to 2} g(x)$
$$= 2 \cdot (-3) = -6$$

(2) $\displaystyle \lim_{x \to 2} \{2f(x) + g(x)\} = 2 \lim_{x \to 2} f(x) + \lim_{x \to 2} g(x)$
$$= 2 \cdot 2 + (-3) = 1$$

(3) $\displaystyle \lim_{x \to 2} \frac{3f(x) - g(x)}{g(x)} = \frac{3 \lim_{x \to 2} f(x) - \lim_{x \to 2} g(x)}{\lim_{x \to 2} g(x)}$
$$= \frac{3 \cdot 2 - (-3)}{-3} = -3$$

023 답 (1) 4 (2) -4 (3) 1

(1) $\displaystyle \lim_{x \to 1} (3x + 1) = 3 + 1 = 4$

(2) $\displaystyle \lim_{x \to -1} (x-1)(x+3) = \lim_{x \to -1} (x-1) \cdot \lim_{x \to -1} (x+3)$
$$= (-1-1)(-1+3) = -4$$

(3) $\displaystyle \lim_{x \to -2} \frac{3-x}{x^2+1} = \frac{\lim_{x \to -2} (3-x)}{\lim_{x \to -2} (x^2+1)}$
$$= \frac{3-(-2)}{(-2)^2+1} = 1$$

024 답 (1) 1 (2) 2

(1) $\displaystyle \lim_{x \to 0} \frac{x^2+x}{x} = \lim_{x \to 0} \frac{x(x+1)}{x}$
$$= \lim_{x \to 0} (x+1) = 0+1 = 1$$

(2) $\displaystyle \lim_{x \to 1} \frac{x-1}{\sqrt{x}-1} = \lim_{x \to 1} \frac{(x-1)(\sqrt{x}+1)}{(\sqrt{x}-1)(\sqrt{x}+1)}$

$x-1 = (\sqrt{x}+1)(\sqrt{x}-1)$로 인수분해한 후 극한값을 구해도 된다.

$$= \lim_{x \to 1} \frac{(x-1)(\sqrt{x}+1)}{x-1}$$
$$= \lim_{x \to 1} (\sqrt{x}+1)$$
$$= \sqrt{1}+1 = 2$$

025 답 (1) $\dfrac{1}{2}$ (2) 0 (3) ∞ (4) 2

(1) $\displaystyle \lim_{x \to \infty} \frac{x}{2x+1} = \lim_{x \to \infty} \frac{1}{2+\dfrac{1}{x}} = \frac{1}{2+0} = \frac{1}{2}$

분모의 최고차항인 x로 분모, 분자를 각각 나눈다.

(2) $\displaystyle \lim_{x \to \infty} \frac{2x-1}{x^2} = \lim_{x \to \infty} \frac{\dfrac{2}{x} - \dfrac{1}{x^2}}{1} = \frac{0-0}{1} = 0$

분모의 최고차항인 x^2으로 분모, 분자를 각각 나눈다.

(3) $\displaystyle \lim_{x \to \infty} \frac{x^2-1}{3x} = \lim_{x \to \infty} \frac{x - \dfrac{1}{x}}{3} = \infty$

분모의 최고차항인 x로 분모, 분자를 각각 나눈다.

(4) $\displaystyle \lim_{x \to \infty} \frac{2x-1}{\sqrt{x^2+1}} = \lim_{x \to \infty} \frac{2 - \dfrac{1}{x}}{\sqrt{1 + \dfrac{1}{x^2}}} = \frac{2-0}{\sqrt{1+0}} = 2$

분모의 최고차항인 x로 분모, 분자를 각각 나눈다.

🔔 선생님 톡톡

분모의 최고차항으로 분모, 분자를 나눌 때, 항의 계수는 생각하지 않아도 돼. 또한, 다항식 $f(x)$의 차수가 $2n$일 때 무리식 $\sqrt{f(x)}$의 차수는 n임에 유의하자.

026 답 (1) ∞ (2) 0

(1) $\displaystyle \lim_{x \to \infty} (x^4 + 2x^3 - x) = \lim_{x \to \infty} x^4\left(1 + \frac{2}{x} - \frac{1}{x^3}\right) = \infty$

분모를 1로 보고 분자를 유리화한다.

(2) $\displaystyle \lim_{x \to \infty} (\sqrt{x^2+1} - x) = \lim_{x \to \infty} \frac{(\sqrt{x^2+1} - x)(\sqrt{x^2+1} + x)}{\sqrt{x^2+1} + x}$

$$= \lim_{x \to \infty} \frac{1}{\sqrt{x^2+1} + x} = \lim_{x \to \infty} \frac{\dfrac{1}{x}}{\sqrt{1 + \dfrac{1}{x^2}} + 1}$$

$$= \frac{0}{\sqrt{1+0} + 1} = 0$$

027 답 1

$$\lim_{x \to 0} \frac{1}{x}\left(1 - \frac{1}{x+1}\right) = \lim_{x \to 0} \left(\frac{1}{x} \cdot \frac{x+1-1}{x+1}\right) = \lim_{x \to 0} \left(\frac{1}{x} \cdot \frac{x}{x+1}\right)$$

$$= \lim_{x \to 0} \frac{1}{x+1} = \frac{1}{0+1} = 1$$

유형 마스터 Pattern
• 본문 012~014쪽

028 답 ②

$f(x) + g(x) = h(x)$라 하면 $g(x) = h(x) - f(x)$이고

$\displaystyle \lim_{x \to \infty} h(x) = 1$이므로

$$\lim_{x \to \infty} \frac{4f(x) - 3g(x)}{2f(x) - g(x)} = \lim_{x \to \infty} \frac{4f(x) - 3\{h(x) - f(x)\}}{2f(x) - \{h(x) - f(x)\}}$$

$$= \lim_{x \to \infty} \frac{7f(x) - 3h(x)}{3f(x) - h(x)}$$

수렴하는 함수 꼴로 바꾼다.

$$= \lim_{x \to \infty} \frac{7 - 3 \cdot \dfrac{h(x)}{f(x)}}{3 - \dfrac{h(x)}{f(x)}}$$

$$= \frac{7 - 3 \lim_{x \to \infty} \dfrac{h(x)}{f(x)}}{3 - \lim_{x \to \infty} \dfrac{h(x)}{f(x)}}$$

$$= \frac{7}{3} \left(\because \lim_{x \to \infty} \frac{h(x)}{f(x)} = 0\right)$$

$\displaystyle \lim_{x \to \infty} f(x) = \infty$, $\displaystyle \lim_{x \to \infty} h(x) = 1$이므로

$\displaystyle \lim_{x \to \infty} \frac{h(x)}{f(x)} = 0$

029 답 ③

$$\lim_{x\to\infty}\frac{3f(x)+2x}{2f(x)-x}=\lim_{x\to\infty}\frac{3\cdot\frac{f(x)}{x}+2}{2\cdot\frac{f(x)}{x}-1}$$

$$=\frac{3\cdot1+2}{2\cdot1-1}$$

$$=5\left(\because\lim_{x\to\infty}\frac{f(x)}{x}=1\right)$$

030 답 ③

$\lim_{x\to1}f(x)=\alpha,\ \lim_{x\to1}g(x)=\beta$이므로

$\lim_{x\to1}\{f(x)+g(x)\}=4$에서

$$\lim_{x\to1}\{f(x)+g(x)\}=\lim_{x\to1}f(x)+\lim_{x\to1}g(x)$$
$$=\alpha+\beta=4\quad\cdots\cdots\ \text{㉠}$$

$\lim_{x\to1}f(x)g(x)=3$에서

$$\lim_{x\to1}f(x)g(x)=\lim_{x\to1}f(x)\cdot\lim_{x\to1}g(x)$$
$$=\alpha\beta=3\quad\cdots\cdots\ \text{㉡}$$

㉡에서 $\beta=\dfrac{3}{\alpha}$이므로 이것을 ㉠에 대입하면

$\alpha+\dfrac{3}{\alpha}=4,\ \alpha^2-4\alpha+3=0$

$(\alpha-1)(\alpha-3)=0$

$\therefore\ \alpha=3,\ \beta=1\ (\because\ \alpha>\beta)$

$\therefore\ \lim_{x\to1}\dfrac{f(x)+4}{2g(x)-1}=\dfrac{3+4}{2\cdot1-1}=7$

031 답 ③

ㄱ. $\lim_{x\to\infty}f(x)=\alpha,\ \lim_{x\to\infty}\{f(x)+g(x)\}=\beta\ (\alpha,\ \beta$는 실수$)$라 하면

$$\lim_{x\to\infty}g(x)=\lim_{x\to\infty}[\{f(x)+g(x)\}-f(x)]$$
$$=\lim_{x\to\infty}\{f(x)+g(x)\}-\lim_{x\to\infty}f(x)$$
$$=\beta-\alpha\ (\text{참})$$

$\to\ g(x)$를 수렴하는 두 함수의 차로 나타낸다.

ㄴ. [반례] $f(x)=0,\ g(x)=\dfrac{1}{x}$이면

$$\lim_{x\to0}f(x)=0,\ \lim_{x\to0}\frac{f(x)}{g(x)}=\lim_{x\to0}(0\cdot x)=\lim_{x\to0}0=0$$이지만

$\lim_{x\to0}g(x)$의 값은 존재하지 않는다. (거짓)

$\to\ \lim_{x\to0}g(x)=\lim_{x\to0}\frac{1}{x}=\infty$

ㄷ. $\lim_{x\to a}g(x)=\alpha,\ \lim_{x\to a}\dfrac{f(x)}{g(x)}=\beta\ (\alpha,\ \beta$는 실수$)$라 하면

$$\lim_{x\to a}f(x)=\lim_{x\to a}\left\{g(x)\cdot\frac{f(x)}{g(x)}\right\}$$
$$=\lim_{x\to a}g(x)\cdot\lim_{x\to a}\frac{f(x)}{g(x)}$$
$$=\alpha\beta\ (\text{참})$$

$\to\ f(x)$를 수렴하는 두 함수의 곱으로 나타낸다.

따라서 옳은 것은 ㄱ, ㄷ이다.

032 답 ⑤

$\to\ \lim_{x\to2}(\text{분자})=0,\ \lim_{x\to2}(\text{분모})=0$이므로 $\dfrac{0}{0}$ 꼴이다.

$$\lim_{x\to2}\frac{x^2+x-6}{x^2-4}=\lim_{x\to2}\frac{(x+3)(x-2)}{(x+2)(x-2)}$$
$$=\lim_{x\to2}\frac{x+3}{x+2}$$
$$=\frac{2+3}{2+2}$$
$$=\frac{5}{4}$$

$x\to2$이면 $x\ne2$, 즉 $x-2\ne0$이므로 분모, 분자의 공통인수인 $x-2$를 약분할 수 있다.

033 답 ⑤

$$\lim_{x\to-1}\frac{\sqrt{x^2+3}-2}{x+1}=\lim_{x\to-1}\frac{(\sqrt{x^2+3}-2)(\sqrt{x^2+3}+2)}{(x+1)(\sqrt{x^2+3}+2)}$$

$\to\ \lim_{x\to-1}(\text{분자})=0,\ \lim_{x\to-1}(\text{분모})=0$이므로 $\dfrac{0}{0}$ 꼴이다.

$$=\lim_{x\to-1}\frac{x^2-1}{(x+1)(\sqrt{x^2+3}+2)}$$
$$=\lim_{x\to-1}\frac{(x+1)(x-1)}{(x+1)(\sqrt{x^2+3}+2)}$$
$$=\lim_{x\to-1}\frac{x-1}{\sqrt{x^2+3}+2}$$
$$=\frac{-1-1}{\sqrt{1+3}+2}=-\frac{1}{2}$$

분자를 유리화하여 인수분해하면 분모, 분자의 공통인수를 약분할 수 있다.

034 답 4

$$\lim_{x\to0}\frac{\sqrt{a+x}-\sqrt{a-x}}{x}=\lim_{x\to0}\frac{(\sqrt{a+x}-\sqrt{a-x})(\sqrt{a+x}+\sqrt{a-x})}{x(\sqrt{a+x}+\sqrt{a-x})}$$
$$=\lim_{x\to0}\frac{2x}{x(\sqrt{a+x}+\sqrt{a-x})}$$
$$=\lim_{x\to0}\frac{2}{\sqrt{a+x}+\sqrt{a-x}}$$
$$=\frac{2}{\sqrt{a}+\sqrt{a}}=\frac{1}{\sqrt{a}}=\frac{1}{2}$$

에서 $\sqrt{a}=2$

$\therefore\ a=4$

035 답 ④

$$\lim_{x\to a}\frac{x^2-a^2}{x-a}=\lim_{x\to a}\frac{(x+a)(x-a)}{x-a}$$
$$=\lim_{x\to a}(x+a)$$
$$=2a=6$$

에서 $a=3$

$$\therefore\ \lim_{x\to a}\frac{x^3-a^3}{x^2-a^2}=\lim_{x\to3}\frac{x^3-3^3}{x^2-3^2}$$
$$=\lim_{x\to3}\frac{(x-3)(x^2+3x+9)}{(x+3)(x-3)}$$
$$=\lim_{x\to3}\frac{x^2+3x+9}{x+3}$$
$$=\frac{3^2+3\cdot3+9}{3+3}=\frac{9}{2}$$

036 답 ②

$\to\ \lim_{x\to\infty}(\text{분자})=\infty,\ \lim_{x\to\infty}(\text{분모})=\infty$이므로 $\dfrac{\infty}{\infty}$ 꼴이다.

$$\lim_{x\to\infty}\frac{2x-\sqrt{x^2-1}}{\sqrt{9x^2-2x}+4}=\lim_{x\to\infty}\frac{2-\sqrt{1-\frac{1}{x^2}}}{\sqrt{9-\frac{2}{x}}+\frac{4}{x}}$$
$$=\frac{2-\sqrt{1-0}}{\sqrt{9-0}+0}=\frac{1}{3}$$

037 답 ④

$\to\ -\infty$로 발산하는 경우, 치환을 이용하여 ∞로 발산할 때의 극한값을 구하도록 바꾼다.

$x=-t$라 하면 $x\to-\infty$일 때 $t\to\infty$이므로

$$\lim_{x\to-\infty}\frac{\sqrt{x^2+2x}-3x}{\sqrt{4x^2-1}+x+2}=\lim_{t\to\infty}\frac{\sqrt{t^2-2t}+3t}{\sqrt{4t^2-1}-t+2}$$
$$=\lim_{t\to\infty}\frac{\sqrt{1-\frac{2}{t}}+3}{\sqrt{4-\frac{1}{t^2}}-1+\frac{2}{t}}$$
$$=\frac{\sqrt{1-0}+3}{\sqrt{4-0}-1+0}=4$$

038 답 ⑤

$\lim\limits_{x \to \infty} \dfrac{ax^3+bx^2+x-1}{3x^2+5}=3$이므로 $a=0$

즉,

$$\lim\limits_{x \to \infty} \dfrac{bx^2+x-1}{3x^2+5}=\lim\limits_{x \to \infty} \dfrac{b+\dfrac{1}{x}-\dfrac{1}{x^2}}{3+\dfrac{5}{x^2}}$$

$$=\dfrac{b+0-0}{3+0}=\dfrac{b}{3}=3$$

에서 $b=9$

$\therefore a+b=0+9=9$

$\dfrac{\infty}{\infty}$ 꼴의 극한은 분모, 분자의 차수가 같을 때만 0이 아닌 값에 수렴하므로 분자의 차수는 2가 되어야 해. 즉, $a=0$이야.

039 답 3

$x=-t$라 하면 $x \to -\infty$일 때 $t \to \infty$이므로

$$\lim\limits_{x \to -\infty} \dfrac{ax+2}{\sqrt{4x^2+3x}-x}=\lim\limits_{t \to \infty} \dfrac{-at+2}{\sqrt{4t^2-3t}+t}$$

$$=\lim\limits_{t \to \infty} \dfrac{-a+\dfrac{2}{t}}{\sqrt{4-\dfrac{3}{t}}+1}$$

$$=\dfrac{-a+0}{\sqrt{4-0}+1}$$

$$=-\dfrac{a}{3}=-1$$

에서 $a=3$

040 답 ③

$$\lim\limits_{x \to \infty} (2x-\sqrt{4x^2-6x+8})$$

$$=\lim\limits_{x \to \infty} \dfrac{(2x-\sqrt{4x^2-6x+8})(2x+\sqrt{4x^2-6x+8})}{2x+\sqrt{4x^2-6x+8}}$$

$$=\lim\limits_{x \to \infty} \dfrac{6x-8}{2x+\sqrt{4x^2-6x+8}}$$

$$=\lim\limits_{x \to \infty} \dfrac{6-\dfrac{8}{x}}{2+\sqrt{4-\dfrac{6}{x}+\dfrac{8}{x^2}}}$$

$$=\dfrac{6-0}{2+\sqrt{4-0+0}}=\dfrac{3}{2}$$

041 답 ②

$$\lim\limits_{x \to \infty} \{\sqrt{(x+1)^2+1}-\sqrt{(x-1)^2+1}\}$$

$$=\lim\limits_{x \to \infty} (\sqrt{x^2+2x+2}-\sqrt{x^2-2x+2})$$

$$=\lim\limits_{x \to \infty} \dfrac{(\sqrt{x^2+2x+2}-\sqrt{x^2-2x+2})(\sqrt{x^2+2x+2}+\sqrt{x^2-2x+2})}{\sqrt{x^2+2x+2}+\sqrt{x^2-2x+2}}$$

$$=\lim\limits_{x \to \infty} \dfrac{4x}{\sqrt{x^2+2x+2}+\sqrt{x^2-2x+2}}$$

$$=\lim\limits_{x \to \infty} \dfrac{4}{\sqrt{1+\dfrac{2}{x}+\dfrac{2}{x^2}}+\sqrt{1-\dfrac{2}{x}+\dfrac{2}{x^2}}}$$

$$=\dfrac{4}{\sqrt{1+0+0}+\sqrt{1-0+0}}=2$$

042 답 ④

$$\lim\limits_{x \to \infty} \dfrac{1}{\sqrt{4x^2+ax}-\sqrt{4x^2-ax}}$$

$\dfrac{1}{\infty-\infty}$ 꼴, 즉 분모가 $\infty-\infty$ 꼴이다.

$$=\lim\limits_{x \to \infty} \dfrac{\sqrt{4x^2+ax}+\sqrt{4x^2-ax}}{(\sqrt{4x^2+ax}-\sqrt{4x^2-ax})(\sqrt{4x^2+ax}+\sqrt{4x^2-ax})}$$

$$=\lim\limits_{x \to \infty} \dfrac{\sqrt{4x^2+ax}+\sqrt{4x^2-ax}}{2ax}$$

$$=\lim\limits_{x \to \infty} \dfrac{\sqrt{4+\dfrac{a}{x}}+\sqrt{4-\dfrac{a}{x}}}{2a}$$

$$=\dfrac{\sqrt{4+0}+\sqrt{4-0}}{2a}$$

$$=\dfrac{2}{a}=3$$

에서 $a=\dfrac{2}{3}$

043 답 ①

$\lim\limits_{x \to 0} \dfrac{1}{x}=\pm\infty$, $\lim\limits_{x \to 0} \left(\dfrac{x^2-1}{x+2}+\dfrac{1}{2}\right)=0$이므로 $\infty \times 0$ 꼴이다.

$$\lim\limits_{x \to 0} \dfrac{1}{x}\left(\dfrac{x^2-1}{x+2}+\dfrac{1}{2}\right)=\lim\limits_{x \to 0} \left\{\dfrac{1}{x}\cdot\dfrac{2(x^2-1)+x+2}{2(x+2)}\right\}$$

통분하여 $\dfrac{0}{0}$ 꼴로 변형한다.

$$=\lim\limits_{x \to 0} \left\{\dfrac{1}{x}\cdot\dfrac{2x^2+x}{2(x+2)}\right\}$$

$$=\lim\limits_{x \to 0} \left\{\dfrac{1}{x}\cdot\dfrac{x(2x+1)}{2(x+2)}\right\}$$

$$=\lim\limits_{x \to 0} \dfrac{2x+1}{2(x+2)}$$

$$=\dfrac{2\cdot0+1}{2(0+2)}=\dfrac{1}{4}$$

044 답 ③

$$\lim\limits_{x \to \infty} x\left(\dfrac{x}{\sqrt{x^2+3x}}-1\right)$$

$$=\lim\limits_{x \to \infty} x\left(\dfrac{x-\sqrt{x^2+3x}}{\sqrt{x^2+3x}}\right)$$

분자를 유리화하여 $\dfrac{\infty}{\infty}$ 꼴로 변형한다.

$$=\lim\limits_{x \to \infty} \left\{x\cdot\dfrac{(x-\sqrt{x^2+3x})(x+\sqrt{x^2+3x})}{\sqrt{x^2+3x}(x+\sqrt{x^2+3x})}\right\}$$

$$=\lim\limits_{x \to \infty} \left\{x\cdot\dfrac{-3x}{\sqrt{x^2+3x}(x+\sqrt{x^2+3x})}\right\}$$

$$=\lim\limits_{x \to \infty} \dfrac{-3x^2}{\sqrt{x^2+3x}(x+\sqrt{x^2+3x})}$$

$$=\lim\limits_{x \to \infty} \dfrac{-3}{\sqrt{1+\dfrac{3}{x}}\left(1+\sqrt{1+\dfrac{3}{x}}\right)}$$

$$=\lim\limits_{x \to \infty} \dfrac{-3}{\sqrt{1+0}(1+\sqrt{1+0})}=-\dfrac{3}{2}$$

045 답 ⑤

$$\lim\limits_{x \to a} \dfrac{1}{x-a}\left(\dfrac{a}{2}-\dfrac{x}{x-a+2}\right)=\lim\limits_{x \to a} \left\{\dfrac{1}{x-a}\cdot\dfrac{a(x-a+2)-2x}{2(x-a+2)}\right\}$$

$$=\lim\limits_{x \to a} \dfrac{(a-2)x-a^2+2a}{2(x-a)(x-a+2)}$$

$\dfrac{0}{0}$ 꼴

$$=\lim\limits_{x \to a} \dfrac{(a-2)(x-a)}{2(x-a)(x-a+2)}$$

$$=\lim\limits_{x \to a} \dfrac{a-2}{2(x-a+2)}$$

분자를 인수분해하면
$(a-2)x-a^2+2a$
$=(a-2)x-a(a-2)$
$=(a-2)(x-a)$

$$=\dfrac{a-2}{2\cdot2}=2$$

에서 $a-2=8$ $\therefore a=10$

046 답 (1) 3 (2) 2

(1) $\lim\limits_{x \to -1} \dfrac{ax+3}{x+1}=3$에서 $x \to -1$일 때 (분모) $\to 0$이고 극한값이 존재하므로 (분자) $\to 0$이다.

즉, $\lim\limits_{x \to -1}(ax+3)=0$에서

$-a+3=0$ $\therefore a=3$

(2) $\lim\limits_{x \to 2} \dfrac{x^2-2x}{ax^2-5x+2}=\dfrac{2}{3}$에서 $x \to 2$일 때 (분자) $\to 0$이고 0이 아닌 극한값이 존재하므로 (분모) $\to 0$이다.

즉, $\lim\limits_{x \to 2}(ax^2-5x+2)=0$에서

$4a-10+2=0$

$4a=8$ $\therefore a=2$

047 답 (1) $a=9$, $b=\dfrac{1}{3}$ (2) $a=2$, $b=7$

(1) $\lim\limits_{x \to -3} \dfrac{x+3}{3x+a}=b\ (b \neq 0)$ ······ ㉠

㉠에서 $x \to -3$일 때 (분자) $\to 0$이고 0이 아닌 극한값이 존재하므로 (분모) $\to 0$이다.

즉, $\lim\limits_{x \to -3}(3x+a)=0$에서

$-9+a=0$ $\therefore a=9$

$a=9$를 ㉠의 좌변에 대입하면

$\lim\limits_{x \to -3} \dfrac{x+3}{3x+9}=\lim\limits_{x \to -3} \dfrac{x+3}{3(x+3)}$
$=\lim\limits_{x \to -3} \dfrac{1}{3}=\dfrac{1}{3}$

에서 $b=\dfrac{1}{3}$

(2) $\lim\limits_{x \to 2} \dfrac{ax^2-x-6}{x-2}=b$ ······ ㉠

㉠에서 $x \to 2$일 때 (분모) $\to 0$이고 극한값이 존재하므로 (분자) $\to 0$이다.

즉, $\lim\limits_{x \to 2}(ax^2-x-6)=0$에서

$4a-2-6=0$

$4a=8$ $\therefore a=2$

$a=2$를 ㉠의 좌변에 대입하면

$\lim\limits_{x \to 2} \dfrac{2x^2-x-6}{x-2}=\lim\limits_{x \to 2} \dfrac{(2x+3)(x-2)}{x-2}$
$=\lim\limits_{x \to 2}(2x+3)$
$=2 \cdot 2+3=7$

에서 $b=7$

048 답 (1) 2 (2) 2 (3) 2

(1) $\lim\limits_{x \to 1}(3x-1)=3-1=2$

(2) $\lim\limits_{x \to 1}(x^2+x)=1+1=2$

(3) 함수 $f(x)$가 모든 실수 x에 대하여

$3x-1 \leq f(x) \leq x^2+x$이고 (1), (2)에서

$\lim\limits_{x \to 1}(3x-1)=\lim\limits_{x \to 1}(x^2+x)=2$

이므로 함수의 극한의 대소 관계에 의하여

$\lim\limits_{x \to 1} f(x)=2$

049 답 2

함수 $f(x)$가 $x>1$인 실수 x에 대하여

$\dfrac{4x+1}{2x+1}<f(x)<\dfrac{2x-1}{x-1}$이고

$\lim\limits_{x \to \infty} \dfrac{4x+1}{2x+1}=\lim\limits_{x \to \infty} \dfrac{4+\dfrac{1}{x}}{2+\dfrac{1}{x}}=\dfrac{4+0}{2+0}=2$

$\lim\limits_{x \to \infty} \dfrac{2x-1}{x-1}=\lim\limits_{x \to \infty} \dfrac{2-\dfrac{1}{x}}{1-\dfrac{1}{x}}=\dfrac{2-0}{1-0}=2$

즉, $\lim\limits_{x \to \infty} \dfrac{4x+1}{2x+1}=\lim\limits_{x \to \infty} \dfrac{2x-1}{x-1}=2$이므로

함수의 극한의 대소 관계에 의하여

$\lim\limits_{x \to \infty} f(x)=2$

050 답 9

$\lim\limits_{x \to -1} \dfrac{x^2+ax+b}{x+1}=3$ ······ ㉠

㉠에서 $x \to -1$일 때 (분모) $\to 0$이고 극한값이 존재하므로 (분자) $\to 0$이다.

즉, $\lim\limits_{x \to -1}(x^2+ax+b)=0$에서 $1-a+b=0$

$\therefore b=a-1$ ······ ㉡

㉡을 ㉠의 좌변에 대입하면

$\lim\limits_{x \to -1} \dfrac{x^2+ax+b}{x+1}=\lim\limits_{x \to -1} \dfrac{x^2+ax+a-1}{x+1}$
$=\lim\limits_{x \to -1} \dfrac{(x+1)(x+a-1)}{x+1}$
$=\lim\limits_{x \to -1}(x+a-1)$
$=a-2=3$

에서 $a=5$

$a=5$를 ㉡에 대입하면 $b=4$

$\therefore a+b=5+4=9$

051 답 ⑤

$\lim\limits_{x \to 1} \dfrac{a\sqrt{x+3}-1}{x-1}=b$ ······ ㉠

㉠에서 $x \to 1$일 때 (분모) $\to 0$이고 극한값이 존재하므로 (분자) $\to 0$이다.

즉, $\lim\limits_{x \to 1}(a\sqrt{x+3}-1)=0$에서 $2a-1=0$

$2a=1$ $\therefore a=\dfrac{1}{2}$

$a=\dfrac{1}{2}$을 ㉠의 좌변에 대입하면

$\lim\limits_{x \to 1} \dfrac{a\sqrt{x+3}-1}{x-1}=\lim\limits_{x \to 1} \dfrac{\dfrac{1}{2}\sqrt{x+3}-1}{x-1}$
$=\lim\limits_{x \to 1} \dfrac{\sqrt{x+3}-2}{2(x-1)}$
$=\lim\limits_{x \to 1} \dfrac{(\sqrt{x+3}-2)(\sqrt{x+3}+2)}{2(x-1)(\sqrt{x+3}+2)}$
$=\lim\limits_{x \to 1} \dfrac{x-1}{2(x-1)(\sqrt{x+3}+2)}$
$=\lim\limits_{x \to 1} \dfrac{1}{2(\sqrt{x+3}+2)}$
$=\dfrac{1}{2(\sqrt{1+3}+2)}=\dfrac{1}{8}$

에서 $b=\dfrac{1}{8}$

$\therefore a+b=\dfrac{1}{2}+\dfrac{1}{8}=\dfrac{5}{8}$

052 답 7

$\displaystyle\lim_{x\to2}\dfrac{2x-4}{ax^2+6x+b}=1$ $\quad$ …… ㉠

㉠에서 $x\to2$일 때 (분자) $\to0$이고 0이 아닌 극한값이 존재하므로 (분모) $\to0$이다.

즉, $\displaystyle\lim_{x\to2}(ax^2+6x+b)=0$에서 $4a+12+b=0$

$\therefore b=-4a-12$ $\quad$ …… ㉡

㉡을 ㉠의 좌변에 대입하면

$$\lim_{x\to2}\dfrac{2x-4}{ax^2+6x+b}=\lim_{x\to2}\dfrac{2x-4}{ax^2+6x-4a-12}$$
$$=\lim_{x\to2}\dfrac{2(x-2)}{(x-2)(ax+2a+6)}$$
$$=\lim_{x\to2}\dfrac{2}{ax+2a+6}$$
$$=\dfrac{2}{4a+6}=1$$

에서 $4a+6=2$, $4a=-4$ $\quad\therefore a=-1$

$a=-1$을 ㉡에 대입하면 $b=-8$

$\therefore a-b=-1-(-8)=7$

053 답 ①

$\displaystyle\lim_{x\to2}\dfrac{\sqrt{x^2+5}-3}{ax+b}=\dfrac{1}{3}$ $\quad$ …… ㉠

㉠에서 $x\to2$일 때 (분자) $\to0$이고 0이 아닌 극한값이 존재하므로 (분모) $\to0$이다.

즉, $\displaystyle\lim_{x\to2}(ax+b)=0$에서 $2a+b=0$

$\therefore b=-2a$ $\quad$ …… ㉡

㉡을 ㉠의 좌변에 대입하면

$$\lim_{x\to2}\dfrac{\sqrt{x^2+5}-3}{ax+b}=\lim_{x\to2}\dfrac{\sqrt{x^2+5}-3}{ax-2a}$$
$$=\lim_{x\to2}\dfrac{(\sqrt{x^2+5}-3)(\sqrt{x^2+5}+3)}{(ax-2a)(\sqrt{x^2+5}+3)}$$
$$=\lim_{x\to2}\dfrac{x^2-4}{a(x-2)(\sqrt{x^2+5}+3)}$$
$$=\lim_{x\to2}\dfrac{(x+2)(x-2)}{a(x-2)(\sqrt{x^2+5}+3)}$$
$$=\lim_{x\to2}\dfrac{x+2}{a(\sqrt{x^2+5}+3)}$$
$$=\dfrac{2+2}{a(\sqrt{2^2+5}+3)}$$
$$=\dfrac{2}{3a}=\dfrac{1}{3}$$

에서 $3a=6$ $\quad\therefore a=2$

$a=2$를 ㉡에 대입하면 $b=-4$

$\therefore a+b=2+(-4)=-2$

054 답 ③

극한값이 2이므로 분자의 최고차항의 계수가 2이다.

$\displaystyle\lim_{x\to\infty}\dfrac{f(x)}{x^2-x}=2$이므로 $f(x)$는 최고차항의 계수가 2인 이차함수이다.

분모의 차수가 2이고, 극한값이 존재하므로 분자의 차수도 2이다.

$\displaystyle\lim_{x\to1}\dfrac{f(x)}{x^2-x}=3$ $\quad$ …… ㉠

㉠에서 $x\to1$일 때 (분모) $\to0$이고 극한값이 존재하므로 (분자) $\to0$이다.

즉, $\displaystyle\lim_{x\to1}f(x)=0$에서 $f(1)=0$

$f(x)=2(x-1)(x+a)$ (a는 상수)라 하면

$$\lim_{x\to1}\dfrac{f(x)}{x^2-x}=\lim_{x\to1}\dfrac{2(x-1)(x+a)}{x(x-1)}$$
$$=\lim_{x\to1}\dfrac{2(x+a)}{x}$$
$$=2(1+a)=3$$

에서 $a=\dfrac{1}{2}$

따라서 $f(x)=2(x-1)\left(x+\dfrac{1}{2}\right)=2x^2-x-1$이므로

$f(2)=2\cdot2^2-2-1=5$

선생님 톡톡

> 이 문제를 $f(x)=ax^2+bx+c$ (a, b, c는 상수)라 하고
> $\displaystyle\lim_{x\to\infty}\dfrac{f(x)}{x^2-x}=2$, $\displaystyle\lim_{x\to1}\dfrac{f(x)}{x^2-x}=3$
> 임을 이용하여 a, b, c의 값을 각각 구해도 되지만 계산이 복잡해져.
> 따라서 함수 $f(x)$에 대하여 $\displaystyle\lim_{x\to a}f(x)=0$이면 $f(a)=0$, 즉 $f(x)$는 $x-a$를 인수로 가짐을 기억하고 이를 이용하여 더욱 편리하게 해결하자.

055 답 ⑤

분자의 차수가 2이고, 극한값이 존재하므로 분모의 차수도 2이다.

$\displaystyle\lim_{x\to\infty}\dfrac{x^2-x-2}{f(x)}=2$이므로 $f(x)$는 최고차항의 계수가 $\dfrac{1}{2}$인 이차함수이다.

극한값이 2이므로 분자의 최고차항의 계수가 $\dfrac{1}{2}$이다.

$\displaystyle\lim_{x\to2}\dfrac{x^2-x-2}{f(x)}=1$ $\quad$ …… ㉠

㉠에서 $x\to2$일 때 (분자) $\to0$이고 0이 아닌 극한값이 존재하므로 (분모) $\to0$이다.

즉, $\displaystyle\lim_{x\to2}f(x)=0$에서 $f(2)=0$

$f(x)=\dfrac{1}{2}(x-2)(x+a)$ (a는 상수)라 하면

$$\lim_{x\to2}\dfrac{x^2-x-2}{f(x)}=\lim_{x\to2}\dfrac{(x+1)(x-2)}{\dfrac{1}{2}(x-2)(x+a)}$$
$$=\lim_{x\to2}\dfrac{2(x+1)}{x+a}$$
$$=\dfrac{2(2+1)}{2+a}=1$$

에서 $2+a=6$ $\quad\therefore a=4$

따라서 $f(x)=\dfrac{1}{2}(x-2)(x+4)=\dfrac{1}{2}x^2+x-4$이므로

$f(3)=\dfrac{1}{2}\cdot3^2+3-4=\dfrac{7}{2}$

056 답 2

극한값이 -2이므로 분자의 최고차항의 계수가 -2이다.

$\displaystyle\lim_{x\to\infty}\dfrac{f(x)+x^3}{x^2}=-2$이므로 $f(x)+x^3$은 최고차항의 계수가 -2인 이차함수이다. 즉,

분모의 차수가 2이고, 극한값이 존재하므로 분자의 차수도 2이다.

분자 전체에 대한 함수

$f(x)+x^3=-2x^2+ax+b$ (a, b는 상수)

라 할 수 있다.

$\therefore f(x)=-x^3-2x^2+ax+b$ $\quad$ …… ㉠

$\displaystyle\lim_{x\to0}\dfrac{f(x)}{x}=5$ $\quad$ …… ㉡

㉡에서 $x\to0$일 때 (분모) $\to0$이고 극한값이 존재하므로 (분자) $\to0$이다.

즉, $\lim\limits_{x \to 0} f(x)=0$에서 $f(0)=b=0$ $(\because$ ㉠$)$

$\therefore f(x)=-x^3-2x^2+ax$

이것을 ㉡의 좌변에 대입하면

$$\lim_{x \to 0} \frac{f(x)}{x}=\lim_{x \to 0} \frac{-x^3-2x^2+ax}{x}$$
$$=\lim_{x \to 0} \frac{x(-x^2-2x+a)}{x}$$
$$=\lim_{x \to 0} (-x^2-2x+a)=a$$

에서 $a=5$

따라서 $f(x)=-x^3-2x^2+5x$이므로

$f(1)=-1-2+5=2$

057 답 ④

$x \neq 1$인 모든 실수 x에 대하여 $(x-1)^2>0$이므로

$4x^2-1 \leq (x-1)^2 f(x) \leq 4x^2+1$의 각 변을 $(x-1)^2$으로 나누면

$$\frac{4x^2-1}{(x-1)^2} \leq f(x) \leq \frac{4x^2+1}{(x-1)^2}$$

이때 $\lim\limits_{x \to \infty} \dfrac{4x^2-1}{(x-1)^2}=\lim\limits_{x \to \infty} \dfrac{4x^2+1}{(x-1)^2}=4$이므로

함수의 극한의 대소 관계에 의하여

$\lim\limits_{x \to \infty} f(x)=4$

058 답 ③

$2x+1<f(x)<2x+5$의 각 변을 세제곱하면

$(2x+1)^3<\{f(x)\}^3<(2x+5)^3$

> 두 실수 a, b에 대하여
> $a<b$이면 $a^3<b^3$이다.

$x \to \infty$일 때 $2x^3+1>0$이므로 위의 부등식의 각 변을 $2x^3+1$로 나누면

$$\frac{(2x+1)^3}{2x^3+1}<\frac{\{f(x)\}^3}{2x^3+1}<\frac{(2x+5)^3}{2x^3+1}$$

이때 $\lim\limits_{x \to \infty} \dfrac{(2x+1)^3}{2x^3+1}=\lim\limits_{x \to \infty} \dfrac{(2x+5)^3}{2x^3+1}=4$이므로

함수의 극한의 대소 관계에 의하여

$\lim\limits_{x \to \infty} \dfrac{\{f(x)\}^3}{2x^3+1}=4$

059 답 ④

$\dfrac{x^2-1}{3x}<f(x)<\dfrac{x^2+1}{3x-1}$에 x 대신 $2x$를 대입하면

$$\frac{(2x)^2-1}{3 \cdot 2x}<f(2x)<\frac{(2x)^2+1}{3 \cdot 2x-1}$$

$\therefore \dfrac{4x^2-1}{6x}<f(2x)<\dfrac{4x^2+1}{6x-1}$

$x>1$이므로 위의 부등식의 각 변을 x로 나누면

$$\frac{4x^2-1}{6x^2}<\frac{f(2x)}{x}<\frac{4x^2+1}{6x^2-x}$$

이때 $\lim\limits_{x \to \infty} \dfrac{4x^2-1}{6x^2}=\lim\limits_{x \to \infty} \dfrac{4x^2+1}{6x^2-x}=\dfrac{2}{3}$이므로

함수의 극한의 대소 관계에 의하여

$\lim\limits_{x \to \infty} \dfrac{f(2x)}{x}=\dfrac{2}{3}$

060 답 ③

점 C를 중심으로 하는 원 C가 두 점 O, P를 지나므로

$\overline{OC}=\overline{CP}$

점 C의 좌표를 $(0, c)$ $(c>0)$라 하면

$c=\sqrt{(a-0)^2+(a^2-c)^2}$, $c^2=a^2+a^4-2a^2c+c^2$

$a^4+a^2=2a^2c$, $2a^2c=a^2(a^2+1)$

$\therefore c=\dfrac{a^2+1}{2}$

이때 $\overline{OC}=c$이므로

$$\lim_{a \to 0+} \overline{OC}=\lim_{a \to 0+} c$$
$$=\lim_{a \to 0+} \frac{a^2+1}{2}=\frac{1}{2}$$

061 답 2

원 $x^2+y^2=r^2$과 곡선 $y=\sqrt{2x}$가 점 $P(t, \sqrt{2t})$에서 만나므로

$t^2+(\sqrt{2t})^2=r^2$에서 $t^2+2t-r^2=0$

$\therefore t=-1+\sqrt{1+r^2}$ $(\because t>0)$

또한, 원 $x^2+y^2=r^2$ 위의 점 $P(t, \sqrt{2t})$에서의 접선의 방정식은

$tx+\sqrt{2t}\,y=r^2$이고 이 접선이 x축과 만나는 점의 x좌표를 q라 하면

$tq+\sqrt{2t} \cdot 0=r^2$에서

$q=\dfrac{r^2}{t}=\dfrac{r^2}{\sqrt{1+r^2}-1}$

이때 $\overline{OQ}=q$이므로

$$\lim_{r \to 0+} \overline{OQ}=\lim_{r \to 0+} q$$
$$=\lim_{r \to 0+} \frac{r^2}{\sqrt{1+r^2}-1}$$
$$=\lim_{r \to 0+} \frac{r^2(\sqrt{1+r^2}+1)}{(\sqrt{1+r^2}-1)(\sqrt{1+r^2}+1)}$$
$$=\lim_{r \to 0+} \frac{r^2(\sqrt{1+r^2}+1)}{r^2}$$
$$=\lim_{r \to 0+} (\sqrt{1+r^2}+1)$$
$$=\sqrt{1}+1=2$$

원 $x^2+y^2=r^2$ $(r>0)$ 위의 점 (x_1, y_1)에서의 접선의 방정식은
$x_1 x+y_1 y=r^2$

062 답 ④

점 P의 좌표가 $\left(t, \dfrac{1}{3}t^2\right)$이므로

$$\overline{OP}=\sqrt{(t-0)^2+\left(\frac{1}{3}t^2-0\right)^2}=\sqrt{\frac{1}{9}t^4+t^2}$$

한편, 직선 OP의 기울기는

$$\frac{\dfrac{1}{3}t^2-0}{t-0}=\frac{t}{3}$$

즉, 직선 PQ의 기울기가 $-\dfrac{3}{t}$이므로 직선 PQ의 방정식은

$$y=-\frac{3}{t}(x-t)+\frac{1}{3}t^2$$

위의 식에 $x=0$을 대입하면

$$y=-\frac{3}{t} \cdot (-t)+\frac{1}{3}t^2=\frac{1}{3}t^2+3$$

따라서 점 Q의 좌표는 $\left(0, \dfrac{1}{3}t^2+3\right)$이므로

$\overline{OQ}=\dfrac{1}{3}t^2+3$

$$\therefore \lim_{t\to\infty}(\overline{OQ}-\overline{OP})$$

$$=\lim_{t\to\infty}\left(\frac{1}{3}t^2+3-\sqrt{\frac{1}{9}t^4+t^2}\right)$$

$$=\lim_{t\to\infty}\frac{\left(\frac{1}{3}t^2+3-\sqrt{\frac{1}{9}t^4+t^2}\right)\left(\frac{1}{3}t^2+3+\sqrt{\frac{1}{9}t^4+t^2}\right)}{\frac{1}{3}t^2+3+\sqrt{\frac{1}{9}t^4+t^2}}$$

$$=\lim_{t\to\infty}\frac{t^2+9}{\frac{1}{3}t^2+3+\sqrt{\frac{1}{9}t^4+t^2}}$$

$$=\lim_{t\to\infty}\frac{1+\dfrac{9}{t^2}}{\dfrac{1}{3}+\dfrac{3}{t^2}+\sqrt{\dfrac{1}{9}+\dfrac{1}{t^2}}}$$

$$=\frac{1+0}{\dfrac{1}{3}+0+\sqrt{\dfrac{1}{9}+0}}=\frac{3}{2}$$

· 본문 018~020쪽

063 답 ③

$x\to 0-$이면 $x<0$이고, $x\to 1+$이면 $x>1$이다.

$$\lim_{x\to 0+}f(x)=\lim_{x\to 0-}(x+3)=0+3=3$$
$$\lim_{x\to 1+}f(x)=\lim_{x\to 1+}2=2$$
$$\therefore \lim_{x\to 0-}f(x)+\lim_{x\to 1+}f(x)=3+2=5$$

064 답 3

함수 $h(x)$의 $x=1$에서의 우극한과 좌극한이 모두 존재하고, 그 값이 서로 같으면 $x=1$에서의 극한값이 존재한다.

$h(x)=f(x)+g(x)$에서

$$h(x)=\begin{cases}(x+3)+(x^2-4x+2) & (x<1)\\ (x^2-2)+(x+k) & (x\geq 1)\end{cases}$$

$$\therefore h(x)=\begin{cases}x^2-3x+5 & (x<1)\\ x^2+x+k-2 & (x\geq 1)\end{cases}$$

$\lim\limits_{x\to 1}h(x)$의 값이 존재하려면 $\lim\limits_{x\to 1+}h(x)=\lim\limits_{x\to 1-}h(x)$이어야 하므로

$$\lim_{x\to 1+}h(x)=\lim_{x\to 1+}(x^2+x+k-2)$$
$$=1+1+k-2=k,$$
$$\lim_{x\to 1-}h(x)=\lim_{x\to 1-}(x^2-3x+5)$$
$$=1-3+5=3$$

에서 $k=3$

065 답 ④

주어진 그래프를 이용하여 x의 값이 0에 한없이 가까워질 때 $f(x)$ 또는 $g(x)$의 값이 한없이 가까워지는 값을 찾는다.

$f(x)=t$라 하면 $x\to 0+$일 때 $t\to -1+$, $x\to 0-$일 때 $t\to 1-$
$g(x)=s$라 하면 $x\to 0$일 때 $s\to 1$

ㄱ. $\lim\limits_{x\to 0+}f(f(x))=\lim\limits_{t\to -1+}f(t)=0$
  $\lim\limits_{x\to 0-}f(f(x))=\lim\limits_{t\to 1-}f(t)=0$
  $\therefore \lim\limits_{x\to 0}f(f(x))=0$ (거짓)

ㄴ. $\lim\limits_{x\to 0+}g(f(x))=\lim\limits_{t\to -1+}g(t)=1$
  $\lim\limits_{x\to 0-}g(f(x))=\lim\limits_{t\to 1-}g(t)=1$
  $\therefore \lim\limits_{x\to 0}g(f(x))=1$ (참)

ㄷ. $\lim\limits_{x\to 0}f(g(x))=f(1)=1$ (참)

따라서 옳은 것은 ㄴ, ㄷ이다.

066 답 ③

$x-1=t$로 치환하여 주어진 식을 간단히 한다.

$x-1=t$라 하면 $x\to 1$일 때 $t\to 0$이므로

$$\lim_{x\to 1}\frac{f(x-1)}{x-1}=\lim_{t\to 0}\frac{f(t)}{t}=2$$

$$\therefore \lim_{x\to 0}\frac{2f(x)+x}{f(x)-x^2}=\lim_{x\to 0}\frac{2\cdot\dfrac{f(x)}{x}+1}{\dfrac{f(x)}{x}-x}$$

수렴하는 함수 꼴로 바꾼다.

$$\lim_{x\to 0}\frac{f(x)}{x}=\lim_{t\to 0}\frac{f(t)}{t}=2$$

$$=\frac{2\cdot 2+1}{2-0}=\frac{5}{2}$$

067 답 ③

극한값을 구하려는 함수식을 극한값이 주어진 두 함수식을 포함하도록 변형한다.

$$\lim_{x\to 5}\frac{g(x)}{f(x)}=\lim_{x\to 5}\left\{\frac{\dfrac{g(x)}{x^2-25}}{\dfrac{f(x)}{x^2-5x}}\cdot\frac{x^2-25}{x^2-5x}\right\}$$

$$=\lim_{x\to 5}\left\{\frac{\dfrac{g(x)}{x^2-25}}{\dfrac{f(x)}{x^2-5x}}\cdot\frac{(x+5)(x-5)}{x(x-5)}\right\}$$

$$=\frac{6}{4}\lim_{x\to 5}\frac{x+5}{x}$$

$$=\frac{3}{2}\cdot\frac{5+5}{5}=3$$

068 답 ⑤

분자와 분모를 모두 유리화하여 $\dfrac{\infty}{\infty}$ 꼴로 변형한다.

$$\lim_{x\to\infty}\frac{\sqrt{x+4}-\sqrt{x-4}}{\sqrt{4x+1}-\sqrt{4x-1}}$$

$$=\lim_{x\to\infty}\frac{(\sqrt{x+4}-\sqrt{x-4})(\sqrt{x+4}+\sqrt{x-4})(\sqrt{4x+1}+\sqrt{4x-1})}{(\sqrt{4x+1}-\sqrt{4x-1})(\sqrt{4x+1}+\sqrt{4x-1})(\sqrt{x+4}+\sqrt{x-4})}$$

$$=\lim_{x\to\infty}\frac{8(\sqrt{4x+1}+\sqrt{4x-1})}{2(\sqrt{x+4}+\sqrt{x-4})}$$

$$=\lim_{x\to\infty}\frac{4\left(\sqrt{4+\dfrac{1}{x}}+\sqrt{4-\dfrac{1}{x}}\right)}{\sqrt{1+\dfrac{4}{x}}+\sqrt{1-\dfrac{4}{x}}}$$

$$=\frac{4(\sqrt{4+0}+\sqrt{4-0})}{\sqrt{1+0}+\sqrt{1-0}}=8$$

069 답 ①

$x=-t$로 치환한 후 근호가 있는 쪽을 유리화한다.

$x=-t$라 하면 $x \to -\infty$일 때 $t \to \infty$이므로

$$\lim_{x \to -\infty} \frac{x}{2}\left(\frac{1}{2}+\frac{x}{\sqrt{4x^2+x}}\right)$$
$$=\lim_{t \to \infty}\left\{-\frac{t}{2}\left(\frac{1}{2}-\frac{t}{\sqrt{4t^2-t}}\right)\right\}$$
$$=\lim_{t \to \infty}\frac{t}{2}\left(\frac{t}{\sqrt{4t^2-t}}-\frac{1}{2}\right)=\lim_{t \to \infty}\left\{\frac{t}{2}\cdot\frac{2t-\sqrt{4t^2-t}}{2\sqrt{4t^2-t}}\right\}$$
$$=\lim_{t \to \infty}\left\{\frac{t}{2}\cdot\frac{(2t-\sqrt{4t^2-t})(2t+\sqrt{4t^2-t})}{2\sqrt{4t^2-t}(2t+\sqrt{4t^2-t})}\right\}$$
$$=\lim_{t \to \infty}\left\{\frac{t}{2}\cdot\frac{t}{2\sqrt{4t^2-t}(2t+\sqrt{4t^2-t})}\right\}$$
$$=\lim_{t \to \infty}\frac{t^2}{4\sqrt{4t^2-t}(2t+\sqrt{4t^2-t})}$$
$$=\lim_{t \to \infty}\frac{1}{4\sqrt{4-\dfrac{1}{t}}\left(2+\sqrt{4-\dfrac{1}{t}}\right)}$$
$$=\frac{1}{4\cdot\sqrt{4-0}\cdot(2+\sqrt{4-0})}=\frac{1}{32}$$

070 답 14

$x \to -1$일 때 (분자) $\to 0$이고 0이 아닌 극한값이 존재하므로 (분모) $\to 0$이다.

$$\lim_{x \to -1}\frac{x^2-1}{ax^3+bx+6}=1 \qquad \cdots\cdots ㉠$$

㉠에서 $x \to -1$일 때 (분자) $\to 0$이고 0이 아닌 극한값이 존재하므로 (분모) $\to 0$이다.

즉, $\lim_{x \to -1}(ax^3+bx+6)=0$에서 $-a-b+6=0$

$\therefore b=-a+6 \qquad \cdots\cdots ㉡$

㉡을 ㉠의 좌변에 대입하면

$$\lim_{x \to -1}\frac{x^2-1}{ax^3+bx+6}=\lim_{x \to -1}\frac{x^2-1}{ax^3+(-a+6)x+6}$$
$$=\lim_{x \to -1}\frac{(x+1)(x-1)}{(x+1)(ax^2-ax+6)}$$
$$=\lim_{x \to -1}\frac{x-1}{ax^2-ax+6}$$
$$=\frac{-2}{2a+6}$$
$$=-\frac{1}{a+3}=1$$

에서 $a+3=-1$ $\therefore a=-4$

$a=-4$를 ㉡에 대입하면 $b=10$

$\therefore b-a=10-(-4)=14$

071 답 12

주어진 두 식에서 삼차함수 $f(x)$의 인수를 찾고, 이를 이용하여 $f(x)$의 식을 세운다.

$$\lim_{x \to -1}\frac{f(x)}{x+1}=-1 \qquad \cdots\cdots ㉠$$

㉠에서 $x \to -1$일 때 (분모) $\to 0$이고 극한값이 존재하므로 (분자) $\to 0$이다.

$$\lim_{x \to -1}f(x)=0에서 f(-1)=0$$
$$\lim_{x \to 1}\frac{f(x)}{x-1}=2 \qquad \cdots\cdots ㉡$$

㉡에서 $x \to 1$일 때 (분모) $\to 0$이고 극한값이 존재하므로 (분자) $\to 0$이다.

$\lim_{x \to 1}f(x)=0$에서 $f(1)=0$

즉, 삼차함수 $f(x)$는 $x+1$, $x-1$을 인수로 가지므로

$f(x)=a(x+1)(x-1)(x+b)$ (a, b는 상수) $\qquad \cdots\cdots ㉢$

라 할 수 있다.

㉢을 ㉠의 좌변에 대입하면

$$\lim_{x \to -1}\frac{f(x)}{x+1}=\lim_{x \to -1}\frac{a(x+1)(x-1)(x+b)}{x+1}$$
$$=\lim_{x \to -1}a(x-1)(x+b)$$
$$=-2a(b-1)=-1 \qquad \cdots\cdots ㉣$$

㉢을 ㉡의 좌변에 대입하면

$$\lim_{x \to 1}\frac{f(x)}{x-1}=\lim_{x \to 1}\frac{a(x+1)(x-1)(x+b)}{x-1}$$
$$=\lim_{x \to 1}a(x+1)(x+b)$$
$$=2a(b+1)=2 \qquad \cdots\cdots ㉤$$

㉣, ㉤을 연립하여 풀면

$a=\dfrac{1}{4}$, $b=3$

따라서 ㉢에서 $f(x)=\dfrac{1}{4}(x+1)(x-1)(x+3)$이므로 $f(x)$를 $x-3$으로 나누었을 때의 나머지는  나머지정리에 의하여 $f(3)$이다.

$$f(3)=\frac{1}{4}(3+1)(3-1)(3+3)=12$$

072 답 ②

x의 값의 범위를 $x>1$, $x<1$로 나누어 생각한다.

(ⅰ) $x>1$일 때, $x-1>0$이므로

$x^2+2x-3 \le f(x) \le 2x^2-2$의 각 변을 $x-1$로 나누면

$$\frac{x^2+2x-3}{x-1} \le \frac{f(x)}{x-1} \le \frac{2x^2-2}{x-1}$$
$$\frac{(x+3)(x-1)}{x-1} \le \frac{f(x)}{x-1} \le \frac{2(x+1)(x-1)}{x-1}$$

$\therefore x+3 \le \dfrac{f(x)}{x-1} \le 2(x+1)$

이때 $\lim_{x \to 1+}(x+3)=\lim_{x \to 1+}2(x+1)=4$이므로 $x>1$이므로

함수의 극한의 대소 관계에 의하여

$$\lim_{x \to 1+}\frac{f(x)}{x-1}=4$$

(ⅱ) $x<1$일 때, $x-1<0$이므로

$x^2+2x-3 \le f(x) \le 2x^2-2$의 각 변을 $x-1$로 나누면

$$\frac{2x^2-2}{x-1} \le \frac{f(x)}{x-1} \le \frac{x^2+2x-3}{x-1}$$
$$\frac{2(x+1)(x-1)}{x-1} \le \frac{f(x)}{x-1} \le \frac{(x+3)(x-1)}{x-1}$$

$\therefore 2(x+1) \le \dfrac{f(x)}{x-1} \le x+3$

이때 $\lim_{x \to 1-}2(x+1)=\lim_{x \to 1-}(x+3)=4$이므로 $x<1$이므로

함수의 극한의 대소 관계에 의하여

$$\lim_{x \to 1-}\frac{f(x)}{x-1}=4$$

(ⅰ), (ⅱ)에서 $\lim\limits_{x \to 1} \dfrac{f(x)}{x-1} = 4$

073 답 ①

두 점 A, B의 좌표를 각각 t에 대한 식으로 나타낸 후 두 선분 AC, BC의 길이를 구한다.

오른쪽 그림과 같이 두 점 A, B는 각각
$A(t, \sqrt{t})$, $B(t, 2\sqrt{t+1})$이므로
점 $C(1, 0)$에 대하여

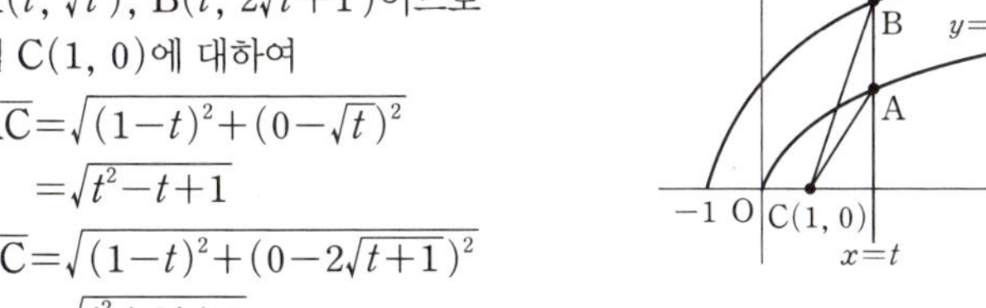

$$\overline{AC} = \sqrt{(1-t)^2 + (0-\sqrt{t})^2}$$
$$= \sqrt{t^2 - t + 1}$$
$$\overline{BC} = \sqrt{(1-t)^2 + (0-2\sqrt{t+1})^2}$$
$$= \sqrt{t^2 + 2t + 5}$$

$\therefore \lim\limits_{t \to \infty} (\overline{BC} - \overline{AC})$
$$= \lim_{t \to \infty} (\sqrt{t^2+2t+5} - \sqrt{t^2-t+1})$$
$$= \lim_{t \to \infty} \frac{(\sqrt{t^2+2t+5} - \sqrt{t^2-t+1})(\sqrt{t^2+2t+5} + \sqrt{t^2-t+1})}{\sqrt{t^2+2t+5} + \sqrt{t^2-t+1}}$$
$$= \lim_{t \to \infty} \frac{3t+4}{\sqrt{t^2+2t+5} + \sqrt{t^2-t+1}}$$
$$= \lim_{t \to \infty} \frac{3 + \dfrac{4}{t}}{\sqrt{1 + \dfrac{2}{t} + \dfrac{5}{t^2}} + \sqrt{1 - \dfrac{1}{t} + \dfrac{1}{t^2}}}$$
$$= \frac{3+0}{\sqrt{1+0+0} + \sqrt{1-0+0}} = \frac{3}{2}$$

074 답 11

$$\lim_{x \to 1} \frac{(x^2+2x-3)^3}{(x^2-1)^m} = \lim_{x \to 1} \frac{(x+3)^3(x-1)^3}{(x+1)^m(x-1)^m} = n \quad \cdots\cdots \ ㉠$$

이때 n이 자연수이고, ㉠에서 $x \to 1$일 때 0이 아닌 극한값이 존재하므로

$m=3$ → $m<3$이면 극한값이 0이고, $m>3$이면 극한값이 존재하지 않는다. ❶

$m=3$을 ㉠에 대입하면

$$\lim_{x \to 1} \frac{(x+3)^3(x-1)^3}{(x+1)^3(x-1)^3} = \lim_{x \to 1} \frac{(x+3)^3}{(x+1)^3} = \frac{4^3}{2^3} = 8$$

에서 $n=8$ ❷

$\therefore m+n = 3+8 = 11$ ❸

채점 기준	배점 비율
❶ $n \neq 0$임을 이용하여 자연수 m의 값 구하기	60%
❷ ❶에서 구한 m의 값을 주어진 식에 대입하여 자연수 n의 값 구하기	30%
❸ $m+n$의 값 구하기	10%

075 답 9

$$\lim_{x \to 1} \frac{\sqrt{ax^2+2x-4} - 2x}{x^2-x} = b \quad \cdots\cdots \ ㉠$$

㉠에서 $x \to 1$일 때 (분모) $\to$ 0이고 극한값이 존재하므로
(분자) $\to$ 0이다.

즉, $\lim\limits_{x \to 1} (\sqrt{ax^2+2x-4} - 2x) = 0$에서

$\sqrt{a-2} - 2 = 0$, $a-2 = 4$ $\quad \therefore a = 6$ ❶

$a=6$을 ㉠의 좌변에 대입하면

$$\lim_{x \to 1} \frac{\sqrt{6x^2+2x-4} - 2x}{x^2-x}$$
$$= \lim_{x \to 1} \frac{(\sqrt{6x^2+2x-4} - 2x)(\sqrt{6x^2+2x-4} + 2x)}{(x^2-x)(\sqrt{6x^2+2x-4} + 2x)}$$
$$= \lim_{x \to 1} \frac{2x^2+2x-4}{(x^2-x)(\sqrt{6x^2+2x-4} + 2x)}$$
$$= \lim_{x \to 1} \frac{2(x+2)(x-1)}{x(x-1)(\sqrt{6x^2+2x-4} + 2x)}$$
$$= \lim_{x \to 1} \frac{2(x+2)}{x(\sqrt{6x^2+2x-4} + 2x)} = \frac{2(1+2)}{\sqrt{6+2-4} + 2} = \frac{3}{2}$$

에서 $b = \dfrac{3}{2}$ ❷

따라서 $a=6$, $b=\dfrac{3}{2}$이므로

$$ab = 6 \cdot \frac{3}{2} = 9$$ ❸

채점 기준	배점 비율
❶ $x \to 1$일 때 (분모) $\to$ 0임을 이용하여 상수 a의 값 구하기	40%
❷ ❶에서 구한 a의 값을 주어진 식에 대입하여 상수 b의 값 구하기	50%
❸ ab의 값 구하기	10%

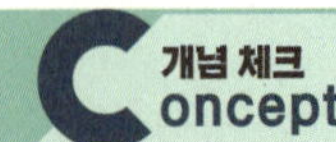

02 함수의 연속

076 답 (1) ㄱ (2) ㄷ (3) ㄴ

(1) $f(1)$이 정의되어 있지 않으므로 함수 $f(x)$는 $x=1$에서 불연속이다.

(2) $\lim\limits_{x\to1}f(x)=1$, $f(1)=2$이므로 $\lim\limits_{x\to1}f(x)\neq f(1)$

즉, 함수 $f(x)$는 $x=1$에서 불연속이다.

(3) $\lim\limits_{x\to1+}f(x)=2$, $\lim\limits_{x\to1-}f(x)=1$이므로 $\lim\limits_{x\to1+}f(x)\neq\lim\limits_{x\to1-}f(x)$

즉, $\lim\limits_{x\to1}f(x)$의 값이 존재하지 않으므로 함수 $f(x)$는 $x=1$에서 불연속이다.

077 답 (1) 연속 (2) 불연속

(1) $\lim\limits_{x\to0}f(x)=1$, $f(0)=1$이므로 $\lim\limits_{x\to0}f(x)=f(0)$

따라서 함수 $f(x)$는 $x=0$에서 연속이다.

(2) $f(0)$이 정의되지 않으므로 함수 $f(x)$는 $x=0$에서 불연속이다.

078 답 (1) $[-1,\,2]$ (2) $(1,\,3)$ (3) $(-\infty,\,6)$ (4) $[-3,\,\infty)$

079 답 (1) $(-\infty,\,\infty)$ (2) $[-3,\,3]$

(1) 함수 $f(x)=x^2+2$의 정의역은 실수 전체의 집합이므로 $(-\infty,\,\infty)$

(2) 함수 $f(x)=\sqrt{9-x^2}$의 정의역은 $9-x^2\geq0$, 즉 $-3\leq x\leq3$인 x의 값들의 집합이므로

$[-3,\,3]$

080 답 (1) $(-\infty,\infty)$ (2) $(-\infty,\,3]$

(1) 함수 $f(x)=x^3+2x-3$은 모든 실수, 즉 구간 $(-\infty,\,\infty)$에서 연속이다.

(2) 함수 $f(x)=\sqrt{3-x}$는 $3-x>0$, 즉 구간 $(-\infty,\,3)$에서 연속이고, $\lim\limits_{x\to3-}f(x)=f(3)$이므로 함수 $f(x)$는 구간 $(-\infty,\,3]$에서 연속이다.

> 👄 선생님 톡톡
>
> 여러 가지 함수가 연속인 구간을 알고 있으면 문제에서 주어진 함수의 $x=a$에서의 연속성을 판단하기가 쉬워.
> ① 다항함수 ➡ 구간 $(-\infty,\,\infty)$에서 연속
> ② 유리함수 $y=\dfrac{f(x)}{g(x)}$ ➡ $g(x)\neq0$인 x에서 연속
> ③ 무리함수 $y=\sqrt{f(x)}$ ➡ $f(x)\geq0$인 x에서 연속
> ④ 함수 $y=[x]$ (단, $[x]$는 x보다 크지 않은 최대의 정수)
> ➡ $x\neq n$ (n은 정수)에서 연속

081 답 ㄴ
> 조건 (i)을 만족시키지 않는다.

ㄱ. $f(2)$가 정의되지 않으므로 함수 $f(x)$는 $x=2$에서 불연속이다.

ㄴ. $\lim\limits_{x\to2}g(x)=\lim\limits_{x\to2}\dfrac{x^2-4}{x-2}=\lim\limits_{x\to2}\dfrac{(x+2)(x-2)}{x-2}$
$=\lim\limits_{x\to2}(x+2)=4$,

$g(2)=4$이므로 $\lim\limits_{x\to2}g(x)=g(2)$

즉, 함수 $g(x)$는 $x=2$에서 연속이다.

ㄷ. $\lim\limits_{x\to2+}h(x)=\lim\limits_{x\to2+}\dfrac{x-2}{x-2}=1$,

$\lim\limits_{x\to2-}h(x)=\lim\limits_{x\to2-}\dfrac{x-2}{-(x-2)}=-1$이므로

$\lim\limits_{x\to2+}h(x)\neq\lim\limits_{x\to2-}h(x)$

즉, $\lim\limits_{x\to2}h(x)$의 값이 존재하지 않으므로 함수 $h(x)$는 $x=2$에서 불연속이다.
> 조건 (ii)를 만족시키지 않는다.

따라서 $x=2$에서 연속인 함수는 ㄴ이다.

082 답 ②

① 함수 $f(x)$의 정의역은 $[-1,\,\infty)$이므로 $f(x)$는 모든 실수 x에서 연속인 것은 아니다.

② 함수 $f(x)$가 모든 실수 x에서 연속이려면 $x=-1$에서 연속이어야 한다.

$\lim\limits_{x\to-1+}f(x)=\lim\limits_{x\to-1+}(x^2+x)=0$,

$\lim\limits_{x\to-1-}f(x)=\lim\limits_{x\to-1-}(x+1)=0$

에서 $\lim\limits_{x\to-1}f(x)=0$

이때 $f(-1)=0$이므로 $\lim\limits_{x\to-1}f(x)=f(-1)$

즉, 함수 $f(x)$는 $x=-1$에서 연속이므로 $f(x)$는 모든 실수 x에서 연속이다.

③ $f\left(\dfrac{1}{2}\right)$이 정의되지 않으므로 함수 $f(x)$는 $x=\dfrac{1}{2}$에서 불연속이다.

즉, 함수 $f(x)$는 모든 실수 x에서 연속인 것은 아니다.

④ $\lim\limits_{x\to0}f(x)=\lim\limits_{x\to0}\dfrac{x^2-2x}{x}=\lim\limits_{x\to0}\dfrac{x(x-2)}{x}=\lim\limits_{x\to0}(x-2)=-2$,

$f(0)=2$이므로 $\lim\limits_{x\to0}f(x)\neq f(0)$

즉, 함수 $f(x)$는 $x=0$에서 불연속이므로 $f(x)$는 모든 실수 x에서 연속인 것은 아니다.

⑤ $\lim\limits_{x\to0+}f(x)=\lim\limits_{x\to0+}[x]=0$, $\lim\limits_{x\to0-}f(x)=\lim\limits_{x\to0-}[x]=-1$이므로

$\lim\limits_{x\to0+}f(x)\neq\lim\limits_{x\to0-}f(x)$

$\lim\limits_{x\to0}f(x)$의 값이 존재하지 않으므로 함수 $f(x)$는 $x=0$에서 불연속이다.

즉, 함수 $f(x)$는 모든 실수 x에서 연속인 것은 아니다.

따라서 모든 실수 x에서 연속인 함수는 ②이다.

083 답 2

$f(x)=\dfrac{1}{1+\dfrac{x}{x+1}}=\dfrac{1}{\dfrac{2x+1}{x+1}}=\dfrac{x+1}{2x+1}$
> 분모는 0이 될 수 없다.

이때 함수 $f(x)$는 $x+1=0$, $2x+1=0$인 x의 값에서 정의되지 않으므로 $x=-1$, $x=-\dfrac{1}{2}$에서 불연속이다.

따라서 함수 $f(x)$가 불연속이 되도록 하는 x의 값의 개수는 -1, $-\dfrac{1}{2}$의 2이다.

084 답 4

(i) $\lim\limits_{x\to-1+}f(x)=1$, $\lim\limits_{x\to-1-}f(x)=0$이므로 $\lim\limits_{x\to-1+}f(x)\neq\lim\limits_{x\to-1-}f(x)$

즉, $\lim\limits_{x\to-1}f(x)$의 값이 존재하지 않으므로 함수 $f(x)$는 $x=-1$에서 불연속이다.

(ii) $\lim\limits_{x\to 0} f(x)=1$, $f(0)=0$이므로 $\lim\limits_{x\to 0} f(x)\neq f(0)$

즉, 함수 $f(x)$는 $x=0$에서 불연속이다.

(iii) $\lim\limits_{x\to 1} f(x)=1$, $f(1)=2$이므로 $\lim\limits_{x\to 1} f(x)\neq f(1)$

즉, 함수 $f(x)$는 $x=1$에서 불연속이다.

(i), (ii), (iii)에서 함수 $f(x)$의 극한값이 존재하지 않는 x의 값은 -1의 1개이고, $f(x)$가 불연속인 x의 값은 -1, 0, 1의 3개이므로

$a=1$, $b=3$

$\therefore a+b=1+3=4$

085 답 ③

ㄱ. $\lim\limits_{x\to 2+} f(x)=2$ (참)

ㄴ. $\lim\limits_{x\to 1+} f(x)=1$, $\lim\limits_{x\to 1-} f(x)=0$이므로 $\lim\limits_{x\to 1+} f(x)\neq \lim\limits_{x\to 1-} f(x)$

즉, $x=1$에서 함수 $f(x)$의 극한값은 존재하지 않는다. (거짓)

ㄷ. ㄴ에 의하여 함수 $f(x)$는 $x=1$에서 불연속이다.

또한, $\lim\limits_{x\to 2} f(x)=2$, $f(2)=1$에서 $\lim\limits_{x\to 2} f(x)\neq f(2)$이므로

함수 $f(x)$는 $x=2$에서 불연속이다.

즉, 열린구간 $(0, 3)$에서 함수 $f(x)$가 불연속인 x의 값은 1, 2의 2개이다. (참)

따라서 옳은 것은 ㄱ, ㄷ이다.

086 답 ②

조건 (가)에서 함수 $f(x)$가 $x=a$에서 불연속이어야 하므로 주어진 함수의 그래프에서

$a=-2$ 또는 $a=0$ 또는 $a=1$

그런데 조건 (나)에서 $\lim\limits_{x\to a} f(x)$의 값이 존재해야 하므로 $a=0$

이때 조건 (다)의 $f(a+1)+f(a-1)=b$에 $a=0$을 대입하면

$f(1)+f(-1)=1+1=2=b$

$\therefore a+b=0+2=2$

087 답 ③

ㄱ. $\lim\limits_{x\to 1+} f(x)=1$, $\lim\limits_{x\to 1-} f(x)=0$이므로

$\lim\limits_{x\to 1+} f(x)\neq \lim\limits_{x\to 1-} f(x)$

즉, $\lim\limits_{x\to 1} f(x)$의 값은 존재하지 않는다. (참)

ㄴ. $f(x)=t$라 하면 $x\to 0$일 때 $t\to -1+$이므로

$\lim\limits_{x\to 0} f(f(x))=\lim\limits_{t\to -1+} f(t)=0$ (참)

ㄷ. $f(x)=t$라 하면 $x\to 1+$일 때 $t=1$, $x\to 1-$일 때 $t\to 0-$이므로

$\lim\limits_{x\to 1+} f(f(x))=f(1)=0$, $\lim\limits_{x\to 1-} f(f(x))=\lim\limits_{t\to 0-} f(t)=-1$

$\therefore \lim\limits_{x\to 1+} f(f(x))\neq \lim\limits_{x\to 1-} f(f(x))$

즉, $\lim\limits_{x\to 1} f(f(x))$의 값이 존재하지 않으므로 함수 $f(f(x))$는 $x=1$에서 불연속이다. (거짓)

따라서 옳은 것은 ㄱ, ㄴ이다.

088 답 ㄴ

ㄱ. $f(x)=t$라 하면 $x\to 0$일 때 $t\to 0$이므로

$\lim\limits_{x\to 0} f(f(x))=\lim\limits_{t\to 0} f(t)=0$ (거짓)

ㄴ. $f(x)=t$라 하면 $x\to 2$일 때 $t=1$이므로

$\lim\limits_{x\to 2} f(f(x))=f(1)=0$

즉, $\lim\limits_{x\to 2} f(f(x))$의 값이 존재한다. (참)

ㄷ. $f(x)=t$에서 $x\to 1+$일 때 $t=1$, $x\to 1-$일 때 $t\to 1-$이므로

$\lim\limits_{x\to 1+} f(f(x))=f(1)=0$, $\lim\limits_{x\to 1-} f(f(x))=\lim\limits_{t\to 1-} f(t)=1$

$\therefore \lim\limits_{x\to 1+} f(f(x))\neq \lim\limits_{x\to 1-} f(f(x))$

즉, $\lim\limits_{x\to 1} f(f(x))$의 값이 존재하지 않으므로 함수 $f(f(x))$는 $x=1$에서 불연속이다. (거짓)

따라서 옳은 것은 ㄴ이다.

089 답 ⑤

ㄱ. $\lim\limits_{x\to 0}\{f(x)+g(x)\}=0+1=1$, $f(0)+g(0)=1+0=1$

이므로 $\lim\limits_{x\to 0}\{f(x)+g(x)\}=f(0)+g(0)$

즉, 함수 $f(x)+g(x)$는 $x=0$에서 연속이다.

ㄴ. $g(x)=t$라 하면 $x\to 0$일 때 $t=1$이므로

$\lim\limits_{x\to 0} f(g(x))=f(1)=1$, $f(g(0))=f(0)=1$

즉, $\lim\limits_{x\to 0} f(g(x))=f(g(0))$이므로 함수 $f(g(x))$는 $x=0$에서 연속이다.

ㄷ. $f(x)=s$라 하면 $x\to 0$일 때 $s\to 0+$이므로

$\lim\limits_{x\to 0} g(f(x))=\lim\limits_{s\to 0+} g(s)=1$, $g(f(0))=g(1)=1$

즉, $\lim\limits_{x\to 0} g(f(x))=g(f(0))$이므로 함수 $g(f(x))$는 $x=0$에서 연속이다.

따라서 $x=0$에서 연속인 함수는 ㄱ, ㄴ, ㄷ이다.

090 답 2

함수 $f(x)$가 $x=0$에서 불연속이므로 합성함수 $f(g(x))$는 $g(x)=0$인 x의 값에서 불연속일 수 있다.

$g(x)=0$에서 $x^2+x-2=0$

$(x+2)(x-1)=0$ $\therefore x=-2$ 또는 $x=1$

(i) $x=-2$인 경우

$g(x)=t$라 하면 $x\to -2+$일 때 $t\to 0-$, $x\to -2-$일 때 $t\to 0+$이므로

$\lim\limits_{x\to -2+} f(g(x))=\lim\limits_{t\to 0-} f(t)=\lim\limits_{t\to 0-}\left(\frac{1}{2}t-1\right)=-1$

$\lim\limits_{x\to -2-} f(g(x))=\lim\limits_{t\to 0+} f(t)=\lim\limits_{t\to 0+}(3t+1)=1$

$\therefore \lim\limits_{x\to -2+} f(g(x))\neq \lim\limits_{x\to -2-} f(g(x))$

즉, $\lim\limits_{x\to -2} f(g(x))$의 값이 존재하지 않으므로 함수 $f(g(x))$는 $x=-2$에서 불연속이다.

(ii) $x=1$인 경우

$g(x)=t$라 하면 $x\to 1+$일 때 $t\to 0+$, $x\to 1-$일 때 $t\to 0-$이므로

$\lim\limits_{x\to 1+} f(g(x))=\lim\limits_{t\to 0+} f(t)=\lim\limits_{t\to 0+}(3t+1)=1$

$\lim\limits_{x\to 1-} f(g(x))=\lim\limits_{t\to 0-} f(t)=\lim\limits_{t\to 0-}\left(\frac{1}{2}t-1\right)=-1$

$\therefore \lim\limits_{x\to 1+} f(g(x))\neq \lim\limits_{x\to 1-} f(g(x))$

즉, $\lim\limits_{x\to 1} f(g(x))$의 값이 존재하지 않으므로 함수 $f(g(x))$는 $x=1$에서 불연속이다.

(i), (ii)에서 $a=-2$, $b=1$ 또는 $a=1$, $b=-2$이므로

$f(a)+f(b)=f(-2)+f(1)=-2+4=2$

👨‍🏫 선생님 톡톡

함수 $f(x)$가 $x=a$에서 불연속일 때, 합성함수 $f(g(x))$가 $g(x)=a$를 만족시키는 모든 x의 값에서 불연속인 것은 아니야.

예를 들어, 함수 $h(x)=|x|$에 대하여 $h(x)=0$에서 $x=0$이고, $h(x)=t$라 하면 $x\to 0$일 때 $t\to 0+$이므로

$\lim\limits_{x\to 0} f(h(x))=\lim\limits_{t\to 0+} f(t)=\lim\limits_{t\to 0+}(3t+1)=1$, $f(h(0))=f(0)=1$

즉, $x=0$에서 함수 $f(x)$는 불연속이지만 합성함수 $f(h(x))$는 연속이야.

따라서 불연속이 될 만한 x의 값을 찾은 후 그 x의 값에서의 연속성을 하나하나 따져 봐야 해.

091 답 ④

함수 $f(x)$가 $x=-1$에서 연속이므로 $\lim\limits_{x\to-1} f(x)=f(-1)$이다. 즉,

$$\lim_{x\to-1} f(x)=\lim_{x\to-1}\frac{x^2-2x-3}{x+1}$$
$$=\lim_{x\to-1}\frac{(x+1)(x-3)}{x+1}$$
$$=\lim_{x\to-1}(x-3)=-4,$$

$f(-1)=k$

에서 $k=-4$

092 답 3

함수 $f(x)$가 모든 실수 x에서 연속이 되려면 $x=a$에서 연속이어야 한다.

즉, $\lim\limits_{x\to a+} f(x)=\lim\limits_{x\to a-} f(x)=f(a)$이어야 하므로

$\lim\limits_{x\to a+} f(x)=\lim\limits_{x\to a+}(2x+3)=2a+3,$

$\lim\limits_{x\to a-} f(x)=\lim\limits_{x\to a-}(x^2-x+3)=a^2-a+3,$

$f(a)=2a+3$

에서 $2a+3=a^2-a+3$, $a^2-3a=0$

$a(a-3)=0$ $\quad\therefore a=3\ (\because a>0)$

093 답 ①

함수 $f(x)$가 실수 전체의 집합에서 연속이므로 $x=0$, $x=2$에서도 연속이다.

(i) $x=0$에서 연속이므로 $\lim\limits_{x\to0+} f(x)=\lim\limits_{x\to0-} f(x)=f(0)$이다. 즉,

$\lim\limits_{x\to0+} f(x)=\lim\limits_{x\to0+}(x^2+ax+b)=b,$

$\lim\limits_{x\to0-} f(x)=\lim\limits_{x\to0-}(x^2-3)=-3,$

$f(0)=b$

에서 $b=-3$

(ii) $x=2$에서 연속이므로 $\lim\limits_{x\to2+} f(x)=\lim\limits_{x\to2-} f(x)=f(2)$이다. 즉,

$\lim\limits_{x\to2+} f(x)=\lim\limits_{x\to2+}(4x-3)=5,$

$\lim\limits_{x\to2-} f(x)=\lim\limits_{x\to2-}(x^2+ax-3)=1+2a,$

$f(2)=5$

에서 $5=1+2a$, $2a=4$ $\quad\therefore a=2$

(i), (ii)에서 $f(x)=\begin{cases} x^2-3 & (x<0) \\ x^2+2x-3 & (0\le x<2) \\ 4x-3 & (x\ge2) \end{cases}$ 이므로

$f(1)=1+2-3=0$

094 답 ②

$x\ne1$일 때, $f(x)=\dfrac{x^2-4x+3}{x-1}$

함수 $f(x)$가 모든 실수 x에서 연속이므로 $x=1$에서도 연속이다.

즉, $\lim\limits_{x\to1} f(x)=f(1)$이므로

$$\lim_{x\to1}\frac{x^2-4x+3}{x-1}=\lim_{x\to1}\frac{(x-1)(x-3)}{x-1}$$
$$=\lim_{x\to1}(x-3)=-2$$

에서 $f(1)=-2$

095 답 12

$x\ne-2$일 때, $f(x)=\dfrac{x^3+8}{x+2}$

함수 $f(x)$가 모든 실수 x에서 연속이므로 $x=-2$에서도 연속이다.

즉, $\lim\limits_{x\to-2} f(x)=f(-2)$이므로

$$\lim_{x\to-2}\frac{x^3+8}{x+2}=\lim_{x\to-2}\frac{(x+2)(x^2-2x+4)}{x+2}$$
$$=\lim_{x\to-2}(x^2-2x+4)=12$$

에서 $f(-2)=12$

096 답 ③

$x\ne3$일 때, $f(x)=\dfrac{x^2-ax+6}{x-3}$

함수 $f(x)$가 모든 실수 x에서 연속이므로 $x=3$에서도 연속이다.

즉, $\lim\limits_{x\to3} f(x)=f(3)$이므로

$$\lim_{x\to3}\frac{x^2-ax+6}{x-3}=f(3) \qquad\cdots\cdots\text{㉠}$$

㉠에서 $x\to3$일 때 (분모) $\to0$이고 극한값이 존재하므로 (분자) $\to0$이다.

즉, $\lim\limits_{x\to3}(x^2-ax+6)=0$에서 $15-3a=0$

$3a=15$ $\quad\therefore a=5$

$a=5$를 ㉠의 좌변에 대입하면

$$\lim_{x\to3}\frac{x^2-5x+6}{x-3}=\lim_{x\to3}\frac{(x-2)(x-3)}{x-3}$$
$$=\lim_{x\to3}(x-2)=1$$

에서 $f(3)=1$

따라서 $f(a)=f(5)=\dfrac{5^2-5\cdot5+6}{5-3}=3$이므로

$f(3)+f(a)=1+3=4$

097 답 15

$x\ne-1$일 때, $f(x)=\dfrac{x^2+ax+b}{x+1}$

함수 $f(x)$가 모든 실수 x에서 연속이므로 $x=-1$에서도 연속이다.

즉, $\lim\limits_{x\to-1} f(x)=f(-1)$이므로

$$\lim_{x\to-1}\frac{x^2+ax+b}{x+1}=f(-1) \qquad\cdots\cdots\text{㉠}$$

㉠에서 $x\to-1$일 때 (분모) $\to0$이고 극한값이 존재하므로 (분자) $\to0$이다.

즉, $\lim\limits_{x\to-1}(x^2+ax+b)=0$에서

$1-a+b=0$ $\quad\therefore b=a-1 \qquad\cdots\cdots\text{㉡}$

㉡을 ㉠의 좌변에 대입하면

$$\lim_{x\to-1}\frac{x^2+ax+a-1}{x+1}=\lim_{x\to-1}\frac{(x+1)(x+a-1)}{x+1}$$
$$=\lim_{x\to-1}(x+a-1)=a-2$$

에서 $f(-1)=a-2$

이때 $f(-1)=6$이므로

$a-2=6$ $\quad\therefore a=8$

$a=8$을 ㉡에 대입하면 $b=7$

$\therefore a+b=8+7=15$

098 답 ㄱ, ㄷ

ㄱ. 두 함수 $f(x)$, $g(x)$가 모든 실수 x에서 연속이므로 함수 $f(x)+g(x)$도 모든 실수 x에서 항상 연속이다.

ㄴ. 함수 $\dfrac{f(x)}{g(x)}$는 $g(x)=0$인 x의 값에서 불연속이므로 모든 실수
x에서 항상 연속인 것은 아니다.

ㄷ. 두 함수 $f(x)$, $g(x)$가 모든 실수 x에서 연속이므로 함수
$f(x)g(x)$도 모든 실수 x에서 항상 연속이다.

ㄹ. 함수 $\dfrac{g(x)}{f(x)}$는 $f(x)=0$인 x의 값에서 불연속이므로 모든 실수
x에서 항상 연속인 것은 아니다.

따라서 모든 실수 x에서 항상 연속인 함수는 ㄱ, ㄷ이다.

099 답 (1) $(-\infty,\ \infty)$
(2) $(-\infty,\ \infty)$
(3) $(-\infty,\ 2),\ (2,\ \infty)$
(4) $(-\infty,\ -1),\ (-1,\ 3),\ (3,\ \infty)$

(1) $3f(x)=3(x-2)=3x-6$
따라서 $3f(x)$는 다항함수이므로 구간 $(-\infty,\ \infty)$에서 연속이다.

(2) $2f(x)-g(x)=2(x-2)-(x^2-2x-3)=-x^2+4x-1$
따라서 $2f(x)-g(x)$는 다항함수이므로 구간 $(-\infty,\ \infty)$에서 연속이다.

(3) $-\dfrac{2g(x)}{f(x)}=-\dfrac{2(x^2-2x-3)}{x-2}=-\dfrac{2(x+1)(x-3)}{x-2}$
따라서 함수 $-\dfrac{2g(x)}{f(x)}$는 $x-2\neq0$, 즉 $x\neq2$인 모든 실수 x에서
연속이므로 구간 $(-\infty,\ 2),\ (2,\ \infty)$에서 연속이다.

(4) $\dfrac{f(x)}{g(x)}=\dfrac{x-2}{x^2-2x-3}=\dfrac{x-2}{(x+1)(x-3)}$
따라서 함수 $\dfrac{f(x)}{g(x)}$는 $x+1\neq0$, $x-3\neq0$, 즉 $x\neq-1$, $x\neq3$인
모든 실수 x에서 연속이므로 구간 $(-\infty,\ -1),\ (-1,\ 3),$
$(3,\ \infty)$에서 연속이다.

100 답 (1) 최댓값: 6, 최솟값: 2 (2) 최댓값: $\dfrac{3}{2}$, 최솟값: $\dfrac{3}{5}$

(1) 함수 $f(x)=x^2-2x+3$은 닫힌구간 $[0,\ 3]$에
서 연속이고, 닫힌구간 $[0,\ 3]$에서 함수
$y=f(x)$의 그래프는 오른쪽 그림과 같다.
따라서 함수 $f(x)$는 $x=3$일 때 최댓값 6,
$x=1$일 때 최솟값 2를 갖는다.

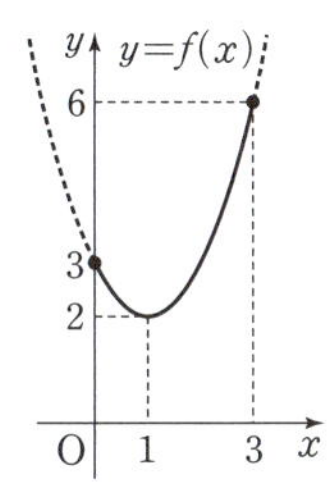

(2) 함수 $f(x)=\dfrac{3}{x+1}$은 닫힌구간 $[1,\ 4]$에
서 연속이고, 닫힌구간 $[1,\ 4]$에서 함수
$y=f(x)$의 그래프는 오른쪽 그림과 같다.
따라서 함수 $f(x)$는 $x=1$일 때 최댓값 $\dfrac{3}{2}$,
$x=4$일 때 최솟값 $\dfrac{3}{5}$을 갖는다.

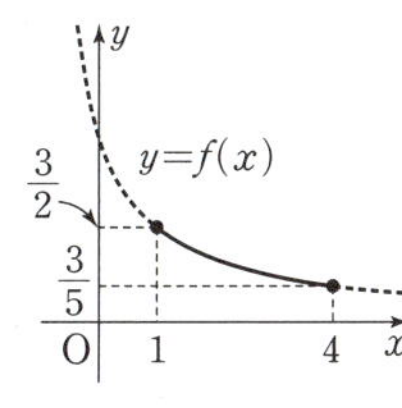

101 답 (가) 연속 (나) 사잇값의 정리

함수 $f(x)=x^2-2x+3$은 구간 $(-\infty,\ \infty)$에서 │연속│이므로 닫힌
구간 $[1,\ 2]$에서 │연속│이다.
또한, $f(1)\neq f(2)$이고 $f(1)<\sqrt{5}<f(2)$, 즉 $2<\sqrt{5}<3$이므로
│사잇값의 정리│에 의하여 $f(c)=\sqrt{5}$를 만족시키는 c가 열린구간
$(1,\ 2)$에 적어도 하나 존재한다.

102 답 ④

두 함수 $f(x)$, $g(x)$는 모두 다항함수이므로 모든 실수 x에서 연속이다.
① $3f(x)+g(x)=3(x-1)+(x^2+2x+5)=x^2+5x+2$
즉, $3f(x)+g(x)$는 다항함수이므로 모든 실수 x에서 연속이다.
② $f(x)g(x)=(x-1)(x^2+2x+5)=x^3+x^2+3x-5$
즉, $f(x)g(x)$는 다항함수이므로 모든 실수 x에서 연속이다.
③ $\dfrac{f(x)}{g(x)}=\dfrac{x-1}{x^2+2x+5}$에서 $x^2+2x+5=(x+1)^2+4>0$이므로
함수 $\dfrac{f(x)}{g(x)}$는 모든 실수 x에서 연속이다.
④ $\dfrac{g(x)}{f(x)}=\dfrac{x^2+2x+5}{x-1}$는 $x=1$에서 정의되어 있지 않으므로 $x=1$
에서 불연속이다.
⑤ $f(g(x))=f(x^2+2x+5)=(x^2+2x+5)-1=x^2+2x+4$
즉, $f(g(x))$는 다항함수이므로 모든 실수 x에서 연속이다.
따라서 모든 실수 x에서 연속인 함수가 아닌 것은 ④이다.

103 답 ③

ㄱ. $f(x)$가 연속함수이므로 $2f(x)$도 연속함수이고,
$g(x)$도 연속함수이므로 $2f(x)+g(x)$도 연속함수이다.

ㄴ. $f(x)$가 연속함수이므로 $\{f(x)\}^2$도 연속함수이다.

ㄷ. [반례] $f(x)=x$, $g(x)=x$이면 두 함수 $f(x)$, $g(x)$는 연속함수
이지만 함수 $\dfrac{f(x)}{g(x)+1}=\dfrac{x}{x+1}$는 $x=-1$에서 불연속이다.
$\qquad\qquad\qquad\qquad\qquad\quad$➝ $g(x)=-1$을 만족시키는 x의 값

ㄹ. 임의의 실수 a에 대하여 $g(x)$가 연속함수이므로
$\displaystyle\lim_{x\to a}g(x)=g(a)$
또한, $g(x)=t$라 하면 $x\to a$일 때 $t\to g(a)$이고 $f(x)$가 연속함
수이므로
$\displaystyle\lim_{x\to a}f(g(x))=\lim_{t\to g(a)}f(t)=f(g(a))$
즉, $f(g(x))$도 연속함수이다.
따라서 연속함수인 것은 ㄱ, ㄴ, ㄹ이다.

104 답 ⑤

$x\geq1$일 때 $f(x)=x^2-2x+2=(x-1)^2+1>0$이고, $x<1$일 때
$f(x)=-1\neq0$이므로 함수 $f(x)$는 모든 실수 x에서 $f(x)\neq0$이다.
한편, 함수 $f(x)$는 $x=1$에서 불연속이고 다항함수 $g(x)$는 모든 실수
x에서 연속이므로 함수 $\dfrac{g(x)}{f(x)}$가 모든 실수 x에서 연속이면 $x=1$에서
도 연속이다. 즉,
$\displaystyle\lim_{x\to1+}\dfrac{g(x)}{f(x)}=\lim_{x\to1+}\dfrac{x+a}{x^2-2x+2}=1+a$,
$\displaystyle\lim_{x\to1-}\dfrac{g(x)}{f(x)}=\lim_{x\to1-}\dfrac{x+a}{-1}=-1-a$,
$\dfrac{g(1)}{f(1)}=1+a$
에서 $1+a=-1-a$, $2a=-2$　　∴ $a=-1$
따라서 $g(x)=x-1$이므로
$g(3)=3-1=2$

105 답 ③

ㄱ. $f(x)-g(x)=h(x)$라 하면 $g(x)=f(x)-h(x)$이고, 두 함수
$f(x)$, $h(x)$가 $x=0$에서 연속이므로 함수 $g(x)$도 $x=0$에서 연
속이다. (참)

ㄴ. $\dfrac{g(x)}{f(x)}=h(x)$라 하면 $g(x)=f(x)h(x)$이고, 두 함수 $f(x)$, $h(x)$
가 $x=0$에서 연속이므로 함수 $g(x)$도 $x=0$에서 연속이다. (참)

ㄷ. [반례] $f(x)=\begin{cases}\dfrac{1}{x-1} & (x\neq1) \\ 1 & (x=1)\end{cases}$, $g(x)=x+1$이면 두 함수 $f(x)$,

$g(x)$는 $x=0$에서 연속이지만 함수 $f(g(x))=\begin{cases}\dfrac{1}{x} & (x\neq0) \\ 1 & (x=0)\end{cases}$은

$x=0$에서 불연속이다. (거짓)

따라서 옳은 것은 ㄱ, ㄴ이다.

106 답 ④

① $\lim\limits_{x\to4+}f(x)=1$, $\lim\limits_{x\to4-}f(x)=2$이므로

$\lim\limits_{x\to4+}f(x)\neq\lim\limits_{x\to4-}f(x)$

즉, $\lim\limits_{x\to4}f(x)$의 값은 존재하지 않는다.

② 함수 $f(x)$가 불연속이 되는 x의 값은 3, 4의 2개이다.

③ 함수 $f(x)$가 닫힌구간 $[1, 2]$에서 연속이므로 최대·최소 정리에
의하여 최댓값을 갖는다.

④ 함수 $f(x)$는 구간 $[4, 5)$에서 최솟값을 갖지 않는다.

⑤ 함수 $f(x)$는 닫힌구간 $[3, 4]$에서 $x=3$일 때 최솟값 1을 갖는다.

따라서 옳지 않은 것은 ④이다.
이 구간에서 불연속이므로 그래프에서 최솟값을 확인한다.

107 답 최댓값 : 7, 최솟값 : 없다.

$x\neq2$일 때

$f(x)=x^2-4x+2=(x-2)^2-2$

즉, 닫힌구간 $[-1, 3]$에서 함수 $y=f(x)$의 그래
프는 오른쪽 그림과 같으므로 $x=2$에서 불연속
이다.

따라서 함수 $f(x)$는 닫힌구간 $[-1, 3]$에서
$x=-1$일 때 최댓값 7을 갖고, 최솟값은 없다.

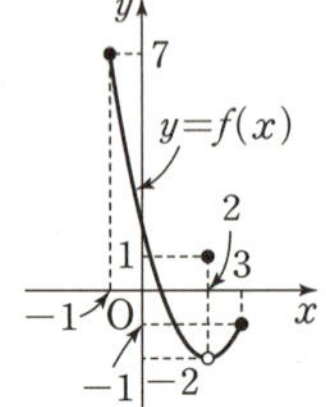

108 답 ③

ㄱ. 함수 $f(x)g(x)=\dfrac{x^2+2}{x-3}$는 $x\neq3$인 모든 실수 x에서 연속이므로
닫힌구간 $[0, 2]$에서 연속이다.

즉, 함수 $f(x)g(x)$는 최대·최소 정리에 의하여 닫힌구간 $[0, 2]$
에서 최댓값과 최솟값을 모두 갖는다.

ㄴ. 함수 $f(g(x))=f(x^2+2)=\dfrac{1}{x^2-1}$은 $x=-1$, $x=1$에서 불연속
이다.
$=(x+1)(x-1)$

이때 $g(x)=t$라 하면 $x\to1+$일 때 $t\to3+$, $x\to1-$일 때
$t\to3-$이므로

$\lim\limits_{x\to1+}f(g(x))=\lim\limits_{t\to3+}f(t)=\infty$,

$\lim\limits_{x\to1-}f(g(x))=\lim\limits_{t\to3-}f(t)=-\infty$

즉, 함수 $f(g(x))$는 닫힌구간 $[0, 2]$에서 최댓값과 최솟값을 모
두 갖지 않는다. $\to$ 함수 $f(g(x))$의 치역이 $(-\infty, \infty)$이다.

ㄷ. 함수 $g(f(x))=g\left(\dfrac{1}{x-3}\right)=\dfrac{1}{(x-3)^2}+2$는 $x\neq3$인 모든 실수

x에서 연속이므로 닫힌구간 $[0, 2]$에서 연속이다.

즉, 함수 $g(f(x))$는 최대·최소 정리에 의하여 닫힌구간 $[0, 2]$
에서 최댓값과 최솟값을 모두 갖는다.

따라서 닫힌구간 $[0, 2]$에서 최댓값과 최솟값을 모두 갖는 함수는
ㄱ, ㄷ이다.

109 답 ④

$f(x)=x^3-x^2+2x-3$이라 하면 함수 $f(x)$는 모든 실수 x에서 연속
이고
주어진 구간의 양 끝 점에서의 함숫값을 구하여 부호를 확인한다.

$f(-2)=-19<0$, $f(-1)=-7<0$, $f(0)=-3<0$,
$f(1)=-1<0$, $f(2)=5>0$, $f(3)=21>0$

따라서 $f(1)f(2)<0$이므로 사잇값의 정리에 의하여 주어진 방정식
의 실근이 존재하는 구간은 $(1, 2)$이다.

110 답 ①

함수 $f(x)$는 모든 실수 x에서 연속이고, 사잇값의 정리에 의하여 방
정식 $f(x)=0$이 열린구간 $(-1, 2)$에서 중근이 아닌 오직 하나의 실
근을 가지려면 $f(-1)f(2)<0$이어야 하므로

$(a-4)(3a+8)<0$

$\therefore -\dfrac{8}{3}<a<4$

따라서 정수 a의 값은 -2, -1, 0, 1, 2, 3이므로 그 합은

$(-2)+(-1)+0+1+2+3=3$

111 답 ③

연속함수 $f(x)$에 대하여

$f(-3)f(-2)=(-1)\cdot2=-2<0$,

$f(1)f(2)=2\cdot(-4)=-8<0$

이므로 사잇값의 정리에 의하여 방정식 $f(x)=0$은 열린구간
$(-3, -2)$, $(1, 2)$에서 각각 적어도 하나의 실근을 갖는다.

또한, $f(0)=0$이므로 방정식 $f(x)=0$은 적어도 3개의 실근을 갖는다.

따라서 n의 최댓값은 3이다.

· 본문 029~030쪽

112 답 ③

One Point Lesson

유리함수가 실수 전체의 집합에서 연속이려면 (분모)$\neq0$임을 이용하여 실수 a의
값의 범위를 구한다.

함수 $f(x)$는 $x^2-2(a+1)x+3a+7=0$인 x의 값에서 정의되지 않
으므로 $f(x)$가 실수 전체의 집합에서 연속이려면

$x^2-2(a+1)x+3a+7\neq0$이어야 한다.

즉, 이차방정식 $x^2-2(a+1)x+3a+7=0$이 실근을 갖지 않아야 하
므로 이 이차방정식의 판별식을 D라 하면

$\dfrac{D}{4}=\{-(a+1)\}^2-(3a+7)<0$

$a^2-a-6<0$, $(a+2)(a-3)<0$

$\therefore -2<a<3$

따라서 정수 a의 값은 -1, 0, 1, 2이므로 그 합은

$-1+0+1+2=2$

해설 속 칠판 이차방정식의 근의 판별

계수가 실수인 이차방정식 $ax^2+bx+c=0$의 판별식을 $D=b^2-4ac$라 할 때

(i) $D>0$이면 서로 다른 두 실근을 갖는다.

(ii) $D=0$이면 중근 (서로 같은 두 실근)을 갖는다.

(iii) $D<0$이면 서로 다른 두 허근을 갖는다.

113 답 ㄴ, ㄷ

One Point Lesson

$f(x)=t$라 하고 $x=0$에서의 합성함수 $g(f(x))$의 연속성을 조사한다.

$f(x)=t$라 하면 $x \to 0+$일 때 $t \to -1+$, $x \to 0-$일 때 $t \to 1-$
이다.

ㄱ. $\displaystyle\lim_{x \to 0+} g(f(x))=\lim_{t \to -1+} g(t)=1$,
　　$\displaystyle\lim_{x \to 0-} g(f(x))=\lim_{t \to 1-} g(t)=-1$
　　에서 $\displaystyle\lim_{x \to 0+} g(f(x)) \neq \lim_{x \to 0-} g(f(x))$
　　즉, $\displaystyle\lim_{x \to 0} g(f(x))$의 값이 존재하지 않으므로 함수 $g(f(x))$는
　　$x=0$에서 불연속이다.

ㄴ. $\displaystyle\lim_{x \to 0+} g(f(x))=\lim_{t \to -1+} g(t)=0$,
　　$\displaystyle\lim_{x \to 0-} g(f(x))=\lim_{t \to 1-} g(t)=0$
　　에서 $\displaystyle\lim_{x \to 0} g(f(x))=0$이고 $g(f(0))=g(0)=0$이므로
　　$\displaystyle\lim_{x \to 0} g(f(x))=g(f(0))$
　　즉, 함수 $g(f(x))$는 $x=0$에서 연속이다.

ㄷ. $\displaystyle\lim_{x \to 0+} g(f(x))=\lim_{t \to -1+} g(t)=0$,
　　$\displaystyle\lim_{x \to 0-} g(f(x))=\lim_{t \to 1-} g(t)=0$
　　에서 $\displaystyle\lim_{x \to 0} g(f(x))=0$이고 $g(f(0))=g(0)=0$이므로
　　$\displaystyle\lim_{x \to 0} g(f(x))=g(f(0))$
　　즉, 함수 $g(f(x))$는 $x=0$에서 연속이다.

따라서 함수 $g(f(x))$가 $x=0$에서 연속이 되도록 하는 함수 $y=g(x)$
의 그래프는 ㄴ, ㄷ이다.

114 답 1

One Point Lesson

함수 $f(x)$가 실수 전체의 집합에서 연속이므로 $x=1$에서도 연속이다.

함수 $f(x)$가 구간 $(-\infty, \infty)$에서 연속이므로 $x=1$에서도 연속이다.
즉, $\displaystyle\lim_{x \to 1} f(x)=f(1)$이므로

$$\lim_{x \to 1} \frac{\sqrt{2x^2+a}+bx}{x-1}=1 \qquad \cdots\cdots \ \text{㉠}$$

㉠에서 $x \to 1$일 때 (분모) $\to 0$이고 극한값이 존재하므로
(분자) $\to 0$이다.
즉, $\displaystyle\lim_{x \to 1}(\sqrt{2x^2+a}+bx)=0$에서

$$\sqrt{2+a}+b=0 \qquad \therefore \ b=-\sqrt{2+a} \qquad \cdots\cdots \ \text{㉡}$$

㉡을 ㉠의 좌변에 대입하면

$$\lim_{x \to 1} \frac{\sqrt{2x^2+a}-\sqrt{2+a}\,x}{x-1}$$

$$=\lim_{x \to 1} \frac{(\sqrt{2x^2+a}-\sqrt{2+a}\,x)(\sqrt{2x^2+a}+\sqrt{2+a}\,x)}{(x-1)(\sqrt{2x^2+a}+\sqrt{2+a}\,x)}$$

$$=\lim_{x \to 1} \frac{a-ax^2}{(x-1)(\sqrt{2x^2+a}+\sqrt{2+a}\,x)}$$

$$=\lim_{x \to 1} \frac{-a(x+1)(x-1)}{(x-1)(\sqrt{2x^2+a}+\sqrt{2+a}\,x)}$$

$$=\lim_{x \to 1} \frac{-a(x+1)}{\sqrt{2x^2+a}+\sqrt{2+a}\,x}=\frac{-2a}{\sqrt{2+a}+\sqrt{2+a}}$$

$$=\frac{-a}{\sqrt{2+a}}=1$$

에서 $\sqrt{2+a}=-a$
이때 $\sqrt{2+a}>0$이므로 $-a>0$
$\therefore \ a<0$

오른쪽 주석:
$(\sqrt{2x^2+a})^2-(\sqrt{2+a}\,x)^2$
$=2x^2+a-(2+a)x^2$
$=a-ax^2$

$\sqrt{2+a}=-a$에서
$2+a=a^2,\ a^2-a-2=0$
$(a+1)(a-2)=0 \qquad \therefore \ a=-1 \ (\because \ a<0)$
$a=-1$을 ㉡에 대입하면 $b=-1$
$\therefore \ ab=(-1)\cdot(-1)=1$

115 답 -1

One Point Lesson

함수 $f(x)f(x+1)$의 $x=0$에서의 극한값과 함숫값을 비교한다.

함수 $f(x)f(x+1)$이 $x=0$에서 연속이므로
$$\lim_{x \to 0+} f(x)f(x+1)=\lim_{x \to 0-} f(x)f(x+1)=f(0)f(1)$$
이때 $x+1=t$라 하면 $x \to 0+$일 때 $t \to 1+$, $x \to 0-$일 때
$t \to 1-$이므로

$$\lim_{x \to 0+} f(x)f(x+1)=\lim_{x \to 0+} f(x)\cdot\lim_{t \to 1+} f(t)$$
$$=a\cdot\frac{a+1}{2}=\frac{a(a+1)}{2},$$

$$\lim_{x \to 0-} f(x)f(x+1)=\lim_{x \to 0-} f(x)\cdot\lim_{t \to 1-} f(t)$$
$$=2\cdot\frac{a+1}{2}=a+1,$$

$$f(0)f(1)=0\cdot\frac{a+1}{2}=0$$

에서 $\dfrac{a(a+1)}{2}=a+1=0 \qquad \therefore \ a=-1$

오른쪽 주석:
구간 $(0, 2]$에서 x좌표가 1인 함수 $y=f(x)$의 그래프 위의 점은 두 점 $(0, a)$, $(2, 1)$을 지나는 직선의 일부이므로 함수 $y=f(x)$의 그래프는 두 점을 잇는 선분의 중점 $\left(1, \dfrac{a+1}{2}\right)$을 지난다.

116 답 ②

One Point Lesson

함수 $f(x)$가 모든 실수 x에 대하여 $f(x)=f(x+2)$를 만족시킴을 이용하여 닫힌구간 $[-1, 1]$에서의 함수 $f(x)$의 식을 구한다.

함수 $f(x)$가 실수 전체의 집합에서 연속이므로 $x=0$에서도 연속이다.
즉, $\displaystyle\lim_{x \to 0+} f(x)=\lim_{x \to 0-} f(x)=f(0)$이므로
$$\lim_{x \to 0+} f(x)=\lim_{x \to 0+}(ax+b)=b,$$
$$\lim_{x \to 0-} f(x)=\lim_{x \to 0-}(x^2-x-2)=-2,$$
$$f(0)=b$$
에서 $b=-2$
이때 함수 $f(x)$가 모든 실수 x에 대하여 $f(x)=f(x+2)$를 만족시
키므로 $f(-1)=f(1)$에서
$(-1)^2-(-1)-2=a-2$
$0=a-2 \qquad \therefore \ a=2$

따라서 $f(x)=\begin{cases} x^2-x-2 & (-1 \leq x < 0) \\ 2x-2 & (0 \leq x \leq 1) \end{cases}$ 이므로

$$f\left(\frac{1}{2}\right)=2\cdot\frac{1}{2}-2=-1$$

117 답 ①

One Point Lesson

함수 $f(x)$를 유리함수 꼴로 나타낸 후 분모를 0이 되게 하는 x의 값에서 연속일 조건을 이용한다.

$x \neq 0$일 때, $f(x)=\dfrac{x^2+4x}{\sqrt{2+x}-\sqrt{2-x}}$

함수 $f(x)$가 닫힌구간 $[-2, 2]$에서 연속이므로 $x=0$에서도 연속이다.
즉, $\displaystyle\lim_{x \to 0} f(x)=f(0)$이므로

$$\lim_{x \to 0} f(x) = \lim_{x \to 0} \frac{x^2 + 4x}{\sqrt{2+x} - \sqrt{2-x}}$$
$$= \lim_{x \to 0} \frac{(x^2 + 4x)(\sqrt{2+x} + \sqrt{2-x})}{(\sqrt{2+x} - \sqrt{2-x})(\sqrt{2+x} + \sqrt{2-x})}$$
$$= \lim_{x \to 0} \frac{x(x+4)(\sqrt{2+x} + \sqrt{2-x})}{2x}$$
$$= \lim_{x \to 0} \frac{(x+4)(\sqrt{2+x} + \sqrt{2-x})}{2} = 4\sqrt{2}$$

에서 $f(0) = 4\sqrt{2}$

118 답 6

함수 $f(x)$가 $x = a$에서 불연속이므로 함수 $f(x)g(x)$가 $x = a$에서 연속일 조건을 생각해본다.

다항함수 $g(x)$는 실수 전체의 집합에서 연속이므로 $f(x)g(x)$가 실수 전체의 집합에서 연속이 되려면 $x = a$에서 연속이어야 한다.
즉,
$$\lim_{x \to a+} f(x)g(x) = \lim_{x \to a+}(x+2)(x-5) = (a+2)(a-5),$$
$$\lim_{x \to a-} f(x)g(x) = \lim_{x \to a-}(2x+1)(x-5) = (2a+1)(a-5),$$
$$f(a)g(a) = (a+2)(a-5)$$
에서 $(a+2)(a-5) = (2a+1)(a-5)$
$(a-1)(a-5) = 0$ $\quad \therefore a = 1$ 또는 $a = 5$
따라서 모든 실수 a의 값의 합은
$1 + 5 = 6$

119 답 ③

먼저 최대·최소 정리를 이용하여 최댓값 또는 최솟값이 존재하는 구간을 파악한다.

주어진 함수 $y = f(x)$의 그래프에 의하여 함수 $f(x)$는 $x = -1$, $x = 0$, $x = 1$에서 불연속이므로 $f(x)$는 최대·최소 정리에 의하여 이 3개의 x의 값을 포함하지 않는 모든 닫힌구간에서 최댓값과 최솟값을 갖는다.
즉, 정수 a에 대하여 함수 $f(x)$가 닫힌구간 $[a, a+1]$에서 최댓값 또는 최솟값이 존재하는지는 $x = -1$, $x = 0$, $x = 1$을 포함하는 닫힌구간 $[-2, -1]$, $[-1, 0]$, $[0, 1]$, $[1, 2]$에서만 따져 보면 된다.
(i) 함수 $f(x)$는 닫힌구간 $[-2, -1]$에서 $x = -2$ 또는 $x = -1$일 때 최댓값 0을 갖고, 최솟값은 없다.
(ii) 함수 $f(x)$는 닫힌구간 $[-1, 0]$에서 최댓값은 없고, $x = 0$일 때 최솟값 -1을 갖는다.
(iii) 함수 $f(x)$는 닫힌구간 $[0, 1]$에서 $x = 1$일 때 최댓값 1, $x = 0$일 때 최솟값 -1을 갖는다.
(iv) 함수 $f(x)$는 닫힌구간 $[1, 2]$에서 $x = 1$일 때 최댓값 1, $x = 2$일 때 최솟값 0을 갖는다.
(i)~(iv)에서 함수 $f(x)$가 닫힌구간 $[-2, -1]$, $[-1, 0]$에서 최댓값 또는 최솟값을 갖지 않으므로
$a = -2$ 또는 $a = -1$
따라서 모든 정수 a의 값의 합은
$-2 + (-1) = -3$

120 답 4

먼저 조건 (나)와 사잇값의 정리를 이용하여 특정한 구간에서의 존재 여부를 확인한다.

함수 $f(x)$는 연속함수이고, 조건 (나)에서
$f(1)f(2) < 0$, $f(4)f(5) < 0$
이므로 사잇값의 정리에 의하여 방정식 $f(x) = 0$은 열린구간 $(1, 2)$, $(4, 5)$에서 각각 적어도 하나의 실근을 갖는다.
또한, 조건 (가)에서 $f(-x) = f(x)$이므로
$f(-2)f(-1) = f(2)f(1) < 0$, $f(-5)f(-4) = f(5)f(4) < 0$
즉, 사잇값의 정리에 의하여 방정식 $f(x) = 0$은 열린구간 $(-2, -1)$, $(-5, -4)$에서 각각 적어도 하나의 실근을 갖는다.
따라서 방정식 $f(x) = 0$은 적어도 4개의 실근을 가지므로 m의 최댓값은 4이다.

121 답 2

함수 $f(x)$는 $x = 0$, $x = 2$에서 불연속이고 다항함수 $g(x)$는 실수 전체의 집합에서 연속이므로 함수 $f(x)g(x)$가 닫힌구간 $[-1, 3]$에서 연속이려면 $x = 0$, $x = 2$에서 연속이어야 한다. ❶

(i) $x = 0$에서 연속이려면
$$\lim_{x \to 0+} f(x)g(x) = \lim_{x \to 0-} f(x)g(x) = f(0)g(0)$$ 이어야 하므로
$$\lim_{x \to 0+} f(x)g(x) = 2g(0),$$
$$\lim_{x \to 0-} f(x)g(x) = g(0),$$
$$f(0)g(0) = 2g(0)$$
에서 $2g(0) = g(0)$ $\quad \therefore g(0) = 0$
(ii) $x = 2$에서 연속이려면
$$\lim_{x \to 2+} f(x)g(x) = \lim_{x \to 2-} f(x)g(x) = f(2)g(2)$$ 이어야 하므로
$$\lim_{x \to 2+} f(x)g(x) = 0 \cdot g(2) = 0,$$
$$\lim_{x \to 2-} f(x)g(x) = 2g(2),$$
$$f(2)g(2) = g(2)$$
에서 $0 = 2g(2) = g(2)$ $\quad \therefore g(2) = 0$ ❷

(i), (ii)에서 $g(x) = ax(x-2)$라 하면
$g(x) = ax^2 - 4x + b = ax^2 - 2ax$
위의 등식이 x의 값에 관계없이 항상 성립하므로
$-4 = -2a$, $b = 0$ $\quad \therefore a = 2$, $b = 0$
$\therefore a + b = 2 + 0 = 2$ ❸

채점 기준	배점 비율
❶ 함수 $f(x)g(x)$가 연속이어야 하는 x의 값 구하기	30%
❷ $x = 0$, $x = 2$에서의 함수 $f(x)g(x)$의 연속성 각각 조사하기	50%
❸ 항등식의 성질을 이용하여 $a + b$의 값 구하기	20%

항등식의 성질

(1) $ax^2 + bx + c = 0$이 x에 대한 항등식
  $\Longleftrightarrow a = 0$, $b = 0$, $c = 0$
(2) $ax^2 + bx + c = a'x^2 + b'x + c'$이 x에 대한 항등식
  $\Longleftrightarrow a = a'$, $b = b'$, $c = c'$

03 미분계수와 도함수

122 답 (1) 1 (2) -1 (3) 14

(1) $\dfrac{\Delta y}{\Delta x}=\dfrac{f(3)-f(-2)}{3-(-2)}=\dfrac{-1-(-6)}{5}=1$

(2) $\dfrac{\Delta y}{\Delta x}=\dfrac{f(3)-f(-2)}{3-(-2)}=\dfrac{-6-(-1)}{5}=-1$

(3) $\dfrac{\Delta y}{\Delta x}=\dfrac{f(3)-f(-2)}{3-(-2)}=\dfrac{55-(-15)}{5}=14$

123 답 (1) -2 (2) $\Delta x+2$

(1) $\dfrac{\Delta y}{\Delta x}=\dfrac{f(1+\Delta x)-f(1)}{(1+\Delta x)-1}=\dfrac{\{-2(1+\Delta x)-3\}-(-5)}{\Delta x}$

$\qquad =\dfrac{-2\Delta x}{\Delta x}=-2$

(2) $\dfrac{\Delta y}{\Delta x}=\dfrac{f(1+\Delta x)-f(1)}{(1+\Delta x)-1}=\dfrac{\{(1+\Delta x)^2+2\}-3}{\Delta x}$

$\qquad =\dfrac{2\Delta x+(\Delta x)^2}{\Delta x}=\Delta x+2$

124 답 (1) 1 (2) 13 (3) 14

(1) $f'(2)=\lim\limits_{\Delta x\to 0}\dfrac{f(2+\Delta x)-f(2)}{\Delta x}$

$\qquad =\lim\limits_{\Delta x\to 0}\dfrac{\{(2+\Delta x)+5\}-7}{\Delta x}$

$\qquad =\lim\limits_{\Delta x\to 0}\dfrac{\Delta x}{\Delta x}=1$

(2) $f'(2)=\lim\limits_{\Delta x\to 0}\dfrac{f(2+\Delta x)-f(2)}{\Delta x}$

$\qquad =\lim\limits_{\Delta x\to 0}\dfrac{\{3(2+\Delta x)^2+(2+\Delta x)-1\}-13}{\Delta x}$

$\qquad =\lim\limits_{\Delta x\to 0}\dfrac{13\Delta x+3(\Delta x)^2}{\Delta x}$

$\qquad =\lim\limits_{\Delta x\to 0}(13+3\Delta x)=13$

(3) $f'(2)=\lim\limits_{\Delta x\to 0}\dfrac{f(2+\Delta x)-f(2)}{\Delta x}$

$\qquad =\lim\limits_{\Delta x\to 0}\dfrac{\{(2+\Delta x)^3+2(2+\Delta x)-3\}-9}{\Delta x}$

$\qquad =\lim\limits_{\Delta x\to 0}\dfrac{14\Delta x+6(\Delta x)^2+(\Delta x)^3}{\Delta x}$

$\qquad =\lim\limits_{\Delta x\to 0}\{14+6\Delta x+(\Delta x)^2\}=14$

125 답 2

$f'(a)=\lim\limits_{\Delta x\to 0}\dfrac{f(a+\Delta x)-f(a)}{\Delta x}$

$\qquad =\lim\limits_{\Delta x\to 0}\dfrac{\{2(a+\Delta x)^2-(a+\Delta x)\}-(2a^2-a)}{\Delta x}$

$\qquad =\lim\limits_{\Delta x\to 0}\dfrac{(4a-1)\Delta x+2(\Delta x)^2}{\Delta x}$

$\qquad =\lim\limits_{\Delta x\to 0}(4a-1+2\Delta x)$

$\qquad =4a-1=7$

에서 $a=2$

126 답 미분가능하다.

$\lim\limits_{\Delta x\to 0+}\dfrac{f(0+\Delta x)-f(0)}{\Delta x}=\lim\limits_{\Delta x\to 0+}\dfrac{\{(\Delta x)^2+1\}-1}{\Delta x}$

$\qquad\qquad\qquad\qquad =\lim\limits_{\Delta x\to 0+}\dfrac{(\Delta x)^2}{\Delta x}$

$\qquad\qquad\qquad\qquad =\lim\limits_{\Delta x\to 0+}\Delta x=0$

$\lim\limits_{\Delta x\to 0-}\dfrac{f(0+\Delta x)-f(0)}{\Delta x}=\lim\limits_{\Delta x\to 0-}\dfrac{\{(\Delta x)^2+1\}-1}{\Delta x}$

$\qquad\qquad\qquad\qquad =\lim\limits_{\Delta x\to 0-}\dfrac{(\Delta x)^2}{\Delta x}$

$\qquad\qquad\qquad\qquad =\lim\limits_{\Delta x\to 0-}\Delta x=0$

이므로 $\lim\limits_{\Delta x\to 0+}\dfrac{f(0+\Delta x)-f(0)}{\Delta x}=\lim\limits_{\Delta x\to 0-}\dfrac{f(0+\Delta x)-f(0)}{\Delta x}=0$

따라서 $f'(0)$이 존재하므로 함수 $f(x)$는 $x=0$에서 미분가능하다.

127 답 (1) 2 (2) 3 (3) 5

(1) $f'(1)=\lim\limits_{\Delta x\to 0}\dfrac{f(1+\Delta x)-f(1)}{\Delta x}$

$\qquad =\lim\limits_{\Delta x\to 0}\dfrac{\{2(1+\Delta x)-3\}-(-1)}{\Delta x}$

$\qquad =\lim\limits_{\Delta x\to 0}\dfrac{2\Delta x}{\Delta x}=2$

(2) $f'(2)=\lim\limits_{\Delta x\to 0}\dfrac{f(2+\Delta x)-f(2)}{\Delta x}$

$\qquad =\lim\limits_{\Delta x\to 0}\dfrac{\{(2+\Delta x)^2-(2+\Delta x)+2\}-4}{\Delta x}$

$\qquad =\lim\limits_{\Delta x\to 0}\dfrac{3\Delta x+(\Delta x)^2}{\Delta x}$

$\qquad =\lim\limits_{\Delta x\to 0}(3+\Delta x)=3$

(3) $f'(-1)=\lim\limits_{\Delta x\to 0}\dfrac{f(-1+\Delta x)-f(-1)}{\Delta x}$

$\qquad =\lim\limits_{\Delta x\to 0}\dfrac{\{(-1+\Delta x)^3+2(-1+\Delta x)-1\}-(-4)}{\Delta x}$

$\qquad =\lim\limits_{\Delta x\to 0}\dfrac{5\Delta x-3(\Delta x)^2+(\Delta x)^3}{\Delta x}$

$\qquad =\lim\limits_{\Delta x\to 0}\{5-3\Delta x+(\Delta x)^2\}=5$

128 답 (가) 연속 (나) 1 (다) -1 (라) 미분가능하지 않다

(i) $f(0)=0$이고 $\lim\limits_{x\to 0}f(x)=\lim\limits_{x\to 0}|x|=0$이므로

$\qquad \lim\limits_{x\to 0}f(x)=f(0)$

$\qquad$ 따라서 함수 $y=f(x)$는 $x=0$에서 $\boxed{\text{연속}}$이다.

(ii) $f'(0)=\lim\limits_{x\to 0}\dfrac{f(x)-f(0)}{x-0}=\lim\limits_{x\to 0}\dfrac{|x|}{x}$에서

$\qquad \lim\limits_{x\to 0+}\dfrac{|x|}{x}=\lim\limits_{x\to 0+}\dfrac{x}{x}=\boxed{1}$,

$\qquad \lim\limits_{x\to 0-}\dfrac{|x|}{x}=\lim\limits_{x\to 0-}\dfrac{-x}{x}=\boxed{-1}$

$\qquad$ 이므로 $f'(0)$이 존재하지 않는다.

(i), (ii)에서 함수 $f(x)$는 $x=0$에서 $\boxed{\text{연속}}$이지만 $\boxed{\text{미분가능하지 않다}}$.

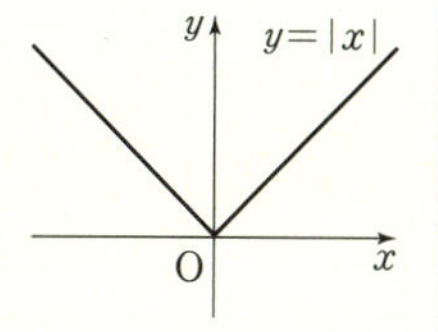

함수 $y=|x|$의 그래프를 그려 보면 오른쪽 그림과 같아.
$x=0$에서 그래프가 꺾이는 것을 확인할 수 있지?
이와 같이 함수 $f(x)$의 $x=a$에서 미분가능성은 그래프를 그려서도 확인할 수 있어.

129 답 ③

함수 $f(x)=x^2+2$에서 x의 값이 0에서 3까지 변할 때의 평균변화율은

$$\frac{\Delta y}{\Delta x}=\frac{f(3)-f(0)}{3-0}=\frac{11-2}{3-0}=3 \quad \cdots\cdots \bigcirc$$

함수 $f(x)$의 $x=a$에서의 미분계수는

$$
\begin{aligned}
f'(a)&=\lim_{\Delta x\to 0}\frac{f(a+\Delta x)-f(a)}{\Delta x}\\
&=\lim_{\Delta x\to 0}\frac{\{(a+\Delta x)^2+2\}-(a^2+2)}{\Delta x}\\
&=\lim_{\Delta x\to 0}\frac{2a\Delta x+(\Delta x)^2}{\Delta x}\\
&=\lim_{\Delta x\to 0}(2a+\Delta x)=2a \quad \cdots\cdots \bigcirc
\end{aligned}
$$

$\bigcirc$, $\bigcirc$에서 $2a=3$ $\therefore a=\dfrac{3}{2}$

130 답 ③

함수 $f(x)=x^3-x+1$에 대하여 닫힌구간 $[-1, 1]$에서, 즉 x의 값이 -1에서 1까지 변할 때의 평균변화율은

$$\frac{\Delta y}{\Delta x}=\frac{f(1)-f(-1)}{1-(-1)}=\frac{1-1}{2}=0 \quad \cdots\cdots \bigcirc$$

함수 $f(x)$의 $x=a$에서의 순간변화율은

$$
\begin{aligned}
f'(a)&=\lim_{\Delta x\to 0}\frac{f(a+\Delta x)-f(a)}{\Delta x}\\
&=\lim_{\Delta x\to 0}\frac{\{(a+\Delta x)^3-(a+\Delta x)+1\}-(a^3-a+1)}{\Delta x}\\
&=\lim_{\Delta x\to 0}\frac{(3a^2-1)\Delta x+3a(\Delta x)^2+(\Delta x)^3}{\Delta x}\\
&=\lim_{\Delta x\to 0}\{3a^2-1+3a\Delta x+(\Delta x)^2\}\\
&=3a^2-1 \quad \cdots\cdots \bigcirc
\end{aligned}
$$

$\bigcirc$, $\bigcirc$에서

$3a^2-1=0$, $a^2=\dfrac{1}{3}$ $\therefore a=\dfrac{\sqrt{3}}{3}\ (\because a>0)$

131 답 ②

함수 $f(x)=-\dfrac{1}{2}x^2+1$에 대하여 닫힌구간 $[a, a+1]$에서, 즉 x의 값이 a에서 $a+1$까지 변할 때의 평균변화율은

$$
\begin{aligned}
\frac{\Delta y}{\Delta x}&=\frac{f(a+1)-f(a)}{(a+1)-a}=\frac{\left\{-\dfrac{1}{2}(a+1)^2+1\right\}-\left(-\dfrac{1}{2}a^2+1\right)}{1}\\
&=-a-\frac{1}{2} \quad \cdots\cdots \bigcirc
\end{aligned}
$$

함수 $f(x)$의 $x=1$에서의 미분계수는

$$
\begin{aligned}
f'(1)&=\lim_{\Delta x\to 0}\frac{f(1+\Delta x)-f(1)}{\Delta x}\\
&=\lim_{\Delta x\to 0}\frac{\left\{-\dfrac{1}{2}(1+\Delta x)^2+1\right\}-\dfrac{1}{2}}{\Delta x}\\
&=\lim_{\Delta x\to 0}\frac{-\Delta x-\dfrac{1}{2}(\Delta x)^2}{\Delta x}\\
&=\lim_{\Delta x\to 0}\left(-1-\frac{1}{2}\Delta x\right)=-1 \quad \cdots\cdots \bigcirc
\end{aligned}
$$

$\bigcirc$, $\bigcirc$에서 $-a-\dfrac{1}{2}=-1$ $\therefore a=\dfrac{1}{2}$

132 답 3

→ 두 계수가 같아지도록 분모를 변형한다.

$$
\lim_{h\to 0}\frac{f(1+\mathbf{3h})-f(1)}{\mathbf{2h}}=\lim_{h\to 0}\frac{f(1+3h)-f(1)}{3h}\cdot\frac{3}{2}
$$

$h\to 0$이면 $3h\to 0$이다.

$$=\frac{3}{2}f'(1)=\frac{3}{2}\cdot 2=3$$

133 답 ①

$$
\begin{aligned}
&\lim_{h\to 0}\frac{f(2+h)-f(2-2h)}{h}\\
&=\lim_{h\to 0}\frac{\{f(2+h)-f(2)\}-\{f(2-2h)-f(2)\}}{h}\\
&=\lim_{h\to 0}\frac{f(2+h)-f(2)}{h}+\lim_{h\to 0}\frac{f(2-2h)-f(2)}{-2h}\cdot 2\\
&=f'(2)+2f'(2)=3f'(2)\\
&=3\cdot(-1)=-3
\end{aligned}
$$

134 답 ③

$$
\begin{aligned}
\lim_{h\to 0}\frac{f(3h)-3}{h}&=\lim_{h\to 0}\frac{f(3h)-f(0)}{h}\\
&=\lim_{h\to 0}\frac{f(0+3h)-f(0)}{3h}\cdot 3\\
&=3f'(0)=3\cdot 3=9
\end{aligned}
$$

135 답 5

$$
\begin{aligned}
&\lim_{h\to 0}\frac{f(ah-1)-f(bh-1)}{h}\\
&=\lim_{h\to 0}\frac{\{f(-1+ah)-f(-1)\}-\{f(-1+bh)-f(-1)\}}{h}\\
&=\lim_{h\to 0}\frac{f(-1+ah)-f(-1)}{ah}\cdot a-\lim_{h\to 0}\frac{f(-1+bh)-f(-1)}{bh}\cdot b\\
&=af'(-1)-bf'(-1)\\
&=(a-b)f'(-1)\\
&=2(a-b)\\
&=10
\end{aligned}
$$

에서 $a-b=5$

136 답 ②

→ ▲는 ▲끼리, ●는 ●끼리 같아지도록 분모를 변형한다.

$$
\begin{aligned}
\lim_{x\to 2}\frac{f(x)-f(2)}{x^2-4}&=\lim_{x\to 2}\frac{f(x)-f(2)}{(x+2)(x-2)}\\
&=\lim_{x\to 2}\left\{\frac{f(x)-f(2)}{x-2}\cdot\frac{1}{x+2}\right\}\\
&=\frac{1}{4}f'(2)=\frac{1}{4}\cdot 2=\frac{1}{2}
\end{aligned}
$$

137 답 ③

$$
\begin{aligned}
\lim_{x\to 3}\frac{f(x^2)-f(9)}{x-3}&=\lim_{x\to 3}\frac{\{f(x^2)-f(9)\}(x+3)}{(x-3)(x+3)}\\
&=\lim_{x\to 3}\left\{\frac{f(x^2)-f(9)}{x^2-9}\cdot(x+3)\right\}
\end{aligned}
$$

$x\to 3$이면 $x^2\to 9$이다.

$$=6f'(9)=6\cdot 1=6$$

🔊 선생님 **톡톡**

분자의 $f(x^2)$을 보고 당황하지 말자.

$\lim\limits_{\blacktriangle\to\bullet}\dfrac{f(\blacktriangle)-f(\bullet)}{\blacktriangle-\bullet}$에서 ▲가 x^2인 것 뿐이야.

138 답 10

$2f(1)=f'(1)$에서 $f(1)=\dfrac{1}{2}f'(1)$이므로

$$\begin{aligned}\lim_{x\to 1}\frac{f(x)-xf(1)}{x-1}&=\lim_{x\to 1}\frac{f(x)-f(1)+f(1)-xf(1)}{x-1}\\&=\lim_{x\to 1}\frac{f(x)-f(1)-f(1)(x-1)}{x-1}\\&=\lim_{x\to 1}\frac{f(x)-f(1)}{x-1}-f(1)\\&=f'(1)-f(1)\\&=f'(1)-\frac{1}{2}f'(1)=\frac{1}{2}f'(1)=5\end{aligned}$$

$\therefore f'(1)=10$

$\lim\limits_{\blacktriangle\to\bullet}\dfrac{\blacktriangle f(\blacktriangle)-\blacktriangle f(\bullet)}{\blacktriangle-\bullet}$ 꼴의 극한값을 구할 때에는 분자에 $\blacktriangle f(\blacktriangle)$ 또는

$\bullet f(\bullet)$를 더하고 뺀 후 극한을 2개로 분리하면 돼.

139 답 ⑤

$\lim\limits_{x\to -1}\dfrac{f(x)-4}{x^2-1}=-4$에서 $x\to -1$일 때 (분모) $\to 0$이고 극한값이

존재하므로 (분자) $\to 0$이다.

즉, $\lim\limits_{x\to -1}\{f(x)-4\}=0$에서 $f(-1)=4$

따라서

$$\begin{aligned}\lim_{x\to -1}\frac{f(x)-4}{x^2-1}&=\lim_{x\to -1}\left\{\frac{f(x)-f(-1)}{x-(-1)}\cdot\frac{1}{x-1}\right\}\\&=-\frac{1}{2}f'(-1)\\&=-4\end{aligned}$$

이므로 $f'(-1)=8$

$\therefore f(-1)+f'(-1)=4+8=12$

140 답 3

$f(x+y)=f(x)+f(y)$의 양변에 $x=0,\ y=0$을 대입하면

$f(0)=f(0)+f(0)$ $\therefore f(0)=0$

$$\begin{aligned}\therefore f'(3)&=\lim_{h\to 0}\frac{f(3+h)-f(3)}{h}\\&=\lim_{h\to 0}\frac{f(3)+f(h)-f(3)}{h}\\&=\lim_{h\to 0}\frac{f(h)}{h}\\&=\lim_{h\to 0}\frac{f(0+h)-f(0)}{h}\ (\because f(0)=0)\\&=f'(0)=3\end{aligned}$$

141 답 ①

$f(x+y)=f(x)+f(y)+kxy$의 양변에 $x=0,\ y=0$을 대입하면

$f(0)=f(0)+f(0)+0$ $\therefore f(0)=0$

$$\begin{aligned}\therefore f'(1)&=\lim_{h\to 0}\frac{f(1+h)-f(1)}{h}\\&=\lim_{h\to 0}\frac{f(1)+f(h)+kh-f(1)}{h}\\&=\lim_{h\to 0}\frac{f(h)}{h}+k\\&=\lim_{h\to 0}\frac{f(0+h)-f(0)}{h}+k\ (\because f(0)=0)\\&=f'(0)+k=2+k\end{aligned}$$

따라서 $2+k=3$이므로 $k=1$

142 답 ⑤

$f(x+y)=f(x)+f(y)+3xy$의 양변에 $x=0,\ y=0$을 대입하면

$f(0)=f(0)+f(0)+0$ $\therefore f(0)=0$

이때

$$\begin{aligned}f'(1)&=\lim_{h\to 0}\frac{f(1+h)-f(1)}{h}\\&=\lim_{h\to 0}\frac{f(1)+f(h)+3h-f(1)}{h}\\&=\lim_{h\to 0}\frac{f(h)+3h}{h}\\&=\lim_{h\to 0}\frac{f(0+h)-f(0)}{h}+3\ (\because f(0)=0)\\&=f'(0)+3=5\end{aligned}$$

에서 $f'(0)=2$

$$\begin{aligned}\therefore f'(4)&=\lim_{h\to 0}\frac{f(4+h)-f(4)}{h}\\&=\lim_{h\to 0}\frac{f(4)+f(h)+12h-f(4)}{h}\\&=\lim_{h\to 0}\frac{f(h)+12h}{h}\\&=\lim_{h\to 0}\frac{f(0+h)-f(0)}{h}+12\ (\because f(0)=0)\\&=f'(0)+12\\&=2+12=14\end{aligned}$$

143 답 8

$f(x+y)=f(x)+f(y)-xy+2$의 양변에 $x=0,\ y=0$을 대입하면

$f(0)=f(0)+f(0)-0+2$ $\therefore f(0)=-2$

이때

$$\begin{aligned}f'(3)&=\lim_{h\to 0}\frac{f(3+h)-f(3)}{h}\\&=\lim_{h\to 0}\frac{f(3)+f(h)-3h+2-f(3)}{h}\\&=\lim_{h\to 0}\frac{f(h)+2}{h}-3\\&=\lim_{h\to 0}\frac{f(0+h)-f(0)}{h}-3\ (\because f(0)=-2)\\&=f'(0)-3=5\end{aligned}$$

에서 $f'(0)=8$

즉, 자연수 k에 대하여

$$\begin{aligned}f'(k)&=\lim_{h\to 0}\frac{f(k+h)-f(k)}{h}\\&=\lim_{h\to 0}\frac{f(k)+f(h)-kh+2-f(k)}{h}\\&=\lim_{h\to 0}\frac{f(0+h)-f(0)}{h}-k\ (\because f(0)=-2)\\&=f'(0)-k\\&=8-k\end{aligned}$$

따라서 $8-k=0$이어야 하므로

$k=8$

144 답 3

함수 $y=f(x)$의 그래프 위의 $x=3$인 점에서의 접선의 기울기는

$f'(3)$과 같고, 이 접선이 두 점 $(1,\ 0),\ (3,\ 2)$를 지나므로

$f'(3)=\dfrac{2-0}{3-1}=1$

$\therefore \lim\limits_{h \to 0} \dfrac{f(3+h)-f(3-2h)}{h}$

$=\lim\limits_{h \to 0} \dfrac{\{f(3+h)-f(3)\}-\{f(3-2h)-f(3)\}}{h}$

$=\lim\limits_{h \to 0} \dfrac{f(3+h)-f(3)}{h}+\lim\limits_{h \to 0} \dfrac{f(3-2h)-f(3)}{-2h}\cdot 2$

$=f'(3)+2f'(3)=3f'(3)=3$

145 답 1

곡선 $y=f(x)$ 위의 점 $(-2,\ -3)$에서의 접선의 기울기는

$f'(-2)=\lim\limits_{x \to -2} \dfrac{f(x)-f(-2)}{x-(-2)}$

$=\lim\limits_{x \to -2} \dfrac{(x^2+5x+3)-(-3)}{x+2}$

$=\lim\limits_{x \to -2} \dfrac{x^2+5x+6}{x+2}$

$=\lim\limits_{x \to -2} \dfrac{(x+3)(x+2)}{x+2}$

$=\lim\limits_{x \to -2} (x+3)=1$

이때 $\tan \theta$의 값은 이 접선의 기울기와 같으므로

$\tan \theta=1$

146 답 ⑤

주어진 그래프에서 $f'(p)>0,\ f'(q)<0,\ f'(r)>0$

ㄱ. $f'(q)<0$ (참)

ㄴ. $f'(p)f'(q)f'(r)<0$ (참)

ㄷ. $f(p)=f(q)=f(r)=k$에서

$f(p)<0,\ f(q)<0,\ f(r)<0$이므로

$f(p)f'(p)<0,\ f(q)f'(q)>0,\ f(r)f'(r)<0$

$\therefore f(p)f'(p)-f(q)f'(q)+f(r)f'(r)<0$ (참)

따라서 옳은 것은 ㄱ, ㄴ, ㄷ이다.

> 함수 $y=f(x)$의 그래프 위의 점 $(a,\ f(a))$에서의 접선의 기울기는 함수 $f(x)$의 $x=a$에서의 미분계수 $f'(a)$와 같다.

147 답 ㄴ

ㄱ. $\lim\limits_{h \to 0+} \dfrac{f(0+h)-f(0)}{h}>0,\ \lim\limits_{h \to 0-} \dfrac{f(0+h)-f(0)}{h}=0$

이므로 $f'(0)$이 존재하지 않는다.

즉, 함수 $f(x)$는 $x=0$에서 미분가능하지 않다.

ㄴ. $f'(0)$이 존재하고 함수 $f(x)$는 $x=0$에서 연속이므로 $x=0$에서 미분가능하다.

ㄷ. $\lim\limits_{x \to 0+} f(x) \neq \lim\limits_{x \to 0-} f(x)$이므로 $\lim\limits_{x \to 0} f(x)$의 값이 존재하지 않는다.

즉, 함수 $f(x)$는 $x=0$에서 불연속이므로 $x=0$에서 미분가능하지 않다.

따라서 $x=0$에서 미분가능한 것은 ㄴ이다.

148 답 ③

① $\lim\limits_{x \to 0} f(x)=f(0)=1$이므로 함수 $f(x)$는 $x=0$에서 연속이다.

$f'(0)=\lim\limits_{h \to 0} \dfrac{f(0+h)-f(0)}{h}=\lim\limits_{h \to 0} \dfrac{1-1}{h}=0$

이므로 함수 $f(x)$는 $x=0$에서 미분가능하다.

② $\lim\limits_{x \to 0} f(x)=f(0)=0$이므로 함수 $f(x)$는 $x=0$에서 연속이다.

$f'(0)=\lim\limits_{h \to 0} \dfrac{f(0+h)-f(0)}{h}=\lim\limits_{h \to 0} \dfrac{h^2-0}{h}=0$

이므로 함수 $f(x)$는 $x=0$에서 미분가능하다.

③ $f(x)=\sqrt{x^2}=|x|$이므로 $f(x)=\begin{cases} x & (x \geq 0) \\ -x & (x<0) \end{cases}$

$\lim\limits_{x \to 0} f(x)=f(0)=0$이므로 함수 $f(x)$는 $x=0$에서 연속이다.

$\lim\limits_{h \to 0+} \dfrac{f(0+h)-f(0)}{h}=\lim\limits_{h \to 0+} \dfrac{h-0}{h}=1,$

$\lim\limits_{h \to 0+} \dfrac{f(0+h)-f(0)}{h}=\lim\limits_{h \to 0+} \dfrac{-h-0}{h}=-1$

이므로 함수 $f(x)$는 $x=0$에서 미분가능하지 않다.

> $\lim\limits_{x \to 0+} f(x)=\lim\limits_{x \to 0+} \dfrac{x}{x}=1,$
> $\lim\limits_{x \to 0-} f(x)=\lim\limits_{x \to 0-} \dfrac{-x}{x}=-1$

④ $f(0)$이 정의되지 않으므로 함수 $f(x)$는 $x=0$에서 불연속이고, 미분가능하지 않다.

⑤ $\lim\limits_{x \to 0} f(x)=f(0)=0$이므로 함수 $f(x)$는 $x=0$에서 연속이다.

$\lim\limits_{h \to 0+} \dfrac{f(0+h)-f(0)}{h}=\lim\limits_{h \to 0+} \dfrac{h^2-0}{h}=0,$

$\lim\limits_{h \to 0-} \dfrac{f(0+h)-f(0)}{h}=\lim\limits_{h \to 0-} \dfrac{-h^2-0}{h}=0$

이므로 함수 $f(x)$는 $x=0$에서 미분가능하다.

> $\lim\limits_{x \to 0+} f(x)=\lim\limits_{x \to 0+} x^2=0,$
> $\lim\limits_{x \to 0-} f(x)=\lim\limits_{x \to 0-} (-x^2)=0$

따라서 $x=0$에서 연속이지만 미분가능하지 않은 함수는 ③이다.

149 답 ③

ㄱ. $\lim\limits_{x \to 2} f(x)=f(2)=0$이므로 함수 $f(x)$는 $x=2$에서 연속이다.

$\lim\limits_{h \to 0+} \dfrac{f(2+h)-f(2)}{h}=\lim\limits_{h \to 0+} \dfrac{|h|-0}{h}=\lim\limits_{h \to 0+} \dfrac{h}{h}=1,$

$\lim\limits_{h \to 0-} \dfrac{f(2+h)-f(2)}{h}=\lim\limits_{h \to 0-} \dfrac{|h|-0}{h}=\lim\limits_{h \to 0-} \dfrac{-h}{h}=-1$

이므로 함수 $f(x)$는 $x=2$에서 미분가능하지 않다.

ㄴ. $\lim\limits_{x \to 2} g(x)=g(2)=0$이므로 함수 $g(x)$는 $x=2$에서 연속이다.

$\lim\limits_{h \to 0+} \dfrac{g(2+h)-g(2)}{h}=\lim\limits_{h \to 0+} \dfrac{|h^2+4h|-0}{h}$

$=\lim\limits_{h \to 0+} \dfrac{h^2+4h}{h}=4$

$\lim\limits_{h \to 0-} \dfrac{g(2+h)-g(2)}{h}=\lim\limits_{h \to 0-} \dfrac{|h^2+4h|-0}{h}$

$=\lim\limits_{h \to 0-} \dfrac{-(h^2+4h)}{h}=-4$

이므로 함수 $g(x)$는 $x=2$에서 미분가능하지 않다.

ㄷ. $\lim\limits_{x \to 2} k(x)=k(2)=0$이므로 함수 $k(x)$는 $x=2$에서 연속이다.

$\lim\limits_{h \to 0+} \dfrac{k(2+h)-k(2)}{h}=\lim\limits_{h \to 0+} \dfrac{h \cdot |h|-0}{h}$

$=\lim\limits_{h \to 0+} \dfrac{h^2}{h}=0$

$\lim\limits_{h \to 0-} \dfrac{k(2+h)-k(2)}{h}=\lim\limits_{h \to 0-} \dfrac{h \cdot |h|-0}{h}$

$=\lim\limits_{h \to 0-} \dfrac{-h^2}{h}=0$

이므로 함수 $k(x)$는 $x=2$에서 미분가능하다.

따라서 $x=2$에서 연속이지만 미분가능하지 않은 함수는 ㄱ, ㄴ이다.

150 답 6

함수 $f(x)$는 $x=0,\ x=2$에서 불연속이므로

$m=2$

한편, 함수 $f(x)$는 $x=0,\ x=1,\ x=2,\ x=4$에서 미분가능하지 않으므로

$n=4$

$\therefore m+n=2+4=6$

> 함수가 불연속이므로 미분가능하지 않다.
> 함수의 그래프가 꺾이는 모양이므로 미분가능하지 않다.

> 함수의 그래프가 꺾이는 모양

151 답 ⑤

ㄱ. $\lim\limits_{x \to -2+} f(x)=\lim\limits_{x \to -2-} f(x)$이므로 $\lim\limits_{x \to -2} f(x)$의 값이 존재한다.

(참)

ㄴ. 열린구간 $(1, 3)$에서 접선의 기울기가 양수이므로 $f'(x)>0$이다.
(참)

ㄷ. 열린구간 $(-4, 4)$에서 함수 $f(x)$는 $x=-3$, $x=-2$, $x=-1$, $x=1$, $x=3$에서 미분가능하지 않으므로 미분가능하지 않은 x의 값은 5개이다. (참)

따라서 옳은 것은 ㄱ, ㄴ, ㄷ이다.

152 답 ④

① $\lim\limits_{x \to 2+} f(x) = \lim\limits_{x \to 2-} f(x)$이므로 $\lim\limits_{x \to 2} f(x)$의 값이 존재한다.

② 함수 $f(x)$는 $x=4$에서 극한값이 존재하지 않으므로 극한값이 존재하지 않는 x의 값은 1개이다.

③ 함수 $f(x)$는 $x=2$, $x=4$에서 불연속이므로 불연속인 x의 값은 2개이다.

④ 함수 $f(x)$는 $x=2$, $x=3$, $x=4$, $x=5$에서 미분가능하지 않으므로 미분가능하지 않은 x의 값은 4개이다.

⑤ $f'(x)=0$인 x의 값은 열린구간 $(0, 1)$에서 1개, 열린구간 $(3, 4)$에서 1개 존재하므로 $f'(x)=0$인 x의 값은 2개이다.

따라서 옳지 않은 것은 ④이다.

153 답 5

함수 $f(x)$가 $x=1$에서 미분가능하므로 $x=1$에서 연속이다.

즉, $\lim\limits_{x \to 1-} f(x) = f(1)$이므로 $b+2=1+a$

$\therefore a-b=1$ ······ ㉠

또한, $f'(1)$이 존재하므로

$$\lim_{x \to 1+} \frac{f(x)-f(1)}{x-1} = \lim_{x \to 1+} \frac{(x^2+a)-(1+a)}{x-1}$$
$$= \lim_{x \to 1+} \frac{x^2-1}{x-1} = \lim_{x \to 1+} \frac{(x+1)(x-1)}{x-1}$$
$$= \lim_{x \to 1+} (x+1) = 2$$

$$\lim_{x \to 1-} \frac{f(x)-f(1)}{x-1} = \lim_{x \to 1-} \frac{(bx+2)-(b+2)}{x-1}$$
$$= \lim_{x \to 1-} \frac{b(x-1)}{x-1} = b$$

에서 $b=2$

$b=2$를 ㉠에 대입하여 풀면 $a=3$

$\therefore a+b=3+2=5$

154 답 ②

함수 $f(x)$가 모든 실수 x에서 미분가능하므로 $x=-1$에서 미분가능하다.

즉, 함수 $f(x)$는 $x=-1$에서 연속이므로

$\lim\limits_{x \to -1-} f(x) = f(-1)$에서 $-1-2=-p+q$

$\therefore p-q=3$ ······ ㉠

또한, $f'(-1)$이 존재하므로

$$\lim_{x \to -1+} \frac{f(x)-f(-1)}{x-(-1)} = \lim_{x \to -1+} \frac{(px+q)-(-p+q)}{x+1}$$
$$= \lim_{x \to -1+} \frac{p(x+1)}{x+1} = p$$

$$\lim_{x \to -1-} \frac{f(x)-f(-1)}{x-(-1)} = \lim_{x \to -1-} \frac{(x^3+2x)-(-3)}{x+1}$$
$$= \lim_{x \to -1-} \frac{(x+1)(x^2-x+3)}{x+1}$$
$$= \lim_{x \to -1-} (x^2-x+3) = 5$$

x^3+2x+3
$=(x+1)(x^2-x+3)$

에서 $p=5$

$p=5$를 ㉠에 대입하여 풀면 $q=2$

따라서 $x \geq -1$에서 $f(x)=5x+2$이므로

$f(2)=5 \cdot 2+2=12$

155 답 ④

함수 $f(x)$가 모든 실수 x에서 미분가능하므로 $x=a$에서 미분가능하다.

즉, 함수 $f(x)$는 $x=a$에서 연속이므로

$\lim\limits_{x \to a-} f(x) = f(a)$에서 $-a^2+b=2a^2+a+1$

$\therefore b=3a^2+a+1$ ······ ㉠

또한, $f'(a)$가 존재하므로

$$\lim_{x \to a+} \frac{f(x)-f(a)}{x-a} = \lim_{x \to a+} \frac{(2x^2+x+1)-(2a^2+a+1)}{x-a}$$
$$= \lim_{x \to a+} \frac{2(x+a)(x-a)+(x-a)}{x-a}$$
$$= \lim_{x \to a+} \{2(x+a)+1\} = 4a+1$$

$$\lim_{x \to a-} \frac{f(x)-f(a)}{x-a} = \lim_{x \to a-} \frac{(-x^2+b)-(-a^2+b)}{x-a}$$
$$= \lim_{x \to a-} \frac{-(x+a)(x-a)}{x-a}$$
$$= \lim_{x \to a-} (-x-a) = -2a$$

에서 $4a+1=-2a$ $\therefore a=-\dfrac{1}{6}$

$a=-\dfrac{1}{6}$을 ㉠에 대입하면

$$b=3 \cdot \left(-\frac{1}{6}\right)^2 + \left(-\frac{1}{6}\right) + 1 = \frac{11}{12}$$

$\therefore a+b = -\dfrac{1}{6} + \dfrac{11}{12} = \dfrac{3}{4}$

156 답 (1) $f'(x)=0$ (2) $f'(x)=1$ (3) $f'(x)=-3x^2$

(1) $f'(x) = \lim\limits_{h \to 0} \dfrac{f(x+h)-f(x)}{h}$
$= \lim\limits_{h \to 0} \dfrac{-1-(-1)}{h} = 0$

(2) $f'(x) = \lim\limits_{h \to 0} \dfrac{f(x+h)-f(x)}{h}$
$= \lim\limits_{h \to 0} \dfrac{(x+h+1)-(x+1)}{h}$
$= \lim\limits_{h \to 0} \dfrac{h}{h} = 1$

(3) $f'(x) = \lim\limits_{h \to 0} \dfrac{f(x+h)-f(x)}{h}$
$= \lim\limits_{h \to 0} \dfrac{\{-(x+h)^3-1\}-(-x^3-1)}{h}$
$= \lim\limits_{h \to 0} \dfrac{-3x^2h-3xh^2-h^3}{h}$
$= \lim\limits_{h \to 0} (-3x^2-3xh-h^2) = -3x^2$

157 답 (1) $y'=3x^2$ (2) $y'=10x^9$ (3) $y'=0$

(1) $y'=(x^3)'=3x^2$
(2) $y'=(x^{10})'=10x^9$
(3) $y'=(-50)'=0$

158 답 (1) $y'=-3$ (2) $y'=12x^3+6x^2$

(1) $y'=(-3x+8)'=(-3x)'+(8)'=-3$

(2) $y'=(3x^4+2x^3)'=(3x^4)'+(2x^3)'=12x^3+6x^2$

159 답 (1) $y'=6x-1$ (2) $y'=8x^3+6x^2-2x-3$
  (3) $y'=3x^2-1$ (4) $y'=3(x-4)^2$

(1) $y'=(x+1)'(3x-4)+(x+1)(3x-4)'$
$=3x-4+(x+1)\cdot3=6x-1$

(2) $y'=(x^2+x+1)'(2x^2-3)+(x^2+x+1)(2x^2-3)'$
$=(2x+1)(2x^2-3)+(x^2+x+1)\cdot4x$
$=8x^3+6x^2-2x-3$

(3) $y'=(x)'(x-1)(x+1)+x(x-1)'(x+1)+x(x-1)(x+1)'$
$=(x-1)(x+1)+x(x+1)+x(x-1)=3x^2-1$

(4) $y'=\{(x-4)^3\}'=3(x-4)^2(x-4)'=3(x-4)^2$

• 본문 039~041쪽

160 답 ②

$f(x)=x^3+ax^2+6x-1$에서 $f'(x)=3x^2+2ax+6$

$f'(2)=2$에서

$4a+18=2,\ 4a=-16$

$\therefore a=-4$

161 답 210

$f(x)=x^{20}+x^{19}+x^{18}+\cdots+x+1$에서

$f'(x)=20x^{19}+19x^{18}+18x^{17}+\cdots+1$

$\therefore f'(1)=20+19+18+\cdots+1=\sum_{k=1}^{20}k=\dfrac{20\cdot21}{2}=210$

해설 속 칠판 자연수의 거듭제곱의 합

(1) $\sum_{k=1}^{n}k=\dfrac{n(n+1)}{2}$

(2) $\sum_{k=1}^{n}k^2=\dfrac{n(n+1)(2n+1)}{6}$

(3) $\sum_{k=1}^{n}k^3=\left\{\dfrac{n(n+1)}{2}\right\}^2$

---

162 답 ④

$f(x)=x^4+px^2+qx+3$에서 $f'(x)=4x^3+2px+q$

$f(1)=5$에서 $p+q+4=5$

$\therefore p+q=1$ $\cdots\cdots$ ㉠

$f'(1)=7$에서 $4+2p+q=7$

$\therefore 2p+q=3$ $\cdots\cdots$ ㉡

㉠, ㉡을 연립하여 풀면 $p=2,\ q=-1$

따라서 $f(x)=x^4+2x^2-x+3$이므로

$f(-1)=1+2+1+3=7$

163 답 3

$f(x)=2x^3+kx^2-kx+5$에서

$f'(x)=6x^2+2kx-k=6\left(x+\dfrac{k}{6}\right)^2-\dfrac{k^2}{6}-k$

이때 도함수 $f'(x)$가 $x=-\dfrac{k}{6}$에서 최솟값 $-\dfrac{k^2}{6}-k$를 가지므로

$-\dfrac{k^2}{6}-k=-\dfrac{9}{2}$

$k^2+6k-27=0,\ (k+9)(k-3)=0$

$\therefore k=3\ (\because k>0)$

164 답 ②

$f(x)=(2x^3+x^2+1)(ax+1)$에서

$f'(x)=(2x^3+x^2+1)'(ax+1)+(2x^3+x^2+1)(ax+1)'$
$=(6x^2+2x)(ax+1)+(2x^3+x^2+1)\cdot a$

$f'(-1)=6$에서

$4(-a+1)=6,\ -a+1=\dfrac{3}{2}$ $\therefore a=-\dfrac{1}{2}$

165 답 -3

$f(x)=(2x+k)^4$에서

$f'(x)=4(2x+k)^3(2x+k)'$
$=4(2x+k)^3\cdot2=8(2x+k)^3$

$f'(1)=-8$에서

$8(2+k)^3=-8,\ (2+k)^3=-1$

이때 k는 실수이므로 $2+k=-1$

$\therefore k=-3$

166 답 7

$h(x)=(x^2+2)f(x)-3g(x)$에서

$h'(x)=(x^2+2)'f(x)+(x^2+2)f'(x)-3g'(x)$
$=2xf(x)+(x^2+2)f'(x)-3g'(x)$

$\therefore h'(1)=2f(1)+3f'(1)-3g'(1)$
$=2\cdot2+3\cdot4-3\cdot3$
$=4+12-9=7$

167 답 ②

$f(x)=x(x+1)(2x-3)$에서

$f'(x)=(x)'(x+1)(2x-3)+x(x+1)'(2x-3)$
$\qquad\qquad+x(x+1)(2x-3)'$
$=(x+1)(2x-3)+x(2x-3)+x(x+1)\cdot2$
$=6x^2-2x-3$

$f'(a)=0$에서 a는 이차방정식 $6a^2-2a-3=0$의 두 실근이므로 이차방정식의 근과 계수의 관계에 의하여 모든 실수 a의 값의 합은

$-\dfrac{-2}{6}=\dfrac{1}{3}$

168 답 ④

$\displaystyle\lim_{h\to0}\dfrac{f(3+h)-f(3-h)}{3h}$

$=\displaystyle\lim_{h\to0}\dfrac{\{f(3+h)-f(3)\}-\{f(3-h)-f(3)\}}{3h}$

$=\displaystyle\lim_{h\to0}\dfrac{f(3+h)-f(3)}{h}\cdot\dfrac{1}{3}+\lim_{h\to0}\dfrac{f(3-h)-f(3)}{-h}\cdot\dfrac{1}{3}$

$=\dfrac{1}{3}f'(3)+\dfrac{1}{3}f'(3)=\dfrac{2}{3}f'(3)$

$f(x)=x^2-4x+2$에서 $f'(x)=2x-4$이므로

$f'(3)=2\cdot3-4=2$

따라서 구하는 값은

$\dfrac{2}{3}\cdot2=\dfrac{4}{3}$

169 답 ④

$$\lim_{x \to 2} \frac{f(x)-f(2)}{x^2-4}=\lim_{x \to 2}\left\{\frac{f(x)-f(2)}{x-2}\cdot\frac{1}{x+2}\right\}$$
$$=\frac{1}{4}f'(2)$$

$f(x)=-x^3+2x^2+1$에서 $f'(x)=-3x^2+4x$이므로
$f'(2)=-3\cdot2^2+4\cdot2=-4$
따라서 구하는 값은
$\frac{1}{4}\cdot(-4)=-1$

170 답 ⑤

$$\lim_{h \to 0}\frac{f(1+ah)-f(1)}{h}=\lim_{h \to 0}\frac{f(1+ah)-f(1)}{ah}\cdot a$$
$$=af'(1) \quad \cdots\cdots \text{㉠}$$

$f(x)=x^3-2x+4$에서 $f'(x)=3x^2-2$이므로
$f'(1)=3-2=1$
㉠에서 $af'(1)=6$이므로 $a=6$
$\therefore f'(a)=f'(6)=3\cdot6^2-2=106$

171 답 ③

$f(x)=2x^3+ax+b$에서 $f'(x)=6x^2+a$
$\lim\limits_{x \to 1}\dfrac{f(x)-2}{x-1}=3$에서 $x \to 1$일 때 (분모) $\to 0$이고 극한값이 존재
하므로 (분자) $\to 0$이다.
즉, $\lim\limits_{x \to 1}\{f(x)-2\}=0$에서 $f(1)=2$
$$\therefore \lim_{x \to 1}\frac{f(x)-2}{x-1}=\lim_{x \to 1}\frac{f(x)-f(1)}{x-1}$$
$$=f'(1)=3$$
$f(1)=2$에서 $2+a+b=2$
$\therefore a+b=0 \quad \cdots\cdots \text{㉠}$
$f'(1)=3$에서 $6+a=3$
$\therefore a=-3$
$a=-3$을 ㉠에 대입하여 풀면 $b=3$
$\therefore a^2+b^2=(-3)^2+3^2=18$

172 답 14

$f(x)=x^3+x+k$에서 $f'(x)=3x^2+1$
$$\lim_{x \to 2}\frac{xf(x)-2f(2)}{x-2}=\lim_{x \to 2}\frac{xf(x)-xf(2)+xf(2)-2f(2)}{x-2}$$
$$=\lim_{x \to 2}\frac{x\{f(x)-f(2)\}+f(2)(x-2)}{x-2}$$
$$=\lim_{x \to 2}\left\{x\cdot\frac{f(x)-f(2)}{x-2}\right\}+f(2)$$
$$=2f'(2)+f(2)$$
이때 $f(2)=2^3+2+k=10+k$, $f'(2)=3\cdot2^2+1=13$이므로
$$2f'(2)+f(2)=2\cdot13+(10+k)$$
$$=36+k=50$$
에서 $k=14$

173 답 ③

$$\lim_{h \to 0}\frac{f(2+h)-f(2)}{2h}=\frac{1}{2}\lim_{h \to 0}\frac{f(2+h)-f(2)}{h}$$
$$=\frac{1}{2}f'(2)=\frac{5}{2}$$
$$\therefore f'(2)=5$$

$$\lim_{x \to 1}\frac{x^3-1}{f(x)-f(1)}=\lim_{x \to 1}\left\{\frac{x-1}{f(x)-f(1)}\cdot(x^2+x+1)\right\}$$
$$=\lim_{x \to 1}\left\{\frac{1}{\dfrac{f(x)-f(1)}{x-1}}\cdot(x^2+x+1)\right\}$$
$$=\frac{3}{f'(1)}=3$$
$\therefore f'(1)=1$
이때 $f(x)=(x^2+x-1)(ax+b)$에서
$f'(x)=(2x+1)(ax+b)+a(x^2+x-1)$
$f'(2)=5$에서 $5(2a+b)+5a=5$
$\therefore 3a+b=1 \quad \cdots\cdots \text{㉠}$
$f'(1)=1$에서 $3(a+b)+a=1$
$\therefore 4a+3b=1 \quad \cdots\cdots \text{㉡}$
㉠, ㉡을 연립하여 풀면 $a=\dfrac{2}{5}$, $b=-\dfrac{1}{5}$
따라서 $f(x)=(x^2+x-1)\left(\dfrac{2}{5}x-\dfrac{1}{5}\right)$이므로
$f(2)=(2^2+2-1)\left(\dfrac{2}{5}\cdot2-\dfrac{1}{5}\right)=3$

174 답 ①

$f(x)=x^2+2xf'(2)$에서 $f'(2)$는 상수이므로
$f'(2)=k$ (k는 상수)라 하면
$f(x)=x^2+2kx$
$\therefore f'(x)=2x+2k$
즉, $f'(2)=4+2k$이므로 $4+2k=k$에서
$k=-4$
따라서 $f'(x)=2x-8$이므로
$f'(3)=2\cdot3-8=-2$

175 답 ④

$f(x)=3x^2+2x$에서 $f'(x)=6x+2$
$f(x)$와 $f'(x)$를 주어진 등식에 대입하면
$x(6x+2)+a(3x^2+2x)+2x=0$
$\therefore (3a+6)x^2+(2a+4)x=0$
위의 등식이 모든 실수 x에 대하여 성립하므로
$3a+6=0$, $2a+4=0$ $\therefore a=-2$

176 답 ②

$f(x)=ax^2+bx+c$ (a, b, c는 상수, $a\neq0$)라 하면
$f'(x)=2ax+b$
조건 (가)에서 주어진 등식에 $f(x)$와 $f'(x)$를 대입하면
$(x-1)(2ax+b)-2(ax^2+bx+c)=-5x-13$
$\therefore (-2a-b)x-b-2c=-5x-13$
위의 등식이 모든 실수 x에 대하여 성립하므로
$-2a-b=-5 \quad \cdots\cdots \text{㉠}$
$-b-2c=-13 \quad \cdots\cdots \text{㉡}$
또한, 조건 (나)에서 $f'(2)=7$이므로 $4a+b=7 \quad \cdots\cdots \text{㉢}$
㉠, ㉢을 연립하여 풀면 $a=1$, $b=3$
$b=3$을 ㉡에 대입하여 풀면 $c=5$
따라서 $f(x)=x^2+3x+5$이므로
$f(3)=3^2+3\cdot3+5=23$

177 답 ③

다항식 $x^3-27x+a$를 $(x-b)^2$으로 나누었을 때의 몫을 $Q(x)$라 하면
$x^3-27x+a=(x-b)^2Q(x) \quad \cdots\cdots \text{㉠}$

㉠의 양변에 $x=b$를 대입하면
$b^3-27b+a=0$　　　　……㉡
㉠의 양변을 x에 대하여 미분하면
$3x^2-27=2(x-b)Q(x)+(x-b)^2Q'(x)$
위의 식의 양변에 $x=b$를 대입하면
$3b^2-27=0,\ b^2=9$
$\therefore b=3\ (\because b>0)$
㉡에 $b=3$을 대입하여 풀면 $a=54$
$\therefore a-b=54-3=51$

178 답 ①

다항식 $2x^{10}+4x$를 $(x-1)^2$으로 나누었을 때의 몫을 $Q(x)$,
$R(x)=ax+b\ (a,\ b$는 상수$)$라 하면
$2x^{10}+4x=(x-1)^2Q(x)+ax+b$　　　　……㉠
㉠의 양변에 $x=1$을 대입하면 $6=a+b$　　　　……㉡
㉠의 양변을 x에 대하여 미분하면
$20x^9+4=2(x-1)Q(x)+(x-1)^2Q'(x)+a$
위의 식의 양변에 $x=1$을 대입하면 $a=24$
㉡에 $a=24$를 대입하여 풀면 $b=-18$
따라서 $R(x)=24x-18$이므로
$R(2)=24\cdot2-18=30$

179 답 ②

$f(x)$를 $(x+1)^2$으로 나누었을 때의 몫을 $Q(x)$,
$R(x)=ax+b\ (a,\ b$는 상수$)$라 하면
$f(x)=(x+1)^2Q(x)+ax+b$　　　　……㉠
㉠의 양변에 $x=-1$을 대입하면
$-2=-a+b$　→ $f(-1)=-2$　　　　……㉡
㉠의 양변을 x에 대하여 미분하면
$f'(x)=2(x+1)Q(x)+(x+1)^2Q'(x)+a$
위의 식의 양변에 $x=-1$을 대입하면
$a=1$　→ $f'(-1)=1$
㉡에 $a=1$을 대입하여 풀면 $b=-1$
따라서 $R(x)=x-1$이므로
$R(5)=5-1=4$

・본문 042~044쪽

180 답 2

평균변화율과 미분계수를 각각 구한 후 비교한다.

함수 $f(x)=-x^2+5x$에서 x의 값이 a에서 b까지 변할 때의 평균변
화율은
$$\frac{\Delta y}{\Delta x}=\frac{f(b)-f(a)}{b-a}=\frac{(-b^2+5b)-(-a^2+5a)}{b-a}$$
$$=\frac{-(b^2-a^2)+5(b-a)}{b-a}$$
$$=\frac{-(b+a)(b-a)+5(b-a)}{b-a}$$
$$=-b-a+5　　　　……㉠$$
함수 $f(x)$의 $x=1$에서의 미분계수는

$$f'(1)=\lim_{\Delta x\to0}\frac{f(1+\Delta x)-f(1)}{\Delta x}$$
$$=\lim_{\Delta x\to0}\frac{\{-(1+\Delta x)^2+5(1+\Delta x)\}-4}{\Delta x}$$
$$=\lim_{\Delta x\to0}\frac{3\Delta x-(\Delta x)^2}{\Delta x}$$
$$=\lim_{\Delta x\to0}(3-\Delta x)=3　　　　……㉡$$
㉠, ㉡에서
$-b-a+5=3$　　　$\therefore a+b=2$

181 답 9

$\dfrac{1}{n}=h$로 치환하여 주어진 극한을 변형한 후 미분계수의 정의를 이용하여 미분계
수를 구한다.

$\dfrac{1}{n}=h$라 하면 $n\to\infty$일 때 $h\to0$이므로
$$\lim_{n\to\infty}\frac{n}{3}\left\{f\left(2+\frac{1}{n}\right)-f\left(2-\frac{3}{n}\right)\right\}$$
$$=\lim_{h\to0}\frac{1}{3h}\{f(2+h)-f(2-3h)\}$$
$$=\lim_{h\to0}\frac{\{f(2+h)-f(2)\}-\{f(2-3h)+f(2)\}}{3h}$$
$$=\lim_{h\to0}\frac{f(2+h)-f(2)}{h}\cdot\frac{1}{3}+\lim_{h\to0}\frac{f(2-3h)-f(2)}{-3h}$$
$$=\frac{1}{3}f'(2)+f'(2)$$
$$=\frac{4}{3}f'(2)=12$$
에서 $f'(2)=9$

182 답 ①

곱셈 공식, 치환 등을 이용하여 주어진 식을 적당히 변형한 후 극한값이 항상 $f'(a)$
인 것을 찾는다.

ㄱ. $\displaystyle\lim_{h\to0}\frac{f(a)-f(a-h)}{h}=\lim_{h\to0}\frac{f(a-h)-f(a)}{-h}=f'(a)$

ㄴ. $\displaystyle\lim_{x\to a}\frac{f(x^2)-f(a^2)}{x-a}=\lim_{x\to a}\frac{\{f(x^2)-f(a^2)\}(x+a)}{(x-a)(x+a)}$
$$=\lim_{x\to a}\left\{\frac{f(x^2)-f(a^2)}{x^2-a^2}\cdot(x+a)\right\}$$
$$=2af'(a)$$
$a\neq\dfrac{1}{2}$일 때, $2af'(a)\neq f'(a)$

ㄷ. $2x=t$라 하면 $x\to2a$일 때 $t\to4a$이므로
$$\lim_{x\to2a}\frac{f(2x)-f(4a)}{2x-4a}=\lim_{t\to4a}\frac{f(t)-f(4a)}{t-4a}=f'(4a)$$
$a\neq0$일 때, $f'(4a)\neq f'(a)$
따라서 $f'(a)$와 항상 같은 것은 ㄱ이다.

183 답 ③

주어진 식에서 $f(0)$의 값을 구한 후 $f'(0)$의 값과 미분계수의 정의를 이용하여
$f'(k)$를 k에 대한 식으로 나타낸다.

$f(x+y)=f(x)+f(y)+2xy(x+y)$의 양변에 $x=0$, $y=0$을 대입
하면

$$f(0)=f(0)+f(0)+2\cdot 0\cdot 0 \quad \therefore f(0)=0$$
따라서
$$\begin{aligned}
f'(k)&=\lim_{h\to 0}\frac{f(k+h)-f(k)}{h}\\
&=\lim_{h\to 0}\frac{f(k)+f(h)+2kh(k+h)-f(k)}{h}\\
&=\lim_{h\to 0}\left\{\frac{f(h)}{h}+2k(k+h)\right\}\\
&=\lim_{h\to 0}\frac{f(0+h)-f(0)}{h}+2k^2\\
&=f'(0)+2k^2\\
&=2k^2-3
\end{aligned}$$
이므로
$$\sum_{k=1}^{5}f'(k)=\sum_{k=1}^{5}(2k^2-3)=2\cdot\frac{5\cdot 6\cdot 11}{6}-3\cdot 5=95$$

184 답 ⑤

One Point Lesson

주어진 함수의 그래프에서 함숫값과 미분계수의 크기를 비교하여 ㄱ, ㄴ, ㄷ의 참, 거짓을 판별한다.

ㄱ. 두 점 $(0, f(a))$, $(0, f(b))$를 잇는 선분의 중점의 y좌표가 $f\left(\dfrac{a+b}{2}\right)$ 보다 크므로

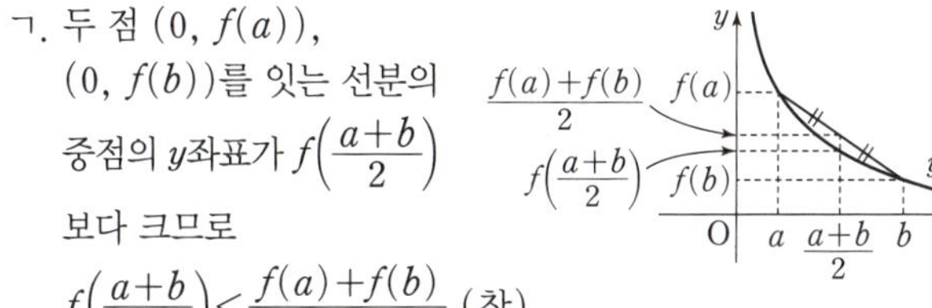

$$f\left(\frac{a+b}{2}\right)<\frac{f(a)+f(b)}{2} \ (참)$$

ㄴ. $x=a$인 점에서의 접선의 기울기가 $x=b$ 인 점에서의 접선의 기울기보다 작으므로 $f'(a)<f'(b)$ (참)

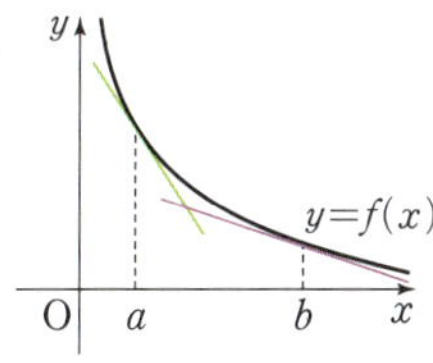

ㄷ. 두 점 $(a, f(a))$, $(b, f(b))$를 지나는 직선의 기울기가 $x=b$인 점에서 접선의 기울기보다 작으므로

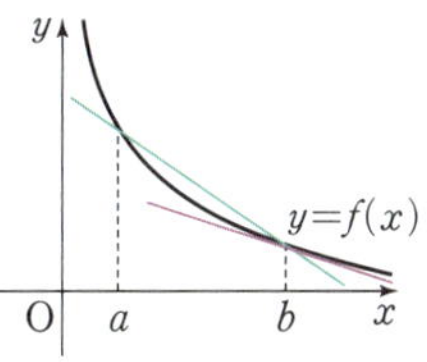

$$\frac{f(b)-f(a)}{b-a}<f'(b) \ (참)$$

따라서 옳은 것은 ㄱ, ㄴ, ㄷ이다.

185 답 ②

One Point Lesson

두 함수 $f(x)$, $g(x)$의 함수식을 이용하여 주어진 세 함수의 함수식을 구해 본다.

$$f(x)=\begin{cases} 2x & (0\le x<1)\\ -2x+4 & (1\le x<2)\\ x-1 & (2\le x\le 3)\end{cases}, \quad g(x)=\begin{cases} -x+2 & (0\le x<1)\\ x & (1\le x\le 2)\\ -x+3 & (2<x\le 3)\end{cases}$$

ㄱ. $f(x)+g(x)=\begin{cases} x+2 & (0\le x<1)\\ -x+4 & (1\le x<2)\\ 3 & (x=2)\\ 2 & (2<x\le 3)\end{cases}$ 에서

$$\lim_{x\to 2+}\{f(x)+g(x)\}=2,$$
$$\lim_{x\to 2-}\{f(x)+g(x)\}=\lim_{x\to 2-}(-x+4)=2,$$
$$f(2)+g(2)=3$$
이므로 $\lim_{x\to 2}\{f(x)+g(x)\}\ne f(2)+g(2)$

즉, 함수 $f(x)+g(x)$는 $x=2$에서 불연속이다. (거짓)

ㄴ. $f(x)g(x)=\begin{cases} -2x^2+4x & (0\le x<2)\\ 2 & (x=2)\\ -x^2+4x-3 & (2<x\le 3)\end{cases}$ 이므로

함수 $f(x)g(x)$는 $x=1$에서 미분가능하다. (참)

구간 $[0, 2)$에서 함수 $f(x)g(x)$는 다항함수이다.

ㄷ. $f(g(x))=\begin{cases} f(-x+2) & (0\le x<1)\\ f(x) & (1\le x<2)\\ 1 & (x=2)\\ f(-x+3) & (2<x\le 3)\end{cases}$

$$=\begin{cases} 2x & (0\le x<1)\\ -2x+4 & (1\le x<2)\\ 1 & (x=2)\\ -2x+6 & (2<x\le 3)\end{cases}$$

에서
$$\lim_{x\to 2+}f(g(x))=\lim_{x\to 2+}(-2x+6)=2,$$
$$\lim_{x\to 2-}f(g(x))=\lim_{x\to 2-}(-2x+4)=0$$
이므로 함수 $f(g(x))$는 $x=2$에서 불연속이다.

즉, 함수 $f(g(x))$는 $x=2$에서 미분가능하지 않다. (거짓)

따라서 옳은 것은 ㄴ이다.

186 답 ④

One Point Lesson

$x=1$에서 미분가능한 함수 $f(x)$의 $x=1$에서의 우미분계수와 좌미분계수를 비교하여 상수 k의 값을 구한다.

$$f(x)=|x-1|(x+k)=\begin{cases} (x-1)(x+k) & (x\ge 1)\\ -(x-1)(x+k) & (x<1)\end{cases}$$

이때 함수 $f(x)$가 $x=1$에서 미분가능하므로 $f'(1)$이 존재한다.
즉,
$$\lim_{x\to 1+}\frac{f(x)-f(1)}{x-1}=\lim_{x\to 1+}\frac{(x-1)(x+k)}{x-1}=1+k,$$
$$\lim_{x\to 1-}\frac{f(x)-f(1)}{x-1}=\lim_{x\to 1-}\frac{-(x-1)(x+k)}{x-1}=-1-k$$
에서 $1+k=-1-k$
$$\therefore k=-1$$
따라서 $x\ge 1$에서 $f(x)=(x-1)^2$이므로
$$f(2)=(2-1)^2=1$$

187 답 ③

One Point Lesson

함수 $f(x)$를 전개하여 x에 대하여 미분한 후 $f'(2)$의 값을 구한다.

$$f(x)=\sum_{k=1}^{10}\frac{x^{2k}}{2k}=\frac{x^2}{2}+\frac{x^4}{4}+\frac{x^6}{6}+\cdots+\frac{x^{20}}{20}$$ 이므로
$$f'(x)=x+x^3+x^5+\cdots+x^{19}$$
$$\therefore f'(2)=2+2^3+2^5+\cdots+2^{19}$$

첫째항이 2, 공비가 4인 등비수열의 제1항부터 제10항까지의 합

$$=\frac{2\cdot(4^{10}-1)}{4-1}$$
$$=\frac{2}{3}(2^{20}-1)$$

해설 속 칠판 등비수열의 합

첫째항이 a, 공비가 r인 등비수열의 첫째항부터 제n항까지의 합을 S_n이라 하면

(1) $r\ne 1$일 때, $S_n=\dfrac{a(1-r^n)}{1-r}=\dfrac{a(r^n-1)}{r-1}$

(2) $r=1$일 때, $S_n=na$

188 답 ④

 **One Point Lesson**

주어진 조건에서 (분모) → 0이고 극한값이 존재하므로 (분자) → 0이다.

$\lim\limits_{x\to 0}\dfrac{f(x)-2}{x}=-1$에서 $x\to 0$일 때 (분모) → 0이고 극한값이 존재하므로 (분자) → 0이다.

즉, $\lim\limits_{x\to 0}\{f(x)-2\}=0$에서 $f(0)=2$

$\therefore \lim\limits_{x\to 0}\dfrac{f(x)-2}{x}=\lim\limits_{x\to 0}\dfrac{f(x)-f(0)}{x-0}=f'(0)=-1$

또한, $\lim\limits_{x\to 0}\dfrac{g(x)+3}{x}=2$에서 $x\to 0$일 때 (분모) → 0이고 극한값이 존재하므로 (분자) → 0이다.

즉, $\lim\limits_{x\to 0}\{g(x)+3\}=0$에서 $g(0)=-3$

$\therefore \lim\limits_{x\to 0}\dfrac{g(x)+3}{x}=\lim\limits_{x\to 0}\dfrac{g(x)-g(0)}{x-0}=g'(0)=2$

따라서 $h'(x)=f'(x)g(x)+f(x)g'(x)$이므로

$h'(0)=f'(0)g(0)+f(0)g'(0)=(-1)\cdot(-3)+2\cdot 2=7$

189 답 ①

One Point Lesson

$x+1=t$로 치환하여 주어진 식을 간단히 한다.

$\lim\limits_{x\to -2}\dfrac{f(x+1)-5}{x^2-4}=1$에서 $x+1=t$라 하면 $x\to -2$일 때 $t\to -1$이므로

$\lim\limits_{x\to -2}\dfrac{f(x+1)-5}{x^2-4}=\lim\limits_{t\to -1}\dfrac{f(t)-5}{(t-1)^2-4}$ ← $x+1=t$에서 x 대신 $t-1$을 대입한 것이다.

$=\lim\limits_{t\to -1}\dfrac{f(t)-5}{(t+1)(t-3)}=1$

$t\to -1$일 때 (분모) → 0이고 극한값이 존재하므로 (분자) → 0이다.

즉, $\lim\limits_{t\to -1}\{f(t)-5\}=0$에서 $f(-1)=5$이므로

$\lim\limits_{t\to -1}\dfrac{f(t)-5}{(t+1)(t-3)}=\lim\limits_{t\to -1}\left\{\dfrac{f(t)-f(-1)}{t-(-1)}\cdot\dfrac{1}{t-3}\right\}$

$=-\dfrac{1}{4}f'(-1)=1$

$\therefore f'(-1)=-4$

$f(x)=x^3+px^2+qx+1$에서

$f'(x)=3x^2+2px+q$

$f(-1)=5$에서 $-1+p-q+1=5$

$\therefore p-q=5$ …… ㉠

$f'(-1)=-4$에서 $3-2p+q=-4$

$\therefore 2p-q=7$ …… ㉡

㉠, ㉡을 연립하여 풀면 $p=2$, $q=-3$

따라서 $f(x)=x^3+2x^2-3x+1$이므로

$f(1)=1+2-3+1=1$

190 답 17

One Point Lesson

주어진 등식의 좌변과 우변의 차수를 비교하여 함수 $f(x)$의 차수를 구한다.

함수 $f(x)$의 차수를 n (n은 자연수)이라 하면 $f'(x)$의 차수는 $n-1$이다.

이때 주어진 등식에서 $n=1$이면 좌변은 상수이고 우변은 이차식이 되어 모순이다.

$\therefore n\geq 2$

주어진 등식의 좌변의 차수는 $(n-1)+(n-1)=2n-2$, 우변의 차수는 n이므로 → 등식에서 좌변과 우변의 차수는 같다.

$2n-2=n$ $\therefore n=2$

즉, $f(x)$는 이차함수이므로

$f(x)=ax^2+bx+c$ (a, b, c는 상수, $a>0$)라 하면

$f'(x)=2ax+b$

$f(x)$와 $f'(x)$를 주어진 등식에 대입하면

$(2ax+b)(2ax+b+1)=4(ax^2+bx+c)+8x^2-8$

$\therefore 4a^2x^2+(4ab+2a)x+b^2+b=(4a+8)x^2+4bx+4c-8$

위의 등식이 모든 실수 x에 대하여 성립하므로

$4a^2=4a+8$, $4ab+2a=4b$, $b^2+b=4c-8$

$4a^2=4a+8$에서 $4(a^2-a-2)=0$, $(a+1)(a-2)=0$

$\therefore a=2$ ($\because a>0$)

$4ab+2a=4b$에서 $8b+4=4b$, $4b+4=0$

$\therefore b=-1$

$b^2+b=4c-8$에서 $1-1=4c-8$, $4c-8=0$

$\therefore c=2$

따라서 $f(x)=2x^2-x+2$이므로

$f(3)=2\cdot 3^2-3+2=17$

191 답 3

$f(x)=x^3+2x^2+mx+1$에서 $f'(x)=3x^2+4x+m$ ❶

임의의 실수 k에 대하여 함수 $y=f(x)$의 그래프 위의 $x=k$인 점에서의 접선의 기울기는

$3k^2+4k+m=3\left(k+\dfrac{2}{3}\right)^2-\dfrac{4}{3}+m$ ❷

이때 접선의 기울기가 항상 1보다 커야 하므로

$-\dfrac{4}{3}+m>1$ $\therefore m>\dfrac{7}{3}$

따라서 정수 m의 최솟값은 3이다. ❸

채점 기준	배점 비율
❶ $f'(x)$ 구하기	20%
❷ $x=k$인 점에서의 접선의 기울기 구하기	40%
❸ 정수 m의 최솟값 구하기	40%

192 답 9

$f(x)$를 $(x-2)^2$으로 나누었을 때의 몫을 $Q(x)$라 하면

$f(x)=(x-2)^2Q(x)+2x+1$이므로

$f(2)=2\cdot 2+1=5$ ❶

$f'(x)=2(x-2)Q(x)+(x-2)^2Q'(x)+2$이므로

$f'(2)=2$ ❷

이때 $g(x)=xf(x)$라 하면 $g'(x)=f(x)+xf'(x)$이므로

$g'(2)=f(2)+2f'(2)=5+2\cdot 2=9$ ❸

채점 기준	배점 비율
❶ 나머지정리를 이용하여 $f(2)$의 값 구하기	40%
❷ 곱의 미분법을 이용하여 $f'(x)$를 구한 후 $f'(2)$의 값 구하기	30%
❸ 곱의 미분법을 이용하여 함수 $y=xf(x)$의 $x=2$에서의 미분계수 구하기	30%

04 접선의 방정식

193 답 (1) 5　(2) 11

(1) $f(x)=2x^2-3x+2$라 하면
$f'(x)=4x-3$
따라서 점 $(2, 4)$에서의 접선의 기울기는
$f'(2)=4\cdot2-3=5$

(2) $f(x)=-2x^3+4x^2+9x-4$라 하면
$f'(x)=-6x^2+8x+9$
따라서 점 $(1, 7)$에서의 접선의 기울기는
$f'(1)=-6+8+9=11$

194 답 (1) $y=3x-5$　(2) $y=-2x+5$

(1) $f(x)=\dfrac{1}{3}x^3-x+\dfrac{1}{3}$이라 하면

$f'(x)=x^2-1$
점 $(2, 1)$에서의 접선의 기울기는
$f'(2)=2^2-1=3$
따라서 구하는 접선의 방정식은
$y-1=3(x-2)$　　$\therefore y=3x-5$

(2) $f(x)=x^4-3x^2+5$라 하면
$f'(x)=4x^3-6x$
점 $(1, 3)$에서의 접선의 기울기는
$f'(1)=4-6=-2$
따라서 구하는 접선의 방정식은
$y-3=-2(x-1)$　　$\therefore y=-2x+5$

195 답 (1) $y=2x-13$　(2) $y=10x-13$ 또는 $y=10x+19$

(1) $f(x)=x^2-6x+3$에서
$f'(x)=2x-6$
접점의 좌표를 (t, t^2-6t+3)이라 하면 접선의 기울기가 2이므로
$f'(t)=2$에서 $2t-6=2$　　$\therefore t=4$
따라서 접점의 좌표는 $(4, -5)$이므로 구하는 접선의 방정식은
$y-(-5)=2(x-4)$　　$\therefore y=2x-13$

(2) $f(x)=x^3-2x+3$에서
$f'(x)=3x^2-2$
접점의 좌표를 (t, t^3-2t+3)이라 하면 접선의 기울기가 10이므로
$f'(t)=10$에서 $3t^2-2=10$, $t^2=4$　　$\therefore t=\pm2$
따라서 접점의 좌표는 $(2, 7)$, $(-2, -1)$이므로 구하는 접선의
방정식은
$y-7=10(x-2)$ 또는 $y-(-1)=10(x+2)$
　　$\therefore y=10x-13$ 또는 $y=10x+19$

196 답 $y=2x-1$ 또는 $y=-2x-1$

$f(x)=x^2$이라 하면
$f'(x)=2x$
접점의 좌표를 (t, t^2)이라 하면 이 점에서의 접선의 기울기는
$f'(t)=2t$이므로 접선의 방정식은
$y-t^2=2t(x-t)$　　$\therefore y=2tx-t^2$　　$\cdots\cdots$ ㉠
이 직선이 점 $(0, -1)$을 지나므로
$-1=-t^2$, $t^2=1$　　$\therefore t=\pm1$

이것을 ㉠에 각각 대입하면 구하는 접선의 방정식은
$y=2x-1$ 또는 $y=-2x-1$

197 답 $a=-2$, $y=12x-18$

$f(x)=x^3+a$, $g(x)=3x^2-6$이라 하면
$f'(x)=3x^2$, $g'(x)=6x$
두 곡선 $y=f(x)$, $y=g(x)$가 $x=2$인 점에서 공통접선을 가지므로
$f(2)=g(2)$, $f'(2)=g'(2)$
$f(2)=g(2)$에서 $8+a=6$　　$\therefore a=-2$
즉, 점 $(2, 6)$에서 공통접선을 갖고 접선의 기울기는
$f'(2)=g'(2)=12$이므로 공통접선의 방정식은
$y-6=12(x-2)$　　$\therefore y=12x-18$

198 답 ④

$f(x)=x^3+ax^2+3x+b$라 하면
$f'(x)=3x^2+2ax+3$
점 $(2, 4)$가 곡선 $y=f(x)$ 위의 점이므로
$f(2)=4$에서 $2^3+a\cdot2^2+3\cdot2+b=4$
$\therefore 4a+b=-10$　　$\cdots\cdots$ ㉠
또한, 점 $(2, 4)$에서의 접선의 기울기가 7이므로
$f'(2)=7$에서 $3\cdot2^2+2a\cdot2+3=7$
$4a=-8$　　$\therefore a=-2$
$a=-2$를 ㉠에 대입하여 풀면 $b=-2$
$\therefore ab=(-2)\cdot(-2)=4$

199 답 ③

$f(x)=x^3-6x^2+ax+b$라 하면
$f'(x)=3x^2-12x+a$
점 $(1, 2)$가 곡선 $y=f(x)$ 위의 점이므로
$f(1)=2$에서 $1-6+a+b=2$
$\therefore a+b=7$　　$\cdots\cdots$ ㉠
또한, 점 $(1, 2)$에서의 접선이 직선 $y=\dfrac{1}{5}x+5$에 수직이고,

직선 $y=\dfrac{1}{5}x+5$와 수직인 직선의 기울기는 -5이므로

$f'(1)=-5$에서 $3-12+a=-5$　　$\therefore a=4$
$a=4$를 ㉠에 대입하여 풀면 $b=3$
$\therefore a-b=4-3=1$

200 답 ②

곡선 $y=f(x)$와 직선 $y=2x-4$가 점 $(3, 2)$에서 접하므로
$f(3)=2$, $f'(3)=2$

$\therefore \displaystyle\lim_{h\to0}\dfrac{f(3+h)-2}{2h}=\lim_{h\to0}\dfrac{f(3+h)-f(3)}{2h}$
$=\displaystyle\lim_{h\to0}\dfrac{f(3+h)-f(3)}{h}\cdot\dfrac{1}{2}$
$=\dfrac{1}{2}f'(3)=\dfrac{1}{2}\cdot2=1$

201 답 ①

$f(x)=2x^2-4x+a$에서
$f'(x)=4x-4$

점 $(a, f(a))$에서의 접선을 l이라 하면 직선 l의 기울기는
$f'(a)=4a-4$
직선 $4x+(a-3)y-3=0$, 즉 $y=-\dfrac{4}{a-3}x+\dfrac{3}{a-3}$과 평행한 직선
의 기울기는 $-\dfrac{4}{a-3}$이므로
$4a-4=-\dfrac{4}{a-3}$, $(a-1)(a-3)=-1$
$a^2-4a+4=0$, $(a-2)^2=0$
$\therefore a=2$

202 답 ①
$f(x)=x^3-2x^2+ax-b-4$라 하면
$f'(x)=3x^2-4x+a$
점 $(2, -2)$가 곡선 $y=f(x)$ 위의 점이므로
$f(2)=-2$에서 $2^3-2\cdot2^2+2a-b-4=-2$
$\therefore 2a-b=2$ ······ ㉠
또한, 점 $(2, -2)$에서의 접선의 기울기가 2이므로
$f'(2)=2$에서 $3\cdot2^2-4\cdot2+a=2$
$\therefore a=-2$
$a=-2$를 ㉠에 대입하여 풀면 $b=-6$
$\therefore a+b=-2+(-6)=-8$

203 답 ①
$f(x)=x^3+ax-3$이라 하면
$f'(x)=3x^2+a$
점 $(1, 0)$이 곡선 $y=f(x)$ 위의 점이므로
$f(1)=0$에서 $1+a-3=0$ $\therefore a=2$
즉, $f'(x)=3x^2+2$이므로 점 $(1, 0)$에서의 접선의 기울기는
$f'(1)=3+2=5$
이고, 접선의 방정식은
$y=5(x-1)$ $\therefore y=5x-5$
이 접선이 점 $(2, b)$를 지나므로
$b=5\cdot2-5=5$
$\therefore a-b=2-5=-3$

204 답 2
$f(x)=x^3-2x$라 하면
$f'(x)=3x^2-2$
점 $P(1, -1)$에서의 접선 l의 기울기가 $f'(1)=1$이므로 직선 l의 방
정식은
$y-(-1)=x-1$ $\therefore y=x-2$
$\therefore A(2, 0)$
또한, 직선 l에 수직인 직선 m의 기울기는 -1이므로 직선 m의 방정
식은
$y-(-1)=-(x-1)$ $\therefore y=-x$
$\therefore B(0, 0)$
따라서 선분 AB의 길이는 2이다.

205 답 3
$f(x)=x^3+2x^2-4x-3$이라 하면
$f'(x)=3x^2+4x-4$
점 $P(-1, 2)$에서의 접선의 기울기는
$f'(-1)=3-4-4=-5$
이므로 접선의 방정식은
$y-2=-5(x+1)$ $\therefore y=-5x-3$

이 접선이 곡선 $y=f(x)$와 만나는 점 P가 아닌 다른 한 점의 x좌표
가 a이므로
$a^3+2a^2-4a-3=-5a-3$
$a^3+2a^2+a=0$, $a(a+1)^2=0$
$\therefore a=0$ ($\because a\neq-1$)
$\therefore b=f(0)=-3$
$\therefore a-b=0-(-3)=3$

206 답 ②
$f(x)=3x^2-16x-2a$라 하면
$f'(x)=6x-16$
접점의 좌표를 $(t, 3t^2-16t-2a)$라 하면 접선의 기울기가 2이므로
$f'(t)=2$에서 $6t-16=2$ $\therefore t=3$
즉, 접선 $y=2x+a$가 접점 $(3, -2a-21)$을 지나므로
$-2a-21=2\cdot3+a$, $3a=-27$
$\therefore a=-9$

207 답 ①
$f(x)=x^3+3x^2-2x-11$이라 하면
$f'(x)=3x^2+6x-2$
접점의 좌표를 $(t, t^3+3t^2-2t-11)$이라 하면 직선 $y=-5x+4$와
평행한 직선의 기울기는 -5이므로
$f'(t)=-5$에서 $3t^2+6t-2=-5$
$3t^2+6t+3=0$, $(t+1)^2=0$
$\therefore t=-1$
즉, 접점의 좌표는 $(-1, -7)$이므로 접선의 방정식은
$y-(-7)=-5(x+1)$ $\therefore y=-5x-12$
이 직선이 점 $(a, 3)$을 지나므로
$3=-5a-12$ $\therefore a=-3$

208 답 -2
$f(x)=-x^3+4x$라 하면
$f'(x)=-3x^2+4$
접점의 좌표를 $(t, -t^3+4t)$라 하면 접선의 기울기가 $\tan 45°=1$이
므로
$f'(t)=1$에서 $-3t^2+4=1$
$t^2=1$ $\therefore t=\pm1$
(i) $t=1$일 때
   접점의 좌표는 $(1, 3)$이므로 접선의 방정식은
   $y-3=x-1$ $\therefore y=x+2$
   그런데 이 직선은 제2사분면을 지나므로 조건에 모순이다.
(ii) $t=-1$일 때
   접점의 좌표는 $(-1, -3)$이므로 접선의 방정식은
   $y-(-3)=x+1$ $\therefore y=x-2$
(i), (ii)에서 직선 l의 방정식은
$y=x-2$
따라서 직선 l의 y절편은 -2이다.

209 답 9
$f(x)=\dfrac{2}{3}x^3-4x^2+7x-1$이라 하면
$f'(x)=2x^2-8x+7$
점 $(3, 2)$에서의 접선의 기울기가 $f'(3)=1$이므로 이 접선과 수직인
직선을 l이라 하면 직선 l의 기울기는 -1이다.

곡선 $y=f(x)$와 직선 l의 접점의 좌표를 $\left(t, \dfrac{2}{3}t^3-4t^2+7t-1\right)$이라

하면 직선 l의 기울기가 -1이므로

$f'(t)=-1$에서 $2t^2-8t+7=-1$

$2t^2-8t+8=0$, $2(t-2)^2=0$

$\therefore t=2$

즉, 접점의 좌표는 $\left(2, \dfrac{7}{3}\right)$이므로 직선 l의 방정식은

$y-\dfrac{7}{3}=-(x-2)$, $x+y-\dfrac{13}{3}=0$

$\therefore 3x+3y-13=0$

따라서 $a=3$, $b=3$이므로

$ab=3\cdot3=9$

210 답 ②

$f(x)=x^3+3$이라 하면 $f'(x)=3x^2$

접점의 좌표를 (t, t^3+3)이라 하면 이 점에서의 접선의 기울기는

$f'(t)=3t^2$이므로 접선의 방정식은

$y-(t^3+3)=3t^2(x-t)$

$\therefore y=3t^2x-2t^3+3$ ...... ㉠

직선 ㉠이 점 $(0, 1)$을 지나므로

$1=-2t^3+3$, $t^3-1=0$, $(t-1)(t^2+t+1)=0$

$\therefore t=1\ (\because t^2+t+1>0)$ $\quad t^2+t+1=\left(t+\dfrac{1}{2}\right)^2+\dfrac{3}{4}>0$

$t=1$을 ㉠에 대입하면 접선의 방정식은

$y=3x+1$

따라서 접선의 x절편은 $-\dfrac{1}{3}$이다.

👨‍🏫 선생님 톡톡

주어진 점이 곡선 위의 점인지 아닌지에 따라 접선의 방정식을 구하는 방법이 달라지니까 먼저 주어진 점의 좌표를 곡선의 방정식에 대입해서 주어진 점이 곡선 위의 점인지 아닌지를 확인해 봐.

211 답 ①

$f(x)=x^3-3x$라 하면

$f'(x)=3x^2-3$

접점의 좌표를 (t, t^3-3t)라 하면 이 점에서의 접선의 기울기는

$f'(t)=3t^2-3$이므로 접선의 방정식은

$y-(t^3-3t)=(3t^2-3)(x-t)$ $\quad\therefore y=(3t^2-3)x-2t^3$

이 직선이 점 $(-1, 3)$을 지나므로

$3=-2t^3-3t^2+3$, $2t^3+3t^2=0$

$t^2(2t+3)=0$ $\quad\therefore t=-\dfrac{3}{2}$ 또는 $t=0$

따라서 두 접선의 기울기는

$f'\left(-\dfrac{3}{2}\right)=3\cdot\left(-\dfrac{3}{2}\right)^2-3=\dfrac{15}{4}$, $f'(0)=-3$

이므로 $m_1=-3$, $m_2=\dfrac{15}{4}\ (\because m_1<m_2)$

$\therefore \dfrac{4m_2}{m_1}=\dfrac{4\cdot\dfrac{15}{4}}{-3}=-5$

212 답 -4

$f(x)=x^4+2$라 하면

$f'(x)=4x^3$

접점의 좌표를 (t, t^4+2)라 하면 이 점에서의 접선의 기울기는

$f'(t)=4t^3$이므로 접선의 방정식은

$y-(t^4+2)=4t^3(x-t)$

$\therefore y=4t^3x-3t^4+2$ ...... ㉠

직선 ㉠이 점 $(0, -1)$을 지나므로

$-1=-3t^4+2$, $3t^4-3=0$

$3(t+1)(t-1)(t^2+1)=0$

$\therefore t=-1$ 또는 $t=1\ (\because t^2+1>0)$

이때 $f'(-1)=-4$, $f'(1)=4$이므로 $t=1$일 때 기울기가 양수이다.

$t=1$을 ㉠에 대입하면 접선의 방정식은

$y=4x-1$

따라서 $a=4$, $b=-1$이므로

$ab=4\cdot(-1)=-4$

213 답 24

$f(x)=\dfrac{1}{4}x^4-\dfrac{1}{2}x^2$이라 하면

$f'(x)=x^3-x$

접점의 좌표를 $\left(t, \dfrac{1}{4}t^4-\dfrac{1}{2}t^2\right)$이라 하면 이 점에서의 접선의 기울기는

$f'(t)=t^3-t$이므로 접선의 방정식은

$y-\left(\dfrac{1}{4}t^4-\dfrac{1}{2}t^2\right)=(t^3-t)(x-t)$

$\therefore y=(t^3-t)x-\dfrac{3}{4}t^4+\dfrac{1}{2}t^2$

이 직선이 점 $A(0, -10)$을 지나므로

$-10=-\dfrac{3}{4}t^4+\dfrac{1}{2}t^2$, $3t^4-2t^2-40=0$

$(t+2)(t-2)(3t^2+10)=0$

$\therefore t=-2$ 또는 $t=2\ (\because 3t^2+10>0)$

따라서 두 점 P, Q의 좌표는 $(-2, 2)$, $(2, 2)$

이므로 삼각형 APQ의 넓이는

$\dfrac{1}{2}\cdot\{2-(-2)\}\cdot\{2-(-10)\}=24$

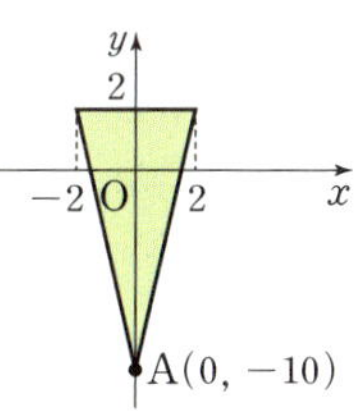

214 답 ②

$f(x)=x^3-3x^2+x+a$라 하면

$f'(x)=3x^2-6x+1$

접점의 좌표를 (t, t^3-3t^2+t+a)라 하면 접선의 기울기가 -2이므로

$f'(t)=-2$에서 $3t^2-6t+1=-2$

$3t^2-6t+3=0$, $3(t-1)^2=0$

$\therefore t=1$

따라서 접점의 좌표가 $(1, -1+a)$이고, 이 접점은 직선 $y=-2x+3$ 위의 점이므로

$-1+a=1$ $\quad\therefore a=2$

215 답 ④

$f(x)=x^3+ax^2-2ax+a+4$라 하면

$f'(x)=3x^2+2ax-2a$

접점의 x좌표가 3이므로 접점의 좌표를 $(3, 4a+31)$이라 하면 접선의 기울기가 3이므로

$f'(3)=3$에서 $3\cdot3^2+2a\cdot3-2a=3$

$4a=-24$ $\quad\therefore a=-6$

따라서 접점의 좌표가 $(3, 7)$이고, 이 접점은 직선 $y=3x+b$ 위의 점이므로

$7=3\cdot3+b$ $\quad\therefore b=-2$

$\therefore a+b+c=-6+(-2)+7=-1$

$f(x)=x^3-3x^2+ax+1$이라 하면
$f'(x)=3x^2-6x+a$
접점의 x좌표가 k이고, $x=k$일 때 접선의 기울기가 a이므로
$f'(k)=a$에서 $3k^2-6k+a=a$
→ 직선 $y=ax-3$의 기울기가 a이다.
$3k^2-6k=0$, $3k(k-2)=0$
$\therefore k=0$ 또는 $k=2$
(i) $k=0$일 때
　접점의 좌표가 $(0,\ 1)$이고, 이 접점은 직선 $y=ax-3$ 위의 점이
　어야 한다.
　그런데 $1\neq-3$이므로 조건에 모순이다.
(ii) $k=2$일 때
　접점의 좌표가 $(2,\ 2a-3)$이고, 이 접점은 직선 $y=ax-3$ 위의
　점이다.
(i), (ii)에서 $k=2$

217 답 ③

$f(x)=x^3+ax+10$이라 하면
$f'(x)=3x^2+a$
$x=b$일 때 접점의 좌표는 $(b,\ b^3+ab+10)$, 접선의 기울기는
$f'(b)=3b^2+a$이므로 접선의 방정식은
$y-(b^3+ab+10)=(3b^2+a)(x-b)$
$\therefore y=(3b^2+a)x-2b^3+10$
이 직선이 직선 $y=4x-6$과 일치해야 하므로
$3b^2+a=4$ ...... ㉠
$-2b^3+10=-6$ ...... ㉡
㉡에서 $b^3-8=0$
$(b-2)(b^2+2b+4)=0$
$\therefore b=2$ $(\because b^2+2b+4>0)$ → $b^2+2b+4=(b+1)^2+3>0$
$b=2$를 ㉠에 대입하여 풀면 $a=-8$
$\therefore a+b=-8+2=-6$

218 답 ①

$f(x)=x^3-2x^2+4x-1$이라 하면
$f'(x)=3x^2-4x+4$
점 $(1,\ 2)$에서의 접선의 기울기는 $f'(1)=3$이므
로 접선의 방정식은
$y-2=3(x-1)$ $\therefore y=3x-1$
따라서 접선의 x절편이 $\dfrac{1}{3}$, y절편이 -1이므로
구하는 도형의 넓이는
$\dfrac{1}{2}\cdot\dfrac{1}{3}\cdot1=\dfrac{1}{6}$

219 답 ①

$f(x)=x^2-4x+3$이라 하면
$f'(x)=2x-4$
접점의 좌표를 $(t,\ t^2-4t+3)$이라 하면 이 점에서의 접선의 기울기는
$f'(t)=2t-4$이므로 접선의 방정식은
$y-(t^2-4t+3)=(2t-4)(x-t)$
$\therefore y=(2t-4)x-t^2+3$ ...... ㉠
직선 ㉠이 점 $\mathrm{A}(2,\ -2)$를 지나므로
$-2=-t^2+4t-5$, $t^2-4t+3=0$
$(t-1)(t-3)=0$
$\therefore t=1$ 또는 $t=3$

이것을 각각 ㉠에 대입하면
$y=-2x+2$ 또는 $y=2x-6$
따라서 두 점 B, C의 좌표는 $(1,\ 0)$, $(3,\ 0)$
이므로 삼각형 ABC의 넓이는
$\dfrac{1}{2}\cdot(3-1)\cdot2=2$

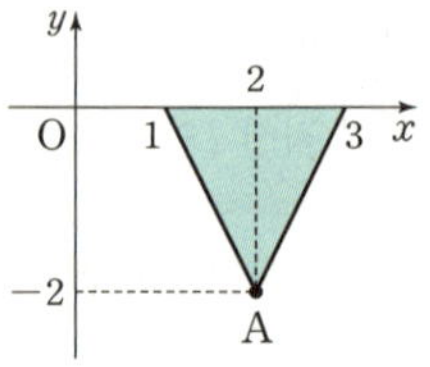

220 답 ③

$f(x)=x^3-6x^2+12x+1$이라 하면
$f'(x)=3x^2-12x+12$
접점의 좌표를 $(t,\ t^3-6t^2+12t+1)$이라 하면 접선의 기울기가 3이
므로
$f'(t)=3$에서 $3t^2-12t+12=3$
$t^2-4t+3=0$, $(t-1)(t-3)=0$
$\therefore t=1$ 또는 $t=3$
즉, 접점의 좌표는 $(1,\ 8)$, $(3,\ 10)$이므로
접선의 방정식은
$y-8=3(x-1)$ 또는 $y-10=3(x-3)$
$\therefore y=3x+5$ 또는 $y=3x+1$
따라서 오른쪽 그림에서 두 직선과 x축 및
y축으로 둘러싸인 도형의 넓이는
$\dfrac{1}{2}\cdot\dfrac{5}{3}\cdot5-\dfrac{1}{2}\cdot\dfrac{1}{3}\cdot1=4$

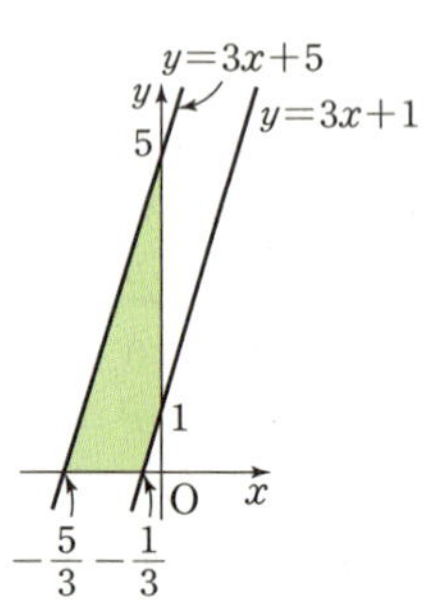

🔔 선생님 톡톡

사다리꼴의 넓이는 일반적으로
$$\dfrac{1}{2}\times\{(\text{윗변의 길이})+(\text{아랫변의 길이})\}\times(\text{높이})$$
를 이용하여 구하지만 이 문제에서는 큰 직각삼각형의 넓이에서 작은 직각삼각
형의 넓이를 빼는 방법으로 구하면 더 쉽게 넓이를 구할 수 있어. 이처럼 도형의
넓이는 관점을 바꾸면 쉽게 구할 수 있는 경우가 많아.

221 답 ⑤

$f(x)=x^3+ax+b$, $g(x)=-x^3+c$라 하면
$f'(x)=3x^2+a$, $g'(x)=-3x^2$
두 곡선이 점 $(1,\ 1)$을 지나므로
$f(1)=1$에서 $1+a+b=1$ $\therefore a+b=0$ ...... ㉠
$g(1)=1$에서 $-1+c=1$ $\therefore c=2$
점 $(1,\ 1)$에서의 두 곡선의 접선의 기울기가 같으므로
$f'(1)=g'(1)$에서 $3+a=-3$ $\therefore a=-6$
$a=-6$을 ㉠에 대입하여 풀면 $b=6$
$\therefore a+bc=-6+6\cdot2=6$

222 답 ①

$f(x)=x^3-3x^2+2x+1$, $g(x)=x^2-2x+1$이라 하면
$f'(x)=3x^2-6x+2$, $g'(x)=2x-2$
두 곡선이 $x=t$인 점에서 공통접선을 가진다고 하면
$f(t)=g(t)$에서 $t^3-3t^2+2t+1=t^2-2t+1$
$t^3-4t^2+4t=0$, $t(t-2)^2=0$
$\therefore t=0$ 또는 $t=2$ ...... ㉠
$f'(t)=g'(t)$에서 $3t^2-6t+2=2t-2$
$3t^2-8t+4=0$, $(3t-2)(t-2)=0$
$\therefore t=\dfrac{2}{3}$ 또는 $t=2$ ...... ㉡
㉠, ㉡에서 $t=2$

즉, 점 $(2, 1)$에서 공통접선을 갖고, 접선의 기울기는
$f'(2)=g'(2)=2$이므로 공통접선의 방정식은
$$y-1=2(x-2) \qquad \therefore y=2x-3$$
따라서 $a=2$, $b=-3$이므로
$$ab=2\cdot(-3)=-6$$

223 답 ⑤

$f(x)=x^2+ax+b$, $g(x)=-x^2+ax+c$라 하면
$$f'(x)=2x+a, \quad g'(x)=-2x+a$$
점 P의 x좌표를 t라 하면 두 곡선이 점 P에서 접하므로
$$f'(t)=g'(t)에서 2t+a=-2t+a \quad \therefore t=0$$
점 P에서의 접선에 수직인 직선의 방정식이 $x+2y-4=0$, 즉
$y=-\dfrac{1}{2}x+2$이므로 점 P에서의 접선의 기울기는 2이다.

즉, $f'(0)=a=2$
또한, 직선 $x+2y-4=0$이 점 P를 지나므로 
$2y-4=0 \quad \therefore y=2$
따라서 점 P의 좌표는 $(0, 2)$이고, 점 P는 두 곡선 위의 점이므로
$$f(0)=b=2, \quad g(0)=c=2$$
$$\therefore abc=2\cdot2\cdot2=8$$

---

224 답 (1) 1 (2) $\dfrac{2}{3}$

(1) 함수 $f(x)=x^2-2x+3$은 닫힌구간 $[0, 2]$에서 연속이고 열린구간 $(0, 2)$에서 미분가능하며 $f(0)=f(2)=3$이다.
  즉, 롤의 정리에 의하여 $f'(c)=0$인 c가 열린구간 $(0, 2)$에 적어도 하나 존재한다.
  이때 $f'(x)=2x-2$이므로
  $$f'(c)=2c-2=0 \qquad \therefore c=1$$
(2) 함수 $f(x)=x^3+2x^2-4x-8$은 닫힌구간 $[-2, 2]$에서 연속이고 열린구간 $(-2, 2)$에서 미분가능하며 $f(-2)=f(2)=0$이다.
  즉, 롤의 정리에 의하여 $f'(c)=0$인 c가 열린구간 $(-2, 2)$에 적어도 하나 존재한다.
  이때 $f'(x)=3x^2+4x-4$이므로
  $$f'(c)=3c^2+4c-4=0, \quad (c+2)(3c-2)=0$$
  $$\therefore c=\frac{2}{3} \ (\because -2<c<2)$$

225 답 (1) $\dfrac{5}{2}$ (2) 2

(1) 함수 $f(x)=2x^2-5x+2$는 닫힌구간 $[1, 4]$에서 연속이고 열린구간 $(1, 4)$에서 미분가능하므로 평균값 정리에 의하여
  $\dfrac{f(4)-f(1)}{4-1}=f'(c)$인 c가 열린구간 $(1, 4)$에 적어도 하나 존재한다.
  이때 $f'(x)=4x-5$이므로
  $$\frac{14-(-1)}{4-1}=4c-5, \quad 4c=10 \qquad \therefore c=\frac{5}{2}$$
(2) 함수 $f(x)=x^3-3x^2+2x+2$는 닫힌구간 $[0, 3]$에서 연속이고 열린구간 $(0, 3)$에서 미분가능하므로 평균값 정리에 의하여
  $\dfrac{f(3)-f(0)}{3-0}=f'(c)$인 c가 열린구간 $(0, 3)$에 적어도 하나 존재한다.

이때 $f'(x)=3x^2-6x+2$이므로
$$\frac{8-2}{3-0}=3c^2-6c+2, \quad 3c^2-6c=0$$
$$3c(c-2)=0$$
$$\therefore c=2 \ (\because 0<c<3)$$

226 답 (가) (a, x) (나) 0

$a<x\leq b$인 모든 실수 x에 대하여 함수 $f(x)$는 닫힌구간 $[a, x]$에서 연속이고 열린구간 (a, x)에서 미분가능하므로 평균값 정리에 의하여
$\dfrac{f(x)-f(a)}{x-a}=f'(c)$인 c가 열린구간 $\boxed{(a, x)}$에 적어도 하나 존재한다.
그런데 $f'(c)=\boxed{0}$이므로
$$f(x)-f(a)=0$$
$$\therefore f(x)=f(a)$$
따라서 $f(x)$는 닫힌구간 $[a, b]$에서 상수함수이다.

---

227 답 ③

함수 $f(x)=(x-2)^2(x-5)$는 닫힌구간 $[1, 4]$에서 연속이고 열린구간 $(1, 4)$에서 미분가능하며 $f(1)=f(4)=-4$이다.
즉, 롤의 정리에 의하여 $f'(c)=0$인 c가 열린구간 $(1, 4)$에 적어도 하나 존재한다.
이때
$$f'(x)=2(x-2)(x-5)+(x-2)^2$$
$$=3(x-2)(x-4)$$ 
이므로
$$f'(c)=3(c-2)(c-4)=0$$
$$\therefore c=2 \ (\because 1<c<4)$$

228 답 ④

함수 $f(x)=x^3-2x^2-3x+5$는 닫힌구간 $[-1, 3]$에서 연속이고 열린구간 $(-1, 3)$에서 미분가능하며 $f(-1)=f(3)=5$이다.
즉, 롤의 정리에 의하여 $f'(c)=0$인 c가 열린구간 $(-1, 3)$에 적어도 하나 존재한다.
이때 $f'(x)=3x^2-4x-3$이므로
$$f'(c)=3c^2-4c-3=0$$
$$\therefore c=\frac{2\pm\sqrt{13}}{3}$$ 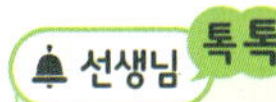

따라서 모든 상수 c의 값의 합은 $\dfrac{4}{3}$이다.

선생님 **톡톡**

> 위의 문제에서 조건을 만족시키는 모든 상수 c의 값의 합을 이차방정식의 근과 계수의 관계를 이용하여 구하면 안 돼. 방정식 $f'(c)=0$을 만족시키는 c의 값이 열린구간 $(-1, 3)$에 속하는지를 반드시 확인해야 해.

229 답 4

함수 $f(x)=4x^3+ax^2+bx+1$은 닫힌구간 $[-1, 1]$에서 연속이고 열린구간 $(-1, 1)$에서 미분가능하다.

롤의 정리를 만족시키려면 $f(-1)=f(1)$이어야 하므로
$-4+a-b+1=4+a+b+1$
$2b=-8$ $\therefore b=-4$
이때 $f'(x)=12x^2+2ax-4$이고, 롤의 정리를 만족시키는 상수가 $-\dfrac{1}{2}$이므로

$f'\left(-\dfrac{1}{2}\right)=0$에서 $12\cdot\left(-\dfrac{1}{2}\right)^2+2a\cdot\left(-\dfrac{1}{2}\right)-4=0$
$3-a-4=0$ $\therefore a=-1$
$\therefore ab=(-1)\cdot(-4)=4$

230 답 ③

함수 $f(x)$는 닫힌구간 $[-1,\ 1]$에서 연속이고 $f(-1)=f(1)=1$이다.

$0<a<1$인 임의의 실수 a에 대하여
$f'(a)=\displaystyle\lim_{x\to a}\dfrac{f(x)-f(a)}{x-a}=\lim_{x\to a}\dfrac{x-a}{x-a}$
$\quad=\boxed{1}\neq 0 \longrightarrow f'(c)=0$인 c가 열린구간 $(0,\ 1)$에 존재하지 않는다.

$-1<a<0$인 임의의 실수 a에 대하여
$f'(a)=\displaystyle\lim_{x\to a}\dfrac{f(x)-f(a)}{x-a}=\lim_{x\to a}\dfrac{-x-(-a)}{x-a}$
$\quad=\boxed{-1}\neq 0 \longrightarrow f'(c)=0$인 c가 열린구간 $(-1,\ 0)$에 존재하지 않는다.

또한,
$\displaystyle\lim_{x\to 0+}\dfrac{f(x)-f(0)}{x}=\lim_{x\to 0+}\dfrac{|x|}{x}=\lim_{x\to 0+}\dfrac{x}{x}=\boxed{1}$,
$\displaystyle\lim_{x\to 0-}\dfrac{f(x)-f(0)}{x}=\lim_{x\to 0-}\dfrac{|x|}{x}=\lim_{x\to 0-}\dfrac{-x}{x}=-1$

이므로 $f(x)$는 $x=0$에서 미분계수가 존재하지 않는다.
즉, $f'(c)=0$인 c가 열린구간 $(-1,\ 1)$에 존재하지 않는다.
따라서 함수 $f(x)$는 닫힌구간 $[-1,\ 1]$에서 연속이고
$f(-1)=f(1)$이지만 열린구간 $(-1,\ 1)$에서 미분가능하지 않으므로
롤의 정리를 만족시키지 않는다.
즉, $l=1$, $m=-1$, $n=1$이므로
$l-2m+3n=1-2\cdot(-1)+3\cdot1=6$

231 답 ④

함수 $f(x)=x^3-6x^2+12x-6$은 닫힌구간 $[1,\ 3]$에서 연속이고 열린구간 $(1,\ 3)$에서 미분가능하므로 평균값 정리에 의하여
$\dfrac{f(3)-f(1)}{3-1}=f'(c)$
인 c가 열린구간 $(1,\ 3)$에 적어도 하나 존재한다.
이때 $f'(x)=3x^2-12x+12$이므로
$\dfrac{3-1}{3-1}=3c^2-12c+12$, $3c^2-12c+11=0$
$\therefore c=\dfrac{6\pm\sqrt{3}}{3} \longrightarrow 1<\sqrt{3}<2$이므로 $1<\frac{6\pm\sqrt{3}}{3}<3$
따라서 모든 상수 c의 값의 합은 4이다.

232 답 ①

함수 $f(x)=x^3-4x^2+3x+6$은 닫힌구간 $[-1,\ 2]$에서 연속이고 열린구간 $(-1,\ 2)$에서 미분가능하므로 평균값 정리에 의하여
$\dfrac{f(2)-f(-1)}{2-(-1)}=f'(c)$
인 c가 열린구간 $(-1,\ 2)$에 적어도 하나 존재한다.
이때 $f'(x)=3x^2-8x+3$이므로
$\dfrac{4-(-2)}{2-(-1)}=3c^2-8c+3$, $3c^2-8c+1=0$

$\therefore c=\dfrac{4-\sqrt{13}}{3}\ (\because -1<c<2) \longrightarrow 3<\sqrt{13}<4$이므로 $-1<\frac{4-\sqrt{13}}{3}<2<\frac{4+\sqrt{13}}{3}$
따라서 $p=\dfrac{4}{3}$, $q=-\dfrac{1}{3}$이므로

$\dfrac{p}{q}=\dfrac{\dfrac{4}{3}}{-\dfrac{1}{3}}=-4$

233 답 3

닫힌구간 $[-2,\ 5]$에서 평균값 정리를 만족시키는 상수 c는 두 점 $(-2,\ f(-2))$, $(5,\ f(5))$를 잇는 직선과 평행한 접선을 갖는 점의 x좌표이다.
다음 그림과 같이 두 점 $(-2,\ f(-2))$, $(5,\ f(5))$를 잇는 직선과 평행한 접선을 3개 그을 수 있으므로 상수 c의 개수는 3이다.

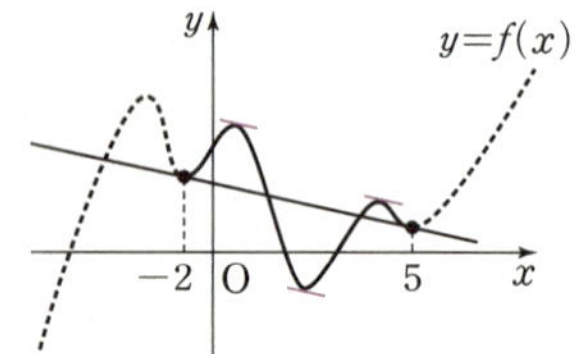

234 답 ③

$h(x)=f(x)-g(x)$라 하면 함수 $h(x)$는 닫힌구간 $[a,\ b]$에서 연속이고 열린구간 $(a,\ b)$에서 미분가능하다.
이때 열린구간 $(a,\ b)$에 속하는 모든 x에 대하여 $f'(x)=g'(x)$이므로
$h'(x)=\boxed{f'(x)-g'(x)}=0$
$a<x\leq b$인 모든 실수 x에 대하여 함수 $h(x)$는 닫힌구간 $[a,\ x]$에서 연속이고 열린구간 $(a,\ x)$에서 미분가능하므로 $\boxed{평균값\ 정리}$에 의하여
$\dfrac{h(x)-h(a)}{x-a}=h'(c)$
인 c가 열린구간 $(a,\ x)$에 적어도 하나 존재한다.
그런데 $h'(c)=0$이므로
$h(x)-h(a)=0$ $\therefore h(x)=h(a)$
따라서 $h(x)$는 닫힌구간 $[a,\ b]$에서 $\boxed{상수}$함수이므로
$h(x)=k\ (k$는 상수$)$라 하면
$h(x)=f(x)-g(x)=k$
$\therefore f(x)=g(x)+k$
$\therefore$ (가) $f'(x)-g'(x)$ (나) 평균값 정리 (다) 상수

• 본문 054~056쪽

235 답 ③

평행한 두 직선은 교점을 갖지 않는다.

$f(x)=3x^4+bx^2+c$라 하면
$f'(x)=12x^3+2bx$
점 $(1,\ 3)$이 곡선 $y=f(x)$ 위의 점이므로
$f(1)=3+b+c=3$ $\therefore b+c=0$ $\cdots\cdots$ ㉠
또한, 두 점 $(1,\ 3)$, $(-1,\ 3)$에서의 접선이 교점을 갖지 않으므로
$f'(1)=f'(-1)$에서 $12+2b=-12-2b \longrightarrow$ 두 접선이 서로 평행하다.
$4b=-24$ $\therefore b=-6$

$b=-6$을 ㉠에 대입하여 풀면 $c=6$
따라서 곡선 $f(x)=3x^4-6x^2+6$이 점 $(2, a)$를 지나므로
$a=f(2)=3\cdot2^4-6\cdot2^2+6=30$
$\therefore a+b-c=30+(-6)-6=18$

236 답 ⑤

 One Point Lesson

교점이 유일한 곡선과 접선은 곡선의 방정식과 접선의 방정식을 연립한 방정식의 실근 또한 유일하다.

$f(x)=x^3+ax^2+x+b$라 하면
$f'(x)=3x^2+2ax+1$
점 $\mathrm{P}(1, 2)$가 곡선 $y=f(x)$ 위의 점이므로
$f(1)=2$에서 $1+a+1+b=2$
$a+b=0$ $\quad\therefore b=-a$ $\quad\cdots\cdots$ ㉠
점 $\mathrm{P}(1, 2)$에서의 접선의 기울기는 $f'(1)=2a+4$이므로 접선의 방정식은
$y-2=(2a+4)(x-1)$
$\therefore y=(2a+4)x-2a-2$
이 접선과 곡선 $y=f(x)$의 교점의 x좌표는
$(2a+4)x-2a-2=x^3+ax^2+x-a$에서
$x^3+ax^2-(2a+3)x+a+2=0$
$(x-1)^2(x+a+2)=0$
이 방정식이 $x=1$을 유일한 실근으로 가져야 하므로
$a+2=-1$ $\quad\therefore a=-3$
$a=-3$을 ㉠에 대입하면 $b=3$
$\therefore b-a=3-(-3)=6$

점 $\mathrm{P}(1, 2)$가 유일한 교점이므로
$x=1$이 방정식의 유일한 실근이다.
즉, $x=1$이 삼중근이다.

237 답 ②

 One Point Lesson

y축에 대하여 대칭인 곡선 $y=f(x)$에서 미분계수의 정의를 이용하여 $f'(-x)$와 $f'(x)$ 사이의 관계를 추론한다.

곡선 $y=f(x)$ 위의 점 $(2, 1)$에서의 접선의 방정식이 $y=2x-3$이므로
$f(2)=1$, $f'(2)=2$ $\quad\cdots\cdots$ ㉠
곡선 $y=f(x)$가 y축에 대하여 대칭이므로
$f(-x)=f(x)$
$\begin{aligned}\therefore f'(-x)&=\lim_{h\to0}\frac{f(-x+h)-f(-x)}{h}\\&=\lim_{h\to0}\frac{f(x-h)-f(x)}{h}\\&=\lim_{h\to0}\frac{f(x-h)-f(x)}{-h}\cdot(-1)\\&=-f'(x)\end{aligned}$
즉, $f(-x)=f(x)$, $f'(-x)=-f'(x)$이므로 ㉠에서
$f(-2)=1$, $f'(-2)=-2$
$g(x)=(2x-1)f(x)$라 하면
$g'(x)=2f(x)+(2x-1)f'(x)$
곡선 $y=g(x)$ 위의 $x=-2$인 점의 y좌표는
$g(-2)=(-5)\cdot f(-2)=(-5)\cdot1=-5$
곡선 $y=g(x)$ 위의 $x=-2$인 점에서의 접선의 기울기는
$g'(-2)=2f(-2)+(-5)\cdot f'(-2)$
$\qquad\quad=2\cdot1+(-5)\cdot(-2)=12$
이므로 접선의 방정식은
$y-(-5)=12(x+2)$ $\quad\therefore y=12x+19$
따라서 구하는 접선의 y절편은 19이다.

238 답 ④

One Point Lesson

직선은 평행이동해도 기울기가 변하지 않으므로 평행이동해서 일치하는 두 직선의 기울기는 서로 같다.

$f(x)=x^3-3x^2+x+3$이라 하면
$f'(x)=3x^2-6x+1$
접점의 좌표를 (t, t^3-3t^2+t+3)이라 하면 직선 $y=-2x+2$와 평행한 직선 l의 기울기는 -2이므로
$f'(t)=-2$에서 $3t^2-6t+1=-2$
$3t^2-6t+3=0$, $3(t-1)^2=0$
$\therefore t=1$

평행이동했을 때 두 직선이 일치하므로 이 두 직선은 기울기가 같다.

즉, 접점의 좌표는 $(1, 2)$이므로 직선 l의 방정식은
$y-2=-2(x-1)$ $\quad\therefore y=-2x+4$
직선 l을 x축의 방향으로 a만큼 평행이동한 직선의 방정식은
$y=-2(x-a)+4$ $\quad\therefore y=-2x+2a+4$
이 직선이 직선 $y=-2x+2$와 일치하므로

x 대신 $x-a$를 대입한다.

$2a+4=2$ $\quad\therefore a=-1$
또한, 직선 l을 y축의 방향으로 b만큼 평행이동한 직선의 방정식은
$y-b=-2x+4$ $\quad\therefore y=-2x+4+b$
이 직선이 직선 $y=-2x-2$와 일치하므로

y 대신 $y-b$를 대입한다.

$4+b=-2$ $\quad\therefore b=-6$
$\therefore ab=(-1)\cdot(-6)=6$

239 답 ④

One Point Lesson

직선 $y=2x$와 교점을 갖지 않는 직선은 직선 $y=2x$와 평행하다.

$f(x)=x^3-6x^2+11x-3$이라 하면
$f'(x)=3x^2-12x+11$
두 접선이 직선 $y=2x$와 교점을 갖지 않으므로 두 접선의 기울기는 모두 2이다.
접점의 좌표를 $(t, t^3-6t^2+11t-3)$이라 하면 접선의 기울기가 2이므로
$f'(t)=2$에서 $3t^2-12t+11=2$
$t^2-4t+3=0$, $(t-1)(t-3)=0$
$\therefore t=1$ 또는 $t=3$
즉, 두 접점의 좌표는 $(1, 3)$, $(3, 3)$이므로 두 접선의 방정식은
$y-3=2(x-1)$, $y-3=2(x-3)$
$\therefore y=2x+1$, $y=2x-3$

직선 $y=2x+1$ 위의 점 중 임의의 한 점

이 두 직선 사이의 거리는 직선 $y=2x+1$ 위의 점 $(0, 1)$과 직선 $y=2x-3$, 즉 $2x-y-3=0$ 사이의 거리와 같으므로 구하는 거리는
$$\frac{|-1-3|}{\sqrt{2^2+(-1)^2}}=\frac{4}{\sqrt{5}}=\frac{4\sqrt{5}}{5}$$

직선 $y=2x-3$ 위의 한 점과 직선 $y=2x+1$ 사이의 거리로 구해도 된다.

평행한 두 직선 l, m 사이의 거리는 다음과 같은 순서로 구한다.
❶ 직선 l 위의 한 점의 좌표 (a, b)를 정한다.
❷ 점 (a, b)와 직선 m 사이의 거리를 구한다.

240 답 ⑤

One Point Lesson

점 $(a, a-1)$에서 곡선에 그은 접선의 방정식을 세운 후 삼차방정식의 서로 다른 실근이 2개가 되는 경우를 생각한다.

$f(x)=x^3-x^2$이라 하면
$f'(x)=3x^2-2x$
접점의 좌표를 (t, t^3-t^2)이라 하면 이 점에서의 접선의 기울기는
$f'(t)=3t^2-2t$이므로 접선의 방정식은
$y-(t^3-t^2)=(3t^2-2t)(x-t)$
$\therefore y=(3t^2-2t)x-2t^3+t^2$
이 직선이 점 $(a, a-1)$을 지나므로
$a-1=-2t^3+(3a+1)t^2-2at$
$2t^3-(3a+1)t^2+2at+a-1=0$
$(t-1)\{2t^2-(3a-1)t-a+1\}=0$ ...... ㉠
이때 접선이 2개가 되려면 삼차방정식 ㉠이 서로 다른 두 실근을 가져야 한다.
즉, $g(t)=2t^2-(3a-1)t-a+1$이라 하면
$g(1)=4-4a\neq0$ $(\because a\neq1)$
이므로 방정식 $g(t)=0$이 중근을 가져야 한다. → $t=1$이 방정식 $g(t)=0$의 근이 아니므로 $g(t)=0$이 중근을 가지면 방정식 ㉠이 서로 다른 두 실근을 갖는다.
이차방정식 $g(t)=0$의 판별식을 D라 하면
$D=\{-(3a-1)\}^2-4\cdot2\cdot(-a+1)=0$
$9a^2+2a-7=0$, $(a+1)(9a-7)=0$
$\therefore a=-1$ 또는 $a=\dfrac{7}{9}$
따라서 모든 실수 a의 값의 합은
$-1+\dfrac{7}{9}=-\dfrac{2}{9}$ → 이차방정식 $9a^2+2a-7=0$이 서로 다른 두 실근을 가지므로 이차방정식의 근과 계수의 관계를 이용하여 구해도 된다.

241 답 ④

곡선에 접하는 직선의 기울기가 1임을 이용하여 접점의 좌표를 구한다.

$f(x)=x^3-9x^2+16x+b$라 하면
$f'(x)=3x^2-18x+16$
접점의 좌표를 $(t, t^3-9t^2+16t+b)$라 하면 접선의 기울기가 1이므로
$f'(t)=1$에서 $3t^2-18t+16=1$
$3t^2-18t+15=0$, $3(t-1)(t-5)=0$
$\therefore t=1$ 또는 $t=5$
(i) 접점 $(1, b+8)$이 직선 $y=x+8$ 위의 점인 경우
　$b+8=9$ $\therefore b=1$
　$\therefore f(x)=x^3-9x^2+16x+1$
　즉, 접선 $y=x+a$가 점 $(5, -19)$를 지나므로
　$-19=5+a$ $\therefore a=-24$
　그런데 이 경우는 $a>0$이라는 조건에 모순이다.
(ii) 접점 $(5, b-20)$이 직선 $y=x+8$ 위의 점인 경우
　$b-20=13$ $\therefore b=33$
　$\therefore f(x)=x^3-9x^2+16x+33$
　즉, 접선 $y=x+a$가 점 $(1, 41)$을 지나므로
　$41=1+a$ $\therefore a=40$
(i), (ii)에서
$a-b=40-33=7$

242 답 ①

점 P의 좌표를 찾아 각각의 곡선에 그은 접선의 방정식을 구한다.

$f(x)=x^3-x^2-x-1$, $g(x)=x^2-3x+3$이라 하면
$f'(x)=3x^2-2x-1$, $g'(x)=2x-3$
점 P의 x좌표를 t라 하면
$f(t)=g(t)$에서 $t^3-t^2-t-1=t^2-3t+3$

$t^3-2t^2+2t-4=0$, $(t-2)(t^2+2)=0$
$\therefore t=2$ $(\because t^2+2>0)$
즉, 두 곡선은 점 P$(2, 1)$에서 만나고, 점 P$(2, 1)$에서의 접선의 기울기는 각각 $f'(2)=7$, $g'(2)=1$이므로 두 접선의 방정식은
$y-1=7(x-2)$, $y-1=x-2$
$\therefore y=7x-13$, $y=x-1$
따라서 오른쪽 그림에서 두 접선과
x축으로 둘러싸인 도형의 넓이는
$\dfrac{1}{2}\cdot\left(\dfrac{13}{7}-1\right)\cdot1=\dfrac{3}{7}$

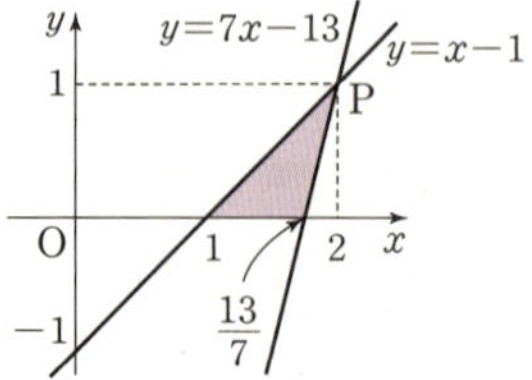

243 답 ①

두 곡선이 한 점에서 공통접선을 가지면 그 점에서 두 함수의 함숫값과 미분계수가 각각 같다.

두 곡선 $y=f(x)$, $y=g(x)$가 $x=1$인 점에서 공통접선을 가지므로
$f(1)=g(1)$, $f'(1)=g'(1)$
이때 $\displaystyle\lim_{x\to1}\dfrac{f(x)-x+1}{g(x)+x-1}=\dfrac{1}{2}\neq1$이므로 $f(1)=g(1)=0$

$\therefore \displaystyle\lim_{x\to1}\dfrac{f(x)-x+1}{g(x)+x-1}=\lim_{x\to1}\dfrac{\dfrac{f(x)}{x-1}-1}{\dfrac{g(x)}{x-1}+1}$ → $f(1)=g(1)=0$

$=\displaystyle\lim_{x\to1}\dfrac{\dfrac{f(x)-f(1)}{x-1}-1}{\dfrac{g(x)-g(1)}{x-1}+1}$

$=\dfrac{f'(1)-1}{g'(1)+1}=\dfrac{1}{2}$

$f'(1)=g'(1)=k$ $(k$는 상수$)$라 하면
$\dfrac{k-1}{k+1}=\dfrac{1}{2}$, $2k-2=k+1$ $\therefore k=3$
즉, 점 $(1, 0)$을 지나고 기울기가 3인 접선 l의 방정식은
$y=3(x-1)$ $\therefore y=3x-3$
따라서 접선 l의 y절편은 -3이다.

$f(1)=g(1)$이므로 $f(1)\neq0$, $g(1)\neq0$이면 $\displaystyle\lim_{x\to1}\dfrac{f(x)-x+1}{g(x)+x-1}=1$이지만 극한값이 1이 아니므로 $\dfrac{0}{0}$ 꼴이 되어야 해. 즉, $f(1)=g(1)=0$이야.

244 답 ②

롤의 정리가 성립하기 위한 조건을 먼저 살펴본다.

함수 $f(x)=x^3+x^2-x+3$은 닫힌구간 $[-a, a]$에서 연속이고 열린구간 $(-a, a)$에서 미분가능하다.
롤의 정리를 만족시키려면 $f(-a)=f(a)$이어야 하므로
$-a^3+a^2+a+3=a^3+a^2-a+3$
$2a^3-2a=0$, $2a(a+1)(a-1)=0$
$\therefore a=1$ $(\because a>0)$
즉, 함수 $f(x)$는 롤의 정리에 의하여 $f'(c)=0$인 c가 열린구간 $(-1, 1)$에 적어도 하나 존재한다.
이때 $f'(x)=3x^2+2x-1$이므로
$f'(c)=3c^2+2c-1=0$, $(c+1)(3c-1)=0$

$$\therefore c=\frac{1}{3}\ (\because\ -1<c<1)$$

$$\therefore \frac{a}{c}=\frac{1}{\frac{1}{3}}=3$$

245 답 10

곡선 $y=x^3-4x^2+ax+2$를 x축의 방향으로 2만큼 평행이동한 곡선이 직선 $y=3x-4$에 접하면 직선 $y=3x-4$를 x축의 방향으로 -2만큼 평행이동한 직선이 곡선 $y=x^3-4x^2+ax+2$에 접한다.

직선 $y=3x-4$를 x축의 방향으로 -2만큼 평행이동한 직선의 방정식은

$$y=3(x+2)-4 \qquad \therefore\ y=3x+2$$

❶

$f(x)=x^3-4x^2+ax+2$라 하면

$$f'(x)=3x^2-8x+a$$

접점의 좌표를 $(t,\ t^3-4t^2+at+2)$라 하면 이 점에서의 접선의 기울기는 $f'(t)=3t^2-8t+a$이므로 접선의 방정식은

$$y-(t^3-4t^2+at+2)=(3t^2-8t+a)(x-t)$$
$$\therefore\ y=(3t^2-8t+a)x-2t^3+4t^2+2$$

❷

이 직선이 직선 $y=3x+2$와 일치해야 하므로

$$3t^2-8t+a=3 \qquad \cdots\cdots\ \bigcirc$$
$$-2t^3+4t^2+2=2 \qquad \cdots\cdots\ \bigcirc\!\bigcirc$$

$\bigcirc\!\bigcirc$에서 $t^3-2t^2=0$, $t^2(t-2)=0$

$$\therefore\ t=0\ \text{또는}\ t=2$$

❸

$t=0$을 $\bigcirc$에 대입하여 풀면 $a=3$

$t=2$를 $\bigcirc$에 대입하여 풀면 $a=7$

따라서 모든 상수 a의 값의 합은 $3+7=10$이다.

❹

채점 기준	배점 비율
❶ 도형의 평행이동을 이용하여 주어진 곡선에 접하는 접선의 방정식 찾기	30%
❷ $f(x)=x^3-4x^2+ax+2$라 하고 접점의 x좌표를 t라 할 때 접선의 방정식 구하기	30%
❸ ❶, ❷에서 구한 두 직선이 같음을 이용하여 t의 값 구하기	20%
❹ 모든 상수 a의 값의 합 구하기	20%

246 답 0

함수 $f(x)=-4x^2+14x-6$은 닫힌구간 $[a,\ 1]$에서 연속이고 열린구간 $(a,\ 1)$에서 미분가능하다.

❶

닫힌구간 $[a,\ 1]$에서 평균값 정리를 만족시키는 상수가 $\frac{1}{2}$이므로

$$\frac{f(1)-f(a)}{1-a}=f'\!\left(\frac{1}{2}\right)$$

❷

이때 $f'(x)=-8x+14$이므로

$$\frac{4-(-4a^2+14a-6)}{1-a}=-8\cdot\frac{1}{2}+14,\ \frac{4a^2-14a+10}{1-a}=10$$

$$4a^2-14a+10=10-10a,\ 4a^2-4a=0$$

$$4a(a-1)=0 \qquad \therefore\ a=0\left(\because\ a<\frac{1}{2}\right)$$

❸

채점 기준	배점 비율
❶ 평균값 정리를 이용할 수 있음을 확인하기	40%
❷ 평균값 정리를 이용하여 등식 세우기	40%
❸ 함수 $f(x)$의 도함수 $f'(x)$를 이용하여 a의 값 구하기	20%

05 함수의 그래프

247 답 (가) $<$ (나) 증가

$x_1<x_2$인 임의의 두 실수 x_1, x_2에 대하여

$$x_1^{\,2}+x_1x_2+x_2^{\,2}=\left(x_1+\frac{x_2}{2}\right)^2+\frac{3}{4}x_2^{\,2}>0$$

이므로

$$f(x_1)-f(x_2)=x_1^{\,3}-x_2^{\,3}$$
$$=(x_1-x_2)(x_1^{\,2}+x_1x_2+x_2^{\,2})\boxed{<}0$$

즉, $f(x_1)\boxed{<}f(x_2)$이다.

따라서 함수 $f(x)$는 구간 $(-\infty,\ \infty)$에서 $\boxed{증가}$한다.

248 답 (1) 증가 (2) 감소

(1) 닫힌구간 $[0,\ 5]$에 속하고 $x_1<x_2$인 임의의 두 실수 x_1, x_2에 대하여

$$f(x_1)-f(x_2)=(2x_1-1)-(2x_2-1)$$
$$=2(x_1-x_2)<0$$

즉, $f(x_1)<f(x_2)$이다.

따라서 함수 $f(x)$는 닫힌구간 $[0,\ 5]$에서 증가한다.

(2) $x_1<x_2<0$인 임의의 두 실수 x_1, x_2에 대하여

$$f(x_1)-f(x_2)=x_1^{\,2}-x_2^{\,2}$$
$$=(x_1+x_2)(x_1-x_2)$$

이때 $x_1+x_2<0$, $x_1-x_2<0$이므로 → $x_1<x_2<0$

$f(x_1)-f(x_2)>0$, 즉 $f(x_1)>f(x_2)$이다.

따라서 함수 $f(x)$는 구간 $(-\infty,\ 0)$에서 감소한다.

다른 풀이

(1) 함수 $y=f(x)$의 그래프는 오른쪽 그림과 같다.

닫힌구간 $[0,\ 5]$에 속하는 임의의 두 수 x_1, x_2에 대하여 $x_1<x_2$일 때 $f(x_1)<f(x_2)$이므로 함수 $f(x)$는 닫힌구간 $[0,\ 5]$에서 증가한다.

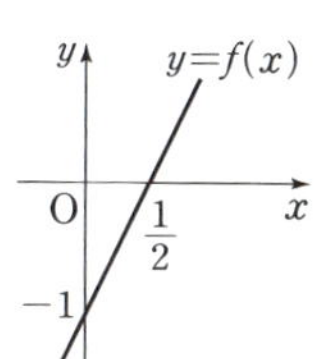

(2) 함수 $y=f(x)$의 그래프는 오른쪽 그림과 같다.

구간 $(-\infty,\ 0)$에 속하는 임의의 두 수 x_1, x_2에 대하여 $x_1<x_2$일 때 $f(x_1)>f(x_2)$이므로 함수 $f(x)$는 구간 $(-\infty,\ 0)$에서 감소한다.

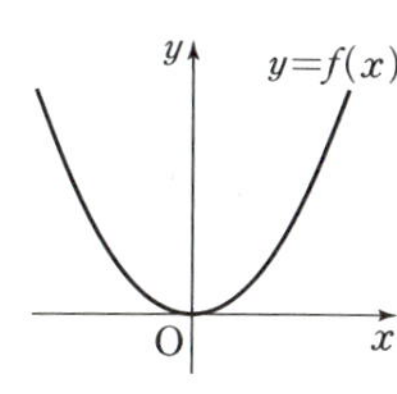

249 답 풀이 참조

(1) $f(x)=-x^2-4x+6$에서

$$f'(x)=-2x-4=-2(x+2)$$

$f'(x)=0$에서 $x=-2$

함수 $f(x)$의 증가와 감소를 표로 나타내면 다음과 같다.

x	$\cdots$	-2	$\cdots$
$f'(x)$	$+$	0	$-$
$f(x)$	$\nearrow$	10	$\searrow$

따라서 함수 $f(x)$는 구간 $(-\infty,\ -2]$에서 증가하고, 구간 $[-2,\ \infty)$에서 감소한다.

(2) $f(x)=x^3-3x^2+6$에서
$f'(x)=3x^2-6x=3x(x-2)$
$f'(x)=0$에서 $x=0$ 또는 $x=2$
함수 $f(x)$의 증가와 감소를 표로 나타내면 다음과 같다.

x	$\cdots$	0	$\cdots$	2	$\cdots$
$f'(x)$	$+$	0	$-$	0	$+$
$f(x)$	$\nearrow$	6	$\searrow$	2	$\nearrow$

따라서 함수 $f(x)$는 구간 $(-\infty,\,0]$, $[2,\,\infty)$에서 증가하고, 닫힌구간 $[0,\,2]$에서 감소한다.

유형 마스터 **P**attern
· 본문 059~060쪽

250 답 4

$f(x)=x^3-3x^2-9x-3$에서
$f'(x)=3x^2-6x-9=3(x+1)(x-3)$
$f'(x)=0$에서 $x=-1$ 또는 $x=3$
함수 $f(x)$의 증가와 감소를 표로 나타내면 다음과 같다.

x	$\cdots$	-1	$\cdots$	3	$\cdots$
$f'(x)$	$+$	0	$-$	0	$+$
$f(x)$	$\nearrow$	2	$\searrow$	-30	$\nearrow$

따라서 함수 $f(x)$가 감소하는 구간은 $[-1,\,3]$이므로
$a=-1$, $b=3$
$\therefore b-a=3-(-1)=4$

251 답 ④

$f(x)=-x^3+12x-1$에서
$f'(x)=-3x^2+12=-3(x+2)(x-2)$
$f'(x)=0$에서 $x=-2$ 또는 $x=2$
함수 $f(x)$의 증가와 감소를 표로 나타내면 다음과 같다.

x	$\cdots$	-2	$\cdots$	2	$\cdots$
$f'(x)$	$-$	0	$+$	0	$-$
$f(x)$	$\searrow$	-17	$\nearrow$	15	$\searrow$

따라서 함수 $f(x)$는 닫힌구간 $[-2,\,2]$에서 증가하고 구간 $(-\infty,\,-2]$, $[2,\,\infty)$에서 감소하므로 옳은 것은 ④이다.

선생님 톡톡

'증가(감소)하는 구간 $[a,\,b]$'와 '구간 $[a,\,b]$에서 증가(감소)'의 차이
250과 같이 '함수가 증가(감소)하는 구간이 $[a,\,b]$'라 하면 함수가 증가(감소)하는 모든 구간을 의미해.
하지만 251과 같이 '함수가 구간 $[a,\,b]$에서 증가(감소)한다.'는 것은 반드시 증가(감소)하는 구간 전체를 의미하는 것은 아님에 유의하자.

252 답 ④

$f(x)=x^3-6x^2+ax+4$에서 $f'(x)=3x^2-12x+a$
함수 $f(x)$가 감소하는 구간이 $[b,\,6]$이므로 이차방정식 $f'(x)=0$, 즉 $3x^2-12x+a=0$의 두 근은 b, 6이다.
이차방정식의 근과 계수의 관계에 의하여
$b+6=4$, $6b=\dfrac{a}{3}$
따라서 $a=-36$, $b=-2$이므로
$a-b=-36-(-2)=-34$

253 답 ②

$f(x)=x^3-3x^2+ax+4$에서 $f'(x)=3x^2-6x+a$
함수 $f(x)$가 실수 전체의 집합에서 증가하려면 모든 실수 x에 대하여 $f'(x)\geq0$이어야 하므로 이차방정식 $f'(x)=0$의 판별식을 D라 하면
$\dfrac{D}{4}=(-3)^2-3a\leq0$, $3a-9\geq0$
$\therefore a\geq3$
따라서 실수 a의 최솟값은 3이다.

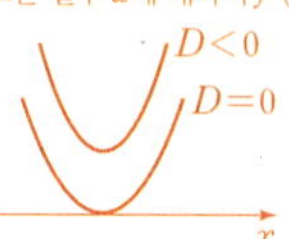

254 답 ①

$f(x)=-\dfrac{1}{3}x^3+ax^2+4(1-a)x+3$에서
$f'(x)=-x^2+2ax+4(1-a)$
함수 $f(x)$가 실수 전체의 집합에서 감소하려면 모든 실수 x에 대하여 $f'(x)\leq0$이어야 하므로 이차방정식 $f'(x)=0$의 판별식을 D라 하면
$\dfrac{D}{4}=a^2-(-1)\cdot(4-4a)\leq0$
$a^2-4a+4\leq0$, $(a-2)^2\leq0$
$\therefore a=2$

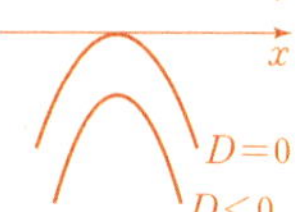

255 답 ⑤

$f(x)=(x-2)(x^2-ax+4)$에서
$f'(x)=(x^2-ax+4)+(x-2)(2x-a)$
$=3x^2-2(a+2)x+2a+4$

함수의 곱의 미분법에 의하여
$\{g(x)h(x)\}'=g'(x)h(x)+g(x)h'(x)$

함수 $f(x)$의 역함수가 존재하려면 $f(x)$가 일대일대응이어야 하므로 $f(x)$는 실수 전체의 집합에서 증가하거나 감소해야 한다.
그런데 $f(x)$의 최고차항의 계수가 양수이므로 $f(x)$는 실수 전체의 집합에서 증가해야 한다.
즉, 모든 실수 x에 대하여 $f'(x)\geq0$이어야 하므로 이차방정식 $f'(x)=0$의 판별식을 D라 하면
$\dfrac{D}{4}=(a+2)^2-3(2a+4)\leq0$
$a^2-2a-8\leq0$, $(a+2)(a-4)\leq0$
$\therefore -2\leq a\leq4$
따라서 정수 a의 개수는 -2, -1, 0, $\cdots$, 4의 7이다.

256 답 ②

$f(x)=x^3-3x^2+ax-3$에서
$f'(x)=3x^2-6x+a=3(x-1)^2+a-3$
함수 $f(x)$가 닫힌구간 $[-1,\,3]$에서 감소하려면 이 구간에서 $f'(x)\leq0$이어야 하므로 오른쪽 그림에서
$f'(-1)=f'(3)=a+9\leq0$
$\therefore a\leq-9$
닫힌구간 $[-1,\,3]$에서 함수 $f'(x)$의 최댓값이다.
따라서 실수 a의 최댓값은 -9이다.

선생님 톡톡

삼차함수 $f(x)$의 도함수 $f'(x)$는 이차함수이고, 이차함수 $y=f'(x)$는 그래프의 꼭짓점에서 최댓값 또는 최솟값을 가지니까 도함수 $y=f'(x)$의 그래프의 축이 주어진 구간에 포함되는지 꼭 확인해야 해.

257 답 ⑤

$f(x)=-x^3-2x^2+ax-1$에서
$f'(x)=-3x^2-4x+a$
$=-3\left(x+\dfrac{2}{3}\right)^2+a+\dfrac{4}{3}$

함수 $f(x)$가 열린구간 $(-2, 1)$에서 증가하
려면 이 구간에서 $f'(x) \geq 0$이어야 하므로 오
른쪽 그림에서 $\rightarrow f'(-2) > f'(1)$이다.
$$f'(1) = -7 + a \geq 0$$
$$\therefore a \geq 7$$

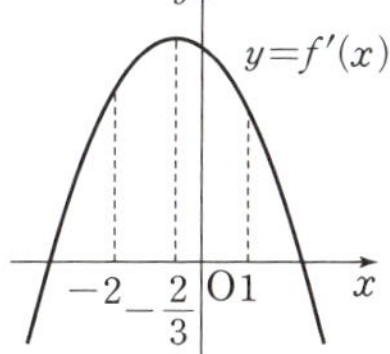

> 250에서 학습한 것과 같이 함수의 증가와 감소를 판단하는 구간이 닫힌구간이
> 든 열린구간이든 관계없이 풀이는 동일하다는 것을 기억하자.

258 답 ④

$f(x) = -\dfrac{1}{3}x^3 + 2x^2 + ax + 1$에서

$f'(x) = -x^2 + 4x + a = -(x-2)^2 + a + 4$

함수 $f(x)$가 일대일함수이려면 함수 $f(x)$는 정의역 전체에서 증가
하거나 감소해야 한다.

즉, $-1 \leq x \leq 0$에서 $f'(x) \geq 0$ 또는 $f'(x) \leq 0$이어야 한다.

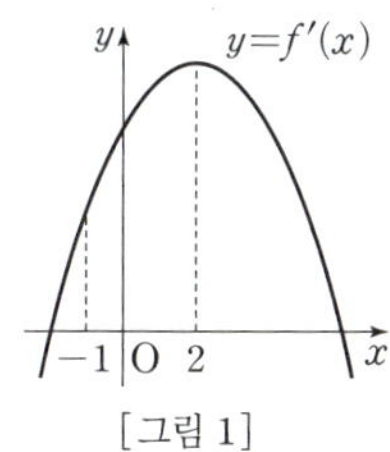 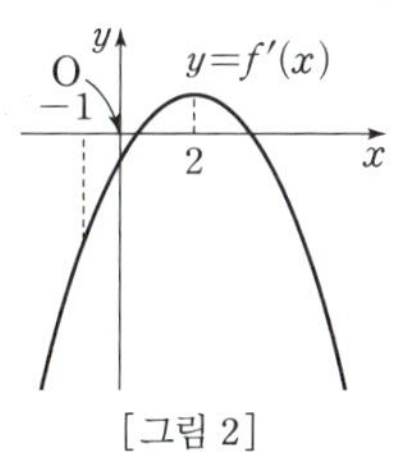

(i) $f'(x) \geq 0$을 만족시키는 경우

　[그림 1]에서

　　$f'(-1) = a - 5 \geq 0$　　$\therefore a \geq 5$

(ii) $f'(x) \leq 0$을 만족시키는 경우

　[그림 2]에서

　　$f'(0) = a \leq 0$　　$\therefore a \leq 0$

(i), (ii)에서 양수 a의 최솟값은 5이다.

259 답 ①

함수 $f(x)$는 닫힌구간 $[-4, -2]$, $[1, 4]$에서 감소한다.
따라서 $b - a$의 최댓값은 $a = 1$, $b = 4$일 때
$$4 - 1 = 3$$

260 답 3

함수 $f(x)$는 닫힌구간 $[0, 1]$, $[4, 6]$에서 증가한다.
따라서 정수 n의 개수는 0, 4, 5의 3이다.

→ 닫힌구간 $[0, 1]$, $[4, 5]$, $[5, 6]$에서 증가한다.

261 답 8

$y = f'(x)$의 그래프가 x축과 만나는 점의 x좌표가 2, 4이므로
$f'(x) = 0$에서 $x = 2$ 또는 $x = 4$
함수 $f(x)$의 증가와 감소를 표로 나타내면 다음과 같다.

x	$\cdots$	2	$\cdots$	4	$\cdots$
$f'(x)$	$-$	0	$+$	0	$-$
$f(x)$	↘		↗		↘

따라서 함수 $f(x)$는 닫힌구간 $[2, 4]$에서 증가하므로
$a = 2$, $b = 4$
$$\therefore ab = 2 \cdot 4 = 8$$

함수 $y = f'(x)$의 그래프가 열린구간 $(2, 4)$에서 x축의 위쪽에 있으
므로 함수 $f(x)$는 닫힌구간 $[2, 4]$에서 증가한다.

· 본문 061쪽

262 답 극댓값 : 3, 극솟값 : $-\dfrac{3}{2}$

$x = -1$의 좌우에서 함수 $f(x)$가 증가하다가 감소하므로
함수 $f(x)$는 $x = -1$에서 극대이고 극댓값은 $f(-1) = 3$이다.
또한, $x = 2$의 좌우에서 함수 $f(x)$가 감소하다가 증가하므로
함수 $f(x)$는 $x = 2$에서 극소이고 극솟값은 $f(2) = -\dfrac{3}{2}$이다.

함수 $f(x)$에서 $x = -1$을 포함하는 열린구간 $(-2, 0)$에 속하는 모
든 x에 대하여 $f(x) \leq f(-1)$이므로 함수 $f(x)$는 $x = -1$에서 극대
이고 극댓값은 $f(-1) = 3$이다.
또한, 함수 $f(x)$에서 $x = 2$를 포함하는 열린구간 $(1, 3)$에 속하는 모
든 x에 대하여 $f(x) \geq f(2)$이므로 함수 $f(x)$는 $x = 2$에서 극소이고
극솟값은 $f(2) = -\dfrac{3}{2}$이다.

263 답 (1) a, d　(2) c, e

(1) $x = a$, $x = d$의 좌우에서 함수 $f(x)$가 증가하다가 감소하므로
　함수 $f(x)$는 $x = a$, $x = d$에서 극댓값을 갖는다.

(2) $x = c$, $x = e$의 좌우에서 함수 $f(x)$가 감소하다가 증가하므로
　함수 $f(x)$는 $x = c$, $x = e$에서 극솟값을 갖는다.

> 함수 $f(x)$는 $x = b$에서 $f'(b) = 0$이지만 극값을 갖지 않고, $x = c$에서 극값을
> 갖지만 미분가능하지 않아.
> 이처럼 함수 $f(x)$가 $x = k$에서 $f'(k) = 0$이더라도 극값을 갖지 않을 수 있고,
> $x = k$에서 미분가능하지 않아도 극값을 가질 수 있어.

264 답 3

함수 $f(x)$가 $x = 1$에서 극댓값 3을 가지므로
$f(1) = 3$, $f'(1) = 0$
$$\therefore f(1) + f'(1) = 3 + 0 = 3$$

265 답 $a = 4$, $b = 2$

$f(x) = x^2 - ax + 4$, $g(x) = -x^3 + bx^2 + 4x - 1$에서
$f'(x) = 2x - a$, $g'(x) = -3x^2 + 2bx + 4$
두 함수 $f(x)$, $g(x)$가 모두 $x = 2$에서 극값을 가지므로
$f'(2) = 0$에서
$4 - a = 0$　　$\therefore a = 4$
$g'(2) = 0$에서
$-12 + 4b + 4 = 0$　　$\therefore b = 2$

266 답 (1) (가) 1　(나) 4　(2) 극댓값 : 8, 극솟값 : 4

(1) $f(x) = x^3 - 6x^2 + 9x + 4$에서
　$f'(x) = 3x^2 - 12x + 9 = 3(x-1)(x-3)$
　$f'(x) = 0$에서 $x = 1$ 또는 $x = 3$
　함수 $f(x)$의 증가와 감소를 표로 나타내면 다음과 같다.

x	$\cdots$	$\boxed{1}$	$\cdots$	3	$\cdots$
$f'(x)$	$+$	0	$-$	0	$+$
$f(x)$	↗	8	↘	$\boxed{4}$	↗

(2) 함수 $f(x)$는 $x = 1$에서 극댓값 8, $x = 3$에서 극솟값 4를 갖는다.

267 답 (1) 극댓값: 2, 극솟값: −2 (2) 극댓값: −2, 극솟값: −3

(1) $f(x)=x^3-3x$에서
$$f'(x)=3x^2-3=3(x+1)(x-1)$$
$f'(x)=0$에서 $x=-1$ 또는 $x=1$
함수 $f(x)$의 증가와 감소를 표로 나타내면 다음과 같다.

x	$\cdots$	-1	$\cdots$	1	$\cdots$
$f'(x)$	$+$	0	$-$	0	$+$
$f(x)$	$\nearrow$	2	$\searrow$	-2	$\nearrow$

따라서 함수 $f(x)$는 $x=-1$에서 극댓값 2, $x=1$에서 극솟값 -2를 갖는다.

(2) $f(x)=x^4-2x^2-2$에서
$$f'(x)=4x^3-4x=4x(x+1)(x-1)$$
$f'(x)=0$에서 $x=-1$ 또는 $x=0$ 또는 $x=1$
함수 $f(x)$의 증가와 감소를 표로 나타내면 다음과 같다.

x	$\cdots$	-1	$\cdots$	0	$\cdots$	1	$\cdots$
$f'(x)$	$-$	0	$+$	0	$-$	0	$+$
$f(x)$	$\searrow$	-3	$\nearrow$	-2	$\searrow$	-3	$\nearrow$

따라서 함수 $f(x)$는 $x=0$에서 극댓값 -2, $x=-1$ 또는 $x=1$에서 극솟값 -3을 갖는다.

· 본문 062~063쪽

268 답 ①

$f(x)=(x-1)(x^2-5x+4)$에서
$$\begin{aligned} f'(x)&=(x^2-5x+4)+(x-1)(2x-5)\\ &=3x^2-12x+9=3(x-1)(x-3)\end{aligned}$$
$f'(x)=0$에서 $x=1$ 또는 $x=3$
함수 $f(x)$의 증가와 감소를 표로 나타내면 다음과 같다.

x	$\cdots$	1	$\cdots$	3	$\cdots$
$f'(x)$	$+$	0	$-$	0	$+$
$f(x)$	$\nearrow$	0	$\searrow$	-4	$\nearrow$

따라서 함수 $f(x)$는 $x=1$에서 극댓값 0, $x=3$에서 극솟값 -4를 가지므로
$M=0$, $m=-4$
$\therefore M+m=0+(-4)=-4$

269 답 ①

$f(x)=3x^4-16x^3-6x^2+48x-24$에서
$$f'(x)=12x^3-48x^2-12x+48=12(x+1)(x-1)(x-4)$$
$f'(x)=0$에서 $x=-1$ 또는 $x=1$ 또는 $x=4$
함수 $f(x)$의 증가와 감소를 표로 나타내면 다음과 같다.

x	$\cdots$	-1	$\cdots$	1	$\cdots$	4	$\cdots$
$f'(x)$	$-$	0	$+$	0	$-$	0	$+$
$f(x)$	$\searrow$	-59	$\nearrow$	5	$\searrow$	-184	$\nearrow$

따라서 함수 $f(x)$는 $x=-1$ 또는 $x=4$에서 극솟값을 가지므로 구하는 모든 x의 값의 합은
$-1+4=3$

270 답 ④

$f(x)=x^3+2x^2-4x+3$에서

$$f'(x)=3x^2+4x-4=(x+2)(3x-2)$$
$f'(x)=0$에서 $x=-2$ 또는 $x=\dfrac{2}{3}$
함수 $f(x)$의 증가와 감소를 표로 나타내면 다음과 같다.

x	$\cdots$	-2	$\cdots$	$\dfrac{2}{3}$	$\cdots$
$f'(x)$	$+$	0	$-$	0	$+$
$f(x)$	$\nearrow$	11	$\searrow$	$\dfrac{41}{27}$	$\nearrow$

따라서 함수 $f(x)$는 $x=-2$에서 극댓값 11을 가지므로
$a=-2$, $b=11$
$\therefore a+b=-2+11=9$

271 답 ②

$f(x)=2x^3+ax^2+12x+b$에서
$$f'(x)=6x^2+2ax+12$$
함수 $f(x)$가 $x=2$에서 극솟값 6을 가지므로
$f(2)=6$에서 $4a+b+40=6$
$\therefore 4a+b=-34$ $\quad\cdots\cdots$ ㉠
$f'(2)=0$에서 $4a+36=0$
$\therefore a=-9$
$a=-9$를 ㉠에 대입하여 풀면
$b=2$
$\therefore a+b=-9+2=-7$

272 답 3

$f(x)=x^3-3x^2+a$에서
$$f'(x)=3x^2-6x=3x(x-2)$$
$f'(x)=0$에서 $x=0$ 또는 $x=2$
함수 $f(x)$의 증가와 감소를 표로 나타내면 다음과 같다.

x	$\cdots$	0	$\cdots$	2	$\cdots$
$f'(x)$	$+$	0	$-$	0	$+$
$f(x)$	$\nearrow$	a	$\searrow$	$a-4$	$\nearrow$

함수 $f(x)$는 $x=0$에서 극댓값 a를 가지므로
$a=7$
또한, 함수 $f(x)$는 $x=2$에서 극솟값 $f(2)=a-4$를 가지므로 극솟값은
$7-4=3$

273 답 30

$f(x)=-x^3+ax^2+bx+3$에서
$$f'(x)=-3x^2+2ax+b$$
함수 $f(x)$가 $x=7$, $x=-1$에서 극값을 가지므로 이차방정식
$f'(x)=0$은 7, -1을 두 근으로 갖는다.
이차방정식의 근과 계수의 관계에 의하여
$6=\dfrac{2a}{3}$, $-7=-\dfrac{b}{3}$
따라서 $a=9$, $b=21$이므로
$a+b=9+21=30$

274 답 ②

$f(x)=2x^3+ax^2+bx+c$에서
$$f'(x)=6x^2+2ax+b$$
함수 $f(x)$가 $x=0$에서 극솟값 2를 가지므로
$f(0)=2$에서 $c=2$

$f'(0)=0$에서 $b=0$

$\therefore f'(x)=6x^2+2ax=2x(3x+a)$

$f'(x)=0$에서 $x=0$ 또는 $x=-\dfrac{a}{3}$

이때 곡선 $y=f(x)$가 직선 $y=10$에 접하므로

$f\left(-\dfrac{a}{3}\right)=-\dfrac{2}{27}a^3+\dfrac{1}{9}a^3+2=10$ → 함수 $f(x)$는 극값 10을 갖는다.

$\dfrac{1}{27}a^3-8=0,\ a^3-216=0$

$(a-6)(a^2+6a+36)=0$

$\therefore a=6\ (\because a^2+6a+36>0)$

$\therefore a+b+c=6+0+2=8$ → $a^2+6a+36=(a+3)^2+27>0$

275 답 ②

$f(x)=\dfrac{1}{3}x^3+ax^2+bx+c$에서 $f'(x)=x^2+2ax+b$

함수 $y=f'(x)$의 그래프가 x축과 만나는 점의 x좌표가 1, 3이므로 $f'(x)=0$에서 $x=1$ 또는 $x=3$

즉, $f'(x)=(x-1)(x-3)=x^2-4x+3$에서

$a=-2,\ b=3$ $\therefore f(x)=\dfrac{1}{3}x^3-2x^2+3x+c$

함수 $f(x)$의 증가와 감소를 표로 나타내면 다음과 같다.

x	$\cdots$	1	$\cdots$	3	$\cdots$
$f'(x)$	$+$	0	$-$	0	$+$
$f(x)$	↗	극대	↘	극소	↗

함수 $f(x)$의 극댓값이 $\dfrac{16}{3}$이므로

$f(1)=\dfrac{1}{3}-2+3+c=\dfrac{16}{3}$ $\therefore c=4$

따라서 $f(x)=\dfrac{1}{3}x^3-2x^2+3x+4$이므로 함수 $f(x)$의 극솟값은

$f(3)=\dfrac{1}{3}\cdot3^3-2\cdot3^2+3\cdot3+4=4$

276 답 14

$f(x)=-x^3+ax^2+bx+c$에서

$f'(x)=-3x^2+2ax+b$

함수 $y=f'(x)$의 그래프가 x축과 만나는 점의 x좌표가 -2, 2이므로 $f'(x)=0$에서 $x=-2$ 또는 $x=2$ → 이차항의 계수를 같게 한다.

즉, $f'(x)=-3(x+2)(x-2)=-3x^2+12$에서

$a=0,\ b=12$ $\therefore f(x)=-x^3+12x+c$

함수 $f(x)$의 증가와 감소를 표로 나타내면 다음과 같다.

x	$\cdots$	-2	$\cdots$	2	$\cdots$
$f'(x)$	$-$	0	$+$	0	$-$
$f(x)$	↘	극소	↗	극대	↘

함수 $f(x)$의 극댓값과 극솟값의 합이 4이므로

$f(2)+f(-2)=(16+c)+(-16+c)=4$

$2c=4$ $\therefore c=2$

$\therefore a+b+c=0+12+2=14$

277 답 ①

$f(x)=3x^4+ax^3+bx^2+c$에서

$f'(x)=12x^3+3ax^2+2bx$

함수 $y=f'(x)$의 그래프가 x축과 만나는 점의 x좌표가 -1, 0, 2이므로 $f'(x)=0$에서

$x=-1$ 또는 $x=0$ 또는 $x=2$ → 이차항의 계수를 같게 한다.

즉, $f'(x)=12x(x+1)(x-2)=12x^3-12x^2-24x$에서

$a=-4,\ b=-12$ $\therefore f(x)=3x^4-4x^3-12x^2+c$

함수 $f(x)$의 증가와 감소를 표로 나타내면 다음과 같다.

x	$\cdots$	-1	$\cdots$	0	$\cdots$	2	$\cdots$
$f'(x)$	$-$	0	$+$	0	$-$	0	$+$
$f(x)$	↘	극소	↗	극대	↘	극소	↗

함수 $f(x)$의 극댓값이 16이므로

$f(0)=c=16$

따라서 $f(x)=3x^4-4x^3-12x^2+16$이므로 함수 $f(x)$의 모든 극솟값의 합은

$f(-1)+f(2)=3+4-12+16+(3\cdot2^4-4\cdot2^3-12\cdot2^2+16)$
$=11+(-16)=-5$

278 답 ⑤

$h(x)=f(x)-g(x)$에서

$h'(x)=f'(x)-g'(x)$

이때 두 함수 $y=f'(x)$, $y=g'(x)$의 그래프가 만나는 점의 x좌표가 -2, 2, 5이므로 $h'(x)=0$에서

$x=-2$ 또는 $x=2$ 또는 $x=5$

함수 $h(x)$의 증가와 감소를 표로 나타내면 다음과 같다.

x	$\cdots$	-2	$\cdots$	2	$\cdots$	5	$\cdots$
$h'(x)$	$-$	0	$+$	0	$-$	0	$+$
$h(x)$	↘	극소	↗	극대	↘	극소	↗

따라서 함수 $h(x)$는 $x=-2$ 또는 $x=5$에서 극솟값을 가지므로 모든 a의 값의 합은

$-2+5=3$

279 답 해설 참조

(1) $f(x)=2x^3-9x^2+12x-3$에서

$f'(x)=6x^2-18x+12=6(x-1)(x-2)$

$f'(x)=0$에서 $x=1$ 또는 $x=2$

함수 $f(x)$의 증가와 감소를 표로 나타내면 다음과 같다.

x	$\cdots$	1	$\cdots$	2	$\cdots$
$f'(x)$	$+$	0	$-$	0	$+$
$f(x)$	↗	2	↘	1	↗

따라서 함수 $y=f(x)$의 그래프의 개형은 오른쪽 그림과 같다.

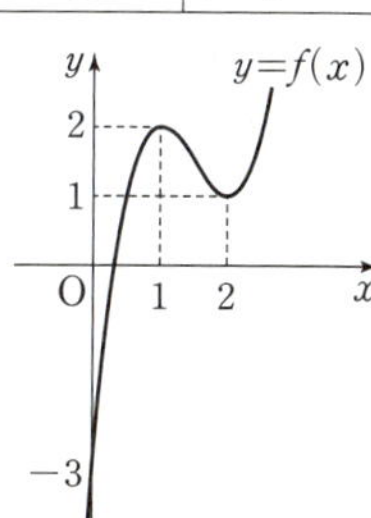

(2) $f(x)=-x^3-x+2$에서

$f'(x)=-3x^2-1$

이때 모든 실수 x에 대하여 $f'(x)<0$이므로 함수 $f(x)$는 실수 전체의 집합에서 감소한다.

따라서 함수 $y=f(x)$의 그래프의 개형은 오른쪽 그림과 같다.

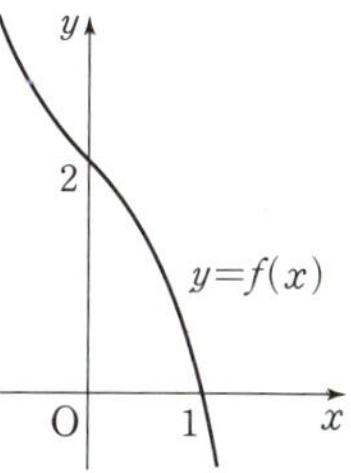

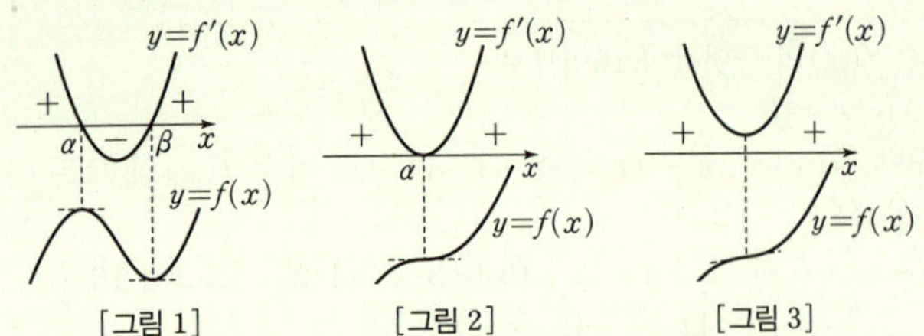

280 답 해설 참조

(1) $f(x)=x^4-4x^3+4x^2-4$에서

$f'(x)=4x^3-12x^2+8x=4x(x-1)(x-2)$

$f'(x)=0$에서 $x=0$ 또는 $x=1$ 또는 $x=2$

함수 $f(x)$의 증가와 감소를 표로 나타내면 다음과 같다.

x	$\cdots$	0	$\cdots$	1	$\cdots$	2	$\cdots$
$f'(x)$	$-$	0	$+$	0	$-$	0	$+$
$f(x)$	$\searrow$	-4	$\nearrow$	-3	$\searrow$	-4	$\nearrow$

따라서 함수 $y=f(x)$의 그래프의 개형은 오른쪽 그림과 같다.

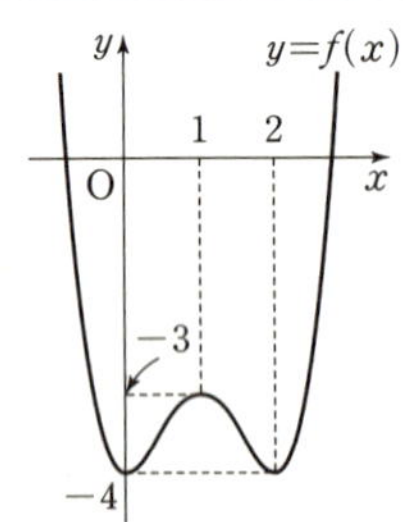

(2) $f(x)=x^4-2x^3+3$에서

$f'(x)=4x^3-6x^2=2x^2(2x-3)$

$f'(x)=0$에서 $x=0$ 또는 $x=\dfrac{3}{2}$

함수 $f(x)$의 증가와 감소를 표로 나타내면 다음과 같다.

x	$\cdots$	0	$\cdots$	$\dfrac{3}{2}$	$\cdots$
$f'(x)$	$-$	0	$-$	0	$+$
$f(x)$	$\searrow$	3	$\searrow$	$\dfrac{21}{16}$	$\nearrow$

따라서 함수 $y=f(x)$의 그래프의 개형은 오른쪽 그림과 같다.

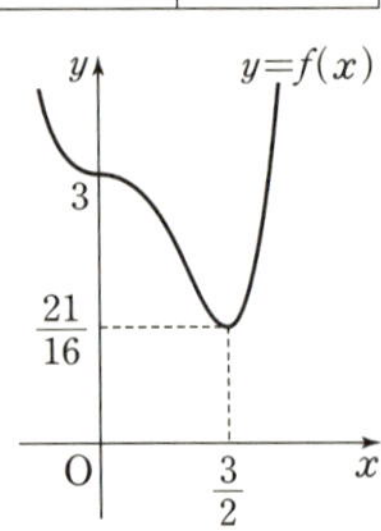

281 답 $a<-3$ 또는 $a>3$

$f(x)=x^3+ax^2+3x+2$에서 $f'(x)=3x^2+2ax+3$

함수 $f(x)$가 극값을 가지려면 이차방정식 $f'(x)=0$, 즉 $3x^2+2ax+3=0$이 서로 다른 두 실근을 가져야 한다.

위의 이차방정식의 판별식을 D라 하면

$\dfrac{D}{4}=a^2-3\cdot3>0,\ a^2-9>0$

$(a+3)(a-3)>0 \qquad \therefore a<-3$ 또는 $a>3$

282 답 $-6\leq a\leq 6$

$f(x)=x^3-ax^2+12x-3$에서

$f'(x)=3x^2-2ax+12$

함수 $f(x)$가 극값을 갖지 않으려면 이차방정식 $f'(x)=0$, 즉 $3x^2-2ax+12=0$이 중근 또는 서로 다른 두 허근을 가져야 한다.

위의 이차방정식의 판별식을 D라 하면

$\dfrac{D}{4}=a^2-3\cdot12\leq0,\ a^2-36\leq0$

$(a+6)(a-6)\leq0 \qquad \therefore -6\leq a\leq 6$

283 답 $a<0$ 또는 $a>\dfrac{32}{9}$

$f(x)=x^4+2ax^3+4ax^2-3$에서

$f'(x)=4x^3+6ax^2+8ax=x(4x^2+6ax+8a)$

함수 $f(x)$가 극댓값과 극솟값을 모두 가지려면 삼차방정식 $f'(x)=0$이 서로 다른 세 실근을 가져야 한다.

이때 삼차방정식 $f'(x)=0$의 한 근이 $x=0$이므로 이차방정식 $4x^2+6ax+8a=0$이 0이 아닌 서로 다른 두 실근을 가져야 한다.

즉, $0+0+8a\neq0 \qquad \therefore a\neq0 \qquad \cdots\cdots\ \bigcirc$

또한, 이차방정식 $4x^2+6ax+8a=0$의 판별식을 D라 하면

$\dfrac{D}{4}=(3a)^2-4\cdot8a>0,\ 9a^2-32a>0$

$a(9a-32)>0$

$\therefore a<0$ 또는 $a>\dfrac{32}{9} \qquad \cdots\cdots\ \bigcirc$

$\bigcirc$, $\bigcirc$의 공통부분을 구하면

$a<0$ 또는 $a>\dfrac{32}{9}$

284 답 ㄱ, ㄹ

함수 $y=f'(x)$의 그래프가 x축과 만나는 점의 x좌표가 -2, 3, 5이므로

$f'(x)=0$에서 $x=-2$ 또는 $x=3$ 또는 $x=5$

함수 $f(x)$의 증가와 감소를 표로 나타내면 다음과 같다.

x	$\cdots$	-2	$\cdots$	3	$\cdots$	5	$\cdots$
$f'(x)$	$-$	0	$+$	0	$-$	0	$+$
$f(x)$	$\searrow$	극소	$\nearrow$	극대	$\searrow$	극소	$\nearrow$

ㄱ. 열린구간 $(-2, 2)$에서 $f'(x)>0$이므로 함수 $f(x)$는 증가한다. (참)

ㄴ. 열린구간 $(2, 3)$에서 $f'(x)>0$이므로 함수 $f(x)$는 증가한다. (거짓)

ㄷ. $f'(-1)>0$이므로 함수 $f(x)$는 $x=-1$에서 극값을 갖지 않는다. (거짓)

ㄹ. 함수 $f(x)$는 $x=3$에서 극댓값을 갖는다. (참)

따라서 옳은 것은 ㄱ, ㄹ이다.

285 답 ①

함수 $y=f'(x)$의 그래프가 x축과 만나는 점의 x좌표가 -1, 2이므로

$f'(x)=0$에서 $x=-1$ 또는 $x=2$

함수 $f(x)$의 증가와 감소를 표로 나타내면 다음과 같다.

x	$\cdots$	-1	$\cdots$	2	$\cdots$
$f'(x)$	$-$	0	$-$	0	$+$
$f(x)$	$\searrow$		$\searrow$	극소	$\nearrow$

즉, 함수 $f(x)$는 $x=-1$의 좌우에서 $f'(x)$의 부호가 바뀌지 않으므로 $x=-1$에서 극값을 갖지 않고, $x=2$에서 극소이다.
따라서 함수 $y=f(x)$의 그래프의 개형이 될 수 있는 것은 ①이다.

286 답 ①

$f(x)=x^3-8x^2+ax+3$에서
$f'(x)=3x^2-16x+a$
삼차함수 $f(x)$가 극댓값과 극솟값을 모두 가지려면 이차방정식 $f'(x)=0$이 서로 다른 두 실근을 가져야 한다.
이차방정식 $f'(x)=0$의 판별식을 D라 하면
$$\frac{D}{4}=(-8)^2-3a>0$$
$$\therefore a<\frac{64}{3}=21.\times\times\times$$
따라서 자연수 a의 최댓값은 21이다.

287 답 ④

$f(x)=2x^3-ax^2+6x+3$에서
$f'(x)=6x^2-2ax+6$
삼차함수 $f(x)$가 극값을 갖지 않으려면 이차방정식 $f'(x)=0$이 중근 또는 허근을 가져야 한다.
이차방정식 $f'(x)=0$의 판별식을 D라 하면
$$\frac{D}{4}=(-a)^2-6\cdot6\leq0$$
$a^2-36\leq0,\ (a+6)(a-6)\leq0$
$\therefore -6\leq a\leq6$
따라서 정수 a의 개수는 $-6,\ -5,\ -4,\ \cdots,\ 6$의 13이다.

288 답 ②

$f(x)=\dfrac{1}{3}x^3-\dfrac{(4+mn)}{2}x^2+4mnx+3$에서
$f'(x)=x^2-(4+mn)x+4mn$
삼차함수 $f(x)$가 극값을 갖지 않으려면 이차방정식 $f'(x)=0$이 중근 또는 허근을 가져야 한다.
이차방정식 $f'(x)=0$의 판별식을 D라 하면
$D=\{-(4+mn)\}^2-4\cdot4mn\leq0$
$m^2n^2-8mn+16\leq0,\ (mn-4)^2\leq0$
$\therefore mn=4$
따라서 두 정수 $m,\ n$의 순서쌍 $(m,\ n)$의 개수는
$(-4,\ -1),\ (-2,\ -2),\ (-1,\ -4),\ (1,\ 4),\ (2,\ 2),\ (4,\ 1)$
의 6이다.

$f(x)=\dfrac{1}{3}x^3-\dfrac{(4+mn)}{2}x^2+4mnx+3$에서
$f'(x)=x^2-(4+mn)x+4mn=(x-4)(x-mn)$
삼차함수 $f(x)$가 극값을 갖지 않으려면 이차방정식 $f'(x)=0$이 중근 또는 허근을 가져야 한다.
이때 방정식 $f'(x)=0$이 $x=4$를 근으로 가지므로 $x=4$가 중근이 되어야 한다.
$\therefore mn=4$

289 답 ⑤

$f(x)=x^3-3x^2+ax-1$에서 $f'(x)=3x^2-6x+a$ 
함수 $f(x)$가 열린구간 $(0,\ 3)$에서 극솟값을 가지려면 이차방정식 $f'(x)=0$의 서로 다른 두 실근을 $\alpha,\ \beta\ (\alpha<\beta)$라 할 때, 두 근 중 큰 값, 즉 β가 열린구간 $(0,\ 3)$에 존재해야 한다.

이차함수 $f'(x)$의 최고차항의 계수가 양수이므로 두 근 중 큰 값을 기준으로 생각한다.

(i) 이차방정식 $f'(x)=0$의 판별식을 D라 하면
$$\frac{D}{4}=(-3)^2-3a>0 \qquad \therefore a<3$$
(ii) 이차방정식 $f'(x)=0$의 두 실근 $\alpha,\ \beta$에 대하여 $0<\beta<3$이어야 하므로 오른쪽 그림에서

직선 $x=1$에 대하여 대칭이므로 $0<1<\beta$는 자명하다.

$$f(3)=9+a>0 \qquad \therefore a>-9$$ 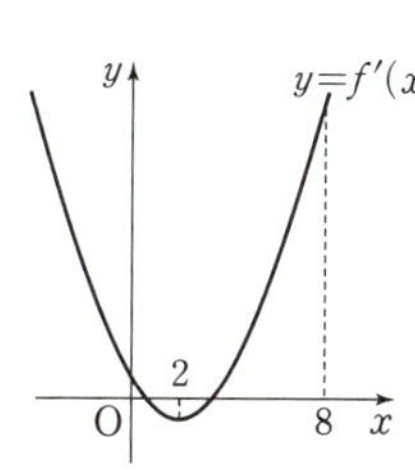
(iii) 이차함수 $y=f'(x)$의 그래프의 축의 방정식은
$x=1 \longrightarrow 0<1<3$이므로 열린구간 $(0,\ 3)$에 속한다.
(i), (ii), (iii)에서 실수 a의 값의 범위는 $-9<a<3$
따라서 정수 a의 최솟값은 -8이다.

이 문제는 사실 함수 $y=f'(x)$의 그래프의 축의 위치와 개형 때문에 $f'(1)<0$, $f'(3)>0$만 확인해도 돼. 그렇지만 익숙하지 않은 처음에는 세 가지 조건을 모두 따져 보도록 연습하자.

290 답 ④

$f(x)=x^3-6x^2+ax+1$에서
$f'(x)=3x^2-12x+a \longrightarrow =3(x-2)^2-12+a$
함수 $f(x)$가 열린구간 $(0,\ 8)$에서 극댓값과 극솟값을 모두 가지려면 이차방정식 $f'(x)=0$이 열린구간 $(0,\ 8)$에서 서로 다른 두 실근을 가져야 한다.
(i) 이차방정식 $f'(x)=0$의 판별식을 D라 하면
$$\frac{D}{4}=(-6)^2-3a>0 \qquad \therefore a<12$$
(ii) 오른쪽 그림에서
$f'(0)=a>0$
$f'(8)=a+96>0 \qquad \therefore a>-96$
$\therefore a>0$
(iii) 이차함수 $y=f'(x)$의 그래프의 축의 방정식은
$x=2 \longrightarrow 0<2<8$이므로 열린구간 $(0,\ 8)$에 속한다.
(i), (ii), (iii)에서 실수 a의 값의 범위는
$0<a<12$

291 답 ①

$f(x)=\dfrac{1}{3}x^3+ax^2+(a-2)x-2$에서
$f'(x)=x^2+2ax+a-2 \longrightarrow =(x+a)^2-a^2+a-2$
함수 $f(x)$가 구간 $(-\infty,\ -1)$에서 극댓값을 갖고, 구간 $(1,\ \infty)$에서 극솟값을 가지려면 이차방정식 $f'(x)=0$의 두 실근을 $\alpha,\ \beta\ (\alpha<\beta)$라 할 때, $\alpha<-1,\ \beta>1$이어야 한다.
(i) 이차방정식 $f'(x)=0$의 판별식을 D라 하면
$$\frac{D}{4}=a^2-(a-2)>0$$
이때 $a^2-a+2=\left(a-\dfrac{1}{2}\right)^2+\dfrac{7}{4}>0$이므로 모든 실수 a에 대하여 성립한다.

(ii) 오른쪽 그림에서

$f'(-1)=-a-1<0$ $\therefore a>-1$

$f'(1)=3a-1<0$ $\therefore a<\dfrac{1}{3}$

$\therefore -1<a<\dfrac{1}{3}$

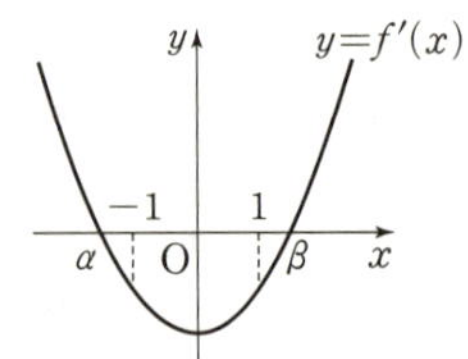

(i), (ii)에서 실수 a의 값의 범위는 $-1<a<\dfrac{1}{3}$

따라서 $\alpha=-1$, $\beta=\dfrac{1}{3}$이므로

$\dfrac{\alpha}{\beta}=\dfrac{-1}{\dfrac{1}{3}}=-3$

292 탑 -16

$f(x)=x^4-\dfrac{4}{3}ax^3+8x^2$에서

$f'(x)=4x^3-4ax^2+16x=4x(x^2-ax+4)$

사차함수 $f(x)$가 극댓값과 극솟값을 모두 가지려면 삼차방정식 $f'(x)=0$이 서로 다른 세 실근을 가져야 한다.

그런데 방정식 $f'(x)=0$의 한 실근이 $x=0$이므로 이차방정식 $x^2-ax+4=0$이 0이 아닌 서로 다른 두 실근을 가져야 한다.

이차방정식 $x^2-ax+4=0$의 판별식을 D라 하면

$D=(-a)^2-4\cdot4>0,\ (a+4)(a-4)>0$

$\therefore a<-4$ 또는 $a>4$

따라서 $\alpha=-4$, $\beta=4$이므로

$\alpha\beta=(-4)\cdot4=-16$

293 탑 ③

$f(x)=-\dfrac{1}{4}x^4+ax^3-9x^2$에서

$f'(x)=-x^3+3ax^2-18x=-x(x^2-3ax+18)$

사차항의 계수가 음수인 사차함수 $f(x)$가 극솟값을 가지려면 $f(x)$가 극댓값과 극솟값을 모두 가져야 하므로 삼차방정식 $f'(x)=0$이 서로 다른 세 실근을 가져야 한다.

그런데 방정식 $f'(x)=0$의 한 실근이 $x=0$이므로 이차방정식 $x^2-3ax+18=0$이 0이 아닌 서로 다른 두 실근을 가져야 한다.

이차방정식 $x^2-3ax+18=0$의 판별식을 D라 하면

$D=(-3a)^2-4\cdot18>0$

$a^2-8>0,\ (a+2\sqrt{2})(a-2\sqrt{2})>0$

$\therefore a>2\sqrt{2}\ (\because a>0)$ → $\sqrt{4}<\sqrt{8}<\sqrt{9}$, 즉 $2<2\sqrt{2}<3$이다.

따라서 자연수 a의 최솟값은 3이다.

294 탑 9

$f'(x)$의 최고차항의 계수가 n, 즉 자연수이므로 $f(x)$의 최고차항의 계수도 양수이다.

사차함수 $f(x)$가 극댓값을 갖지 않으려면 삼차방정식 $f'(x)=0$이 한 실근과 두 허근 또는 한 실근과 중근 또는 삼중근을 가져야 한다.

(i) 방정식 $f'(x)=0$이 한 실근과 두 허근을 갖는 경우

이차방정식 $nx^2-12x+3=0$이 허근을 가져야 하므로 판별식을 D라 하면

$\dfrac{D}{4}=(-6)^2-3n<0,\ n-12>0$

$\therefore n>12$

(ii) 방정식 $f'(x)=0$이 한 실근과 중근을 갖는 경우

방정식 $f'(x)=0$의 한 실근이 $x=1$이므로 이차방정식 $nx^2-12x+3=0$이 $x=1$을 근으로 갖거나 1이 아닌 실수를 중근으로 가져야 한다.

ⓐ $x=1$을 근으로 가질 때, $n-12+3=0$ $\therefore n=9$

ⓑ 1이 아닌 실수를 중근으로 가질 때, 판별식을 D라 하면

$\dfrac{D}{4}=(-6)^2-3n=0,\ n-12=0$

$\therefore n=12$

ⓐ, ⓑ에서 $n=9$ 또는 $n=12$

(i), (ii)에서 $n=9$ 또는 $n\geq12$

따라서 자연수 n의 최솟값은 9이다.

295 탑 3

$f(x)=3x^4+4ax^3+6(a+3)x^2$에서

$f'(x)=12x^3+12ax^2+12(a+3)x=12x(x^2+ax+a+3)$

사차함수 $f(x)$가 극댓값을 갖지 않으려면 삼차방정식 $f'(x)=0$이 한 실근과 두 허근 또는 한 실근과 중근 또는 삼중근을 가져야 한다.

(i) 방정식 $f'(x)=0$이 한 실근과 두 허근을 갖는 경우

이차방정식 $x^2+ax+a+3=0$이 허근을 가져야 하므로 판별식을 D라 하면

$D=a^2-4(a+3)<0,\ a^2-4a-12<0$

$(a+2)(a-6)<0$ $\therefore -2<a<6$

(ii) 방정식 $f'(x)=0$이 한 실근과 중근을 갖는 경우

이차방정식 $x^2+ax+a+3=0$이 $x=0$을 근으로 갖거나 0이 아닌 실수를 중근으로 가져야 한다.

ⓐ $x=0$을 근으로 가질 때, $a+3=0$ $\therefore a=-3$

ⓑ 0이 아닌 실수를 중근으로 가질 때, 판별식을 D라 하면

$D=a^2-4(a+3)=0,\ (a+2)(a-6)=0$

$\therefore a=-2$ 또는 $a=6$

ⓐ, ⓑ에서 $a=-3$ 또는 $a=-2$ 또는 $a=6$

(i), (ii)에서 $a=-3$ 또는 $-2\leq a\leq6$

따라서 $M=6$, $m=-3$이므로

$M+m=6+(-3)=3$

C 개념 체크 Concept
·본문 067쪽

296 탑 (1) 최댓값: 19, 최솟값: -1 (2) 최댓값: 7, 최솟값: 3
(3) 최댓값: 13, 최솟값: -12 (4) 최댓값: 14, 최솟값: $\dfrac{11}{4}$

(1) $f(x)=x^3-3x+1$에서

$f'(x)=3x^2-3=3(x+1)(x-1)$

$f'(x)=0$에서 $x=1\ (\because 0\leq x\leq3)$

닫힌구간 $[0,3]$에서 함수 $f(x)$의 증가와 감소를 표로 나타내면 다음과 같다.

x	0	$\cdots$	1	$\cdots$	3
$f'(x)$		$-$	0	$+$	
$f(x)$	1	$\searrow$	-1	$\nearrow$	19

따라서 함수 $f(x)$는 $x=3$에서 최댓값 19, $x=1$에서 최솟값 -1
을 갖는다.
(2) $f(x)=-x^3+3x^2+3$에서
$f'(x)=-3x^2+6x=-3x(x-2)$
$f'(x)=0$에서 $x=0$ 또는 $x=2$
닫힌구간 $[-1, 3]$에서 함수 $f(x)$의 증가와 감소를 표로 나타내
면 다음과 같다.

x	-1	$\cdots$	0	$\cdots$	2	$\cdots$	3
$f'(x)$		$-$	0	$+$	0	$-$	
$f(x)$	7	$\searrow$	3	$\nearrow$	7	$\searrow$	3

따라서 함수 $f(x)$는 $x=-1$ 또는 $x=2$에서 최댓값 7, $x=0$ 또는
$x=3$에서 최솟값 3을 갖는다.
(3) $f(x)=x^4-8x^2+4$에서
$f'(x)=4x^3-16x=4x(x+2)(x-2)$
$f'(x)=0$에서 $x=-2$ 또는 $x=0$ $(\because -3\leq x\leq 0)$
닫힌구간 $[-3, 0]$에서 함수 $f(x)$의 증가와 감소를 표로 나타내
면 다음과 같다.

x	-3	$\cdots$	-2	$\cdots$	0
$f'(x)$		$-$	0	$+$	0
$f(x)$	13	$\searrow$	-12	$\nearrow$	4

따라서 함수 $f(x)$는 $x=-3$에서 최댓값 13, $x=-2$에서 최솟값
-12를 갖는다.
(4) $f(x)=\dfrac{1}{4}x^4+\dfrac{1}{2}x^2-2x+4$에서
$f'(x)=x^3+x-2=(x-1)(x^2+x+2)$
$f'(x)=0$에서 $x=1$ $\left(\because x^2+x+2>0\right)$ $\rightarrow x^2+x+2=\left(x+\dfrac{1}{2}\right)^2+\dfrac{7}{4}>0$
닫힌구간 $[-2, 2]$에서 함수 $f(x)$의 증가와 감소를 표로 나타내
면 다음과 같다.

x	-2	$\cdots$	1	$\cdots$	2
$f'(x)$		$-$	0	$+$	
$f(x)$	14	$\searrow$	$\dfrac{11}{4}$	$\nearrow$	6

따라서 함수 $f(x)$는 $x=-2$에서 최댓값 14, $x=1$에서 최솟값 $\dfrac{11}{4}$
을 갖는다.

297 답 (1) $6-2x$ (2) $0<x<3$
(3) $V(x)=4x^3-24x^2+36x$ (4) 16

(1) 잘라 내는 정사각형의 한 변의 길이가 x이므로 상자의 밑면의 한
변의 길이는
$6-2x$
(2) $6-2x>0$ $\therefore x<3$
그런데 $x>0$이므로
$0<x<3$
(3) $V(x)=x(6-2x)^2$
$\qquad =4x^3-24x^2+36x$
(4) $V'(x)=12x^2-48x+36=12(x-1)(x-3)$
$V'(x)=0$에서 $x=1$ $(\because 0<x<3)$
$0<x<3$에서 함수 $V(x)$의 증가와 감소를 표로 나타내면 다음과
같다.

x	0	$\cdots$	1	$\cdots$	3
$V'(x)$		$+$	0	$-$	
$V(x)$		$\nearrow$	16	$\searrow$	

따라서 함수 $V(x)$는 $x=1$에서 최댓값 16을 가지므로 상자의 부
피의 최댓값은 16이다.

298 답 ④
$f(x)=x^3-6x^2+5$에서
$f'(x)=3x^2-12x=3x(x-4)$
$f'(x)=0$에서 $x=0$ 또는 $x=4$
닫힌구간 $[-1, 5]$에서 함수 $f(x)$의 증가와 감소를 표로 나타내면
다음과 같다.

x	-1	$\cdots$	0	$\cdots$	4	$\cdots$	5
$f'(x)$		$+$	0	$-$	0	$+$	
$f(x)$	-2	$\nearrow$	5	$\searrow$	-27	$\nearrow$	-20

따라서 함수 $f(x)$는 $x=0$에서 최댓값 5, $x=4$에서 최솟값 -27을
가지므로
$M=5$, $m=-27$
$\therefore M+m=5+(-27)=-22$

선생님 톡톡

연속함수 $f(x)$의 최댓값과 최솟값을 구할 때에는 극댓값, 극솟값, 주어진 구간
의 양 끝 점에서의 함숫값을 구해서 비교해야 하니까 $f(x)$의 증가와 감소를 표
로 나타내어 확인하는 것이 편리해.

299 답 ①
$f(x)=-x^3+3x^2+9x+2$에서
$f'(x)=-3x^2+6x+9=-3(x+1)(x-3)$
$f'(x)=0$에서 $x=-1$ 또는 $x=3$
닫힌구간 $[-4, 4]$에서 함수 $f(x)$의 증가와 감소를 표로 나타내면
다음과 같다.

x	-4	$\cdots$	-1	$\cdots$	3	$\cdots$	4
$f'(x)$		$-$	0	$+$	0	$-$	
$f(x)$	78	$\searrow$	-3	$\nearrow$	29	$\searrow$	22

따라서 함수 $f(x)$는 $x=-4$에서 최댓값 78, $x=-1$에서 최솟값
-3을 가지므로
$M=78$, $m=-3$
$\therefore \dfrac{M}{m}=\dfrac{78}{-3}=-26$

300 답 ③
$f(x)=3x^4-4x^3-12x^2+13$에서
$f'(x)=12x^3-12x^2-24x=12x(x+1)(x-2)$
$f'(x)=0$에서 $x=0$ 또는 $x=2$ $(\because 0\leq x\leq 3)$
닫힌구간 $[0, 3]$에서 함수 $f(x)$의 증가와 감소를 표로 나타내면 다
음과 같다.

x	0	$\cdots$	2	$\cdots$	3
$f'(x)$	0	$-$	0	$+$	
$f(x)$	13	$\searrow$	-19	$\nearrow$	40

따라서 함수 $f(x)$는 $x=3$에서 최댓값 40을 가지므로
$a=3$, $b=40$
$\therefore a+b=3+40=43$

301 답 ④
$f(x)=x^3+3x^2+k$에서
$f'(x)=3x^2+6x=3x(x+2)$

$f'(x)=0$에서 $x=-2$ 또는 $x=0$

닫힌구간 $[-3, 2]$에서 함수 $f(x)$의 증가와 감소를 표로 나타내면 다음과 같다.

x	-3	$\cdots$	-2	$\cdots$	0	$\cdots$	2
$f'(x)$		$+$	0	$-$	0	$+$	
$f(x)$	k	↗	$k+4$	↘	k	↗	$k+20$

함수 $f(x)$는 $x=2$에서 최댓값 $k+20$, $x=-3$ 또는 $x=0$에서 최솟값 k를 갖는다.

이때 함수 $f(x)$의 최솟값이 3이므로

$k=3$

따라서 함수 $f(x)$의 최댓값은 23이다.

302 답 2

$f(x)=-x^3+3x^2+9x+k$에서

$f'(x)=-3x^2+6x+9=-3(x+1)(x-3)$

$f'(x)=0$에서 $x=-1$ $(\because -2\leq x\leq 0)$

닫힌구간 $[-2, 0]$에서 함수 $f(x)$의 증가와 감소를 표로 나타내면 다음과 같다.

x	-2	$\cdots$	-1	$\cdots$	0
$f'(x)$		$-$	0	$+$	
$f(x)$	$k+2$	↘	$k-5$	↗	k

함수 $f(x)$는 $x=-2$에서 최댓값 $k+2$, $x=-1$에서 최솟값 $k-5$를 갖는다.

이때 함수 $f(x)$의 최댓값이 8이므로

$k+2=8$ $\therefore k=6$

따라서 $a=-2$, $b=-1$, $c=1$이므로

$abc=(-2)\cdot(-1)\cdot 1=2$

303 답 ⑤

$f(x)=(x+1)(x^2-7x+a)+b$에서

$f'(x)=(x^2-7x+a)+(x+1)(2x-7)$
$\qquad =3x^2-12x+a-7$

함수 $f(x)$가 $0\leq x\leq 4$의 양 끝 점에서의 함숫값이 아닌 $x=1$에서 최댓값을 가지므로 $f(x)$는 $x=1$에서 극값을 갖는다. → $f(x)$는 최고차항의 계수가 양수인 삼차함수이다.

즉, $f'(1)=0$에서

$a-16=0$ $\therefore a=16$

$\therefore f'(x)=3x^2-12x+9=3(x-1)(x-3)$

$f'(x)=0$에서 $x=1$ 또는 $x=3$

$0\leq x\leq 4$에서 함수 $f(x)$의 증가와 감소를 표로 나타내면 다음과 같다.

x	0	$\cdots$	1	$\cdots$	3	$\cdots$	4
$f'(x)$		$+$	0	$-$	0	$+$	
$f(x)$	$b+16$	↗	$b+20$	↘	$b+16$	↗	$b+20$

함수 $f(x)$는 $x=1$ 또는 $x=4$에서 최댓값 $b+20$, $x=0$ 또는 $x=3$에서 최솟값 $b+16$을 갖는다.

이때 함수 $f(x)$의 최댓값이 22이므로

$b+20=22$ $\therefore b=2$

따라서 함수 $f(x)$의 최솟값은 18이다.

304 답 ②

점 P의 좌표를 (t, t^2)이라 하면 점 P와 점 $(5, -1)$ 사이의 거리는

$\sqrt{(t-5)^2+(t^2+1)^2}=\sqrt{t^4+3t^2-10t+26}$

$f(t)=t^4+3t^2-10t+26$이라 하면

$f'(t)=4t^3+6t-10=2(t-1)(2t^2+2t+5)$

$f'(t)=0$에서 $t=1$ $(\because 2t^2+2t+5>0)$ · $2t^2+2t+5=2\left(t+\dfrac{1}{2}\right)^2+\dfrac{9}{2}>0$

함수 $f(t)$의 증가와 감소를 표로 나타내면 다음과 같다.

t	$\cdots$	1	$\cdots$
$f'(t)$	$-$	0	$+$
$f(t)$	↘	20	↗

따라서 함수 $f(t)$는 $t=1$에서 최솟값 20을 가지므로 구하는 거리의 최솟값은 $2\sqrt{5}$이다.

305 답 ②

점 P의 좌표를 $(t, -t^2+12t)$ $(0<t<12)$라 하고, 삼각형 OHP의 넓이를 $S(t)$라 하면

→ 점 P는 제1사분면에 있으므로

$S(t)=\dfrac{1}{2}\cdot t\cdot(-t^2+12t)=-\dfrac{1}{2}t^3+6t^2$

$\therefore S'(t)=-\dfrac{3}{2}t^2+12t=-\dfrac{3}{2}t(t-8)$

$S'(t)=0$에서 $t=8$ $(\because 0<t<12)$

$0<t<12$에서 함수 $S(t)$의 증가와 감소를 표로 나타내면 다음과 같다.

t	0	$\cdots$	8	$\cdots$	12
$S'(t)$		$+$	0	$-$	
$S(t)$		↗	128	↘	

따라서 함수 $S(t)$는 $t=8$에서 최댓값 128을 가지므로 삼각형 OHP의 넓이의 최댓값은 128이다.

306 답 ②

제1사분면에 있는 직사각형의 꼭짓점의 좌표를 $(t, 9-t^2)$ $(0<t<3)$이라 하고, 직사각형의 넓이를 $S(t)$라 하면

$S(t)=2t(9-t^2)=-2t^3+18t$

$\therefore S'(t)=-6t^2+18$
$\qquad\quad =-6(t+\sqrt{3})(t-\sqrt{3})$

$S'(t)=0$에서 $t=\sqrt{3}$ $(\because 0<t<3)$

$0<t<3$에서 함수 $S(t)$의 증가와 감소를 표로 나타내면 다음과 같다.

t	0	$\cdots$	$\sqrt{3}$	$\cdots$	3
$S'(t)$		$+$	0	$-$	
$S(t)$		↗	$12\sqrt{3}$	↘	

따라서 함수 $S(t)$는 $t=\sqrt{3}$에서 최댓값 $12\sqrt{3}$을 가지므로 직사각형의 넓이의 최댓값은 $12\sqrt{3}$이다.

307 답 ③

오른쪽 그림과 같이 원기둥의 밑면의 반지름의 길이를 x $(0<x<3)$, 높이를 y $(0<y<9)$라 하면 삼각형의 닮음에 의하여

$(9-y):x=9:3$, $9x=3(9-y)$

$\therefore y=9-3x$

원기둥의 부피를 $V(x)$라 하면

$V(x)=\pi x^2(9-3x)$
$\qquad =-3\pi x^3+9\pi x^2$

$\therefore V'(x)=-9\pi x^2+18\pi x=-9\pi x(x-2)$

$V'(x)=0$에서 $x=2$ $(\because 0<x<3)$

$0<x<3$에서 함수 $V(x)$의 증가와 감소를 표로 나타내면 다음과 같다.

x	0	$\cdots$	2	$\cdots$	3
$V'(x)$		$+$	0	$-$	
$V(x)$		↗	12π	↘	

따라서 함수 $V(x)$는 $x=2$에서 최댓값 12π를 가지므로 원기둥의 부피의 최댓값은 12π이다.

308 답 ③

주어진 표에서 $f'(x)=0$을 만족시키는 x의 값을 찾고, 이를 이용하여 두 상수 a, c의 값을 먼저 구한다.

$f(x)=2x^3-9x^2+ax+b$에서
$f'(x)=6x^2-18x+a$
이차방정식 $f'(x)=0$의 두 근이 1, c이므로 이차방정식의 근과 계수의 관계에 의하여
$1+c=3$, $c=\dfrac{a}{6}$
$\therefore a=12$, $c=2$
즉, $f(x)=2x^3-9x^2+12x+b$이고, $f(2)=-2$이므로
$2\cdot2^3-9\cdot2^2+12\cdot2+b=-2$ $\therefore b=-6$
$\therefore a+b+c=12+(-6)+2=8$

309 답 ④

두 수의 곱은 (음수)×(양수) 또는 (양수)×(음수)일 때 음수가 된다.

$f(x)=-x^3+ax^2+(a-6)x+3$에서
$f'(x)=-3x^2+2ax+a-6$ (음수)×(양수)<0 또는 (양수)×(음수)<0
이때 $(x_1-x_2)\{f(x_1)-f(x_2)\}<0$에서
$x_1<x_2$이면 $f(x_1)>f(x_2)$ 또는 $x_1>x_2$이면 $f(x_1)<f(x_2)$
이어야 하므로 함수 $f(x)$는 실수 전체의 집합에서 감소해야 한다.
즉, 모든 실수 x에 대하여 $f'(x)\leq0$이어야 하므로 이차방정식
$f'(x)=0$의 판별식을 D라 하면
$\dfrac{D}{4}=a^2-(-3)\cdot(a-6)\leq0$
$a^2+3a-18\leq0$, $(a+6)(a-3)\leq0$
$\therefore -6\leq a\leq3$
따라서 $M=3$, $m=-6$이므로
$M-m=3-(-6)=9$

310 답 ②

주어진 조건을 이용하여 도함수 $y=f'(x)$의 그래프의 개형을 그려 본다.

조건 (나)에 의하여 함수 $f(x)$는 닫힌구간 $[-2, 0]$에서 감소하고, 구간 $[1, \infty)$에서 증가하므로 닫힌구간 $[-2, 0]$에서 $f'(x)\leq0$이고, 구간 $[1, \infty)$에서 $f'(x)\geq0$이다.
즉, 오른쪽 그림에서
$f'(-2)\leq0$, $f'(0)\leq0$, $f'(1)\geq0$
이어야 한다.
$f'(1)=-b^2+2b-1\geq0$에서
$b^2-2b+1\leq0$, $(b-1)^2\leq0$
$\therefore b=1$
$b=1$을 조건 (가)에 대입하면
$f'(x)=3x^2-(a-1)x+a-4$
$f'(-2)=3a+6\leq0$에서
$a\leq-2$ ……㉠
$f'(0)=a-4\leq0$에서
$a\leq4$ ……㉡

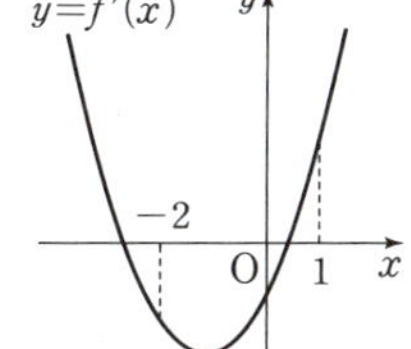

㉠, ㉡의 공통부분을 구하면 $a\leq-2$
따라서 $a+b$의 최댓값은 $a=-2$, $b=1$일 때
$-2+1=-1$

311 답 ③

함수 $y=f(x)$의 그래프를 이용하여 구간별로 함수 $f(x)$의 증가와 감소를 파악한 후, 그 구간별로 $f(x)$와 $f'(x)$의 부호를 추측한다.

$g(x)=\{f(x)\}^2$에서
$g'(x)=2f(x)f'(x)$
① 구간 $(-\infty, -4]$에서 $f(x)\leq0$이고, 함수 $f(x)$는 증가하므로
$f'(x)>0$이다.
$\therefore g'(x)=2f(x)f'(x)\leq0$
즉, 함수 $g(x)$는 구간 $(-\infty, -4]$에서 감소한다.
② 열린구간 $(-2, 0)$에서 $f(x)>0$이고, 함수 $f(x)$는 감소하므로
$f'(x)<0$이다.
$\therefore g'(x)=2f(x)f'(x)<0$
즉, 함수 $g(x)$는 열린구간 $(-2, 0)$에서 감소하므로 함수 $g(x)$가
구간 $[-4, 0)$에서 증가한다고 할 수 없다.
③ ②에 의하여 함수 $g(x)$는 열린구간 $(-2, 0)$에서 감소한다.
④ 열린구간 $(2, 4)$에서 $f(x)>0$이고, 함수 $f(x)$는 증가하므로
$f'(x)>0$이다.
$\therefore g'(x)=2f(x)f'(x)>0$
즉, 함수 $g(x)$는 열린구간 $(2, 4)$에서 증가하므로 함수 $g(x)$가
닫힌구간 $[1, 4]$에서 감소한다고 할 수 없다.
⑤ ④에 의하여 함수 $g(x)$가 열린구간 $(2, 5)$에서 감소한다고 할 수 없다.
따라서 옳은 것은 ③이다.

312 답 ⑤

함수 $y=f(x)$의 그래프를 이용하여 극값을 찾는다.

$f(x)=|x^2-4x-12|=|(x-2)^2-16|$
이므로 함수 $y=f(x)$의 그래프는 오른쪽 그림과 같다.
함수 $f(x)$는 $x=2$에서 극댓값 16을 가지므로
$a=2$, $b=16$
또한, 함수 $f(x)$는 $x=-2$ 또는 $x=6$에서 극솟값을 가지므로
$c=-2$ 또는 $c=6$
따라서 $a+b+c$의 최댓값은
$a=2$, $b=16$, $c=6$일 때
$2+16+6=24$

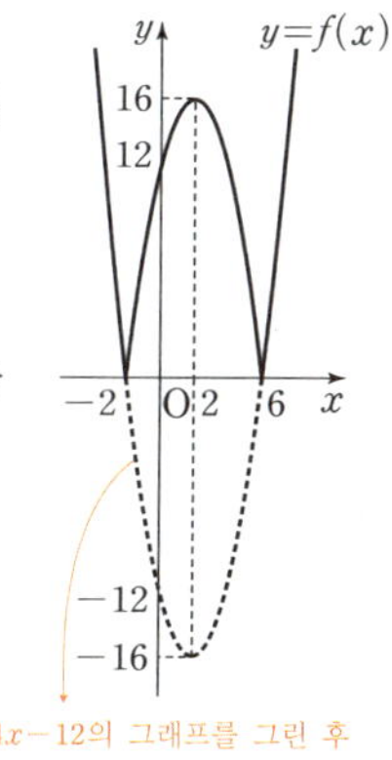

$y=x^2-4x-12$의 그래프를 그린 후 $y>0$인 부분은 그대로 두고, $y<0$인 부분을 x축에 대하여 대칭이동한다.

313 답 ③

주어진 조건을 이용하여 함수 $f(x)$의 증가와 감소를 표로 나타내어 본다.

$f(x)=ax^4-abx^2+4a$에서
$f'(x)=4ax^3-2abx=2ax(2x^2-b)$
함수 $f(x)$가 $x=2$에서 극솟값을 가지므로
$f'(2)=0$에서 $4a(8-b)=0$
$\therefore b=8$ $(\because a>0)$

즉, $f(x)=ax^4-8ax^2+4a$이므로
$f'(x)=4ax^3-16ax=4ax(x+2)(x-2)$
$f'(x)=0$에서 $x=-2$ 또는 $x=0$ 또는 $x=2$
함수 $f(x)$의 증가와 감소를 표로 나타내면 다음과 같다.

x	$\cdots$	-2	$\cdots$	0	$\cdots$	2	$\cdots$
$f'(x)$	$-$	0	$+$	0	$-$	0	$+$
$f(x)$	$\searrow$	$-12a$	$\nearrow$	$4a$	$\searrow$	$-12a$	$\nearrow$

함수 $f(x)$는 $x=-2$ 또는 $x=2$에서 극솟값 $-12a$를 갖고, $x=0$에서 극댓값 $4a$를 가지므로
$\alpha=-2$, $\beta=0$
따라서 $\mathrm{A}(-2,\ -12a)$, $\mathrm{B}(0,\ 4a)$,
$\mathrm{C}(2,\ -12a)$이고
$\overline{\mathrm{AC}}=2-(-2)=4$
이므로 삼각형 ABC는 한 변의 길이가
4인 정삼각형이다.
즉, $4a-(-12a)=\dfrac{\sqrt{3}}{2}\cdot 4$에서
$16a=2\sqrt{3}$ $\therefore a=\dfrac{\sqrt{3}}{8}$
$\therefore ab=\dfrac{\sqrt{3}}{8}\cdot 8=\sqrt{3}$

314 답 ⑤

$f(x)=ax^3+bx^2+cx+d\ (a\neq 0)$에서
$f'(x)=3ax^2+2bx+c$
함수 $y=f'(x)$의 그래프가 x축과 만나는 점의 x좌표를 p, $3\ (p<3)$
이라 하면 이차함수 $y=f'(x)$의 그래프의 꼭짓점의 좌표가 $(1,\ -8)$
이므로 
$\dfrac{p+3}{2}=1$ $\therefore p=-1$
즉, $f'(x)=0$에서 $x=-1$ 또는 $x=3$이므로
$f'(x)=3a(x+1)(x-3)=3ax^2-6ax-9a$ $\quad\cdots\cdots$ ㉠
$f'(1)=-8$에서 $3a-6a-9a=-8$, $-12a=-8$
$\therefore a=\dfrac{2}{3}$

$a=\dfrac{2}{3}$를 ㉠에 대입하면 $f'(x)=2x^2-4x-6$이므로
$b=-2$, $c=-6$ $\therefore f(x)=\dfrac{2}{3}x^3-2x^2-6x+d$
함수 $f(x)$의 증가와 감소를 표로 나타내면 다음과 같다.

x	$\cdots$	-1	$\cdots$	3	$\cdots$
$f'(x)$	$+$	0	$-$	0	$+$
$f(x)$	$\nearrow$	극대	$\searrow$	극소	$\nearrow$

함수 $f(x)$의 극솟값이 -6이므로
$f(3)=-18+d=-6$ $\therefore d=12$
즉, 함수 $f(x)=\dfrac{2}{3}x^3-2x^2-6x+12$는 $x=-1$에서 극댓값
$f(-1)=\dfrac{46}{3}$을 갖는다.
따라서 $\alpha=-1$, $M=\dfrac{46}{3}$이므로
$3(M-\alpha)=3\left\{\dfrac{46}{3}-(-1)\right\}=49$

315 답 ①

$y=f'(x)$의 그래프가 x축과 만나는 점의 x좌표가 -3, 0, 2, 6이므로 $f'(x)=0$에서
$x=-3$ 또는 $x=0$ 또는 $x=2$ 또는 $x=6$
함수 $f(x)$의 증가와 감소를 표로 나타내면 다음과 같다.

x	$\cdots$	-3	$\cdots$	0	$\cdots$	2	$\cdots$	6	$\cdots$
$f'(x)$	$-$	0	$-$	0	$+$	0	$+$	0	$-$
$f(x)$	$\searrow$		$\searrow$	극소	$\nearrow$		$\nearrow$	극대	$\searrow$

ㄱ. 열린구간 $(0,\ 6)$에서 $f'(x)>0$이므로 이 구간에서 함수 $f(x)$는 증가한다.
  이때 $1<4$이므로 $f(1)<f(4)$
  $\therefore f(1)-f(4)<0$ (참)
ㄴ. 구간 $(-\infty,\ -3)$에서 $f'(x)<0$이므로 함수 $f(x)$는 감소한다.
  $\therefore \displaystyle\lim_{x\to-\infty}f(x)=\infty$ (거짓)
ㄷ. 함수 $f(x)$는 $x=0$에서 극솟값을 갖고, $x=6$에서 극댓값을 가지므로 함수 $f(x)$가 극값을 갖는 x의 값은 2개이다. (거짓)
따라서 옳은 것은 ㄱ이다.

316 답 ③

$f(x)=\dfrac{2}{3}x^3-\dfrac{a}{2}x^2+(a-2)x+3$에서
$f'(x)=2x^2-ax+a-2$
함수 $f(x)$가 열린구간 $(-2,\ 2)$에서 극값을 하나만 가지려면 이차방정식 $f'(x)=0$이 서로 다른 두 실근을 갖고, 두 근 중 한 근만 열린구간 $(-2,\ 2)$에 존재해야 하므로 함수 $y=f'(x)$의 그래프의 개형은 다음 그림과 같이 2가지 경우가 있다.

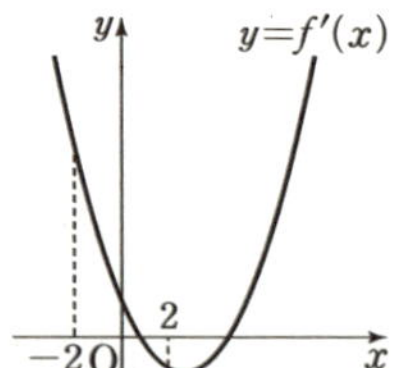

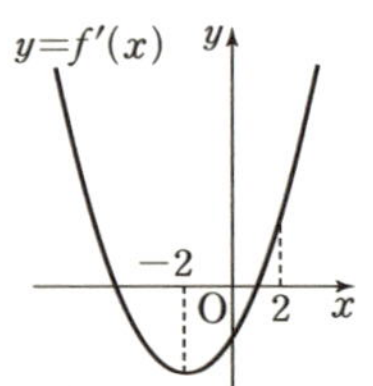

즉, $f'(-2)f'(2)<0$이어야 하므로
$(3a+6)(-a+6)<0$, $(a+2)(a-6)>0$
$\therefore a<-2$ 또는 $a>6$
따라서 $\alpha=-2$, $\beta=6$이므로
$\beta-\alpha=6-(-2)=8$

317 답 ③

$f(x)=-(x+1)^2(x^2-4x+a)$에서
$f'(x)=-2(x+1)(x^2-4x+a)-(x+1)^2(2x-4)$
$\qquad=-2(x+1)(2x^2-5x+a-2)$

이때 주어진 조건을 만족시키려면 사차함수 $f(x)$가 $x=k$에서만 극댓값을 가져야 한다.

즉, 삼차방정식 $f'(x)=0$이 한 실근과 두 허근 또는 한 실근과 중근 또는 삼중근을 가져야 한다.

(i) 방정식 $f'(x)=0$이 한 실근과 두 허근을 갖는 경우

이차방정식 $2x^2-5x+a-2=0$이 허근을 가져야 하므로 판별식을 D라 하면

$$D=(-5)^2-4\cdot2\cdot(a-2)<0,\ 41-8a<0 \quad \therefore a>\frac{41}{8}$$

(ii) 방정식 $f'(x)=0$이 한 실근과 중근을 갖는 경우

이차방정식 $2x^2-5x+a-2=0$이 $x=-1$을 근으로 갖거나 -1이 아닌 실수를 중근으로 가져야 한다.

ⓐ $x=-1$을 근으로 가질 때, $5+a=0$ $\quad \therefore a=-5$

ⓑ -1이 아닌 실수를 중근으로 가질 때, 판별식을 D라 하면

$$D=(-5)^2-4\cdot2\cdot(a-2)=0,\ 41-8a=0 \quad \therefore a=\frac{41}{8}$$

ⓐ, ⓑ에서 $a=-5$ 또는 $a=\frac{41}{8}$

(i), (ii)에서 $a=-5$ 또는 $a\geq\frac{41}{8}=5.125$

따라서 조건을 만족시키는 a가 될 수 있는 것은 ③이다.

318 답 ①

One Point Lesson

공통부분을 찾아 t로 치환하고 주어진 함수를 t에 대한 함수로 변형한다.

$t=x^2-6x+5=(x-3)^2-4$라 하면

$1\leq x\leq5$에서 $-4\leq t\leq0$

$g(t)=t^3-3t+2$라 하면

$g'(t)=3t^2-3=3(t+1)(t-1)$

$g'(t)=0$에서 $t=-1$ $(\because -4\leq t\leq0)$

$-4\leq t\leq0$에서 함수 $g(t)$의 증가와 감소를 표로 나타내면 다음과 같다.

t	-4	$\cdots$	-1	$\cdots$	0
$g'(t)$		$+$	0	$-$	
$g(t)$	-50	↗	4	↘	2

따라서 함수 $g(t)$는 $t=-1$에서 최댓값 4, $t=-4$에서 최솟값 -50을 가지므로

$M=4,\ m=-50 \quad \therefore M-m=4-(-50)=54$

319 답 11

One Point Lesson

$a<0$임에 유의하여 닫힌구간 $[-3,\ 0]$에서 함수 $f(x)$의 증가와 감소를 표로 나타내어 본다.

$f(x)=2ax^3+3ax^2+b$에서

$f'(x)=6ax^2+6ax=6ax(x+1)$

$f'(x)=0$에서 $x=-1$ 또는 $x=0$

닫힌구간 $[-3,\ 0]$에서 함수 $f(x)$의 증가와 감소를 표로 나타내면 다음과 같다.

x	-3	$\cdots$	-1	$\cdots$	0
$f'(x)$		$-$	0	$+$	0
$f(x)$	$-27a+b$	↘	$a+b$	↗	b

$a<0$이므로 함수 $f(x)$는 $x=-3$에서 최댓값 $-27a+b$, $x=-1$에서 최솟값 $a+b$를 갖는다.

이때 함수 $f(x)$의 최댓값이 15, 최솟값이 -13이므로

$-27a+b=15,\ a+b=-13$

위의 두 식을 연립하여 풀면

$a=-1,\ b=-12$

$\therefore a-b=-1-(-12)=11$

320 답 -26

삼차함수 $f(x)$의 최고차항의 계수가 1이므로 도함수 $f'(x)$의 최고차항의 계수는 3이다.

또한, 함수 $y=f'(x)$의 그래프가 x축과 만나는 점의 x좌표가 -2, 4이므로 $f'(x)=0$에서

$x=-2$ 또는 $x=4$

$\therefore f'(x)=3(x+2)(x-4)=3x^2-6x-24$

❶

한편, $h(x)=f(x)-kx$에서

$h'(x)=f'(x)-k=3x^2-6x-24-k$

❷

삼차함수 $h(x)$의 극값이 존재하려면 이차방정식 $h'(x)=0$이 서로 다른 두 실근을 가져야 한다.

❸

이차방정식 $h'(x)=0$의 판별식을 D라 하면

$$\frac{D}{4}=(-3)^2-3(-24-k)>0$$

$3k+81>0 \quad \therefore k>-27$

따라서 정수 k의 최솟값은 -26이다.

❹

채점 기준	배점 비율
❶ 도함수 $y=f'(x)$의 그래프를 이용하여 $f'(x)$의 식 세우기	20%
❷ $h'(x)$의 식 세우기	20%
❸ 삼차함수 $h(x)$의 극값이 존재할 조건 구하기	30%
❹ 이차방정식의 판별식을 이용하여 정수 k의 최솟값 구하기	30%

321 답 32

오른쪽 그림과 같이 정삼각형의 꼭짓점으로부터 거리가 x $(x>0)$인 점에서 사각형을 잘라내면 삼각기둥 모양의 상자의 밑면은 한 변의 길이가 $12-2x$인 정삼각형이므로

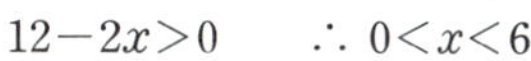

$12-2x>0 \quad \therefore 0<x<6$

이때 상자의 높이를 y라 하면

$\tan30°=\dfrac{y}{x} \quad \therefore y=\dfrac{1}{\sqrt{3}}x$

즉, 상자의 부피를 $V(x)$라 하면

$$V(x)=\frac{\sqrt{3}}{4}(12-2x)^2\cdot\frac{1}{\sqrt{3}}x$$

$$=x^3-12x^2+36x$$

❶

$V'(x)=3x^2-24x+36=3(x-2)(x-6)$

$V'(x)=0$에서 $x=2$ $(\because 0<x<6)$

$0<x<6$에서 함수 $V(x)$의 증가와 감소를 표로 나타내면 다음과 같다.

x	0	$\cdots$	2	$\cdots$	6
$V'(x)$		$+$	0	$-$	
$V(x)$		↗	32	↘	

❷

따라서 함수 $V(x)$는 $x=2$에서 최댓값 32를 가지므로 상자의 부피의 최댓값은 32이다.

❸

채점 기준	배점 비율
❶ 상자의 부피를 $V(x)$라 하고, $V(x)$ 구하기	40%
❷ 도함수를 이용하여 함수 $V(x)$의 증가와 감소를 표로 나타내기	40%
❸ 상자의 부피의 최댓값 구하기	20%

06 도함수의 활용

322 답 (1) 3 (2) 3 (3) 2 (4) 2 (5) 1 (6) 4

(1) $f(x)=x^3-6x^2+15$라 하면
$f'(x)=3x^2-12x=3x(x-4)$
$f'(x)=0$에서 $x=0$ 또는 $x=4$
함수 $f(x)$의 증가와 감소를 표로 나타내면 다음과 같다.

x	$\cdots$	0	$\cdots$	4	$\cdots$
$f'(x)$	$+$	0	$-$	0	$+$
$f(x)$	$\nearrow$	15	$\searrow$	-17	$\nearrow$

따라서 함수 $y=f(x)$의 그래프의 개형은
오른쪽 그림과 같고, x축과 서로 다른 세
점에서 만나므로 주어진 방정식의 서로 다
른 실근의 개수는 3이다.

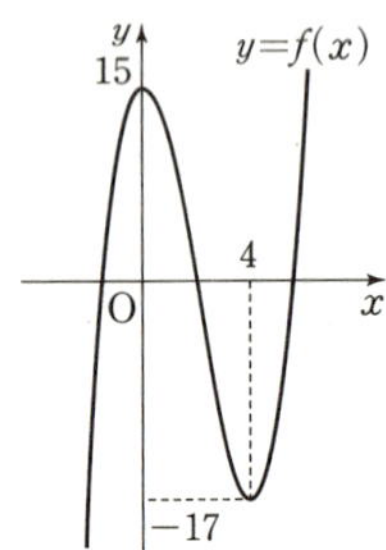

(2) $f(x)=\dfrac{1}{4}x^4-\dfrac{1}{3}x^3-x^2$이라 하면
$f'(x)=x^3-x^2-2x=x(x+1)(x-2)$
$f'(x)=0$에서 $x=-1$ 또는 $x=0$ 또는 $x=2$
함수 $f(x)$의 증가와 감소를 표로 나타내면 다음과 같다.

x	$\cdots$	-1	$\cdots$	0	$\cdots$	2	$\cdots$
$f'(x)$	$-$	0	$+$	0	$-$	0	$+$
$f(x)$	$\searrow$	$-\dfrac{5}{12}$	$\nearrow$	0	$\searrow$	$-\dfrac{8}{3}$	$\nearrow$

따라서 함수 $y=f(x)$의 그래프의 개
형은 오른쪽 그림과 같고, x축과 서로
다른 세 점에서 만나므로 주어진 방정
식의 서로 다른 실근의 개수는 3이다.

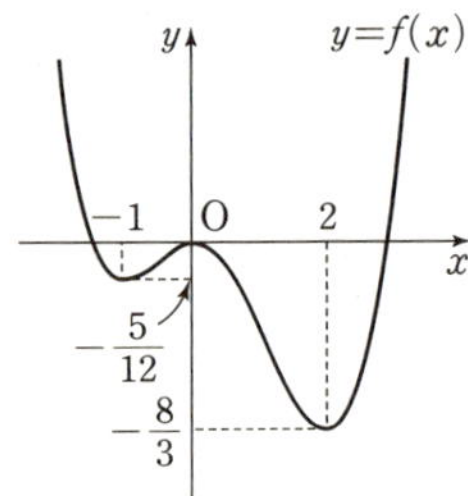

(3) $x^3-3x=-2$에서 $x^3-3x+2=0$
$f(x)=x^3-3x+2$라 하면
$f'(x)=3x^2-3=3(x+1)(x-1)$
$f'(x)=0$에서 $x=-1$ 또는 $x=1$
함수 $f(x)$의 증가와 감소를 표로 나타내면 다음과 같다.

x	$\cdots$	-1	$\cdots$	1	$\cdots$
$f'(x)$	$+$	0	$-$	0	$+$
$f(x)$	$\nearrow$	4	$\searrow$	0	$\nearrow$

따라서 함수 $y=f(x)$의 그래프의 개
형은 오른쪽 그림과 같고, x축과 서로
다른 두 점에서 만나므로 주어진 방정
식의 서로 다른 실근의 개수는 2이다.

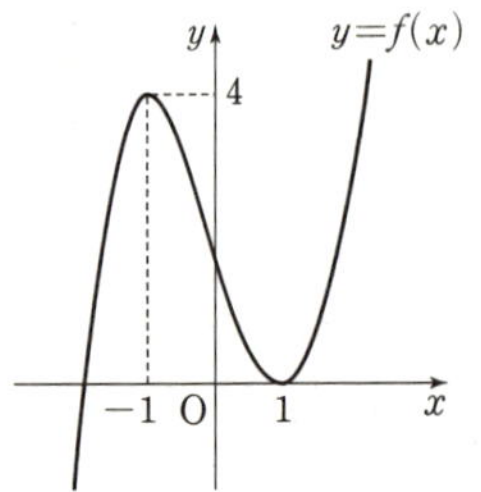

(4) $x^4-2x^2=1$에서 $x^4-2x^2-1=0$
$f(x)=x^4-2x^2-1$이라 하면
$f'(x)=4x^3-4x=4x(x+1)(x-1)$
$f'(x)=0$에서 $x=-1$ 또는 $x=0$ 또는 $x=1$
함수 $f(x)$의 증가와 감소를 표로 나타내면 다음과 같다.

x	$\cdots$	-1	$\cdots$	0	$\cdots$	1	$\cdots$
$f'(x)$	$-$	0	$+$	0	$-$	0	$+$
$f(x)$	$\searrow$	-2	$\nearrow$	-1	$\searrow$	-2	$\nearrow$

따라서 함수 $y=f(x)$의 그래프의 개
형은 오른쪽 그림과 같고, x축과 서
로 다른 두 점에서 만나므로 주어진
방정식의 서로 다른 실근의 개수는 2
이다.

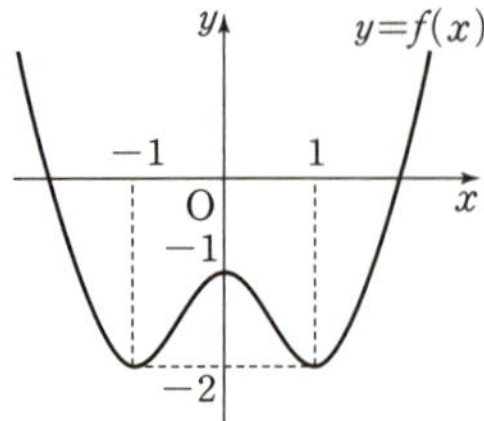

(5) $x^3-2=3x^2-3x$에서 $x^3-3x^2+3x-2=0$
$f(x)=x^3-3x^2+3x-2$라 하면
$f'(x)=3x^2-6x+3=3(x-1)^2$
$f'(x)=0$에서 $x=1$
함수 $f(x)$의 증가와 감소를 표로 나타내면 다음과 같다.

x	$\cdots$	1	$\cdots$
$f'(x)$	$+$	0	$+$
$f(x)$	$\nearrow$	-1	$\nearrow$

모든 실수 x에 대하여 $f'(x)\geq0$이므로 함
수 $f(x)$는 실수 전체의 집합에서 증가한다.
따라서 함수 $y=f(x)$의 그래프의 개형은
오른쪽 그림과 같고, x축과 오직 한 점에서
만나므로 주어진 방정식의 실근의 개수는 1
이다.

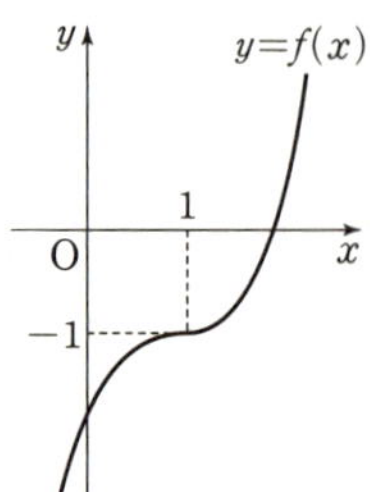

(6) $3x^4+5x^3-8x^2=x^3+4x^2-1$에서 $3x^4+4x^3-12x^2+1=0$
$f(x)=3x^4+4x^3-12x^2+1$이라 하면
$f'(x)=12x^3+12x^2-24x=12x(x+2)(x-1)$
$f'(x)=0$에서 $x=-2$ 또는 $x=0$ 또는 $x=1$
함수 $f(x)$의 증가와 감소를 표로 나타내면 다음과 같다.

x	$\cdots$	-2	$\cdots$	0	$\cdots$	1	$\cdots$
$f'(x)$	$-$	0	$+$	0	$-$	0	$+$
$f(x)$	$\searrow$	-31	$\nearrow$	1	$\searrow$	-4	$\nearrow$

따라서 함수 $y=f(x)$의 그래프의 개형은
오른쪽 그림과 같고, x축과 서로 다른 네
점에서 만나므로 주어진 방정식의 서로 다
른 실근의 개수는 4이다.

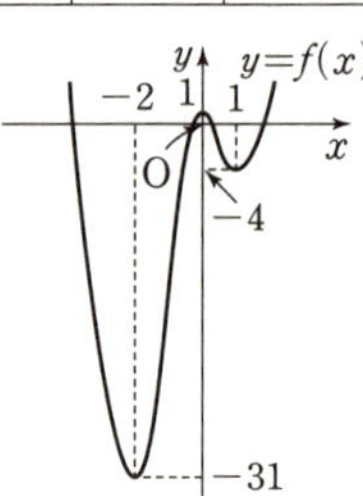

323 답 (1) $-27<a<5$ (2) $a=-27$ 또는 $a=5$
　　　(3) $a<-27$ 또는 $a>5$

$f(x)=x^3+3x^2-9x+a$라 하면
$f'(x)=3x^2+6x-9=3(x+3)(x-1)$
$f'(x)=0$에서 $x=-3$ 또는 $x=1$ ← $x=-3$에서 극대, $x=1$에서 극소

(1) 삼차방정식 $f(x)=0$이 서로 다른 세 실근을 가지려면
$f(-3)f(1)<0$이어야 하므로
$(a+27)(a-5)<0$　　$\therefore -27<a<5$

(2) 삼차방정식 $f(x)=0$이 한 실근과 중근을 가지려면
$f(-3)f(1)=0$이어야 하므로
$(a+27)(a-5)=0$ $\therefore a=-27$ 또는 $a=5$
(3) 삼차방정식 $f(x)=0$이 한 실근과 두 허근을 가지려면
$f(-3)f(1)>0$이어야 하므로
$(a+27)(a-5)>0$ $\therefore a<-27$ 또는 $a>5$

• 본문 075~076쪽

324 답 ③

$x^3-5x^2+3x-k=0$에서 $x^3-5x^2+3x=k$
즉, 방정식 $x^3-5x^2+3x=k$가 서로 다른 세 실근을 가지려면 곡선 $y=x^3-5x^2+3x$와 직선 $y=k$가 서로 다른 세 점에서 만나야 한다.
$f(x)=x^3-5x^2+3x$라 하면
$f'(x)=3x^2-10x+3=(3x-1)(x-3)$
$f'(x)=0$에서 $x=\dfrac{1}{3}$ 또는 $x=3$
함수 $f(x)$의 증가와 감소를 표로 나타내면 다음과 같다.

x	$\cdots$	$\dfrac{1}{3}$	$\cdots$	3	$\cdots$
$f'(x)$	$+$	0	$-$	0	$+$
$f(x)$	$\nearrow$	$\dfrac{13}{27}$	$\searrow$	-9	$\nearrow$

즉, 함수 $y=f(x)$의 그래프의 개형은 오른쪽 그림과 같으므로 곡선 $y=f(x)$와 직선 $y=k$가 서로 다른 세 점에서 만나도록 하는 실수 k의 값의 범위는
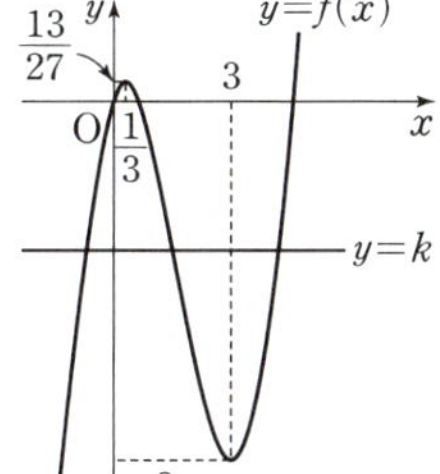
$-9<k<\dfrac{13}{27}$
따라서 정수 k의 개수는 -8, -7, -6, $\cdots$, 0의 9이다.

325 답 5

$2x^3-15x^2+24x+k=0$에서 $2x^3-15x^2+24x=-k$
즉, 방정식 $2x^3-15x^2+24x=-k$가 서로 다른 두 실근을 가지려면 곡선 $y=2x^3-15x^2+24x$와 직선 $y=-k$가 서로 다른 두 점에서 만나야 한다.
$f(x)=2x^3-15x^2+24x$라 하면
$f'(x)=6x^2-30x+24=6(x-1)(x-4)$
$f'(x)=0$에서 $x=1$ 또는 $x=4$
함수 $f(x)$의 증가와 감소를 표로 나타내면 다음과 같다.

x	$\cdots$	1	$\cdots$	4	$\cdots$
$f'(x)$	$+$	0	$-$	0	$+$
$f(x)$	$\nearrow$	11	$\searrow$	-16	$\nearrow$

즉, 함수 $y=f(x)$의 그래프의 개형은 오른쪽 그림과 같으므로 곡선 $y=f(x)$와 직선 $y=-k$가 서로 다른 두 점에서 만나도록 하는 실수 k의 값은
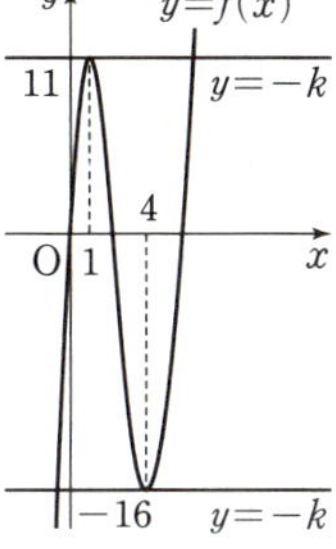
$-k=11$ 또는 $-k=-16$
$\therefore k=-11$ 또는 $k=16$
따라서 모든 실수 k의 값의 합은
$-11+16=5$

326 답 ③

$3x^4+4x^3-12x^2+2-k=0$에서 $3x^4+4x^3-12x^2+2=k$
즉, 방정식 $3x^4+4x^3-12x^2+2=k$가 서로 다른 네 실근을 가지려면 곡선 $y=3x^4+4x^3-12x^2+2$와 직선 $y=k$가 서로 다른 네 점에서 만나야 한다.
$f(x)=3x^4+4x^3-12x^2+2$라 하면
$f'(x)=12x^3+12x^2-24x=12x(x+2)(x-1)$
$f'(x)=0$에서 $x=-2$ 또는 $x=0$ 또는 $x=1$
함수 $f(x)$의 증가와 감소를 표로 나타내면 다음과 같다.

x	$\cdots$	-2	$\cdots$	0	$\cdots$	1	$\cdots$
$f'(x)$	$-$	0	$+$	0	$-$	0	$+$
$f(x)$	$\searrow$	-30	$\nearrow$	2	$\searrow$	-3	$\nearrow$

즉, 함수 $y=f(x)$의 그래프의 개형은 오른쪽 그림과 같으므로 곡선 $y=f(x)$와 직선 $y=k$가 서로 다른 네 점에서 만나도록 하는 실수 k의 값의 범위는
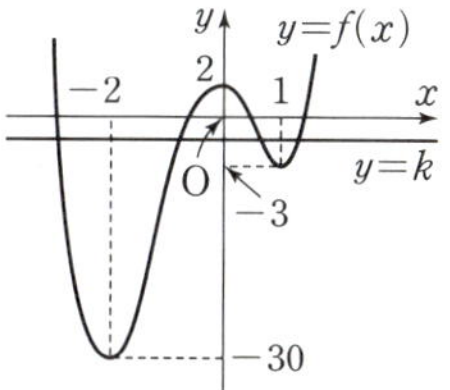
$-3<k<2$
따라서 $a=-3$, $b=2$이므로
$ab=(-3)\cdot2=-6$

327 답 ④

$x^3-3x^2-24x+k=0$에서 $x^3-3x^2-24x=-k$
즉, 방정식 $x^3-3x^2-24x=-k$가 서로 다른 두 개의 양수인 근과 한 개의 음수인 근을 가지려면 곡선 $y=x^3-3x^2-24x$와 직선 $y=-k$의 교점의 x좌표가 두 개는 양수이고 다른 한 개는 음수이어야 한다.
$f(x)=x^3-3x^2-24x$라 하면
$f'(x)=3x^2-6x-24=3(x+2)(x-4)$
$f'(x)=0$에서 $x=-2$ 또는 $x=4$
함수 $f(x)$의 증가와 감소를 표로 나타내면 다음과 같다.

x	$\cdots$	-2	$\cdots$	4	$\cdots$
$f'(x)$	$+$	0	$-$	0	$+$
$f(x)$	$\nearrow$	28	$\searrow$	-80	$\nearrow$

즉, 함수 $y=f(x)$의 그래프의 개형은 오른쪽 그림과 같으므로 곡선 $y=f(x)$와 직선 $y=-k$의 교점의 x좌표가 두 개는 양수, 다른 한 개는 음수가 되도록 하는 실수 k의 값의 범위는
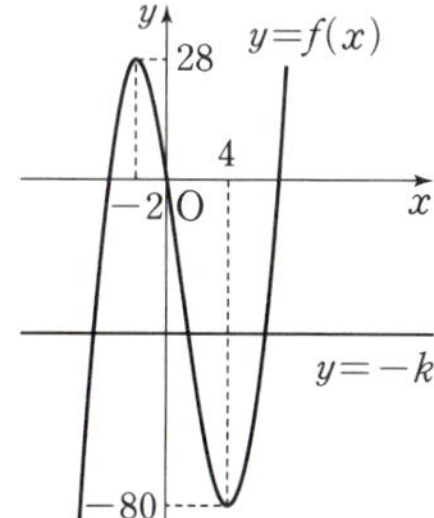
$-80<-k<0$
$\therefore 0<k<80$

선생님 톡톡

방정식 $f(x)=-k$가 양수인 근을 가질 때에는 곡선 $y=f(x)$와 직선 $y=-k$의 교점이 제1사분면 또는 제4사분면에 있고, 음수인 근을 가질 때에는 교점이 제2사분면 또는 제3사분면에 있어.

328 답 ②

$x^3-2x^2-2x=\dfrac{1}{2}x^2+k$에서 $x^3-\dfrac{5}{2}x^2-2x=k$
즉, 방정식 $x^3-\dfrac{5}{2}x^2-2x=k$가 오직 한 개의 음수인 근을 가지려면 곡선 $y=x^3-\dfrac{5}{2}x^2-2x$와 직선 $y=k$의 교점이 1개이고 그 교점의 x좌표가 음수이어야 한다.

$f(x)=x^3-\dfrac{5}{2}x^2-2x$라 하면

$f'(x)=3x^2-5x-2=(3x+1)(x-2)$

$f'(x)=0$에서 $x=-\dfrac{1}{3}$ 또는 $x=2$

함수 $f(x)$의 증가와 감소를 표로 나타내면 다음과 같다.

x	$\cdots$	$-\dfrac{1}{3}$	$\cdots$	2	$\cdots$
$f'(x)$	$+$	0	$-$	0	$+$
$f(x)$	$\nearrow$	$\dfrac{19}{54}$	$\searrow$	-6	$\nearrow$

즉, 함수 $y=f(x)$의 그래프의 개형은 오른쪽 그림과 같으므로 곡선 $y=f(x)$와 직선 $y=k$의 교점이 1개이고 그 교점의 x좌표가 음수가 되도록 하는 실수 k의 값의 범위는

$k<-6$

따라서 정수 k의 최댓값은 -7이다.

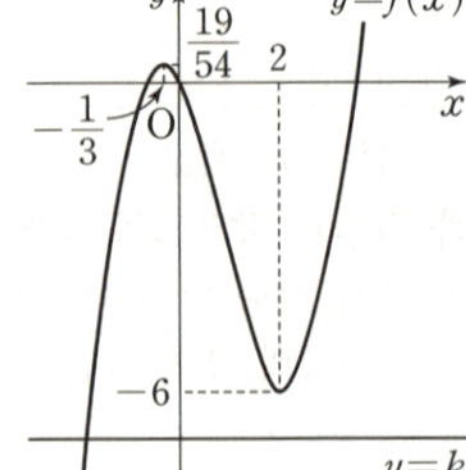

329 탑 8

$x^4+4x^3+20=2x^2+12x+k$에서

$x^4+4x^3-2x^2-12x+20=k$

즉, 방정식 $x^4+4x^3-2x^2-12x+20=k$가 서로 다른 두 개의 양수인 근과 서로 다른 두 개의 음수인 근을 가지려면 곡선 $y=x^4+4x^3-2x^2-12x+20$과 직선 $y=k$의 교점의 x좌표가 두 개는 양수이고 다른 두 개는 음수이어야 한다.

$f(x)=x^4+4x^3-2x^2-12x+20$이라 하면

$f'(x)=4x^3+12x^2-4x-12=4(x+3)(x+1)(x-1)$

$f'(x)=0$에서 $x=-3$ 또는 $x=-1$ 또는 $x=1$

함수 $f(x)$의 증가와 감소를 표로 나타내면 다음과 같다.

x	$\cdots$	-3	$\cdots$	-1	$\cdots$	1	$\cdots$
$f'(x)$	$-$	0	$+$	0	$-$	0	$+$
$f(x)$	$\searrow$	11	$\nearrow$	27	$\searrow$	11	$\nearrow$

즉, 함수 $y=f(x)$의 그래프의 개형은 오른쪽 그림과 같으므로 곡선 $y=f(x)$와 직선 $y=k$의 교점의 x좌표가 두 개는 양수, 다른 두 개는 음수가 되도록 하는 실수 k의 값의 범위는

$11<k<20$

따라서 정수 k의 개수는 $12,\ 13,\ 14,\ \cdots,\ 19$의 8이다.

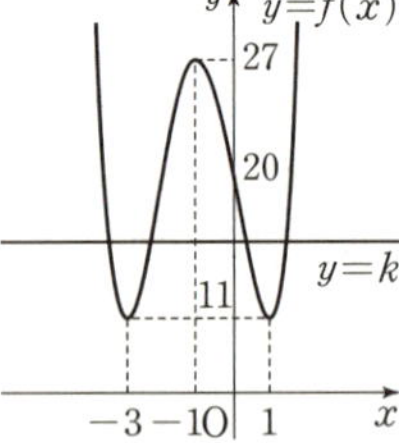

330 탑 ③

$f(x)=2x^3-3ax^2+8$이라 하면

$f'(x)=6x^2-6ax=6x(x-a)$

$f'(x)=0$에서 $x=0$ 또는 $x=a$

삼차방정식 $f(x)=0$이 한 실근과 두 허근을 가지려면

$f(0)f(a)>0$이어야 하므로

$8(-a^3+8)>0,\ a^3-8<0$

$(a-2)(a^2+2a+4)<0$

$a-2<0\ (\because\ a^2+2a+4>0)$

$\therefore\ a<2$ $\quad\longrightarrow a^2+2a+4=(a+1)^2+3>0$

따라서 정수 a의 최댓값은 1이다.

331 탑 ①

$f(x)=x^3+3ax^2+4$라 하면

$f'(x)=3x^2+6ax=3x(x+2a)$

$f'(x)=0$에서 $x=0$ 또는 $x=-2a$

삼차방정식 $f(x)=0$이 서로 다른 세 실근을 가지려면

$f(0)f(-2a)<0$이어야 하므로

$4(4a^3+4)<0,\ a^3+1<0$

$(a+1)(a^2-a+1)<0$

$a+1<0\ (\because\ a^2-a+1>0)$

$\therefore\ a<-1$ $\quad\longrightarrow a^2-a+1=\left(a-\dfrac{1}{2}\right)^2+\dfrac{3}{4}>0$

332 탑 ⑤

함수 $y=g(x)$의 그래프는 함수 $f(x)=x^3-\dfrac{3}{2}x^2-18x+2$의 그래프를 y축의 방향으로 k만큼 평행이동시킨 것이므로

$g(x)=x^3-\dfrac{3}{2}x^2-18x+2+k$

$g'(x)=3x^2-3x-18=3(x+2)(x-3)$

$g'(x)=0$에서 $x=-2$ 또는 $x=3$

삼차방정식 $g(x)=0$이 서로 다른 두 실근, 즉 한 실근과 중근을 가지려면 $g(-2)g(3)=0$이어야 하므로

$(k+24)\left(k-\dfrac{77}{2}\right)=0$

$\therefore\ k=-24$ 또는 $k=\dfrac{77}{2}$

따라서 모든 k의 값의 합은

$-24+\dfrac{77}{2}=\dfrac{29}{2}$

333 탑 ④

$f(x)=x^3-3ax+5a$에서

$f'(x)=3x^2-3a=3(x^2-a)$

함수 $f(x)$가 극값을 가지려면 방정식 $f'(x)=0$이 서로 다른 두 실근을 가져야 하므로

$a>0$ $\quad\cdots\cdots\ \bigcirc$

즉, $f'(x)=3(x+\sqrt{a})(x-\sqrt{a})=0$에서

$x=-\sqrt{a}$ 또는 $x=\sqrt{a}$

삼차방정식 $f(x)=0$이 오직 한 개의 실근을 가지려면

$f(-\sqrt{a})f(\sqrt{a})>0$이어야 하므로

$(5a+2a\sqrt{a})(5a-2a\sqrt{a})>0,\ 25a^2-4a^3>0$

$a^2(25-4a)>0,\ 25-4a>0\ (\because\ a^2>0)$

$\therefore\ a<\dfrac{25}{4}$ $\quad\cdots\cdots\ \bigcirc$

$\bigcirc,\ \bigcirc$의 공통부분을 구하면 $0<a<\dfrac{25}{4}$

따라서 정수 a의 개수는 $1,\ 2,\ 3,\ \cdots,\ 6$의 6이다.

334 탑 (가) 1 (나) 0

$f(x)=3x^4-4x^3+1$이라 하면

$f'(x)=12x^3-12x^2=12x^2(x-1)$

$f'(x)=0$에서 $x=0$ 또는 $x=\boxed{1}$

함수 $f(x)$의 증가와 감소를 표로 나타내면 다음과 같다.

x	$\cdots$	0	$\cdots$	1	$\cdots$
$f'(x)$	$-$	0	$-$	0	$+$
$f(x)$	$\searrow$	1	$\searrow$	0	$\nearrow$

즉, 함수 $f(x)$의 최솟값은 $\boxed{0}$이므로 $f(x)\geq0$이다.
따라서 모든 실수 x에 대하여 부등식 $3x^4-4x^3+1\geq0$이 성립한다.

335 답 (가) 2 (나) 1

$f(x)=x^3-3x^2+5$라 하면
$f'(x)=3x^2-6x=3x(x-2)$
$f'(x)=0$에서 $x=\boxed{2}$ $(\because x>0)$
$x>0$에서 함수 $f(x)$의 증가와 감소를 표로 나타내면 다음과 같다.

x	0	$\cdots$	2	$\cdots$
$f'(x)$		$-$	0	$+$
$f(x)$		$\searrow$	1	$\nearrow$

즉, $x>0$일 때 함수 $f(x)$의 최솟값은 $\boxed{1}$이므로 $f(x)\geq0$이다.
따라서 $x>0$일 때, 부등식 $x^3-3x^2+5\geq0$이 성립한다.

· 본문 078~079쪽

336 답 (가) 1 (나) 0

$h(x)=f(x)-g(x)=x^3-3x+2$라 하면
$h'(x)=3x^2-3=3(x+1)(x-1)$
$h'(x)=0$에서 $x=\boxed{1}$ $(\because 0\leq x\leq2)$
$0\leq x\leq2$에서 함수 $h(x)$의 증가와 감소를 표로 나타내면 다음과 같다.

x	0	$\cdots$	1	$\cdots$	2
$h'(x)$		$-$	0	$+$	
$h(x)$	2	$\searrow$	0	$\nearrow$	4

$0\leq x\leq2$일 때, 함수 $h(x)$의 최솟값은 $\boxed{0}$이므로 $h(x)\geq0$이다.
따라서 $0\leq x\leq2$일 때, 부등식 $f(x)\geq g(x)$가 성립한다.

337 답 ②

$f(x)=x^n-nx+n$이라 하면
$f'(x)=nx^{n-1}-n=n(x^{n-1}-1)$
n은 2 이상의 자연수이고 $x>1$이므로
$x^{n-1}-1>0$ $\quad\therefore \boxed{f'(x)>0}$
즉, $x>1$에서 함수 $f(x)$는 증가하므로 $f(x)>\boxed{f(1)}$
이때 $\boxed{f(1)}=1-n+n=1$이므로 $f(x)>0$이다. $\quad f(x)>1>0$
따라서 2 이상의 자연수 n에 대하여 $x>1$일 때, 부등식 $x^n+n>nx$가 성립한다.
$\therefore$ (가) $f'(x)>0$ (나) $f(1)$

338 답 ⑤

$f(x)=x^4-4x^2+k$라 하면
$f'(x)=4x^3-8x=4x(x+\sqrt{2})(x-\sqrt{2})$
$f'(x)=0$에서 $x=-\sqrt{2}$ 또는 $x=0$ 또는 $x=\sqrt{2}$
함수 $f(x)$의 증가와 감소를 표로 나타내면 다음과 같다.

x	$\cdots$	$-\sqrt{2}$	$\cdots$	0	$\cdots$	$\sqrt{2}$	$\cdots$
$f'(x)$	$-$	0	$+$	0	$-$	0	$+$
$f(x)$	$\searrow$	$k-4$	$\nearrow$	k	$\searrow$	$k-4$	$\nearrow$

따라서 함수 $f(x)$의 최솟값은 $k-4$이므로 모든 실수 x에 대하여
부등식 $f(x)\geq0$이 성립하려면
$k-4\geq0$ $\quad\therefore k\geq4$

339 답 ④

$3x^4-4x^3-12x^2\geq k$에서 $3x^4-4x^3-12x^2-k\geq0$
$f(x)=3x^4-4x^3-12x^2-k$라 하면
$f'(x)=12x^3-12x^2-24x=12x(x+1)(x-2)$
$f'(x)=0$에서 $x=-1$ 또는 $x=0$ 또는 $x=2$
함수 $f(x)$의 증가와 감소를 표로 나타내면 다음과 같다.

x	$\cdots$	-1	$\cdots$	0	$\cdots$	2	$\cdots$
$f'(x)$	$-$	0	$+$	0	$-$	0	$+$
$f(x)$	$\searrow$	$-k-5$	$\nearrow$	$-k$	$\searrow$	$-k-32$	$\nearrow$

즉, 함수 $f(x)$의 최솟값은 $-k-32$이므로 모든 실수 x에 대하여
$f(x)\geq0$이 성립하려면
$-k-32\geq0$ $\quad\therefore k\leq-32$
따라서 정수 k의 최댓값은 -32이다.

340 답 17

함수 $y=f(x)$의 그래프가 함수 $y=g(x)$의 그래프보다 항상 위쪽에
있으려면 모든 실수 x에 대하여 부등식 $f(x)>g(x)$, 즉
$f(x)-g(x)>0$이 성립해야 한다.
$h(x)=f(x)-g(x)$라 하면
$h(x)=(3x^4+5x^3+x+k)-(-3x^3+x)$
$\qquad=3x^4+8x^3+k$
$h'(x)=12x^3+24x^2=12x^2(x+2)$
$h'(x)=0$에서 $x=-2$ 또는 $x=0$
함수 $h(x)$의 증가와 감소를 표로 나타내면 다음과 같다.

x	$\cdots$	-2	$\cdots$	0	$\cdots$
$h'(x)$	$-$	0	$+$	0	$+$
$h(x)$	$\searrow$	$k-16$	$\nearrow$	k	$\nearrow$

즉, 함수 $h(x)$의 최솟값은 $k-16$이므로 모든 실수 x에 대하여
$h(x)>0$이 성립하려면
$k-16>0$ $\quad\therefore k>16$
따라서 정수 k의 최솟값은 17이다.

341 답 ③

$f(x)=\dfrac{2}{3}x^3-5x^2+8x+k$라 하면
$f'(x)=2x^2-10x+8=2(x-1)(x-4)$
$1<x<3$일 때, $f'(x)<0$이므로 함수 $f(x)$는 열린구간 $(1,\,3)$에서 감
소한다.
즉, $1<x<3$에서 $f(x)>0$이 항상 성립하려면 $f(3)\geq0$이어야 하므로
$\dfrac{2}{3}\cdot3^3-5\cdot3^2+8\cdot3+k\geq0$
$-3+k\geq0$ $\quad\therefore k\geq3$
따라서 실수 k의 최솟값은 3이다.

주어진 구간에서 함수 $f(x)$의 극값이 존재하지 않으면 함수 $f(x)$가 그 구간에서 증가하는지 감소하는지 먼저 확인해야 해.

342 답 ①

$f(x)=x^3-3x+k$라 하면
$f'(x)=3x^2-3=3(x+1)(x-1)$
$x>2$일 때, $f'(x)>0$이므로 함수 $f(x)$는 구간 $(2, \infty)$에서 증가한다.
즉, $x>2$에서 $f(x)>0$이 항상 성립하려면 $f(2)\geq0$이어야 하므로
$2^3-3\cdot2+k\geq0$, $2+k\geq0$
$\therefore k\geq-2$
따라서 실수 k의 최솟값은 -2이다.

343 답 9

열린구간 $(3, 5)$에서 함수 $y=f(x)$의 그래프가 함수 $y=g(x)$의 그래프보다 항상 위쪽에 있으려면 이 구간에서 부등식 $f(x)>g(x)$, 즉 $f(x)-g(x)>0$이 성립해야 한다.
$h(x)=f(x)-g(x)$라 하면
$h(x)=(2x^3-x^2+k)-(2x^2+12x)$
$\qquad=2x^3-3x^2-12x+k$
$h'(x)=6x^2-6x-12=6(x+1)(x-2)$
$3<x<5$일 때, $h'(x)>0$이므로 함수 $h(x)$는 열린구간 $(3, 5)$에서 증가한다.
즉, $3<x<5$에서 $h(x)>0$이 항상 성립하려면 $h(3)\geq0$이어야 하므로
$2\cdot3^3-3\cdot3^2-12\cdot3+k\geq0$, $-9+k\geq0$
$\therefore k\geq9$
따라서 실수 k의 최솟값은 9이다.

344 답 ②

$f(x)=x^3-3x^2$이라 하면
$f'(x)=3x^2-6x=3x(x-2)$
$f'(x)=0$에서 $x=2$ ($\because x>1$)
$x>1$에서 함수 $f(x)$의 증가와 감소를 표로 나타내면 다음과 같다.

x	1	$\cdots$	2	$\cdots$
$f'(x)$		$-$	0	$+$
$f(x)$		$\searrow$	-4	$\nearrow$

즉, $x>1$일 때 함수 $f(x)$의 최솟값은 -4이므로 $x>1$에서 $f(x)\geq k$가 항상 성립하려면
$-4\geq k$
따라서 실수 k의 최댓값은 -4이다.

선생님 톡톡

341~343과 달리 주어진 구간에서 함수 $f(x)$의 극값이 존재하므로 최댓값 또는 최솟값을 구한 후 문제를 해결해야 해.

345 답 10

$f(x)=4x^3-3kx^2+16$이라 하면
$f'(x)=12x^2-6kx=6x(2x-k)$
$f'(x)=0$에서 $x=0$ 또는 $x=\dfrac{k}{2}$
$x\geq0$에서 함수 $f(x)$의 증가와 감소를 표로 나타내면 다음과 같다.

x	0	$\cdots$	$\dfrac{k}{2}$	$\cdots$
$f'(x)$	0	$-$	0	$+$
$f(x)$	16	$\searrow$	$-\dfrac{1}{4}k^3+16$	$\nearrow$

즉, $x\geq0$일 때 함수 $f(x)$의 최솟값은 $-\dfrac{1}{4}k^3+16$이므로 $x\geq0$에서 $f(x)\geq0$이 항상 성립하려면
$-\dfrac{1}{4}k^3+16\geq0$, $k^3-64\leq0$
$(k-4)(k^2+4k+16)\leq0$, $k-4\leq0$ ($\because k^2+4k+16>0$)
$\therefore k\leq4$

$k^2+4k+16=(k+2)^2+12>0$
따라서 모든 자연수 k의 값의 합은
$1+2+3+4=10$

346 답 ②

$h(x)=f(x)-g(x)$라 하면
$h(x)=(x^3+2x^2-x)-\left(\dfrac{1}{2}x^2+5x+k\right)$
$\qquad=x^3+\dfrac{3}{2}x^2-6x-k$
$h'(x)=3x^2+3x-6=3(x+2)(x-1)$
$h'(x)=0$에서 $x=-2$ 또는 $x=1$
$-2\leq x\leq2$에서 함수 $h(x)$의 증가와 감소를 표로 나타내면 다음과 같다.

x	-2	$\cdots$	1	$\cdots$	2
$h'(x)$	0	$-$	0	$+$	
$h(x)$	$10-k$	$\searrow$	$-\dfrac{7}{2}-k$	$\nearrow$	$2-k$

즉, $-2\leq x\leq2$일 때 함수 $h(x)$의 최솟값은 $-\dfrac{7}{2}-k$이므로 $-2\leq x\leq2$에서 $h(x)>0$이 항상 성립하려면
$-\dfrac{7}{2}-k>0$ $\quad\therefore k<-\dfrac{7}{2}$
따라서 정수 k의 최댓값은 -4이다.

개념 체크
Concept
· 본문 080쪽

347 답 (1) $v=1$, $a=2$ (2) $v=0$, $a=-4$ (3) $v=17$, $a=16$

(1) $v=\dfrac{dx}{dt}=2t-3$, $a=\dfrac{dv}{dt}=2$이므로
$t=2$에서의 점 P의 속도와 가속도는
$v=2\cdot2-3=1$, $a=2$

(2) $v=\dfrac{dx}{dt}=-4t+8$, $a=\dfrac{dv}{dt}=-4$이므로
$t=2$에서의 점 P의 속도와 가속도는
$v=-4\cdot2+8=0$, $a=-4$

(3) $v=\dfrac{dx}{dt}=3t^2+4t-3$, $a=\dfrac{dv}{dt}=6t+4$이므로
$t=2$에서의 점 P의 속도와 가속도는
$v=3\cdot2^2+4\cdot2-3=17$, $a=6\cdot2+4=16$

348 답 14

$\dfrac{dl}{dt}=6t+2$이므로 $t=2$에서의 물체의 길이의 변화율은
$6\cdot2+2=14$

349 답 40

$\dfrac{dS}{dt}=3t^2+4t+1$이므로 $t=3$에서의 도형의 넓이의 변화율은
$3\cdot3^2+4\cdot3+1=40$

350 답 14

$\dfrac{dV}{dt}=(4t+1)(t+1)+(2t^2+t+1)=6t^2+6t+2$이므로

$t=1$에서의 도형의 부피의 변화율은

$6+6+2=14$

351 답 ③

점 P가 원점을 지나는 순간은 $x=0$일 때이므로

$t^3-6t^2+9t=0$, $t(t-3)^2=0$ ← 원점에서의 위치는 0이다.

$\therefore t=0$ 또는 $t=3$

즉, 점 P가 출발 후 다시 원점을 지나는 순간은 $t=3$일 때이다.

점 P의 시각 t에서의 속도를 v라 하면

$v=\dfrac{dx}{dt}=3t^2-12t+9$

따라서 $t=3$에서의 점 P의 속도는

$3\cdot3^2-12\cdot3+9=0$

352 답 ①

점 P의 시각 t에서의 속도를 v, 가속도를 a라 하면

$v=\dfrac{dx}{dt}=3t^2-6t-15$, $a=\dfrac{dv}{dt}=6t-6$

$3t^2-6t-15=30$에서

$3t^2-6t-45=0$, $3(t+3)(t-5)=0$

$\therefore t=5$ ($\because t>0$)

따라서 $t=5$에서의 점 P의 가속도는

$6\cdot5-6=24$

353 답 10

점 P의 시각 t에서의 속도를 v라 하면

$v=\dfrac{dx}{dt}=-3t^2+12t-10$

$=-3(t-2)^2+2$

$1\le t\le4$에서 $-10\le v\le2$이므로   (속력)=|(속도)|

$0\le|v|\le10$

따라서 점 P의 속력의 최댓값은 10이다.

354 답 ③

점 P의 시각 t에서의 속도를 v, 가속도를 a라 하면

$v=\dfrac{dx}{dt}=3t^2-2t+4$, $a=\dfrac{dv}{dt}=6t-2$

$3t^2-2t+4=12$에서

$3t^2-2t-8=0$, $(3t+4)(t-2)=0$

$\therefore t=2$ ($\because t>0$)

즉, $t=2$에서의 점 P의 위치 x_1은

$x_1=2^3-2^2+4\cdot2+5=17$

한편, $6t-2=16$에서 $t=3$이므로 $t=3$에서의 점 P의 위치 x_2는

$x_2=3^3-3^2+4\cdot3+5=35$

$\therefore x_1+x_2=17+35=52$

355 답 28

점 P의 시각 t에서의 속도를 v라 하면

$v=\dfrac{dx}{dt}=6t^2-30t+36=6(t-2)(t-3)$

점 P가 운동 방향을 바꾸는 순간의 속도는 0이므로 $v=0$에서

$6(t-2)(t-3)=0$ $\therefore t=2$ 또는 $t=3$

따라서 점 P는 $t=2$에서 출발 후 처음으로 운동 방향을 바꾸고 그 순간의 위치는

$2\cdot2^3-15\cdot2^2+36\cdot2=28$

356 답 2

점 P의 시각 t에서의 속도를 v라 하면

$v=\dfrac{dx}{dt}=t^3-6t^2+11t-6=(t-1)(t-2)(t-3)$

점 P가 운동 방향을 바꾸는 순간의 속도는 0이므로 $v=0$에서

$(t-1)(t-2)(t-3)=0$

$\therefore t=1$ 또는 $t=2$ 또는 $t=3$

즉, 점 P는 $t=1$에서 첫 번째로 운동 방향을 바꾸고, $t=2$에서 두 번째로 운동 방향을 바꾸고, $t=3$에서 세 번째로 운동 방향을 바꾼다.

점 P의 시각 t에서의 가속도를 a라 하면

$a=\dfrac{dv}{dt}=3t^2-12t+11$

따라서 $t=3$에서의 점 P의 가속도는

$3\cdot3^2-12\cdot3+11=2$

357 답 ③

두 점 P, Q의 시각 t에서의 속도를 각각 v_P, v_Q라 하면

$v_P=\dfrac{dx_P}{dt}=2t-4$, $v_Q=\dfrac{dx_Q}{dt}=2t-8$

두 점 P, Q가 서로 반대 방향으로 움직이면 $v_P v_Q<0$이므로

$(2t-4)(2t-8)<0$, $(t-2)(t-4)<0$

$\therefore 2<t<4$

따라서 $\alpha=2$, $\beta=4$이므로

$\alpha+\beta=2+4=6$

358 답 32

점 P의 시각 t에서의 속도를 v라 하면

$v=\dfrac{dx}{dt}=3t^2-18t+15=3(t-1)(t-5)$

점 P가 운동 방향을 바꾸는 순간의 속도는 0이므로 $v=0$에서

$3(t-1)(t-5)=0$ $\therefore t=1$ 또는 $t=5$

$t=1$에서의 점 P의 위치는 $1-9+15=7$

$t=5$에서의 점 P의 위치는 $5^3-9\cdot5^2+15\cdot5=-25$

따라서 두 점 A, B 사이의 거리는

$7-(-25)=32$ ← 수직선 위의 두 점 $A(x_1)$, $B(x_2)$ 사이의 거리는 $\overline{AB}=|x_2-x_1|=|x_1-x_2|$

359 답 ④

물체의 t초 후의 속도를 v라 하면

$v=\dfrac{dh}{dt}=30-10t$

물체가 최고 지점에 도달했을 때의 속도는 0이므로 $v=0$에서

$30-10t=0$

$\therefore t=3$

따라서 3초 후의 이 물체의 지면으로부터의 높이는

$30\cdot3-5\cdot3^2=45(\text{m})$

360 답 ⑤

공이 지면에 떨어지는 순간의 높이는 0이므로 $h=0$에서
$30+5t-5t^2=0$
$t^2-t-6=0$, $(t+2)(t-3)=0$
$\therefore t=3 \ (\because t>0)$
공의 t초 후의 속도를 v라 하면
$v=\dfrac{dh}{dt}=5-10t$
$t=3$에서의 공의 속도는
$5-10\cdot3=-25\,(\text{m/s})$
따라서 공이 지면에 떨어지는 순간의 속력은 25 m/s이다.
→ (속력)=|(속도)|이므로
　|−25|=25

361 답 ①

물체의 t초 후의 속도를 v라 하면
$v=\dfrac{dh}{dt}=20-10t$
물체가 최고 지점에 도달했을 때의 속도는 0이므로 $v=0$에서
$20-10t=0 \qquad \therefore t=2$
$t=2$에서의 물체의 높이는
$25+20\cdot2-5\cdot2^2=45\,(\text{m})$
따라서 물체가 이동한 거리는
$(45-25)+45=65\,(\text{m})$
최고 지점까지　　최고 지점에서 지면까지
움직인 거리　　움직인 거리

362 답 ⑤

① 점 P의 시각 t에서의 가속도는 $v'(t)$이고, $v'(b)=0$이므로 $t=b$일 때, 가속도는 0이다.
② $c<t<d$일 때, $v(t)$가 감소하므로 속도는 감소한다.
③ $c<t<f$일 때, $v(t)$의 그래프의 접선의 기울기가 일정하므로 가속도는 일정하다.
④ $t=d$와 $t=h$의 좌우에서 $v(t)$의 부호가 바뀌므로 점 P의 운동 방향이 바뀐다.
→ $t=d$일 때 (양) → (음), $t=h$일 때 (음) → (양)
　즉, $0<t<i$에서 점 P는 운동 방향을 2번 바꾼다.
⑤ $0<t<d$에서 점 P는 양의 방향으로만 움직이므로 $t=d$일 때 점 P의 위치는 원점이 아니다.
→ $0<t<d$에서 $v(t)>0$이다.
따라서 옳지 않은 것은 ⑤이다.

363 답 ㄱ

→ $v(a)>0$, $v(d)<0$
ㄱ. $v(a)v(d)<0$이므로 $t=a$일 때와 $t=d$일 때 점 P의 운동 방향은 서로 반대이다. (참)
ㄴ. 점 P의 시각 t에서의 가속도는 $v'(t)$이고 $v'(d)>0$이므로 $t=d$일 때 점 P의 가속도는 양의 값이다. (거짓)
ㄷ. $t=c$와 $t=f$의 좌우에서 $v(t)$의 부호가 바뀌므로 점 P는 운동 방향을 2번 바꾼다. (거짓)
→ $t=c$일 때, (양) → (음),
　$t=f$일 때, (음) → (양)
따라서 옳은 것은 ㄱ이다.

> **선생님 톡톡**
>
> ㄷ에서 $t=b$와 $t=e$일 때 $v(t)=0$이지만 그 좌우에서 $v(t)$의 부호가 바뀌지 않으므로 점 P의 운동 방향이 바뀌지 않는다.

364 답 2

$x(t)$는 t에 대한 삼차식이고, $x(t)$의 그래프가 t축과 만나는 점의 t좌표가 각각 0, 1, 5이므로
$x(t)=kt(t-1)(t-5)$
$\quad\;\;=kt^3-6kt^2+5kt \ (k>0)$

이때 점 P의 시각 t에서의 속도를 v, 가속도를 a라 하면
$v=x'(t)=3kt^2-12kt+5k$
$a=\dfrac{dv}{dt}=6kt-12k$
따라서 가속도가 0이 되는 시각은 $a=0$에서
$6kt-12k=0$, $6k(t-2)=0$
$\therefore t=2 \ (\because k>0)$

365 답 ④

t초 동안 사람이 움직인 거리를 x m, 사람의 그림자의 길이를 y m라 하자.

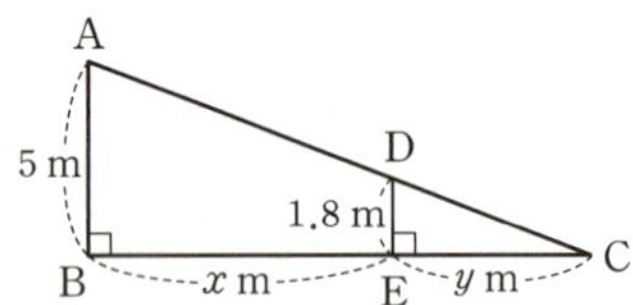

위의 그림에서 $\triangle\text{ABC}\backsim\triangle\text{DEC}$(AA 닮음)이므로
$5:(x+y)=1.8:y$
$1.8x+1.8y=5y$, $3.2y=1.8x$
$\therefore y=\dfrac{9}{16}x$
이때 $x=2t$이므로
$y=\dfrac{9}{16}\cdot2t=\dfrac{9}{8}t \qquad \therefore \dfrac{dy}{dt}=\dfrac{9}{8}$
따라서 그림자의 길이의 변화율은 $\dfrac{9}{8}$ m/s이다.

366 답 ②

t초 후의 직사각형의 가로와 세로의 길이는 각각 $(5+t)$ cm, $(5+2t)$ cm이므로 직사각형의 넓이를 S cm²라 하면
$S=(5+t)(5+2t)=25+15t+2t^2$
$\therefore \dfrac{dS}{dt}=15+4t$
가로의 길이가 8 cm가 되는 시각은 $5+t=8$에서
$t=3$
따라서 $t=3$에서의 직사각형의 넓이의 변화율은
$15+4\cdot3=27\,(\text{cm}^2/\text{s})$

367 답 ⑤

t초 후의 선분 AP와 선분 BP의 길이는 각각 t cm, $(8-t)$ cm $(0<t<8)$이므로 두 원 O_1, O_2의 넓이의 합을 S cm²라 하면
→ O_1의 넓이　→ O_2의 넓이
$S=\pi t^2+\pi(8-t)^2=\pi(2t^2-16t+64)$
$\therefore \dfrac{dS}{dt}=\pi(4t-16)$
따라서 $t=5$에서의 두 원의 넓이의 합의 변화율은
$\pi(4\cdot5-16)=4\pi\,(\text{cm}^2/\text{s})$

368 답 ③

t초 후의 수면의 반지름의 길이를 r cm, 수면의 높이를 h cm라 하면 오른쪽 그림에서
$4:8=r:h \qquad \therefore r=\dfrac{1}{2}h$
또한, t초 후의 수면의 높이는 $\dfrac{4}{3}t$ cm이므로
$h=\dfrac{4}{3}t$

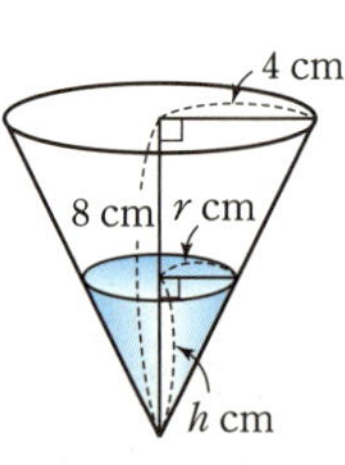

즉, $r=\dfrac{1}{2}h=\dfrac{1}{2}\cdot\dfrac{4}{3}t=\dfrac{2}{3}t$이므로 물의 부피를 $V\,\mathrm{cm}^3$라 하면

$$V=\dfrac{1}{3}\pi r^2 h=\dfrac{1}{3}\pi\cdot\left(\dfrac{2}{3}t\right)^2\cdot\dfrac{4}{3}t=\dfrac{16}{81}\pi t^3$$

$$\therefore \dfrac{dV}{dt}=\dfrac{16}{27}\pi t^2$$

수면의 높이가 $3\,\mathrm{cm}$가 되는 시각은 $3=\dfrac{4}{3}t$에서

$$t=\dfrac{9}{4}$$

따라서 $t=\dfrac{9}{4}$에서의 물의 부피의 변화율은

$$\dfrac{16}{27}\pi\cdot\left(\dfrac{9}{4}\right)^2=3\pi(\mathrm{cm}^3/\mathrm{s})$$

• 본문 084~086쪽

369 답 12

One Point Lesson

주어진 식을 (x에 대한 다항식)$=-k$ 꼴로 고친 후, 서로 다른 두 실근을 갖도록 하는 실수 k의 값의 범위를 구한다.

$\dfrac{3}{4}x^4-2x^3-\dfrac{3}{2}x^2+6x-10+k=0$에서

$\dfrac{3}{4}x^4-2x^3-\dfrac{3}{2}x^2+6x-10=-k$

즉, 방정식 $\dfrac{3}{4}x^4-2x^3-\dfrac{3}{2}x^2+6x-10=-k$가 서로 다른 두 실근을 가지려면 곡선 $y=\dfrac{3}{4}x^4-2x^3-\dfrac{3}{2}x^2+6x-10$과 직선 $y=-k$가 서로 다른 두 점에서 만나야 한다.

$f(x)=\dfrac{3}{4}x^4-2x^3-\dfrac{3}{2}x^2+6x-10$이라 하면

$f'(x)=3x^3-6x^2-3x+6=3(x+1)(x-1)(x-2)$

$f'(x)=0$에서 $x=-1$ 또는 $x=1$ 또는 $x=2$

함수 $f(x)$의 증가와 감소를 표로 나타내면 다음과 같다.

x	$\cdots$	-1	$\cdots$	1	$\cdots$	2	$\cdots$
$f'(x)$	$-$	0	$+$	0	$-$	0	$+$
$f(x)$	$\searrow$	$-\dfrac{59}{4}$	$\nearrow$	$-\dfrac{27}{4}$	$\searrow$	-8	$\nearrow$

즉, 함수 $y=f(x)$의 그래프의 개형은 오른쪽 그림과 같으므로 곡선 $y=f(x)$와 직선 $y=-k$가 서로 다른 두 점에서 만나도록 하는 실수 k의 값의 범위는

$-k>-\dfrac{27}{4}$ 또는 $-\dfrac{59}{4}<-k<-8$

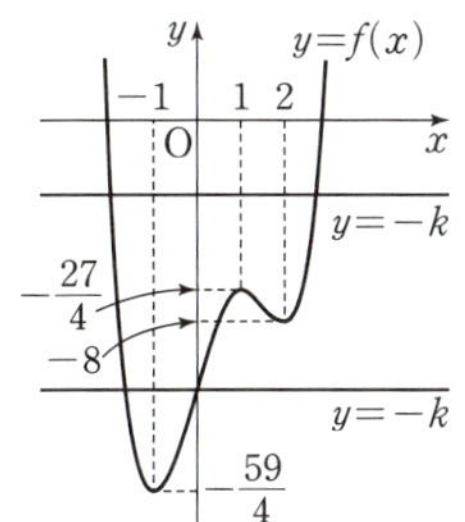

$\therefore 0<k<\dfrac{27}{4}$ 또는 $8<k<\dfrac{59}{4}\ (\because k>0)$

따라서 자연수 k의 개수는 $1,\ 2,\ 3,\ \cdots,\ 6,$ $9,\ 10,\ 11,\ \cdots,\ 14$의 12이다.

370 답 ④

One Point Lesson

방정식 $f(x)=k$의 서로 다른 모든 실근의 곱이 양수가 되려면 곡선 $y=f(x)$와 직선 $y=k$의 교점의 x좌표의 곱이 양수이어야 한다.

$x^4+a=6x^2+b$에서 $x^4-6x^2+a=b$

$f(x)=x^4-6x^2+a$라 하면

$f'(x)=4x^3-12x=4x(x+\sqrt{3})(x-\sqrt{3})$

$f'(x)=0$에서 $x=-\sqrt{3}$ 또는 $x=0$ 또는 $x=\sqrt{3}$

함수 $f(x)$의 증가와 감소를 표로 나타내면 다음과 같다.

x	$\cdots$	$-\sqrt{3}$	$\cdots$	0	$\cdots$	$\sqrt{3}$	$\cdots$
$f'(x)$	$-$	0	$+$	0	$-$	0	$+$
$f(x)$	$\searrow$	$a-9$	$\nearrow$	a	$\searrow$	$a-9$	$\nearrow$

오른쪽 그림에서 방정식 $f(x)=b$의 서로 다른 모든 실근의 곱이 양수가 되려면 곡선 $y=f(x)$와 직선 $y=b$의 서로 다른 교점의 x좌표의 곱이 양수이어야 하므로

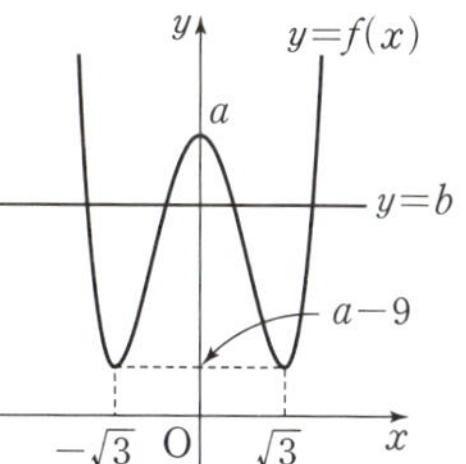

$a-9<b<a$

이때 정수 b의 최솟값이 2이므로

$1\leq a-9<2$ $\therefore 10\leq a<11$

따라서 정수 a의 값은 10이다.

371 답 ③

One Point Lesson

삼차방정식 $f(x)=0$이 서로 다른 두 실근을 가지려면 삼차함수 $f(x)$의 (극댓값)$\times$(극솟값)$=0$이어야 한다.

$x^3+\dfrac{3}{2}x^2+2=\dfrac{3}{2}ax^2+3ax$에서

$x^3+\dfrac{3}{2}(1-a)x^2-3ax+2=0$

$f(x)=x^3+\dfrac{3}{2}(1-a)x^2-3ax+2$라 하면

$f'(x)=3x^2+3(1-a)x-3a=3(x+1)(x-a)$

$f'(x)=0$에서 $x=-1$ 또는 $x=a$

(ⅰ) $a=-1$일 때

모든 실수 x에 대하여 $f'(x)=3(x+1)^2\geq0$이므로 함수 $f(x)$는 실수 전체의 집합에서 증가한다. → 방정식 $f(x)=0$의 실근의 개수는 1이다.

즉, 방정식 $f(x)=0$은 서로 다른 두 실근을 갖지 않는다.

(ⅱ) $a\neq-1$일 때

방정식 $f(x)=0$이 서로 다른 두 실근, 즉 한 실근과 중근을 가지려면 $f(-1)f(a)=0$이어야 하므로

$\left(\dfrac{3}{2}a+\dfrac{5}{2}\right)\left(-\dfrac{1}{2}a^3-\dfrac{3}{2}a^2+2\right)=0$

$(3a+5)(a+2)^2(a-1)=0$

$\therefore a=-2$ 또는 $a=-\dfrac{5}{3}$ 또는 $a=1$

(ⅰ), (ⅱ)에서 서로 다른 모든 실수 a의 값의 합은

$(-2)+\left(-\dfrac{5}{3}\right)+1=-\dfrac{8}{3}$

372 답 67

One Point Lesson

함수 $y=g(x)$의 그래프를 x축의 방향으로 $-a$만큼 평행이동한 것이 함수 $y=f(x)$의 그래프와 일치함을 이용한다.

함수 $y=g(x)$의 그래프는 함수 $y=f(x)$의 그래프를 x축의 방향으로 a만큼 평행이동시킨 것이므로 함수 $y=g(x)$의 그래프를 x축의 방향으로 $-a$만큼 평행이동시키면 함수 $y=f(x)$의 그래프와 일치한다.

즉, $g(x+a)=f(x)$이므로

$g(x)\geq x-5$에서 $g(x+a)\geq x+a-5$

$\therefore f(x)\geq x+a-5$

$f(x)-x\geq a-5$에서

$\dfrac{1}{4}x^4-\dfrac{2}{3}x^3+x^2-x-a+5\geq 0$

$h(x)=\dfrac{1}{4}x^4-\dfrac{2}{3}x^3+x^2-x-a+5$라 하면

$h'(x)=x^3-2x^2+2x-1$

$\qquad\ =(x-1)(x^2-x+1)$

$h'(x)=0$에서 $x=1\ (\because \underline{x^2-x+1>0})$

함수 $h(x)$의 증가와 감소를 표로 나타내면 다음과 같다.

x	$\cdots$	1	$\cdots$
$h'(x)$	$-$	0	$+$
$h(x)$	$\searrow$	$-a+\dfrac{55}{12}$	$\nearrow$

즉, 함수 $h(x)$의 최솟값은 $-a+\dfrac{55}{12}$이므로 모든 실수 x에 대하여

부등식 $h(x)\geq 0$이 성립하려면

$-a+\dfrac{55}{12}\geq 0 \qquad \therefore a\leq \dfrac{55}{12}$

따라서 실수 a의 최댓값은 $\dfrac{55}{12}$이므로

$p=12,\ q=55$

$\therefore p+q=12+55=67$

373 답 2

함수 $f(x)$에 대하여 $x\geq 1$에서 부등식 $f(x)\geq 0$이 항상 성립하면 $f(1)\geq 0$이다.

$\dfrac{1}{3}x^3+(1-a)x^2-4ax\geq \dfrac{1}{3}$에서

$\dfrac{1}{3}x^3+(1-a)x^2-4ax-\dfrac{1}{3}\geq 0$

$f(x)=\dfrac{1}{3}x^3+(1-a)x^2-4ax-\dfrac{1}{3}$이라 하자.

$x\geq 1$에서 $f(x)\geq 0$이 항상 성립하려면 $\underline{f(1)\geq 0}$이어야 하므로

$f(1)=\dfrac{1}{3}+1-a-4a-\dfrac{1}{3}=-5a+1\geq 0$

$\therefore a\leq \dfrac{1}{5} \quad\cdots\cdots\ \bigcirc$

한편, $f'(x)=x^2+2(1-a)x-4a=(x+2)(x-2a)$이므로

$f'(x)=0$에서 $x=-2$ 또는 $x=2a$

이때 $\bigcirc$에서 $2a\leq \dfrac{2}{5}$이므로 $x\geq 1$에서 $f'(x)>0$이다.

즉, $x\geq 1$에서 함수 $f(x)$는 증가하므로 $f(1)\geq 0$이면 $f(x)\geq 0$이 항상 성립한다.

따라서 $\bigcirc$에서 실수 a의 최댓값은 $\dfrac{1}{5}$이므로 $M=\dfrac{1}{5}$

$\therefore 10M=10\cdot\dfrac{1}{5}=2$

374 답 21

$f(x)=x^3-6x^2+9x+a$라 하고, $-1\leq x\leq 3$에서의 함수 $f(x)$의 최댓값과 최솟값을 구해 본다.

$f(x)=x^3-6x^2+9x+a$라 하면

$f'(x)=3x^2-12x+9$

$\qquad\ =3(x-1)(x-3)$

$f'(x)=0$에서 $x=1$ 또는 $x=3$

$-1\leq x\leq 3$에서 함수 $f(x)$의 증가와 감소를 표로 나타내면 다음과 같다.

x	-1	$\cdots$	1	$\cdots$	3
$f'(x)$		$+$	0	$-$	0
$f(x)$	$a-16$	$\nearrow$	$a+4$	$\searrow$	a

즉, $-1\leq x\leq 3$일 때 함수 $f(x)$의 최댓값은 $a+4$이고, 최솟값은 $a-16$이므로 $|f(x)|\leq 20$, 즉 $-20\leq f(x)\leq 20$이 항상 성립하려면

$a+4\leq 20,\ a-16\geq -20$

이어야 한다.

따라서 $-4\leq a\leq 16$이므로 정수 a의 개수는 $-4,\ -3,\ -2,\ \cdots,\ 16$의 21이다.

375 답 ⑤

두 점 P, Q의 위치가 같아지는 순간의 시각 t를 구한다.

$t^3-t^2+t=3t^2+t$에서 $t^3-4t^2=0$

$t^2(t-4)=0 \qquad \therefore t=4\ (\because t>0)$

즉, 출발 후 두 점 P, Q의 위치가 같아지는 순간은 $t=4$일 때이다.

두 점 P, Q의 시각 t에서의 속도를 각각 $v_{\mathrm{P}},\ v_{\mathrm{Q}}$라 하면

$v_{\mathrm{P}}=\dfrac{dx_{\mathrm{P}}}{dt}=3t^2-2t+1,\ v_{\mathrm{Q}}=\dfrac{dx_{\mathrm{Q}}}{dt}=6t+1$

따라서 $t=4$에서의 점 P의 속도는 $3\cdot 4^2-2\cdot 4+1=41$, 점 Q의 속도는 $6\cdot 4+1=25$이므로 그 합은

$41+25=66$

376 답 ①

수직선 위를 움직이는 점 P가 운동 방향을 바꾸는 순간의 속도는 0이다.

점 P의 시각 t에서의 속도를 v라 하면

$v=\dfrac{dx}{dt}=-3t^2+2at+b$

점 P가 $t=3$에서 운동 방향을 바꾸므로

$-3\cdot 3^2+2a\cdot 3+b=0$

$\therefore 6a+b=27 \quad\cdots\cdots\ \bigcirc$

또한, $t=3$에서의 점 P의 위치가 10이므로

$-3^3+a\cdot 3^2+b\cdot 3+1=10$

$\therefore 3a+b=12 \quad\cdots\cdots\ \bigcirc\!\bigcirc$

$\bigcirc$, $\bigcirc\!\bigcirc$을 연립하여 풀면

$a=5,\ b=-3$

따라서 $x=-t^3+5t^2-3t+1$이므로 $t=5$에서의 점 P의 위치는

$-5^3+5\cdot 5^2-3\cdot 5+1=-14$

377 답 20

지면과 수직으로 위로 던진 물체가 최고 지점에 도달했을 때의 속도는 0임을 이용한다.

물체의 t초 후의 속도를 v라 하면

$v=\dfrac{dh}{dt}=a-10t$

물체가 최고 지점에 도달했을 때의 속도는 0이므로 $v=0$에서

$a-10t=0 \qquad \therefore t=\dfrac{a}{10}$

즉, $t=\dfrac{a}{10}$일 때 물체의 지면으로부터의 높이가 최대가 되므로

$a\cdot\dfrac{a}{10}-5\cdot\left(\dfrac{a}{10}\right)^2\geq 20,\ \dfrac{a^2}{20}\geq 20$

$a^2 \geq 400$ $\therefore a \geq 20$ $(\because a > 0)$
따라서 양수 a의 최솟값은 20이다.

378 답 ③

위치를 미분하면 속도임을 이용하여 ㄱ, ㄴ, ㄷ의 참, 거짓을 판별한다.

ㄱ. $t=d$일 때, $x(d)=0$이므로 점 P의 위치는 원점이다. (참)
ㄴ. 점 P의 시각 t에서의 속도는 $x'(t)$이고 $x'(a)=0$이므로 $t=a$일
  때 점 P의 속도는 0이다. (참)
ㄷ. $t=b$의 좌우에서 $x'(t)$의 부호가 바뀌지 않으므로 점 P는 운동
  방향을 바꾸지 않는다. (거짓) $\rightarrow 0<t<a$에서 $v'(t)<0$,
  $ a<t<c$에서 $v'(t)>0$,
  $ t>c$에서 $v'(t)<0$
따라서 옳은 것은 ㄱ, ㄴ이다.

379 답 128

t초 후의 구의 반지름의 길이를 t에 대한 식으로 나타낸다.

t초 후의 구의 반지름의 길이는 $(1+at)\,\mathrm{cm}$이므로 구의 겉넓이를
$S\,\mathrm{cm}^2$, 부피를 $V\,\mathrm{cm}^3$라 하면

$S=4\pi(1+at)^2$에서

$\dfrac{dS}{dt}=8a\pi(1+at)$

$V=\dfrac{4}{3}\pi(1+at)^3$에서

$\dfrac{dV}{dt}=4a\pi(1+at)^2$

반지름의 길이가 $8\,\mathrm{cm}$가 되는 순간, 즉 $1+at=8$일 때의 구의 겉넓
이의 변화율이 $32\pi\,\mathrm{cm}^2/\mathrm{s}$이므로

$32\pi=8a\pi\cdot8$ $\therefore a=\dfrac{1}{2}$

따라서 반지름의 길이가 $8\,\mathrm{cm}$가 되는 순간의 구의 부피의 변화율은

$4\cdot\dfrac{1}{2}\pi\cdot8^2=128\pi\,(\mathrm{cm}^3/\mathrm{s})$

$\therefore k=128$

> **해설 속 칠판** 구의 겉넓이와 부피
>
> 반지름의 길이가 r인 구의 겉넓이를 S, 부피를 V라 하면
> $$S=4\pi r^2,\ V=\dfrac{4}{3}\pi r^3$$

380 답 해설 참조

$x^4-2x^2+4 \geq -4x^3+12x-5$에서
$x^4+4x^3-2x^2-12x+9 \geq 0$
$f(x)=x^4+4x^3-2x^2-12x+9$라 하면
$f'(x)=4x^3+12x^2-4x-12$
$=4(x+3)(x+1)(x-1)$
$f'(x)=0$에서 $x=-3$ 또는 $x=-1$ 또는 $x=1$ ❶

함수 $f(x)$의 증가와 감소를 표로 나타내면 다음과 같다.

x	$\cdots$	-3	$\cdots$	-1	$\cdots$	1	$\cdots$
$f'(x)$	$-$	0	$+$	0	$-$	0	$+$
$f(x)$	↘	0	↗	16	↘	0	↗

즉, 함수 $f(x)$의 최솟값은 0이다. ❷

$\therefore f(x) \geq 0$

따라서 모든 실수 x에 대하여 부등식 $x^4+4x^3-2x^2-12x+9 \geq 0$, 즉
$x^4-2x^2+4 \geq -4x^3+12x-5$가 성립한다.

❸

채점 기준	배점 비율
❶ $f(x)=x^4+4x^3-2x^2-12x+9$라 하고 $f'(x)=0$을 만족시키는 x의 값 구하기	30%
❷ $f(x)$의 최솟값 구하기	40%
❸ 주어진 부등식이 모든 실수 x에 대하여 성립함을 보이기	30%

381 답 128 m

기차가 제동을 건 지 t초 후의 속도를 v라 하면

$v=\dfrac{dx}{dt}=16-t$

❶

기차가 정지할 때의 속도는 0이므로 $v=0$에서
$16-t=0$ $\therefore t=16$

❷

이때 16초 동안 기차가 움직인 거리는
$16\times16-0.5\times16^2=128\,(\mathrm{m})$
따라서 A역으로부터 전방 $128\,\mathrm{m}$의 지점에서 제동을 걸어야 한다.

❸

채점 기준	배점 비율
❶ 기차가 제동을 건 후 t초 후 속도 구하기	30%
❷ 기차가 정지할 때까지 걸리는 시간 구하기	40%
❸ 기차가 제동을 걸어야 하는 위치 구하기	30%

• 본문 088~089쪽

개념 체크 Concept

382 답 (1) $3x+C$ (2) $-x^2+C$ (3) x^3+C (4) $-x^4+C$

(1) $(3x)'=3$이므로 $\int 3\,dx=3x+C$

(2) $(-x^2)'=-2x$이므로 $\int(-2x)\,dx=-x^2+C$

(3) $(x^3)'=3x^2$이므로 $\int 3x^2\,dx=x^3+C$

(4) $(-x^4)'=-4x^3$이므로 $\int(-4x^3)\,dx=-x^4+C$

383 답 (1) $f(x)=2x-4$ (2) $f(x)=-x+5$ (3) $f(x)=6x^2+2x$

(1) x^2-4x+C는 $f(x)$의 부정적분이므로
$$f(x)=(x^2-4x+C)'=2x-4$$

(2) $-\dfrac{1}{2}x^2+5x+C$는 $f(x)$의 부정적분이므로
$$f(x)=\left(-\frac{1}{2}x^2+5x+C\right)'=-x+5$$

(3) $2x^3+x^2+C$는 $f(x)$의 부정적분이므로
$$f(x)=(2x^3+x^2+C)'=6x^2+2x$$

384 답 (1) x^3+x (2) x^3+x+C

(1) $\dfrac{d}{dx}\int f(x)\,dx=f(x)$이므로
$$\frac{d}{dx}\int(x^3+x)\,dx=x^3+x$$
그대로

(2) $\int\left\{\dfrac{d}{dx}f(x)\right\}dx=f(x)+C$이므로
$$\int\left\{\frac{d}{dx}(x^3+x)\right\}dx=x^3+x+C$$
적분상수가 생긴다.

385 답 (1) $\dfrac{1}{4}x^4+C$ (2) $\dfrac{1}{9}x^9+C$ (3) $\dfrac{1}{51}x^{51}+C$

(1) $\int x^3\,dx=\dfrac{1}{3+1}x^{3+1}+C=\dfrac{1}{4}x^4+C$

(2) $\int x^8\,dx=\dfrac{1}{8+1}x^{8+1}+C=\dfrac{1}{9}x^9+C$

(3) $\int x^{50}\,dx=\dfrac{1}{50+1}x^{50+1}+C=\dfrac{1}{51}x^{51}+C$

386 답 (1) x^2+x+C (2) $\dfrac{1}{3}x^3-\dfrac{3}{2}x^2+4x+C$
(3) $\dfrac{1}{3}x^3+2x^2+4x+C$ (4) $\dfrac{1}{5}x^5-x+C$

(1)
$$\int(2x+1)\,dx=\int 2x\,dx+\int 1\,dx$$
$$=2\int x\,dx+\int 1\,dx$$
$$=2\cdot\frac{1}{2}x^2+x+C$$
$$=x^2+x+C$$

(2)
$$\int(x^2-3x+4)\,dx=\int x^2\,dx-\int 3x\,dx+\int 4\,dx$$
$$=\int x^2\,dx-3\int x\,dx+\int 4\,dx$$
$$=\frac{1}{3}x^3-3\cdot\frac{1}{2}x^2+4x+C$$
$$=\frac{1}{3}x^3-\frac{3}{2}x^2+4x+C$$

(3)
$$\int(x+2)^2\,dx=\int(x^2+4x+4)\,dx$$
$$=\int x^2\,dx+\int 4x\,dx+\int 4\,dx$$
$$=\int x^2\,dx+4\int x\,dx+\int 4\,dx$$
$$=\frac{1}{3}x^3+4\cdot\frac{1}{2}x^2+4x+C$$
$$=\frac{1}{3}x^3+2x^2+4x+C$$

(4)
$$\int(x-1)(x+1)(x^2+1)\,dx=\int(x^2-1)(x^2+1)\,dx$$
$$=\int(x^4-1)\,dx$$
$$=\int x^4\,dx-\int 1\,dx$$
$$=\frac{1}{5}x^5-x+C$$

387 답 (1) $\dfrac{2}{3}x^3+18x+C$ (2) $x^3+\dfrac{3}{2}x^2+C$ (3) $\dfrac{1}{2}x^2+x+C$

(1)
$$\int(x-3)^2\,dx+\int(x+3)^2\,dx$$
$$=\int\{(x-3)^2+(x+3)^2\}\,dx$$
$$=\int\{(x^2-6x+9)+(x^2+6x+9)\}\,dx$$
$$=\int(2x^2+18)\,dx=\int 2x^2\,dx+\int 18\,dx$$
$$=2\int x^2\,dx+\int 18\,dx=2\cdot\frac{1}{3}x^3+18x+C$$
$$=\frac{2}{3}x^3+18x+C$$

(2)
$$\int(x+1)^3\,dx-\int(x^3+1)\,dx$$
$$=\int\{(x+1)^3-(x^3+1)\}\,dx$$
$$=\int\{(x^3+3x^2+3x+1)-(x^3+1)\}\,dx$$
$$=\int(3x^2+3x)\,dx=\int 3x^2\,dx+\int 3x\,dx$$
$$=3\int x^2\,dx+3\int x\,dx=3\cdot\frac{1}{3}x^3+3\cdot\frac{1}{2}x^2+C$$
$$=x^3+\frac{3}{2}x^2+C$$

(3)
$$\int\frac{x^2}{x-1}\,dx-\int\frac{1}{x-1}\,dx$$
$$=\int\frac{x^2-1}{x-1}\,dx=\int\frac{(x+1)(x-1)}{x-1}\,dx$$
$$=\int(x+1)\,dx=\int x\,dx+\int 1\,dx$$
$$=\frac{1}{2}x^2+x+C$$

388 답 ③

$\displaystyle\int (x-2)f(x)\,dx=2x^3-6x^2+C$에서
$(x-2)f(x)=(2x^3-6x^2+C)'$
$\qquad\qquad\ \ =6x^2-12x$
$\qquad\qquad\ \ =6x(x-2)$
따라서 $f(x)=6x$이므로
$f(1)=6$

389 답 ②

x^4+2x^2-8x+4는 $(x-1)f(x)$의 부정적분이므로
$(x-1)f(x)=(x^4+2x^2-8x+4)'$
$\qquad\qquad\ \ =4x^3+4x-8$
$\qquad\qquad\ \ =4(x-1)(x^2+x+2)$
따라서 $f(x)=4(x^2+x+2)=4x^2+4x+8$이므로
$f(2)=4\cdot2^2+4\cdot2+8=32$

$x-1$을 인수로 가져야 하므로 인수정리를 이용하여 인수분해한다.

$$\begin{array}{r|rrrr} 1 & 4 & 0 & 4 & -8 \\ & & 4 & 4 & 8 \\ \hline & 4 & 4 & 8 & 0 \end{array}$$

$\therefore (x-1)(4x^2+4x+8)$
$\ =4(x-1)(x^2+x+2)$

390 답 ④

$F'(x)=f(x)$이므로 $F(x)=x^4+ax^3+bx^2$에서
$f(x)=4x^3+3ax^2+2bx$, $f'(x)=12x^2+6ax+2b$
이때 $f(-1)=-4$이므로
$-4+3a-2b=-4$
$\therefore 3a-2b=0$ $\quad\cdots\cdots\ \bigcirc$
또한, $f'(0)=6$이므로
$2b=6$ $\quad\therefore b=3$
$b=3$을 $\bigcirc$에 대입하면
$3a-2\cdot3=0,\ 3a=6$ $\quad\therefore a=2$
따라서 $F(x)=x^4+2x^3+3x^2$이므로
$F(1)=1+2+3=6$

391 답 ②

$\dfrac{d}{dx}\left\{\displaystyle\int (ax^2+3x-7)\,dx\right\}=2x^2+3x+b$에서
$ax^2+3x-7=2x^2+3x+b$
위의 등식이 모든 실수 x에 대하여 성립하므로
$a=2,\ b=-7$
$\therefore a+b=2+(-7)=-5$

항등식의 성질을 이용하여 양변의 계수를 비교한다.

392 답 33

$\dfrac{d}{dx}\left\{\displaystyle\int x^2f(x)\,dx\right\}=4x^5+2x^3+ax^2$에서
$x^2f(x)=4x^5+2x^3+ax^2$
$\therefore f(x)=4x^3+2x+a$
이때 $f(1)=3$이므로
$4+2+a=3,\ 6+a=3$ $\quad\therefore a=-3$
따라서 $f(x)=4x^3+2x-3$이므로
$f(2)=4\cdot2^3+2\cdot2-3=33$

393 답 18

$F(x)=\displaystyle\int\left\{\dfrac{d}{dx}(x^3+3x^2-1)\right\}dx$
$\qquad\ =x^3+3x^2-1+C$

이때 $F(1)=2$이므로
$1+3-1+C=2$
$3+C=2$ $\quad\therefore C=-1$
따라서 $F(x)=x^3+3x^2-2$이므로
$F(2)=2^3+3\cdot2^2-2=18$

🔔 선생님 톡톡

391, 392와의 차이를 알겠니?
391, 392는 적분한 후 미분하므로 적분상수 C가 생기지 않지만
393은 미분한 후 적분하므로 적분상수 C가 생기게 돼.

394 답 5

$f(x)=\displaystyle\int\left\{\dfrac{d}{dx}(x^3-2x^2-8x+3)\right\}dx$에서
$f(x)=x^3-2x^2-8x+3+C$
이때 $f(0)=0$이므로
$3+C=0$ $\quad\therefore C=-3$
$\therefore f(x)=x^3-2x^2-8x$
즉, 방정식 $f(x)=0$에서 $x^3-2x^2-8x=0$
$x(x^2-2x-8)=0,\ x(x+2)(x-4)=0$
$\therefore x=-2$ 또는 $x=0$ 또는 $x=4$ → 서로 다른 실근의 개수는 3이다.
따라서 $a=3,\ b=(-2)+0+4=2$이므로
$a+b=3+2=5$

다른 풀이

$x^3-2x^2-8x=0$의 모든 실근의 합은 삼차방정식의 근과 계수의 관계에 의하여
$-\dfrac{-2}{1}=2$ $\quad\therefore b=2$
또한, $x^3-2x^2-8x=x(x^2-2x-8)=0$에서 이차방정식
$x^2-2x-8=0$의 판별식을 D라 하면
$\dfrac{D}{4}=(-1)^2-1\cdot(-8)=9>0$

방정식 $f(x)=0$의 다른 한 근은 0이다.

이므로 이차방정식 $x^2-2x-8=0$은 서로 다른 두 실근을 갖는다.

395 답 ⑤

$f(x)=\displaystyle\int (2-\sqrt{x})^3\,dx+\displaystyle\int (2+\sqrt{x})^3\,dx$
$\qquad\ =\displaystyle\int\{(2-\sqrt{x})^3+(2+\sqrt{x})^3\}\,dx$
$\qquad\ =\displaystyle\int\{(8-12\sqrt{x}+6x-x\sqrt{x})+(8+12\sqrt{x}+6x+x\sqrt{x})\}\,dx$
$\qquad\ =\displaystyle\int (16+12x)\,dx$
$\qquad\ =6x^2+16x+C$
이때 $f(0)=-10$이므로 $C=-10$
따라서 $f(x)=6x^2+16x-10$이므로
$f(1)=6+16-10=12$

396 답 ③

$F(x)=\displaystyle\int (1+2x+3x^2+\cdots+10x^9)\,dx$
$\qquad\ =x+x^2+x^3+\cdots+x^{10}+C$
이때 $F(1)=11$이므로
$\underbrace{1+1+1+\cdots+1}_{10개}+C=11$ $\quad\therefore C=1$

따라서 $F(x)=1+x+x^2+x^3+\cdots+x^{10}$이므로
$$F(2)=1+2+2^2+2^3+\cdots+2^{10}$$
$$=\frac{1\cdot(2^{11}-1)}{2-1}=2^{11}-1$$

첫째항이 1, 공비가 2인 등비수열의
제1항부터 제11항까지의 합

397 답 ①

$$f(x)=\int\frac{x^2}{x-2}\,dx-\int\frac{4}{x-2}\,dx$$
$$=\int\left(\frac{x^2}{x-2}-\frac{4}{x-2}\right)dx=\int\frac{x^2-4}{x-2}\,dx$$
$$=\int\frac{(x+2)(x-2)}{x-2}\,dx=\int(x+2)\,dx$$
$$=\frac{1}{2}x^2+2x+C$$

이때 함수 $y=f(x)$의 그래프가 원점을 지나므로
$$f(0)=0\qquad\therefore C=0$$

함수 $f(x)$가 이차함수이므로 표준형으로
나타내어 함수 $f(x)$의 최솟값과 그때의
x의 값을 각각 구한다.

$$\therefore f(x)=\frac{1}{2}x^2+2x=\frac{1}{2}(x+2)^2-2$$
따라서 함수 $f(x)$는 $x=-2$에서 최솟값 -2를 가지므로
$$a=-2,\ b=-2$$
$$\therefore a+b=-2+(-2)=-4$$

398 답 ④

$$f(x)=\int f'(x)\,dx$$
$$=\int(6x^2+2x+3a)\,dx$$
$$=2x^3+x^2+3ax+C$$
이때 $f(0)=-3$이므로 $C=-3$
또한, $f(1)=3$이므로
$$2+1+3a-3=3,\ 3a=3\qquad\therefore a=1$$
따라서 $f(x)=2x^3+x^2+3x-3$이므로
$$f(-1)=-2+1-3-3=-7$$

399 답 13

$$f(x)=\int f'(x)\,dx=\int\frac{4x^2-1}{2x-1}\,dx$$
$$=\int\frac{(2x+1)(2x-1)}{2x-1}\,dx$$
$$=\int(2x+1)\,dx$$
$$=x^2+x+C$$
이때 $f(-2)=3$이므로
$$(-2)^2+(-2)+C=3,\ 2+C=3\qquad\therefore C=1$$
따라서 $f(x)=x^2+x+1$이므로
$$f(3)=3^2+3+1=13$$

400 답 ③

곡선 $y=f(x)$ 위의 점 $(x,\ f(x))$에서의 접선의 기울기가 $4x-3$이
므로
$$f'(x)=4x-3$$
$$\therefore f(x)=\int f'(x)\,dx$$
$$=\int(4x-3)\,dx$$
$$=2x^2-3x+C$$

이때 곡선 $y=f(x)$가 점 $(0,\ 3)$을 지나므로
$$f(0)=3\qquad\therefore C=3$$
따라서 $f(x)=2x^2-3x+3$이므로
$$f(2)=2\cdot2^2-3\cdot2+3=5$$

401 답 3

$f'(x)=12x^2-6x$이므로
$$f(x)=\int f'(x)\,dx$$
$$=\int(12x^2-6x)\,dx$$
$$=4x^3-3x^2+C_1$$
이때 $f(1)=1$이므로
$$4-3+C_1=1\qquad\therefore C_1=0$$
즉, $f(x)=4x^3-3x^2$이므로
$$F(x)=\int f(x)\,dx$$
$$=\int(4x^3-3x^2)\,dx$$
$$=x^4-x^3+C_2$$
이때 $F(0)=3$이므로 $C_2=3$

나머지정리에 의하여 $F(1)$의 값과 같다.

$$\therefore F(x)=x^4-x^3+3$$
따라서 $F(x)$를 $x-1$로 나누었을 때의 나머지는
$$F(1)=1-1+3=3$$

402 답 ②

주어진 식의 양변을 x에 대하여 미분하면
$$f(x)=f(x)+xf'(x)-12x^3+6x^2$$
$$xf'(x)=12x^3-6x^2$$
$$\therefore f'(x)=12x^2-6x$$
$$\therefore f(x)=\int(12x^2-6x)\,dx\quad\rightarrow\int f'(x)\,dx$$
$$=4x^3-3x^2+C$$
이때 $f(1)=1$이므로
$$4-3+C=1\qquad\therefore C=0$$
따라서 $f(x)=4x^3-3x^2$이므로
$$f(2)=4\cdot2^3-3\cdot2^2=20$$

403 답 ②

주어진 식의 양변을 x에 대하여 미분하면
$$xf'(x)=f(x)+xf'(x)-4x+3$$
$$\therefore f(x)=4x-3$$
$$\therefore g(x)=\int(4x-3)\,dx\quad\rightarrow\int f(x)\,dx$$
$$=2x^2-3x+C$$
이때 $g(0)=0$이므로 $C=0$
따라서 $g(x)=2x^2-3x$이므로
$$g(1)=2-3=-1$$

404 답 -4

주어진 식의 양변을 x에 대하여 미분하면
$$f(x)-\{f(x)+xf'(x)\}=6x^2+8x$$
$$xf'(x)=-6x^2-8x$$
$$\therefore f'(x)=-6x-8$$

$$\therefore f(x)=\int (-6x-8)\,dx \,\longrightarrow\, \int f'(x)\,dx$$
$$=-3x^2-8x+C$$
이때 $f(0)=1$이므로 $C=1$
$$\therefore f(x)=-3x^2-8x+1$$
한편, 주어진 식의 양변에 $x=1$을 대입하면
$$F(1)-f(1)=2+4$$
이고, $f(1)=-3-8+1=-10$이므로
$$F(1)=6+f(1)=6+(-10)=-4$$

405 답 ②

$$\lim_{h\to 0}\frac{f(2+h)-f(2-h)}{h}$$
$$=\lim_{h\to 0}\left\{\frac{f(2+h)-f(2)}{h}-\frac{f(2-h)-f(2)}{h}\right\}$$
$$=\lim_{h\to 0}\frac{f(2+h)-f(2)}{h}+\lim_{h\to 0}\frac{f(2-h)-f(2)}{-h}$$
$$=f'(2)+f'(2)$$
$$=2f'(2) \quad\cdots\cdots\ \bigcirc$$
이때 $f(x)=\int (x^2-5x+2)\,dx$의 양변을 x에 대하여 미분하면
$$f'(x)=x^2-5x+2$$
$$\therefore f'(2)=2^2-5\cdot 2+2=-4$$
따라서 구하는 식의 값은 $\bigcirc$에서
$$2f'(2)=2\cdot(-4)=-8$$

406 답 1

$$\lim_{x\to 1}\frac{f(x)-f(1)}{2x-2}=\lim_{x\to 1}\frac{f(x)-f(1)}{x-1}\cdot\frac{1}{2}$$
$$=\frac{1}{2}f'(1) \quad\cdots\cdots\ \bigcirc$$
이때 $f(x)=\int (4x^3-4x+2)\,dx$의 양변을 x에 대하여 미분하면
$$f'(x)=4x^3-4x+2$$
$$\therefore f'(1)=4-4+2=2$$
따라서 구하는 식의 값은 $\bigcirc$에서
$$\frac{1}{2}f'(1)=\frac{1}{2}\cdot 2=1$$

407 답 ③

$$\lim_{h\to 0}\frac{f(x+2h)-f(x-h)}{4h}$$
$$=\lim_{h\to 0}\left\{\frac{f(x+2h)-f(x)}{4h}-\frac{f(x-h)-f(x)}{4h}\right\}$$
$$=\lim_{h\to 0}\frac{f(x+2h)-f(x)}{2h}\cdot\frac{1}{2}+\lim_{h\to 0}\frac{f(x-h)-f(x)}{-h}\cdot\frac{1}{4}$$
$$=\frac{1}{2}f'(x)+\frac{1}{4}f'(x)=\frac{3}{4}f'(x)$$
$$=3x^3-\frac{9}{2}x^2-3x+6$$
에서 $f'(x)=4x^3-6x^2-4x+8$
$$\therefore f(x)=\int (4x^3-6x^2-4x+8)\,dx \,\longrightarrow\, \int f'(x)\,dx$$
$$=x^4-2x^3-2x^2+8x+C$$
이때 $f(0)=8$이므로 $C=8$
$$\therefore f(x)=x^4-2x^3-2x^2+8x+8$$
따라서 $f(x)$를 $x-1$로 나누었을 때의 나머지는
$$f(1)=1-2-2+8+8=13 \,\longrightarrow\, \text{나머지정리에 의하여 } f(1)\text{의 값과 같다.}$$

408 답 ④

One Point Lesson

함수 $f(x)$의 부정적분 중 하나를 $F(x)$라 하면 $F'(x)=f(x)$를 만족시킨다.

ㄱ. $(3x)'=3$이므로 $\int 3\,dx=3x+C$ (참)

ㄴ. $(2x^2)'=4x$이므로 $4x$의 부정적분은 $2x^2+C$이다.
이때 항상 $C=0$이라 할 수 없다. (거짓)

ㄷ. $(x^2-x+2)'=2x-1$이므로 x^2-x+2는 $2x-1$의 부정적분 중 하나이다. (참)

따라서 옳은 것은 ㄱ, ㄷ이다.

409 답 ①

One Point Lesson

함수 $g(x)$에 대하여 $\dfrac{d}{dx}\left\{\int g(x)\,dx\right\}=g(x)$임을 이용하여 함수 $f(x)$를 구한다.

$$f(x)=\frac{d}{dx}\left\{\int (x^2+ax+5)\,dx\right\}$$
$$=x^2+ax+5$$
이므로
$$f'(x)=2x+a$$
이때 $f'(2)=-2$이므로
$$2\cdot 2+a=-2,\ 4+a=-2 \quad\therefore a=-6$$
$$\therefore f(x)=x^2-6x+5=(x-3)^2-4$$
따라서 함수 $f(x)$는 $x=3$에서 최솟값 -4를 가지므로
$$b=3,\ c=-4$$
$$\therefore a+b+c=(-6)+3+(-4)=-7$$

410 답 9

One Point Lesson

주어진 식을 적분하여 $f(x)+g(x)$, $f(x)g(x)$를 각각 구한 후 주어진 조건을 이용하여 두 함수 $f(x)$, $g(x)$를 각각 구한다.

$\dfrac{d}{dx}\{f(x)+g(x)\}=5$의 양변을 x에 대하여 적분하면
$$\int\left[\frac{d}{dx}\{f(x)+g(x)\}\right]dx=\int 5\,dx$$
$$\therefore f(x)+g(x)=5x+C_1$$
이때 $f(0)=-1$, $g(0)=2$이므로
$f(0)+g(0)=C_1$에서
$$C_1=-1+2=1$$
$$\therefore f(x)+g(x)=5x+1 \quad\cdots\cdots\ \bigcirc$$
또한, $\dfrac{d}{dx}\{f(x)g(x)\}=12x+1$의 양변을 x에 대하여 적분하면
$$\int\left[\frac{d}{dx}\{f(x)g(x)\}\right]dx=\int (12x+1)\,dx$$
$$\therefore f(x)g(x)=6x^2+x+C_2$$
이때 $f(0)g(0)=C_2$에서
$$C_2=(-1)\cdot 2=-2$$
$$\therefore f(x)g(x)=6x^2+x-2=(3x+2)(2x-1) \quad\cdots\cdots\ \bigcirc$$
$\bigcirc$, $\bigcirc$에서
$$f(x)=2x-1,\ g(x)=3x+2\ (\because f(0)=-1,\ g(0)=2)$$

따라서 $f(1)=2-1=1$, $g(2)=3\cdot2+2=8$이므로
$f(1)+g(2)=1+8=9$

다른 풀이

두 함수 $f(x)$, $g(x)$가 모두 일차함수이고
$f(0)=-1$, $g(0)=2$이므로
$f(x)=ax-1$ (a는 상수), $g(x)=bx+2$ (b는 상수)라 할 수 있다.
이때

$$\frac{d}{dx}\{f(x)+g(x)\}=\frac{d}{dx}(ax-1+bx+2)$$
$$=a+b=5 \quad\cdots\cdots\ \bigcirc$$

$$\frac{d}{dx}\{f(x)g(x)\}=\frac{d}{dx}\{(ax-1)(bx+2)\}$$
$$=\frac{d}{dx}\{abx^2+(2a-b)x-2\}$$
$$=2abx+(2a-b)=12x+1$$

$\therefore ab=6$, $2a-b=1 \quad\cdots\cdots\ \bigcirc$
$\bigcirc$, $\bigcirc$을 연립하여 풀면
$a=2$, $b=3$
$\therefore f(x)=2x-1$, $g(x)=3x+2$

411 답 ①

곡선 $y=f(x)$ 위의 점 $(1,\ 0)$에서의 접선의 기울기는 $f'(1)$의 값과 같다.

곡선 $y=f(x)$ 위의 점 $(x,\ y)$에서의 접선의 기울기가 $4x+k$이므로
$f'(x)=4x+k$

$$\therefore f(x)=\int f'(x)\,dx$$
$$=\int(4x+k)\,dx$$
$$=2x^2+kx+C$$

이때 곡선 $y=f(x)$가 점 $(1,\ 0)$을 지나므로
$f(1)=0$
$2+k+C=0 \quad \therefore C=-k-2$
$\therefore f(x)=2x^2+kx-k-2$
방정식 $f(x)=0$이 중근을 가지므로 이차방정식 $f(x)=0$, 즉
$2x^2+kx-k-2=0$의 판별식을 D라 하면
$D=k^2-4\cdot2\cdot(-k-2)=0$
$k^2+8k+16=0$, $(k+4)^2=0$
$\therefore k=-4$

412 답 ②

함수 $f(x)$가 모든 실수 x에 대하여 연속이므로 $f(x)$는 $x=-1$에서도 연속이다.

$$f'(x)=\begin{cases}4x-4 & (x>-1)\\ k & (x<-1)\end{cases}$$ 이므로

$$f(x)=\begin{cases}2x^2-4x+C_1 & (x\geq-1)\\ kx+C_2 & (x<-1)\end{cases}$$

이때 $f(1)=3$이므로
$2-4+C_1=3 \quad \therefore C_1=5$
또한, $f(-2)=1$이므로
$-2k+C_2=1 \quad\cdots\cdots\ \bigcirc$
한편, 함수 $f(x)$는 $x=-1$에서 연속이므로

$$\lim_{x\to-1+}f(x)=\lim_{x\to-1-}f(x)$$에서
$$\lim_{x\to-1+}(2x^2-4x+5)=\lim_{x\to-1-}(kx+C_2)$$
$11=-k+C_2 \quad\cdots\cdots\ \bigcirc$
$\bigcirc$, $\bigcirc$을 연립하여 풀면
$k=10$, $C_2=21$

따라서 $f(x)=\begin{cases}2x^2-4x+5 & (x\geq-1)\\ 10x+21 & (x<-1)\end{cases}$ 이므로

$f(-3)=10\cdot(-3)+21=-9$

413 답 8

주어진 그래프를 이용하여 삼차함수 $f'(x)$의 식을 세우고, 함수 $f(x)$의 증가와 감소를 표로 나타내어 본다.

$f(x)$가 사차함수이므로 $f'(x)$는 삼차함수이고
$f'(0)=f'(1)=f'(2)=0$이므로
$f'(x)=ax(x-1)(x-2)$
$=ax^3-3ax^2+2ax\ (a>0)$
라 하면

$$f(x)=\int(ax^3-3ax^2+2ax)\,dx \quad\rightarrow\int f'(x)\,dx$$
$$=\frac{a}{4}x^4-ax^3+ax^2+C$$

함수 $f(x)$의 증가와 감소를 표로 나타내면 다음과 같다.

x	$\cdots$	0	$\cdots$	1	$\cdots$	2	$\cdots$
$f'(x)$	$-$	0	$+$	0	$-$	0	$+$
$f(x)$	↘	극소	↗	극대	↘	극소	↗

즉, 함수 $f(x)$는 $x=1$에서 극대이고, $x=0$ 또는 $x=2$에서 극소이다.
이때 함수 $f(x)$의 극댓값이 5이므로
$$f(1)=\frac{a}{4}-a+a+C=5$$
$$\therefore \frac{a}{4}+C=5 \quad\cdots\cdots\ \bigcirc$$
또한, $f(-1)=13$이므로
$$\frac{a}{4}+a+a+C=13$$
$$\therefore \frac{9}{4}a+C=13 \quad\cdots\cdots\ \bigcirc$$
$\bigcirc$, $\bigcirc$을 연립하여 풀면
$a=4$, $C=4$
$\therefore f(x)=x^4-4x^3+4x^2+4$
따라서 함수 $f(x)$의 모든 극솟값의 합은
$f(0)+f(2)=4+(2^4-4\cdot2^3+4\cdot2^2+4)=8$

414 답 ④

$$\frac{d}{dx}\left\{\int(x-1)f'(x)\,dx\right\}=(x-1)f'(x)$$ 가 성립한다.

주어진 식의 양변을 x에 대하여 미분하면
$(x-1)f'(x)=-2x^2+6x-4$
$=-2(x-1)(x-2)$
$\therefore f'(x)=-2x+4$
$$\therefore f(x)=\int(-2x+4)\,dx=-x^2+4x+C$$

이때 $f(1)=-3$이므로
$-1+4+C=-3$ $\therefore C=-6$
$\therefore f(x)=-x^2+4x-6=-(x-2)^2-2$
따라서 함수 $f(x)$의 최댓값은 $x=2$일 때 -2이다.

415 답 ①

등식에서 우변과 좌변의 차수는 같음을 이용하여 함수 $f(x)$의 차수를 구한다.

주어진 식의 양변을 x에 대하여 미분하면
$2f'(x)+xf(x)=2x^3+x^2+5x+2$ $\cdots\cdots$ ㉠
함수 $f(x)$의 차수를 n이라 하면 좌변의 차수는 $n+1$이고 우변의 차수는 3이므로
      $f'(x)$의 차수는 $n-1$이고,
      $xf(x)$의 차수는 $n+1$이다.
$n+1=3$ $\therefore n=2$
즉, 함수 $f(x)$는 이차함수이다.
이때 $f(x)=ax^2+bx+c$ (a, b, c는 상수)라 하면
$f'(x)=2ax+b$이므로 ㉠에서
$2(2ax+b)+x(ax^2+bx+c)=2x^3+x^2+5x+2$
$ax^3+bx^2+(4a+c)x+2b=2x^3+x^2+5x+2$
위의 등식이 모든 실수 x에 대하여 성립하므로
$a=2$, $b=1$, $4a+c=5$, $2b=2$
$\therefore a=2$, $b=1$, $c=-3$
따라서 $f(x)=2x^2+x-3$이므로
$f(1)=2+1-3=0$

416 답 ①

주어진 식의 양변에 $x=0$, $y=0$을 대입하여 $f(0)$의 값을 구한 후, 이 값과 도함수의 정의를 이용하여 $f'(x)$를 구한다.

$f(x+y)=f(x)+f(y)+xy$의 양변에 $x=0$, $y=0$을 대입하면
$f(0+0)=f(0)+f(0)$ $\therefore f(0)=0$
$f'(x)=\lim_{h\to 0}\dfrac{f(x+h)-f(x)}{h}$
$\quad\ =\lim_{h\to 0}\dfrac{f(x)+f(h)+xh-f(x)}{h}$
$\quad\ =\lim_{h\to 0}\dfrac{f(h)}{h}+x=\lim_{h\to 0}\dfrac{f(0+h)-f(0)}{h}+x$
$\quad\ =f'(0)+x$
$\quad\ =4+x$
$\therefore f(x)=\int(x+4)\,dx=\dfrac{1}{2}x^2+4x+C$
이때 $f(0)=0$이므로 $C=0$
따라서 $f(x)=\dfrac{1}{2}x^2+4x$이므로
$f(-1)=\dfrac{1}{2}\cdot(-1)^2+4\cdot(-1)=-\dfrac{7}{2}$

417 답 3

함수 $g(x)$는 $x=0$에서 극값을 가지므로
$g'(0)=0$
❶

$g(x)=xF(x)$에서
      $F'(x)=f(x)$이다.
$g'(x)=F(x)+xF'(x)=F(x)+xf(x)$
이때 $g'(0)=0$에서 $F(0)=0$
❷

$F(x)=\int(3x^2+2x+1)\,dx=x^3+x^2+x+C$
이고, $F(0)=0$이므로 $C=0$ $\int f(x)\,dx$
따라서 $F(x)=x^3+x^2+x$이므로
$F(1)=1+1+1=3$
❸

채점 기준	배점 비율
❶ 함수 $g(x)$가 $x=0$에서 극값을 가짐을 이용하여 $g'(0)$의 값 구하기	30%
❷ 곱의 미분법을 이용하여 $F(0)$의 값 구하기	20%
❸ $F(x)$를 구한 후, $F(1)$의 값 구하기	50%

418 답 59

$f(x)=\int\left\{\dfrac{d}{dx}\left(\int 3x^2\,dx\right)\right\}dx=\int 3x^2\,dx=x^3+C$
❶

이때 $f(2)=3$이므로
$f(2)=2^3+C=3$ $\therefore C=-5$
따라서 $f(x)=x^3-5$이므로
$f(4)=4^3-5=59$
❷

채점 기준	배점 비율
❶ 부정적분과 미분의 관계를 이용하여 주어진 식을 간단히 하기	60%
❷ $f(x)$를 구한 후, $f(4)$의 값 구하기	40%

08 정적분

419 답 (1) $\dfrac{7}{3}$ (2) 8 (3) 12 (4) 33

(1) $\displaystyle\int_1^2 x^2\,dx=\left[\dfrac{1}{3}x^3\right]_1^2=\dfrac{1}{3}\cdot 2^3-\dfrac{1}{3}=\dfrac{7}{3}$

(2) $\displaystyle\int_2^3 (4t-2)\,dt=\left[2t^2-2t\right]_2^3$
$=(2\cdot 3^2-2\cdot 3)-(2\cdot 2^2-2\cdot 2)$
$=8$

(3) $\displaystyle\int_{-1}^2 (x^2+6x)\,dx=\left[\dfrac{1}{3}x^3+3x^2\right]_{-1}^2$
$=\left(\dfrac{1}{3}\cdot 2^3+3\cdot 2^2\right)-\left(-\dfrac{1}{3}+3\right)$
$=12$

(4) $\displaystyle\int_{-3}^0 (3s^2+2)\,ds=\left[s^3+2s\right]_{-3}^0$
$=0-\{(-3)^3+2\cdot(-3)\}$
$=33$

420 답 (1) 0 (2) 0

(1) 적분 구간의 위끝과 아래끝이 서로 같으므로
$$\int_1^1 (x^3-2x+3)\,dx=0$$

(2) $\displaystyle\int_1^2 (x^3-1)\,dx+\int_2^1 (x^3-1)\,dx$
$=\displaystyle\int_1^2 (x^3-1)\,dx-\int_1^2 (x^3-1)\,dx$
$=0$

421 답 (1) 10 (2) 9 (3) 24 (4) 1

(1) $\displaystyle\int_1^2 4(x+1)\,dx=4\int_1^2 (x+1)\,dx$
$=4\left[\dfrac{1}{2}x^2+x\right]_1^2$
$=4\left\{\left(\dfrac{1}{2}\cdot 2^2+2\right)-\left(\dfrac{1}{2}+1\right)\right\}$
$=4\cdot\dfrac{5}{2}=10$

(2) $\displaystyle\int_{-1}^2 (3x+1)\,dx+\int_{-1}^2 (3x-1)\,dx$ → 적분 구간이 서로 같다.
$=\displaystyle\int_{-1}^2 \{(3x+1)+(3x-1)\}\,dx$
$=\displaystyle\int_{-1}^2 6x\,dx=\left[3x^2\right]_{-1}^2$
$=3\cdot 2^2-3=9$

(3) $\displaystyle\int_0^3 (x^2+x+1)\,dx+\int_0^3 (x^2-x+1)\,dx$ → 적분 구간이 서로 같다.
$=\displaystyle\int_0^3 \{(x^2+x+1)+(x^2-x+1)\}\,dx$
$=\displaystyle\int_0^3 (2x^2+2)\,dx=\left[\dfrac{2}{3}x^3+2x\right]_0^3$
$=\left(\dfrac{2}{3}\cdot 3^3+2\cdot 3\right)-0=24$

(4) $\displaystyle\int_0^1 (6x-1)\,dx-\int_0^1 (4x-1)\,dx=\int_0^1 \{(6x-1)-(4x-1)\}\,dx$ → 적분 구간이 서로 같다.
$=\displaystyle\int_0^1 2x\,dx=\left[x^2\right]_0^1$
$=1-0=1$

422 답 (1) 0 (2) 2

(1) $\displaystyle\int_0^1 (x-1)\,dx+\int_1^2 (x-1)\,dx=\int_0^2 (x-1)\,dx$ → 피적분함수가 서로 같다.
$=\left[\dfrac{1}{2}x^2-x\right]_0^2$
$=\left(\dfrac{1}{2}\cdot 2^2-2\right)-0=0$

(2) $\displaystyle\int_0^5 (3x^2+1)\,dx+\int_5^1 (3x^2+1)\,dx=\int_0^1 (3x^2+1)\,dx$ → 피적분함수가 서로 같다.
$=\left[x^3+x\right]_0^1$
$=(1+1)-0=2$

423 답 ⑤

적분 구간의 위끝과 아래끝이 서로 같으므로 이 값은 0이다.
$$\int_2^2 (x^2-x)\,dx+\int_1^2 \left(\dfrac{2x^3+2x}{2x-1}-\dfrac{x^2+1}{2x-1}\right)dx$$
$=0+\displaystyle\int_1^2 \dfrac{2x^3+2x-(x^2+1)}{2x-1}\,dx$
$=\displaystyle\int_1^2 \dfrac{(x^2+1)(2x-1)}{2x-1}\,dx$
$=\displaystyle\int_1^2 (x^2+1)\,dx=\left[\dfrac{1}{3}x^3+x\right]_1^2$
$=\dfrac{14}{3}-\dfrac{4}{3}=\dfrac{10}{3}$

424 답 ①

$\displaystyle\int_0^1 (3x^2+2ax)\,dx=\left[x^3+ax^2\right]_0^1$
$=(1+a)-0$
$=1+a$

이때 $f(1)=3+2a$이므로 $\displaystyle\int_0^1 f(x)\,dx=f(1)$에서
$1+a=3+2a$
$\therefore a=-2$

425 답 3

$\displaystyle\int_1^a (3x^2-7x+1)\,dx=\left[x^3-\dfrac{7}{2}x^2+x\right]_1^a$
$=\left(a^3-\dfrac{7}{2}a^2+a\right)-\left(-\dfrac{3}{2}\right)$
$=a^3-\dfrac{7}{2}a^2+a+\dfrac{3}{2}$

에서 $a^3-\dfrac{7}{2}a^2+a+\dfrac{3}{2}=0$
$2a^3-7a^2+2a+3=0$
$(2a+1)(a-1)(a-3)=0$
$\therefore a=3$ ($\because a>1$)

$a=1$일 때 식을 만족시키므로 조립제법을 이용하면 다음과 같다.

1	2	−7	2	3
		2	−5	−3
3	2	−5	−3	0
		6	3	
	2	1	0	

$\therefore (2a+1)(a-1)(a-3)=0$

426 답 3

$$\int_0^2 (3x^2-4nx+5)\,dx = \left[x^3-2nx^2+5x\right]_0^2$$
$$= (18-8n)-0$$
$$= 18-8n$$

에서 $18-8n>0$

$8n<18$ $\quad\therefore n<\dfrac{9}{4}$

따라서 부등식을 만족시키는 자연수 n의 값은 1, 2이므로 그 합은
$1+2=3$

427 답 ③

$$\int_0^1 (x-1)^3\,dx - \int_1^0 (x+1)^3\,dx$$
$$= \int_0^1 (x-1)^3\,dx + \int_0^1 (x+1)^3\,dx \quad\longrightarrow \text{적분 구간이 서로 같다.}$$
$$= \int_0^1 \{(x-1)^3+(x+1)^3\}\,dx$$
$$= \int_0^1 \{(x^3-3x^2+3x-1)+(x^3+3x^2+3x+1)\}\,dx$$
$$= \int_0^1 (2x^3+6x)\,dx$$
$$= \left[\frac{1}{2}x^4+3x^2\right]_0^1$$
$$= \frac{7}{2}-0 = \frac{7}{2}$$

🔔 선생님 톡톡

각각의 항을 적분하여 계산해도 되지만 정적분의 성질을 이용하여 하나의 정적분으로 나타내면 계산이 쉽고 간단해지는 경우가 많아.

428 답 ④

$\longrightarrow \text{적분 구간이 서로 같다.}$

$$\int_1^2 \frac{x^4}{x^2+1}\,dx - \int_1^2 \frac{1}{x^2+1}\,dx = \int_1^2 \left(\frac{x^4}{x^2+1}-\frac{1}{x^2+1}\right)dx$$
$$= \int_1^2 \frac{x^4-1}{x^2+1}\,dx$$
$$= \int_1^2 \frac{(x^2+1)(x^2-1)}{x^2+1}\,dx$$
$$= \int_1^2 (x^2-1)\,dx$$
$$= \left[\frac{1}{3}x^3-x\right]_1^2$$
$$= \frac{2}{3}-\left(-\frac{2}{3}\right) = \frac{4}{3}$$

429 답 $\dfrac{3}{4}$

$$\int_{-1}^3 (x-1)(x^2+x+1)\,dx + \int_3^2 (x^3-1)\,dx$$
$$= \int_{-1}^3 (x^3-1)\,dx + \int_3^2 (x^3-1)\,dx \quad\longrightarrow \text{피적분함수가 서로 같다.}$$
$$= \int_{-1}^2 (x^3-1)\,dx$$
$$= \left[\frac{1}{4}x^4-x\right]_{-1}^2$$
$$= 2-\frac{5}{4} = \frac{3}{4}$$

430 답 $\dfrac{14}{3}$

$$\int_{-1}^1 f(x)\,dx + \int_1^2 f(x)\,dx - \int_0^{-1} f(x)\,dx$$
$$= \int_{-1}^1 f(x)\,dx + \int_1^2 f(x)\,dx + \int_0^{-1} f(x)\,dx$$
$$= \int_{-1}^2 f(x)\,dx + \int_0^{-1} f(x)\,dx \quad\longrightarrow \text{피적분함수가 서로 같다.}$$
$$= \int_0^2 f(x)\,dx \quad\longrightarrow \text{피적분함수가 서로 같다.}$$
$$= \int_0^2 (x^2+2x-1)\,dx$$
$$= \left[\frac{1}{3}x^3+x^2-x\right]_0^2$$
$$= \frac{14}{3}-0 = \frac{14}{3}$$

431 답 ③

$$\int_{-1}^4 f(x)\,dx = \int_{-1}^2 f(x)\,dx + \int_2^4 f(x)\,dx \quad\longrightarrow x=2\text{를 기준으로 함수식이 다르다.}$$
$$= \int_{-1}^2 2\,dx + \int_2^4 (3x-4)\,dx$$
$$= \left[2x\right]_{-1}^2 + \left[\frac{3}{2}x^2-4x\right]_2^4$$
$$= \{4-(-2)\}+\{8-(-2)\} = 16$$

432 답 8

$$\int_0^3 f(x)\,dx = \int_0^1 f(x)\,dx + \int_1^3 f(x)\,dx \quad\longrightarrow x=1\text{을 기준으로 함수식이 다르다.}$$
$$= \int_0^1 (4x+2)\,dx + \int_1^3 (-4x+10)\,dx$$
$$= \left[2x^2+2x\right]_0^1 + \left[-2x^2+10x\right]_1^3$$
$$= (4-0)+(12-8) = 8$$

433 답 $\dfrac{1}{6}$

주어진 그래프에서

$$f(x) = \begin{cases} -2x+4 & (x\geq1) \\ x+1 & (x\leq1) \end{cases} \text{이므로}$$

$\longrightarrow \text{두 점 } (1,2),\ (2,0)\text{을 지나는 직선의 방정식}$

$\longrightarrow \text{두 점 } (-1,0),\ (0,1)\text{을 지나는 직선의 방정식}$

$$xf(x) = \begin{cases} -2x^2+4x & (x\geq1) \\ x^2+x & (x\leq1) \end{cases}$$

$$\therefore \int_{-2}^3 xf(x)\,dx = \int_{-2}^1 xf(x)\,dx + \int_1^3 xf(x)\,dx \quad\longrightarrow x=1\text{을 기준으로 함수식이 다르다.}$$
$$= \int_{-2}^1 (x^2+x)\,dx + \int_1^3 (-2x^2+4x)\,dx$$
$$= \left[\frac{1}{3}x^3+\frac{1}{2}x^2\right]_{-2}^1 + \left[-\frac{2}{3}x^3+2x^2\right]_1^3$$
$$= \left\{\frac{5}{6}-\left(-\frac{2}{3}\right)\right\}+\left(0-\frac{4}{3}\right) = \frac{1}{6}$$

434 답 $\dfrac{37}{3}$

함수 $f(x)$가 실수 전체의 집합에서 연속이므로 $x=2$에서 연속이다.
즉,
$$\lim_{x\to2+} f(x) = \lim_{x\to2-} f(x) = f(2)\text{에서}$$
$$\lim_{x\to2+} (x^2+ax+5) = \lim_{x\to2-} (2x+1) = 2^2+2a+5$$
$$2a+9=5 \quad\therefore a=-2$$

따라서 $f(x)=\begin{cases} x^2-2x+5 & (x\geq2) \\ 2x+1 & (x\leq2) \end{cases}$ 이므로

$$\int_{-1}^{3} f(x)\,dx=\underline{\int_{-1}^{2} f(x)\,dx+\int_{2}^{3} f(x)\,dx}$$
→ $x=2$를 기준으로 함수식이 다르다.

$$=\int_{-1}^{2} (2x+1)\,dx+\int_{2}^{3} (x^2-2x+5)\,dx$$

$$=\Big[x^2+x\Big]_{-1}^{2}+\Big[\frac{1}{3}x^3-x^2+5x\Big]_{2}^{3}$$

$$=(6-0)+\left(15-\frac{26}{3}\right)=\frac{37}{3}$$

435 답 1

$|x^2-x|=\begin{cases} x^2-x & (x\leq0 \text{ 또는 } x\geq1) \\ -x^2+x & (0\leq x\leq1) \end{cases}$ 이므로
$x=1$을 기준으로 함수식이 다르다.

$$\int_{0}^{2} |x^2-x|\,dx=\underline{\int_{0}^{1} (-x^2+x)\,dx+\int_{1}^{2} (x^2-x)\,dx}$$

$$=\Big[-\frac{1}{3}x^3+\frac{1}{2}x^2\Big]_{0}^{1}+\Big[\frac{1}{3}x^3-\frac{1}{2}x^2\Big]_{1}^{2}$$

$$=\left(\frac{1}{6}-0\right)+\left\{\frac{2}{3}-\left(-\frac{1}{6}\right)\right\}=1$$

436 답 ②

$x^2+|x|+1=\begin{cases} x^2+x+1 & (x\geq0) \\ x^2-x+1 & (x\leq0) \end{cases}$ 이므로

$$\int_{-1}^{2} (x^2+|x|+1)\,dx$$

$$=\underline{\int_{-1}^{0} (x^2-x+1)\,dx+\int_{0}^{2} (x^2+x+1)\,dx}$$
→ $x=0$을 기준으로 함수식이 다르다.

$$=\Big[\frac{1}{3}x^3-\frac{1}{2}x^2+x\Big]_{-1}^{0}+\Big[\frac{1}{3}x^3+\frac{1}{2}x^2+x\Big]_{0}^{2}$$

$$=\left\{0-\left(-\frac{11}{6}\right)\right\}+\left(\frac{20}{3}-0\right)=\frac{17}{2}$$

437 답 ②

$|x^2-x-2|=\begin{cases} x^2-x-2 & (x\leq-1 \text{ 또는 } x\geq2) \\ -x^2+x+2 & (-1\leq x\leq2) \end{cases}$ 이므로

$$\int_{0}^{k} |x^2-x-2|\,dx$$

$$=\underline{\int_{0}^{2} (-x^2+x+2)\,dx+\int_{2}^{k} (x^2-x-2)\,dx}$$
→ $k>2$이므로 $x=2$를 기준으로 함수식이 다르다.

$$=\Big[-\frac{1}{3}x^3+\frac{1}{2}x^2+2x\Big]_{0}^{2}+\Big[\frac{1}{3}x^3-\frac{1}{2}x^2-2x\Big]_{2}^{k}$$

$$=\left(\frac{10}{3}-0\right)+\left\{\left(\frac{1}{3}k^3-\frac{1}{2}k^2-2k\right)-\left(-\frac{10}{3}\right)\right\}$$

$$=\frac{1}{3}k^3-\frac{1}{2}k^2-2k+\frac{20}{3}$$

에서 $\frac{1}{3}k^3-\frac{1}{2}k^2-2k+\frac{20}{3}=12$, $2k^3-3k^2-12k-32=0$

$(k-4)(2k^2+5k+8)=0$ ∴ $k=4$ $(\because 2k^2+5k+8>0)$

• 본문 099쪽

Concept 개념 체크

438 답 (1) x^2+x (2) $4-x^2$ (3) $4x+2$

(1) $\dfrac{d}{dx}\displaystyle\int_{0}^{x} (t^2+t)\,dt=x^2+x$

(2) $\dfrac{d}{dx}\displaystyle\int_{-1}^{x} (4-t^2)\,dt=4-x^2$

(3) $\dfrac{d}{dx}\displaystyle\int_{x}^{x+1} 2t^2\,dt=2(x+1)^2-2x^2$

$$=4x+2$$

439 답 (1) $f(x)=2x-4$ (2) $f(x)=4x^3-6x^2-8x-1$

(1) 주어진 등식의 양변을 x에 대하여 미분하면

$\quad f(x)=2x-4$

(2) 주어진 등식의 양변을 x에 대하여 미분하면

$\quad f(x)=4x^3-6x^2-8x-1$

440 답 (1) 6 (2) 1

(1) $f'(x)=\dfrac{d}{dx}\displaystyle\int_{3}^{x} (t+5)\,dt$

$$=x+5$$

$\quad∴ f'(1)=1+5=6$

(2) $f'(x)=\dfrac{d}{dx}\displaystyle\int_{x}^{x+1} (s-1)^2\,ds$

$$=\{(x+1)-1\}^2-(x-1)^2$$

$$=2x-1$$

$\quad∴ f'(1)=2-1=1$

441 답 (1) -2 (2) 9 (3) 2 (4) 6

(1) $f(x)=x^3+3x-2$라 하고, 함수 $f(x)$의 한 부정적분을 $F(x)$라 하면

$$\lim_{x\to0}\frac{1}{x}\int_{0}^{x} (t^3+3t-2)\,dt=\lim_{x\to0}\frac{1}{x}\int_{0}^{x} f(t)\,dt$$

$$=\lim_{x\to0}\frac{1}{x}\{F(x)-F(0)\}$$

$$=\lim_{x\to0}\frac{F(x)-F(0)}{x}$$

$$=F'(0)=f(0)$$

$$=-2$$

(2) $f(x)=4x+5$라 하고, 함수 $f(x)$의 한 부정적분을 $F(x)$라 하면

$$\lim_{x\to0}\frac{1}{x}\int_{1}^{x+1} (4s+5)\,ds=\lim_{x\to0}\frac{1}{x}\int_{1}^{x+1} f(s)\,ds$$

$$=\lim_{x\to0}\frac{F(x+1)-F(1)}{(x+1)-1}$$

$$=F'(1)=f(1)$$

$$=4+5=9$$

(3) $f(x)=x^2+1$이라 하고, 함수 $f(x)$의 한 부정적분을 $F(x)$라 하면

$$\lim_{x\to1}\frac{1}{x-1}\int_{1}^{x} (t^2+1)\,dt=\lim_{x\to1}\frac{1}{x-1}\int_{1}^{x} f(t)\,dt$$

$$=\lim_{x\to1}\frac{F(x)-F(1)}{x-1}$$

$$=F'(1)=f(1)$$

$$=1+1=2$$

(4) $f(x)=5-x$라 하고, 함수 $f(x)$의 한 부정적분을 $F(x)$라 하면

$$\lim_{x\to-1}\frac{1}{x+1}\int_{-1}^{x} (5-s)\,ds=\lim_{x\to-1}\frac{1}{x+1}\int_{-1}^{x} f(s)\,ds$$

$$=\lim_{x\to-1}\frac{F(x)-F(-1)}{x-(-1)}$$

$$=F'(-1)=f(-1)$$

$$=5-(-1)=6$$

442 답 4

$\int_0^2 f(t)\,dt = k$ (k는 상수)라 하면

$f(x) = 3x^2 + k$이므로

$\int_0^2 f(t)\,dt = \int_0^2 (3t^2 + k)\,dt = \left[t^3 + kt \right]_0^2$

$= (8 + 2k) - 0 = 8 + 2k$

에서 $8 + 2k = k$ ∴ $k = -8$

따라서 $f(x) = 3x^2 - 8$이므로

$f(2) = 3 \cdot 2^2 - 8 = 4$

🔔 선생님 **톡톡**

$\int_a^b f(t)\,dt$가 상수일 때에만 k로 치환하는 것을 잊지마!

$\int_a^x f(t)\,dt$ 또는 $\int_a^b xf(t)\,dt$인 경우는 상수가 아니므로 치환하면 안 돼.

443 답 6

$\int_1^2 f(t)\,dt = k$ (k는 상수)라 하면

$f(x) = 2x + xk = (2+k)x$이므로

$\int_1^2 f(t)\,dt = \int_1^2 (2+k)t\,dt = \left[\frac{2+k}{2} t^2 \right]_1^2$

$= (4 + 2k) - \frac{2+k}{2} = \frac{6+3k}{2}$

에서 $\frac{6+3k}{2} = k$, $6 + 3k = 2k$

∴ $k = -6$

따라서 $f(x) = -4x$이므로

$\int_{-2}^1 f(x)\,dx = \int_{-2}^1 (-4x)\,dx = \left[-2x^2 \right]_{-2}^1$

$= -2 - (-8) = 6$

444 답 ①

$\int_0^2 f(t)\,dt = k$ (k는 상수)라 하면

$f(x) = \frac{9}{16} + 2kx + k^2$이므로

$\int_0^2 f(t)\,dt = \int_0^2 \left(\frac{9}{16} + 2kt + k^2 \right) dt = \left[\frac{9}{16} t + kt^2 + k^2 t \right]_0^2$

$= \left(\frac{9}{8} + 4k + 2k^2 \right) - 0 = 2k^2 + 4k + \frac{9}{8}$

에서 $2k^2 + 4k + \frac{9}{8} = k$, $2k^2 + 3k + \frac{9}{8} = 0$

$2\left(k + \frac{3}{4} \right)^2 = 0$ ∴ $k = -\frac{3}{4}$

따라서 $f(x) = -\frac{3}{2} x + \frac{9}{8}$이므로

$\int_0^4 f(x)\,dx = \int_0^4 \left(-\frac{3}{2} x + \frac{9}{8} \right) dx = \left[-\frac{3}{4} x^2 + \frac{9}{8} x \right]_0^4$

$= -\frac{15}{2} - 0 = -\frac{15}{2}$

445 답 4

주어진 식의 양변에 $x = 1$을 대입하면 →좌변이 0이 된다.

$0 = a + 2 - 3$ ∴ $a = 1$

∴ $\int_1^x f(t)\,dt = x^2 + 2x - 3$

위의 식의 양변을 x에 대하여 미분하면

$f(x) = 2x + 2$

∴ $f(1) = 2 + 2 = 4$

446 답 ④

주어진 식의 양변에 $x = a$를 대입하면 →좌변이 0이 된다.

$0 = a^3 - 2(a+1)a - 3$, $a^3 - 2a^2 - 2a - 3 = 0$

$(a-3)(a^2 + a + 1) = 0$ ∴ $a = 3$ (∵ a는 실수)

∴ $\int_3^x f(t)\,dt = x^3 - 8x - 3$

위의 식의 양변을 x에 대하여 미분하면

$f(x) = 3x^2 - 8$

∴ $f(2) = 3 \cdot 2^2 - 8 = 4$

447 답 ⑤

주어진 식의 양변에 $x = a$를 대입하면 →좌변이 0이 된다.

$0 = a^2 - 2a - 3$

$(a+1)(a-3) = 0$ ∴ $a = 3$ (∵ $a > 0$)

∴ $\int_3^x f(t)\,dt = x^2 - 2x - 3$

위의 식의 양변을 x에 대하여 미분하면

$f(x) = 2x - 2$

∴ $f(a) = f(3) = 2 \cdot 3 - 2 = 4$

🔔 선생님 **톡톡**

이 문제에서 함수 $f(x)$만 구하려고 한다면 상수 a의 값을 구하지 않아도 돼.
주어진 식의 양변을 x에 대하여 미분하면 $f(x) = 2x - 2$임을 알 수 있어.

448 답 18

주어진 식의 양변에 $x = 1$을 대입하면 →좌변이 0이 된다.

$0 = 2 + a + 4$ ∴ $a = -6$

이때 $\int_1^x (x-t)f(t)\,dt = 2x^3 - 6x + 4$에서 →적분 변수가 t이므로 피적분함수를 t에 대한 식으로 나타낸다.

$x \int_1^x f(t)\,dt - \int_1^x tf(t)\,dt = 2x^3 - 6x + 4$

위의 식의 양변을 x에 대하여 미분하면

$\left\{ \int_1^x f(t)\,dt + xf(x) \right\} - xf(x) = 6x^2 - 6$

∴ $\int_1^x f(t)\,dt = 6x^2 - 6$

위의 식의 양변에 $x = 2$를 대입하면

$\int_1^2 f(t)\,dt = 6 \cdot 2^2 - 6 = 18$

→$\int_1^2 f(x)\,dx$의 값과 같다.

449 답 32

주어진 식의 양변에 $x = -1$을 대입하면 →좌변이 0이 된다.

$0 = a - b - 4$ ∴ $a - b = 4$ …… ㉠

이때 $\int_{-1}^x (x-t)f(t)\,dt = ax^2 + bx - 4$에서 →적분 변수가 t이므로 피적분함수를 t에 대한 식으로 나타낸다.

$x \int_{-1}^x f(t)\,dt - \int_{-1}^x tf(t)\,dt = ax^2 + bx - 4$

위의 식의 양변을 x에 대하여 미분하면

$\left\{ \int_{-1}^x f(t)\,dt + xf(x) \right\} - xf(x) = 2ax + b$

$$\therefore \int_{-1}^{x} f(t)\,dt = 2ax + b$$

위의 식의 양변에 $x=-1$을 대입하면 ──▶좌변이 0이 된다.

$$0 = -2a + b \qquad \therefore 2a - b = 0 \quad \cdots\cdots \text{ⓛ}$$

㉠, ⓛ을 연립하여 풀면

$$a = -4, \ b = -8$$

$$\therefore ab = -4 \cdot (-8) = 32$$

450 답 ③

주어진 식의 양변에 $x=a$를 대입하면 ──▶좌변이 0이 된다.

$$0 = a^3 - a \cdot a^2 - 2a \cdot a + 8$$

$$a^2 = 4 \qquad \therefore a = -2 \text{ 또는 } a = 2 \quad \cdots\cdots \text{㉠}$$

이때 $\int_{a}^{x} (x-t)f(t)\,dt = x^3 - ax^2 - 2ax + 8$에서

적분 변수가 t이므로 피적분함수를 t에 대한 식으로 나타낸다.

$$x\int_{a}^{x} f(t)\,dt - \int_{a}^{x} tf(t)\,dt = x^3 - ax^2 - 2ax + 8$$

위의 식의 양변을 x에 대하여 미분하면

$$\left\{ \int_{a}^{x} f(t)\,dt + xf(x) \right\} - xf(x) = 3x^2 - 2ax - 2a$$

$$\therefore \int_{a}^{x} f(t)\,dt = 3x^2 - 2ax - 2a$$

위의 식의 양변에 $x=a$를 대입하면 ──▶좌변이 0이 된다.

$$0 = 3a^2 - 2a \cdot a - 2a$$

$$a(a-2) = 0 \qquad \therefore a = 0 \text{ 또는 } a = 2 \quad \cdots\cdots \text{ⓛ}$$

㉠, ⓛ에서 $a = 2$

$$\therefore \int_{2}^{x} f(t)\,dt = 3x^2 - 4x - 4$$

위의 식의 양변을 x에 대하여 미분하면

$$f(x) = 6x - 4$$

$$\therefore f(a) = f(2) = 6 \cdot 2 - 4 = 8$$

451 답 32

$f(x) = \int_{0}^{x} 3(t+1)(t-3)\,dt$에서

양변을 x에 대하여 미분한다.

$$f'(x) = 3(x+1)(x-3)$$

$f'(x) = 0$에서 $x = -1$ 또는 $x = 3$

함수 $f(x)$의 증가와 감소를 표로 나타내면 다음과 같다.

x	$\cdots$	-1	$\cdots$	3	$\cdots$
$f'(x)$	$+$	0	$-$	0	$+$
$f(x)$	↗	극대	↘	극소	↗

즉, 함수 $f(x)$의 극댓값은

$$f(-1) = \int_{0}^{-1} 3(t+1)(t-3)\,dt$$

$$= \int_{0}^{-1} (3t^2 - 6t - 9)\,dt$$

$$= \left[t^3 - 3t^2 - 9t \right]_{0}^{-1}$$

$$= 5 - 0 = 5$$

또한, 함수 $f(x)$의 극솟값은

$$f(3) = \int_{0}^{3} 3(t+1)(t-3)\,dt$$

$$= \int_{0}^{3} (3t^2 - 6t - 9)\,dt$$

$$= \left[t^3 - 3t^2 - 9t \right]_{0}^{3}$$

$$= -27 - 0 = -27$$

따라서 $M=5$, $m=-27$이므로

$$M - m = 5 - (-27) = 32$$

452 답 6

$f(x) = \int_{a}^{x} (3t^2 - 3)\,dt$에서

양변을 x에 대하여 미분한다.

$$f'(x) = 3x^2 - 3 = 3(x+1)(x-1)$$

$f'(x) = 0$에서 $x = -1$ 또는 $x = 1$

함수 $f(x)$의 증가와 감소를 표로 나타내면 다음과 같다.

x	$\cdots$	-1	$\cdots$	1	$\cdots$
$f'(x)$	$+$	0	$-$	0	$+$
$f(x)$	↗	극대	↘	극소	↗

함수 $f(x)$의 극솟값이 0이므로

$$f(1) = \int_{a}^{1} (3t^2 - 3)\,dt = \left[t^3 - 3t \right]_{a}^{1}$$

$$= -2 - (a^3 - 3a) = 0$$

에서 $a^3 - 3a + 2 = 0$

$$(a+2)(a-1)^2 = 0 \qquad \therefore a = -2 \ (\because a \neq 1)$$

따라서 함수 $f(x)$의 극댓값은

$$f(-1) = \int_{-2}^{-1} (3t^2 - 3)\,dt$$

$$= \left[t^3 - 3t \right]_{-2}^{-1}$$

$$= 2 - (-2) = 4$$

$$\therefore M = 4$$

$$\therefore M - a = 4 - (-2) = 6$$

453 답 ③

$f(x) = \int_{-1}^{x} (-t^2 - t + a)\,dt$에서

양변을 x에 대하여 미분한다.

$$f'(x) = -x^2 - x + a$$

한편, 함수 $f(x)$가 $x=-3$에서 극솟값을 가지므로

$f'(-3) = 0$에서 $-(-3)^2 - (-3) + a = 0$

$$a - 6 = 0 \qquad \therefore a = 6$$

즉, $f'(x) = -x^2 - x + 6 = -(x+3)(x-2)$이므로

$f'(x) = 0$에서 $x = -3$ 또는 $x = 2$

함수 $f(x)$의 증가와 감소를 표로 나타내면 다음과 같다.

x	$\cdots$	-3	$\cdots$	2	$\cdots$
$f'(x)$	$-$	0	$+$	0	$-$
$f(x)$	↘	극소	↗	극대	↘

따라서 함수 $f(x)$의 극댓값은

$$f(2) = \int_{-1}^{2} (-t^2 - t + 6)\,dt$$

$$= \left[-\frac{1}{3}t^3 - \frac{1}{2}t^2 + 6t \right]_{-1}^{2}$$

$$= \frac{22}{3} - \left(-\frac{37}{6} \right) = \frac{27}{2}$$

$$\therefore M = \frac{27}{2}$$

$$\therefore 2M + a = 2 \cdot \frac{27}{2} + 6 = 33$$

454 답 ②

주어진 식의 양변을 x에 대하여 미분하면

$$f'(x) = x^2 - 2x - 8 = (x+2)(x-4)$$

$f'(x) = 0$에서 $x = 4 \ (\because 0 \leq x \leq 5)$

$0 \leq x \leq 5$에서 함수 $f(x)$의 증가와 감소를 표로 나타내면 다음과 같다.

x	0	$\cdots$	4	$\cdots$	5
$f'(x)$		$-$	0	$+$	
$f(x)$		$\searrow$	극소	$\nearrow$	

따라서 함수 $f(x)$는 $x=4$일 때 극소이면서 최소이므로 최솟값은

$$f(4)=\int_1^4 (t^2-2t-8)\,dt$$

$$=\left[\frac{1}{3}t^3-t^2-8t\right]_1^4$$

$$=-\frac{80}{3}-\left(-\frac{26}{3}\right)=-18$$

455 답 ①

주어진 식의 양변을 x에 대하여 미분하면

$$f'(x)=\{(x+1)^3-7(x+1)\}-(x^3-7x)$$
$$=3x^2+3x-6$$
$$=3(x+2)(x-1)$$

$f'(x)=0$에서 $x=1$ ($\because 0 \leq x \leq 2$)

$0 \leq x \leq 2$에서 함수 $f(x)$의 증가와 감소를 표로 나타내면 다음과 같다.

x	0	$\cdots$	1	$\cdots$	2
$f'(x)$		$-$	0	$+$	
$f(x)$		$\searrow$	극소	$\nearrow$	

$$\therefore f(0)=\int_0^1 (t^3-7t)\,dt$$
$$=\left[\frac{1}{4}t^4-\frac{7}{2}t^2\right]_0^1$$
$$=-\frac{13}{4}-0=-\frac{13}{4}$$
$$f(1)=\int_1^2 (t^3-7t)\,dt$$
$$=\left[\frac{1}{4}t^4-\frac{7}{2}t^2\right]_1^2$$
$$=-10-\left(-\frac{13}{4}\right)=-\frac{27}{4}$$
$$f(2)=\int_2^3 (t^3-7t)\,dt$$
$$=\left[\frac{1}{4}t^4-\frac{7}{2}t^2\right]_2^3$$
$$=-\frac{45}{4}-(-10)=-\frac{5}{4}$$

따라서 $0 \leq x \leq 2$에서 함수 $f(x)$는 $x=2$일 때 최댓값 $-\dfrac{5}{4}$를 가지고,

$x=1$일 때 최솟값 $-\dfrac{27}{4}$을 가지므로 최댓값과 최솟값의 합은

$$-\frac{5}{4}+\left(-\frac{27}{4}\right)=-8$$

456 답 ②

$$\int_0^x (t-x)f(t)\,dt=-x^4+8x^3-3x^2 \text{에서}$$

$$\int_0^x tf(t)\,dt-x\int_0^x f(t)\,dt=-x^4+8x^3-3x^2$$

위의 식의 양변을 x에 대하여 미분하면

$$xf(x)-\left\{\int_0^x f(t)\,dt+xf(x)\right\}=-4x^3+24x^2-6x$$

$$\therefore \int_0^x f(t)\,dt=4x^3-24x^2+6x$$

위의 식의 양변을 x에 대하여 미분하면

$$f(x)=12x^2-48x+6=12(x-2)^2-42$$

따라서 함수 $f(x)$의 최솟값은 $x=2$일 때 -42이다.

457 답 ②

$f(x)=3x^2-5$, $F'(x)=f(x)$라 하면

$$\lim_{h \to 0}\frac{1}{h}\int_2^{2+3h}(3x^2-5)\,dx=\lim_{h \to 0}\frac{1}{h}\int_2^{2+3h}f(x)\,dx$$
$$=\lim_{h \to 0}\frac{F(2+3h)-F(2)}{h}$$
$$=\lim_{h \to 0}\frac{F(2+3h)-F(2)}{3h}\cdot 3$$
$$=3F'(2)$$
$$=3f(2)$$
$$=3(3\cdot 2^2-5)=21$$

458 답 20

$f(x)=x^2-3x-3$에서

$$f'(x)=2x-3$$

$$\therefore \lim_{x \to 2}\frac{1}{x-2}\int_4^{x^2}f'(t)\,dt=\lim_{x \to 2}\frac{f(x^2)-f(4)}{x-2}$$
$$=\lim_{x \to 2}\left\{\frac{f(x^2)-f(4)}{(x-2)(x+2)}\cdot(x+2)\right\}$$
$$=\lim_{x \to 2}\left\{\frac{f(x^2)-f(4)}{x^2-4}\cdot(x+2)\right\}$$
$$=4f'(4)$$
$$=4(2\cdot 4-3)=20$$

459 답 -1

$F'(x)=f(x)$라 하면

$$\lim_{h \to 0}\frac{1}{h}\int_{2-2h}^{2+h}f(x)\,dx$$
$$=\lim_{h \to 0}\frac{F(2+h)-F(2-2h)}{h}$$
$$=\lim_{h \to 0}\left\{\frac{F(2+h)-F(2)}{h}-\frac{F(2-2h)-F(2)}{h}\right\}$$
$$=\lim_{h \to 0}\frac{F(2+h)-F(2)}{h}+\lim_{h \to 0}\frac{F(2-2h)-F(2)}{-2h}\cdot 2$$
$$=F'(2)+2F'(2)$$
$$=3F'(2)=3f(2)$$

에서 $3f(2)=6$ $\quad \therefore f(2)=2$

이때 $f(x)=x^2+ax$이므로

$$4+2a=2$$

$$\therefore a=-1$$

460 답 ⑤

$F'(x)=f(x)$라 하면

$$\lim_{x \to 1}\frac{1}{x^3-1}\int_x^1 f(t)\,dt=\lim_{x \to 1}\frac{F(1)-F(x)}{(x-1)(x^2+x+1)}$$
$$=-\lim_{x \to 1}\left\{\frac{F(x)-F(1)}{x-1}\cdot\frac{1}{x^2+x+1}\right\}$$
$$=-\frac{1}{3}F'(1)=-\frac{1}{3}f(1)$$

에서 $-\dfrac{1}{3}f(1)=1$ $\quad \therefore f(1)=-3$

이때 $f(x)=x^3-8x^2+2x+a$이므로

$$1-8+2+a=-3$$

$$\therefore a=2$$

461 답 ②

먼저 주어진 조건을 이용하여 a의 값을 구한다.

$\int_0^1 f(x)\,dx=0$에서

$$\int_0^1 (3x^2+ax)\,dx=\left[x^3+\frac{a}{2}x^2\right]_0^1=\left(1+\frac{a}{2}\right)-0$$

$$=1+\frac{a}{2}=0$$

이므로 $2+a=0$ $\therefore a=-2$

$$\therefore \int_0^1 \{f(x)\}^2\,dx=\int_0^1 (3x^2-2x)^2\,dx$$

$$=\int_0^1 (9x^4-12x^3+4x^2)\,dx$$

$$=\left[\frac{9}{5}x^5-3x^4+\frac{4}{3}x^3\right]_0^1$$

$$=\frac{2}{15}-0=\frac{2}{15}$$

462 답 ②

정적분의 성질을 이용하여 $\int_0^1 f(x)\,dx$, $\int_0^2 f(x)\,dx$의 값을 구한다.

$\int_1^2 f(x)\,dx=\int_0^2 f(x)\,dx$에서

$\int_1^2 f(x)\,dx=\int_0^1 f(x)\,dx+\int_1^2 f(x)\,dx$이므로

$\int_0^1 f(x)\,dx=0$

$\therefore \int_0^1 f(x)\,dx=\int_1^2 f(x)\,dx=\int_0^2 f(x)\,dx=0$

이때 $f(x)=x^2+ax+b$ (a, b는 상수)라 하면

$\int_0^1 f(x)\,dx=0$에서

$$\int_0^1 f(x)\,dx=\left[\frac{1}{3}x^3+\frac{a}{2}x^2+bx\right]_0^1=\left(\frac{1}{3}+\frac{a}{2}+b\right)-0=0$$

$\therefore 3a+6b+2=0$ ······ ㉠

또한, $\int_0^2 f(x)\,dx=0$에서

$$\int_0^2 f(x)\,dx=\left[\frac{1}{3}x^3+\frac{a}{2}x^2+bx\right]_0^2=\left(\frac{8}{3}+2a+2b\right)-0=0$$

$\therefore 3a+3b+4=0$ ······ ㉡

㉠, ㉡을 연립하여 풀면

$a=-2,\ b=\frac{2}{3}$

따라서 $f(x)=x^2-2x+\frac{2}{3}$이므로

$f(1)=1-2+\frac{2}{3}=-\frac{1}{3}$

다른 풀이

$f(x)=x^2+ax+b$ (a, b는 상수)라 하면

$$\int_0^1 f(x)\,dx=\int_0^1 (x^2+ax+b)\,dx$$

$$=\left[\frac{1}{3}x^3+\frac{a}{2}x^2+bx\right]_0^1=\frac{1}{3}+\frac{a}{2}+b$$

$$\int_1^2 f(x)\,dx=\int_1^2 (x^2+ax+b)\,dx$$

$$=\left[\frac{1}{3}x^3+\frac{a}{2}x^2+bx\right]_1^2=\frac{7}{3}+\frac{3}{2}a+b$$

$$\int_0^2 f(x)\,dx=\int_0^2 (x^2+ax+b)\,dx$$

$$=\left[\frac{1}{3}x^3+\frac{a}{2}x^2+bx\right]_0^2=\frac{8}{3}+2a+2b$$

이고, $\int_0^1 f(x)\,dx=\int_1^2 f(x)\,dx=\int_0^2 f(x)\,dx$에서

$\frac{1}{3}+\frac{a}{2}+b=\frac{7}{3}+\frac{3}{2}a+b=\frac{8}{3}+2a+2b$

위의 연립방정식을 풀면

$a=-2,\ b=\frac{2}{3}$

$\therefore f(x)=x^2-2x+\frac{2}{3}$

463 답 ⑤

절댓값 기호 안의 식의 값이 0이 되는 x의 값을 기준으로 범위를 나눈다.

정적분의 정의에 의하여

$$\int_0^2 f'(x)\,dx=\left[f(x)\right]_0^2=f(2)-f(0)$$

이때 $f(0)=0$이므로 $f(2)=\int_0^2 f'(x)\,dx$

$f'(x)=|x^3-1|$에서

$|x^3-1|=\begin{cases} -x^3+1 & (x\le 1) \\ x^3-1 & (x\ge 1) \end{cases}$이므로

$$f(2)=\int_0^2 f'(x)\,dx=\int_0^2 |x^3-1|\,dx$$

$$=\int_0^1 (-x^3+1)\,dx+\int_1^2 (x^3-1)\,dx \longrightarrow \begin{array}{l}x=1\text{을 기준으로}\\ \text{함수식이 다르다.}\end{array}$$

$$=\left[-\frac{1}{4}x^4+x\right]_0^1+\left[\frac{1}{4}x^4-x\right]_1^2$$

$$=\left(\frac{3}{4}-0\right)+\left\{2-\left(-\frac{3}{4}\right)\right\}=\frac{7}{2}$$

464 답 24

적분 변수가 t이므로 피적분함수를 t에 대한 식으로만 나타낸다.

$$f(x)=6x^2+\int_{-1}^2 (2x-1)f(t)\,dt$$

$$=6x^2+(2x-1)\int_{-1}^2 f(t)\,dt$$

이때 $\int_{-1}^2 f(t)\,dt=k$ (k는 상수)라 하면

$f(x)=6x^2+(2x-1)k=6x^2+2kx-k$이므로

$$\int_{-1}^2 f(t)\,dt=\int_{-1}^2 (6t^2+2kt-k)\,dt$$

$$=\left[2t^3+kt^2-kt\right]_{-1}^2$$

$$=(2k+16)-(2k-2)=18$$

에서 $k=18$

따라서 $f(x)=6x^2+36x-18$이므로

$f(1)=6+36-18=24$

465 답 ②

$$\frac{d}{dx}\left\{\int_a^x f(t)\,dt\right\}=f(x),\quad \int_a^x f'(t)\,dt=f(x)-f(a)$$임을 이용한다.

$$\frac{d}{dx}\left\{\int_1^x f(t)\,dt\right\}-\int_1^x \left\{\frac{d}{dt}f(t)\right\}dt=f(x)-\int_1^x f'(t)\,dt$$
$$=f(x)-\left[f(t)\right]_1^x$$
$$=f(x)-\{f(x)-f(1)\}$$
$$=f(1)$$

이때 $f(x)=3x^2-6x+5$이므로
$$f(1)=3-6+5=2$$

466 답 ⑤

적분 구간의 위끝과 아래끝이 서로 같으면 정적분의 값은 0이다.

주어진 식의 양변에 $x=1$을 대입하면
$$2f(1)=4-2+0 \qquad \therefore f(1)=1$$
주어진 식의 양변을 x에 대하여 미분하면
$$2f'(x)=12x^2-2+f'(x)$$
$$\therefore f'(x)=12x^2-2$$
$$\therefore f(x)=\int (12x^2-2)\,dx=4x^3-2x+C$$
이때 $f(1)=1$이므로 → $\int f'(x)\,dx$
$$4-2+C=1 \qquad \therefore C=-1$$
따라서 $f(x)=4x^3-2x-1$이므로
$$\int_0^2 f(x)\,dx=\int_0^2 (4x^3-2x-1)\,dx$$
$$=\left[x^4-x^2-x\right]_0^2$$
$$=10-0=10$$

467 답 ⑤

주어진 식의 양변에 $x=1$을 대입하여 a의 값을 구한다.

주어진 식의 양변에 $x=1$을 대입하면
$$0=1+a+1 \qquad \therefore a=-2$$
이때 $\int_1^x (x-t)f'(t)\,dt=x^4-2x^2+1$에서
$$x\int_1^x f'(t)\,dt-\int_1^x tf'(t)\,dt=x^4-2x^2+1$$
위의 식의 양변을 x에 대하여 미분하면
$$\left\{\int_1^x f'(t)\,dt+xf'(x)\right\}-xf'(x)=4x^3-4x$$
$$\therefore \int_1^x f'(t)\,dt=4x^3-4x \qquad \cdots\cdots ㉠$$
이때 정적분의 정의에 의하여
$$\int_1^x f'(t)\,dt=\left[f(t)\right]_1^x=f(x)-f(1)$$
이므로 ㉠에서
$$f(x)-f(1)=4x^3-4x$$
$$\therefore f(x)=4x^3-4x+f(1)=4x^3-4x+1$$
$$\therefore f(2)=4\cdot 2^3-4\cdot 2+1=25$$

468 답 121

함수 $g(t)$에 대하여 $\int_a^x g(t)\,dt$를 x에 대하여 미분하면 x에 대한 식이 됨을 이용한다.

$$f(x)=\int_0^x (-3t^2+2at+b)\,dt$$에서
$$f'(x)=-3x^2+2ax+b$$
한편, 함수 $f(x)$는 $x=-1$에서 극솟값 -8을 가지므로 → $f(-1)=-8,$ $f'(-1)=0$
$f(-1)=-8$에서
$$\int_0^{-1} (-3t^2+2at+b)\,dt=\left[-t^3+at^2+bt\right]_0^{-1}$$
$$=(1+a-b)-0=-8$$
$$\therefore a-b=-9 \qquad \cdots\cdots ㉠$$
또한, $f'(-1)=0$에서 $-3-2a+b=0$
$$\therefore 2a-b=-3 \qquad \cdots\cdots ㉡$$
㉠, ㉡을 연립하여 풀면
$$a=6,\ b=15$$
$$\therefore f'(x)=-3x^2+12x+15=-3(x+1)(x-5)$$
$f'(x)=0$에서 $x=-1$ 또는 $x=5$
함수 $f(x)$의 증가와 감소를 표로 나타내면 다음과 같다.

x	$\cdots$	-1	$\cdots$	5	$\cdots$
$f'(x)$	$-$	0	$+$	0	$-$
$f(x)$	$\searrow$	극소	$\nearrow$	극대	$\searrow$

따라서 함수 $f(x)$의 극댓값은
$$f(5)=\int_0^5 (-3t^2+12t+15)\,dt=\left[-t^3+6t^2+15t\right]_0^5$$
$$=100-0=100$$
$$\therefore M=100$$
$$\therefore M+a+b=100+6+15=121$$

469 답 ④

주어진 그래프를 이용하여 함수 $f(x)$의 식을 세워 본다.

→ 함수 $y=f(x)$의 그래프는 x축과 두 점 $(1, 0)$, $(3, 0)$에서 만나고 아래로 볼록인 이차함수의 그래프이다.

$f(x)=a(x-1)(x-3)\ (a>0)$라 하면
이때 함수 $y=f(x)$의 그래프가 점 $(0, 6)$을 지나므로
$$f(0)=6에서 \ a\cdot(-1)\cdot(-3)=6 \qquad \therefore a=2$$
$$\therefore f(x)=2(x-1)(x-3)=2x^2-8x+6$$
한편, $g(x)=\int_x^1 f(t)\,dt=-\int_1^x f(t)\,dt$이고
위의 식의 양변을 x에 대하여 미분하면
$$g'(x)=-f(x)=-2(x-1)(x-3)$$
$g'(x)=0$에서 $x=1$ 또는 $x=3$
$1\leq x\leq 4$에서 함수 $g(x)$의 증가와 감소를 표로 나타내면 다음과 같다.

x	1	$\cdots$	3	$\cdots$	4
$g'(x)$	0	$+$	0	$-$	
$g(x)$		$\nearrow$	극대	$\searrow$	

따라서 함수 $g(x)$는 $x=3$에서 극대이면서 최대이므로 최댓값은

→ $g(1)$, $g(4)$의 값을 구하지 않아도 $1\leq x\leq 4$에서 함수 $g(x)$가 극댓값만 가지므로 함수 $g(x)$의 최댓값은 $g(3)$이다.

$$g(3)=\int_3^1 (2t^2-8t+6)\,dt$$
$$=\left[\frac{2}{3}t^3-4t^2+6t\right]_3^1$$
$$=\frac{8}{3}-0=\frac{8}{3}$$

470 답 ④

주어진 식을 k에 대한 식으로 나타낸다.

$$\int_{-1}^{k}(6-2x)\,dx=\Big[6x-x^2\Big]_{-1}^{k}$$
$$=(6k-k^2)-(-7)$$
$$=-(k-3)^2+16$$

즉, $\int_{-1}^{k}(6-2x)\,dx$는 $k=3$에서 최댓값 16을 갖는다.

따라서 $a=3$, $b=16$이므로

$a+b=3+16=19$

471 답 24

함수 $f(x)$의 한 부정적분을 $F(x)$라 하면 $F'(x)=f(x)$임을 이용한다.

$$\lim_{x\to2}\frac{1}{x^2-2x}\int_{2}^{x}(x+t)f(t)\,dt$$
$$=\lim_{x\to2}\frac{1}{x(x-2)}\left\{x\int_{2}^{x}f(t)\,dt+\int_{2}^{x}tf(t)\,dt\right\}$$

이때 $f(x)$, $xf(x)$의 한 부정적분을 각각 $F(x)$, $G(x)$라 하면
$F'(x)=f(x)$, $G'(x)=xf(x)$이므로

$$\lim_{x\to2}\frac{x\{F(x)-F(2)\}+\{G(x)-G(2)\}}{x(x-2)}$$
$$=\lim_{x\to2}\frac{F(x)-F(2)}{x-2}+\lim_{x\to2}\left\{\frac{G(x)-G(2)}{x-2}\cdot\frac{1}{x}\right\}$$
$$=F'(2)+\frac{1}{2}G'(2)=f(2)+\frac{1}{2}\cdot2f(2)$$
$$=2f(2)=2(2^2+4\cdot2)=24$$

472 답 $\dfrac{17}{6}$

$$f'(x)=\begin{cases}2 & (x>1)\\2x-1 & (x<1)\end{cases}\text{에서 } f(x)=\begin{cases}2x+C_1 & (x\geq1)\\x^2-x+C_2 & (x<1)\end{cases}$$

❶

이때 $f(0)=1$이므로 $C_2=1$

또한, 함수 $f(x)$가 실수 전체의 집합에서 연속이므로 $x=1$에서도 연속이다. 즉,

$$\lim_{x\to1+}f(x)=\lim_{x\to1-}f(x)$$
$$2+C_1=1-1+1 \qquad \therefore C_1=-1$$

$$\therefore f(x)=\begin{cases}2x-1 & (x\geq1)\\x^2-x+1 & (x<1)\end{cases}$$

❷

$$\therefore \int_{0}^{2}f(x)\,dx=\int_{0}^{1}f(x)\,dx+\int_{1}^{2}f(x)\,dx$$
$$=\int_{0}^{1}(x^2-x+1)\,dx+\int_{1}^{2}(2x-1)\,dx$$
$$=\left[\frac{1}{3}x^3-\frac{1}{2}x^2+x\right]_{0}^{1}+\Big[x^2-x\Big]_{1}^{2}$$
$$=\left(\frac{5}{6}-0\right)+(2-0)=\frac{17}{6}$$

❸

채점 기준	배점 비율
❶ 도함수 $f'(x)$를 구간별로 부정적분하기	30%
❷ 함수 $f(x)$가 실수 전체의 집합에서 연속임을 이용하여 $f(x)$ 구하기	30%
❸ $\int_{0}^{2}f(x)\,dx$의 값 구하기	40%

09 정적분의 활용

473 답 $\dfrac{4}{3}$

곡선 $y=x(2-x)$와 x축의 교점의 x좌표가 $x=0$, $x=2$이므로

$$\int_{0}^{2}|x(2-x)|\,dx=\int_{0}^{2}x(2-x)\,dx$$

→ 닫힌구간 $[0,\,2]$에서 $y=x(2-x)\geq0$이다.

$$=\int_{0}^{2}(2x-x^2)\,dx$$
$$=\left[x^2-\frac{1}{3}x^3\right]_{0}^{2}$$
$$=\frac{4}{3}-0=\frac{4}{3}$$

474 답 4

곡선 $y=3x^3-6x^2$과 x축의 교점의 x좌표는 $3x^3-6x^2=0$에서
$3x^2(x-2)=0 \qquad \therefore x=0$ 또는 $x=2$

따라서 구하는 도형의 넓이는

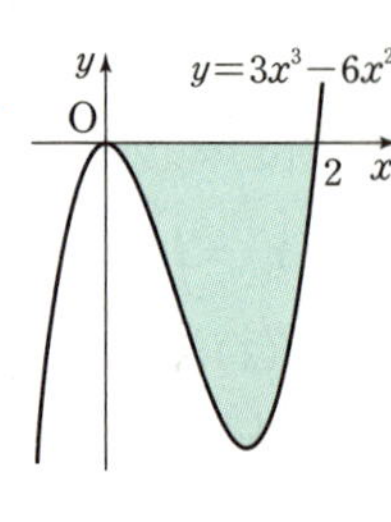

→ 닫힌구간 $[0,\,2]$에서 $y=3x^3-6x^2\leq0$이다.

$$\int_{0}^{2}|3x^3-6x^2|\,dx=\int_{0}^{2}\{-(3x^3-6x^2)\}\,dx$$
$$=\int_{0}^{2}(-3x^3+6x^2)\,dx$$
$$=\left[-\frac{3}{4}x^4+2x^3\right]_{0}^{2}$$
$$=4-0=4$$

475 답 $\dfrac{7}{3}$

$$\int_{0}^{1}|(x+1)^2|\,dx=\int_{0}^{1}(x+1)^2\,dx$$

→ 닫힌구간 $[0,\,1]$에서 $y=(x+1)^2\geq0$이다.

$$=\int_{0}^{1}(x^2+2x+1)\,dx$$
$$=\left[\frac{1}{3}x^3+x^2+x\right]_{0}^{1}$$
$$=\frac{7}{3}-0=\frac{7}{3}$$

476 답 4

→ 닫힌구간 $[-1,\,1]$에서 $y=3x^2+1\geq0$이다.

$$\int_{-1}^{1}|3x^2+1|\,dx=\int_{-1}^{1}(3x^2+1)\,dx$$
$$=\Big[x^3+x\Big]_{-1}^{1}$$
$$=2-(-2)=4$$

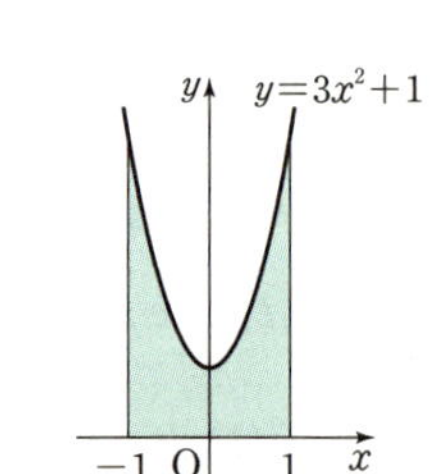

함수 $y=3x^2+1$의 그래프가 y축에 대하여 대칭인 것이 보이니?

이런 경우 $\int_{-1}^{1}(3x^2+1)\,dx=2\int_{0}^{1}(3x^2+1)\,dx$로 쉽게 계산할 수 있어.

또한, 개념 ❷의 $f(-x)=f(x)$를 만족시키는 함수의 정적분에서 배우는 원리를 적용할 수도 있어.

477 답 (1) $\dfrac{52}{5}$ (2) 0 (3) 24

(1) $f(x)=x^4-3x^2+6$이라 하면 $f(-x)=f(x)$이므로

$f(-x)=(-x)^4-3\cdot(-x)^2+6$
$=x^4-3x^2+6$
$=f(x)$

$$\int_{-1}^{1}(x^4-3x^2+6)\,dx=2\int_{0}^{1}(x^4-3x^2+6)\,dx$$
$$=2\left[\frac{1}{5}x^5-x^3+6x\right]_{0}^{1}$$
$$=2\left(\frac{26}{5}-0\right)=\frac{52}{5}$$

(2) $f(x)=x^5-4x^3-2x$라 하면 $f(-x)=-f(x)$이므로

$f(-x)=(-x)^5-4\cdot(-x)^3-2\cdot(-x)$
$=-(x^5-4x^3-2x)=-f(x)$

$$\int_{-2}^{2}(x^5-4x^3-2x)\,dx=0$$

(3) $\displaystyle\int_{-3}^{3}(x^3+3x^2-4x-5)\,dx=\int_{-3}^{3}(x^3-4x)\,dx+\int_{-3}^{3}(3x^2-5)\,dx$

$f(-x)=-f(x)$를 만족시킨다. $f(-x)=f(x)$를 만족시킨다.

$$=0+2\int_{0}^{3}(3x^2-5)\,dx$$
$$=2\left[x^3-5x\right]_{0}^{3}$$
$$=2(12-0)=24$$

478 답 5

함수 $f(x)$의 주기가 3이므로

$$\int_{0}^{2}f(x)\,dx=\int_{0+3}^{2+3}f(x)\,dx=\int_{3}^{5}f(x)\,dx=5$$

479 답 3

함수 $f(x)$의 주기가 4이다.

함수 $f(x)$가 실수 x에 대하여 $f(x+4)=f(x)$이므로

$$\int_{-2}^{2}f(x)\,dx=\int_{-2+4}^{2+4}f(x)\,dx=\int_{2}^{6}f(x)\,dx=3$$

유형 마스터
Pattern

• 본문 107~108쪽

480 답 ①

곡선 $y=x(x-1)(x-2)$와 x축의 교점의 x좌표는

$x(x-1)(x-2)=0$에서

$x=0$ 또는 $x=1$ 또는 $x=2$

따라서 구하는 도형의 넓이는

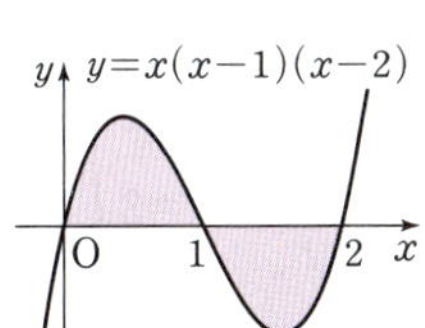

$$\int_{0}^{1}x(x-1)(x-2)\,dx+\int_{1}^{2}\{-x(x-1)(x-2)\}\,dx$$
$$=\int_{0}^{1}(x^3-3x^2+2x)\,dx+\int_{1}^{2}(-x^3+3x^2-2x)\,dx$$
$$=\left[\frac{1}{4}x^4-x^3+x^2\right]_{0}^{1}+\left[-\frac{1}{4}x^4+x^3-x^2\right]_{1}^{2}$$

닫힌구간 $[0,\,1]$에서 $y=x(x-1)(x-2)\geq0$이고, 닫힌구간 $[1,\,2]$에서 $y=x(x-1)(x-2)\leq0$이다.

$$=\left(\frac{1}{4}-0\right)+\left\{0-\left(-\frac{1}{4}\right)\right\}=\frac{1}{2}$$

481 답 6

곡선 $y=ax-x^2$과 x축의 교점의 x좌표는

$ax-x^2=0$에서

$x(a-x)=0$

$\therefore x=0$ 또는 $x=a$

이때 색칠한 도형의 넓이가 36이므로

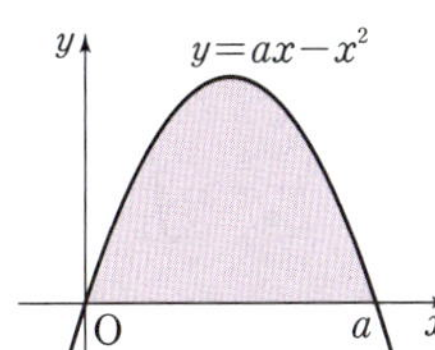

$$\int_{0}^{a}(ax-x^2)\,dx=\left[\frac{a}{2}x^2-\frac{1}{3}x^3\right]_{0}^{a}$$

닫힌구간 $[0,\,a]$에서 $y=ax-x^2\geq0$이다. $=\dfrac{a^3}{6}-0=36$

에서 $a^3=216$

$\therefore a=6$ ($\because a>0$)

482 답 28

곡선 $y=\dfrac{1}{2}x^3-4$와 x축의 교점의 x좌표는

$\dfrac{1}{2}x^3-4=0$에서

$x^3-8=0$

$(x-2)(x^2+2x+4)=0$ $x^2+2x+4=(x+1)^2+3>0$

$\therefore x=2$ ($\because x^2+2x+4>0$)

따라서 구하는 도형의 넓이는

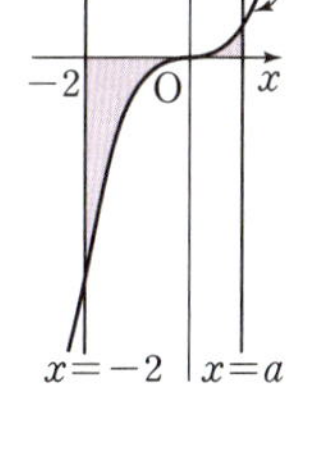

$$\int_{0}^{2}\left\{-\left(\frac{1}{2}x^3-4\right)\right\}dx+\int_{2}^{4}\left(\frac{1}{2}x^3-4\right)dx$$
$$=\int_{0}^{2}\left(-\frac{1}{2}x^3+4\right)dx+\int_{2}^{4}\left(\frac{1}{2}x^3-4\right)dx$$

닫힌구간 $[0,\,2]$에서 $y=\dfrac{1}{2}x^3-4\leq0$이고, 닫힌구간 $[2,\,4]$에서 $y=\dfrac{1}{2}x^3-4\geq0$이다.

$$=\left[-\frac{1}{8}x^4+4x\right]_{0}^{2}+\left[\frac{1}{8}x^4-4x\right]_{2}^{4}$$
$$=(6-0)+\{16-(-6)\}=28$$

483 답 ④

곡선 $y=x^3$과 x축의 교점의 x좌표는

$x=0$

이때 색칠한 도형의 넓이가 5이므로

$$\int_{-2}^{0}(-x^3)\,dx+\int_{0}^{a}x^3\,dx$$

닫힌구간 $[-2,\,0]$에서 $y=x^3\leq0$이고, 닫힌구간 $[0,\,a]$에서 $y=x^3\geq0$이다.

$$=\left[-\frac{1}{4}x^4\right]_{-2}^{0}+\left[\frac{1}{4}x^4\right]_{0}^{a}$$
$$=\{0-(-4)\}+\left(\frac{1}{4}a^4-0\right)$$
$$=4+\frac{1}{4}a^4$$
$$=5$$

에서 $a^4=4$

$\therefore a=\sqrt{2}$ ($\because a>0$)

484 답 3

$S_1=S_2$이므로 $\displaystyle\int_{0}^{3}(x^2-a)\,dx=0$

즉,

$$\int_{0}^{3}(x^2-a)\,dx=\left[\frac{1}{3}x^3-ax\right]_{0}^{3}=(9-3a)-0=0$$

에서 $3a=9$

$\therefore a=3$

485 답 ④

곡선 $y=x^3-(a+1)x^2+ax$와 x축의 교점의 x좌표는

$x^3-(a+1)x^2+ax=0$에서

$x(x-1)(x-a)=0$

$\therefore x=0$ 또는 $x=1$ 또는 $x=a$

오른쪽 그림에서 곡선과 x축으로 둘러싸인 두 도형의 넓이가 서로 같으므로

$$\int_{0}^{a}\{x^3-(a+1)x^2+ax\}\,dx=0$$

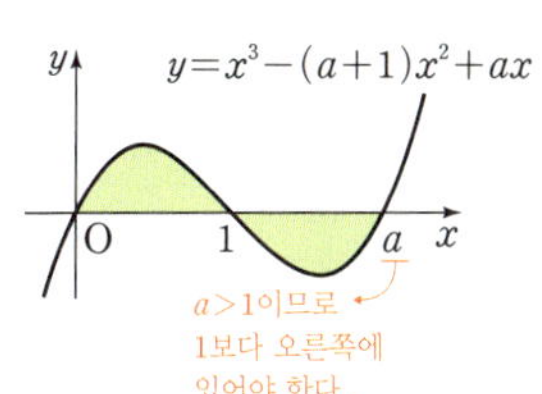

$a>1$이므로 1보다 오른쪽에 있어야 한다.

즉,
$$\int_0^a \{x^3-(a+1)x^2+ax\}\,dx=\left[\frac{1}{4}x^4-\frac{a+1}{3}x^3+\frac{a}{2}x^2\right]_0^a$$
$$=\frac{1}{12}a^3(2-a)-0=0$$

에서 $\dfrac{1}{12}a^3(2-a)=0$

$\therefore a=2\ (\because a>1)$

486　답 $\dfrac{8}{3}$

$y=x^2-4x+k=(x-2)^2+k-4$이므로 곡선 $y=x^2-4x+k$가 직선 $x=2$에 대하여 대칭이고, $B=2A$이므로 오른쪽 그림에서 빗금친 도형의 넓이는 $\dfrac{1}{2}B=A$이다.

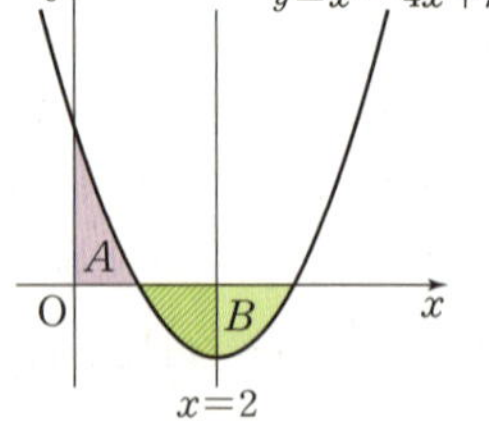

즉, 곡선 $y=x^2-4x+k$와 x축, y축 및 직선 $x=2$로 둘러싸인 두 도형의 넓이가 같으므로
$$\int_0^2 (x^2-4x+k)\,dx=0$$
따라서
$$\int_0^2 (x^2-4x+k)\,dx=\left[\frac{1}{3}x^3-2x^2+kx\right]_0^2$$
$$=\left(2k-\frac{16}{3}\right)-0=0$$

에서 $2k=\dfrac{16}{3}$　$\therefore k=\dfrac{8}{3}$

487　답 $\dfrac{4}{5}$

$$\underline{\int_{-2}^1 f(x)\,dx+\int_1^2 f(x)\,dx=\int_{-2}^2 f(x)\,dx}$$
└ 피적분함수가 서로 같다.　피적분함수가 짝수 차수의 항 x^4,
$-6x^2$과 상수항 5로 이루어져 있다.
$$=\int_{-2}^2 (x^4-6x^2+5)\,dx$$
$$=2\int_0^2 (x^4-6x^2+5)\,dx$$
$$=2\left[\frac{1}{5}x^5-2x^3+5x\right]_0^2$$
$$=2\left(\frac{2}{5}-0\right)=\frac{4}{5}$$

488　답 ①

$$\int_{-2}^3 x(x-1)(x+1)(x^2+2)\,dx-\int_2^3 x(x-1)(x+1)(x^2+2)\,dx$$
$$=\int_{-2}^3 x(x-1)(x+1)(x^2+2)\,dx+\int_3^2 x(x-1)(x+1)(x^2+2)\,dx$$
└ 피적분함수가 서로 같다.
$$=\int_{-2}^2 x(x-1)(x+1)(x^2+2)\,dx$$
$$=\int_{-2}^2 (x^5+x^3-2x)\,dx$$
└ 피적분함수가 홀수 차수의 항으로만 이루어져 있다.
$$=0$$

489　답 2

피적분함수가 짝수 차수의 항 $3x^2$과 상수항 -4로 이루어져 있다.
$$\int_{-a}^a (3x^2-4)\,dx=2\int_0^a (3x^2-4)\,dx=2\left[x^3-4x\right]_0^a$$
$$=2\{(a^3-4a)-0\}=0$$
에서 $a^3-4a=0$
$a(a+2)(a-2)=0$　$\therefore a=2\ (\because a>0)$

490　답 12

조건 (가)의 $\displaystyle\int_{-1}^4 f(x)\,dx=15$에서
$$\int_{-1}^4 f(x)\,dx=\int_{-1}^2 f(x)\,dx+\int_2^4 f(x)\,dx$$
$$=3+\int_2^4 f(x)\,dx$$
$$=15$$
이므로 $\displaystyle\int_2^4 f(x)\,dx=12$
$$\therefore \int_{-2}^4 f(x)\,dx=\underline{\int_{-2}^2 f(x)\,dx}+\underline{\int_2^4 f(x)\,dx}=0+12=12$$
조건 (나)에서 $f(-x)=-f(x)$이므로

491　답 24

조건 (나)에서 $f(x+3)=f(x)$이므로　<span style="color:orange">$\int_0^3 f(x)\,dx=\int_{0+3n}^{3+3n} f(x)\,dx$
$$\underline{\int_{-3}^0 f(x)\,dx=\int_0^3 f(x)\,dx=\int_3^6 f(x)\,dx=\cdots=\int_{12}^{15} f(x)\,dx=4}$$
$$\therefore \int_{-3}^{15} f(x)\,dx=\int_{-3}^0 f(x)\,dx+\int_0^3 f(x)\,dx+\int_3^6 f(x)\,dx$$
$$+\int_6^9 f(x)\,dx+\int_9^{12} f(x)\,dx+\int_{12}^{15} f(x)\,dx$$
$$=6\int_0^3 f(x)\,dx$$
$$=6\cdot4=24$$

492　답 ④

$f(x+2)=f(x)$이므로　<span style="color:orange">$\int_0^2 f(x)\,dx=\int_{0+2n}^{2+2n} f(x)\,dx$
$$\cdots=\int_0^2 f(x)\,dx=\int_2^4 f(x)\,dx=\int_4^6 f(x)\,dx=\cdots$$
이고,
$$\int_1^7 f(x)\,dx=\int_1^{1+6} f(x)\,dx=\int_0^{0+6} f(x)\,dx=\int_0^6 f(x)\,dx$$
$2\cdot3$
이므로
$$\int_1^7 f(x)\,dx=\int_0^6 f(x)\,dx$$
$$=\int_0^2 f(x)\,dx+\int_2^4 f(x)\,dx+\int_4^6 f(x)\,dx$$
$$=3\int_0^2 f(x)\,dx$$
$$=3\int_0^2 (2x-x^2)\,dx$$
$$=3\left[x^2-\frac{1}{3}x^3\right]_0^2$$
$$=3\left(\frac{4}{3}-0\right)=4$$

다른 풀이　$\int_0^1 f(x)\,dx=\int_{0+2\cdot3}^{1+2\cdot3} f(x)\,dx=\int_6^7 f(x)\,dx$
$\displaystyle\underline{\int_0^1 f(x)\,dx=\int_6^7 f(x)\,dx}$이므로
$$\int_1^7 f(x)\,dx=\int_1^2 f(x)\,dx+\int_2^4 f(x)\,dx+\int_4^6 f(x)\,dx+\int_6^7 f(x)\,dx$$
$$=\int_1^2 f(x)\,dx+\int_0^2 f(x)\,dx+\int_0^2 f(x)\,dx+\int_0^1 f(x)\,dx$$
$$=\underline{\int_1^2 f(x)\,dx+\int_0^1 f(x)\,dx}+2\int_0^2 f(x)\,dx$$
$$=3\int_0^2 f(x)\,dx$$　$\int_0^2 f(x)\,dx$

493 답 16

$$\int_{-1}^{3} f(x)\,dx=6 \text{에서} \int_{5}^{9} f(x)\,dx=6 \text{이고,}$$

$$\int_{-1}^{3} f(x)\,dx=\int_{-2}^{2} f(x)\,dx$$

$$=\int_{-2}^{0} f(x)\,dx+\int_{0}^{2} f(x)\,dx$$

$$=2\int_{-2}^{0} f(x)\,dx=6$$

$$\therefore \int_{-2}^{0} f(x)\,dx=3$$

$$\therefore \int_{-2}^{9} f(x)\,dx=\int_{-2}^{0} f(x)\,dx+\int_{0}^{5} f(x)\,dx+\int_{5}^{9} f(x)\,dx$$

$$=3+7+6=16$$

494 답 $\dfrac{4}{3}$

곡선 $y=-x^2+3x$와 직선 $y=x$의 교점의 x좌표가 $x=0$, $x=2$이므로

$$\int_{0}^{2} \{(-x^2+3x)-x\}\,dx=\int_{0}^{2}(-x^2+2x)\,dx=\left[-\frac{1}{3}x^3+x^2\right]_{0}^{2}$$

$$=\frac{4}{3}-0=\frac{4}{3}$$

닫힌구간 $[0, 2]$에서 곡선 $y=-x^2+3x$가 직선 $y=x$보다 위에 있다.

495 답 $\dfrac{32}{3}$

곡선 $y=x^2-3$과 직선 $y=-2x$의 교점의 x좌표는

$x^2-3=-2x$에서

$x^2+2x-3=0$, $(x+3)(x-1)=0$

$\therefore x=-3$ 또는 $x=1$

따라서 구하는 도형의 넓이는

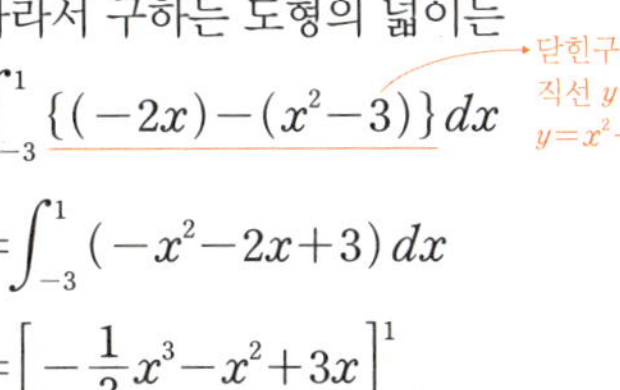

$$\int_{-3}^{1}\{(-2x)-(x^2-3)\}\,dx$$

$$=\int_{-3}^{1}(-x^2-2x+3)\,dx$$

$$=\left[-\frac{1}{3}x^3-x^2+3x\right]_{-3}^{1}$$

$$=\frac{5}{3}-(-9)=\frac{32}{3}$$

닫힌구간 $[-3, 1]$에서 직선 $y=-2x$가 곡선 $y=x^2-3$보다 위에 있다.

496 답 $\dfrac{64}{3}$

두 곡선 $y=-x^2+4$, $y=x^2-4$의 교점의 x좌표가 $x=-2$, $x=2$이므로

$$\int_{-2}^{2}\{(-x^2+4)-(x^2-4)\}\,dx=\int_{-2}^{2}(-2x^2+8)\,dx$$

$$=\left[-\frac{2}{3}x^3+8x\right]_{-2}^{2}$$

$$=\frac{32}{3}-\left(-\frac{32}{3}\right)=\frac{64}{3}$$

닫힌구간 $[-2, 2]$에서 곡선 $y=-x^2+4$가 곡선 $y=x^2-4$보다 위에 있다.

497 답 $\dfrac{16}{3}$

두 곡선 $y=\dfrac{1}{2}x^2+2$, $y=x^2$의 교점의 x좌표는

$\dfrac{1}{2}x^2+2=x^2$에서

$x^2-4=0$, $(x+2)(x-2)=0$

$\therefore x=-2$ 또는 $x=2$

따라서 구하는 도형의 넓이는

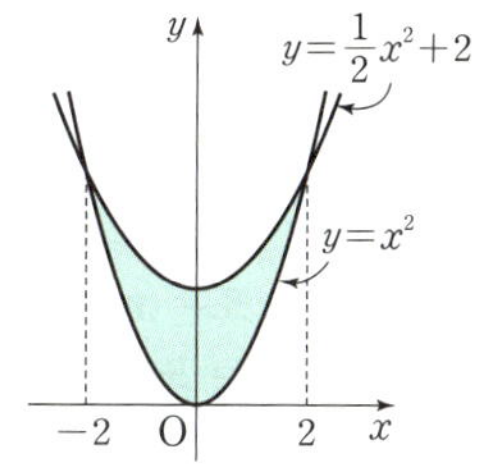

$$\int_{-2}^{2}\left\{\left(\frac{1}{2}x^2+2\right)-x^2\right\}\,dx=\int_{-2}^{2}\left(-\frac{1}{2}x^2+2\right)\,dx$$

$$=\left[-\frac{1}{6}x^3+2x\right]_{-2}^{2}$$

$$=\frac{8}{3}-\left(-\frac{8}{3}\right)=\frac{16}{3}$$

닫힌구간 $[-2, 2]$에서 곡선 $y=\dfrac{1}{2}x^2+2$가 곡선 $y=x^2$보다 위에 있다.

498 답 $\dfrac{7}{3}$

$$\int_{1}^{2}\{2x^2-(x^2+2x-3)\}\,dx=\int_{1}^{2}(x^2-2x+3)\,dx$$

$$=\left[\frac{1}{3}x^3-x^2+3x\right]_{1}^{2}$$

$$=\frac{14}{3}-\frac{7}{3}=\frac{7}{3}$$

닫힌구간 $[1, 2]$에서 곡선 $y=2x^2$이 곡선 $y=x^2+2x-3$보다 위에 있다.

499 답 $\dfrac{1}{2}$

오른쪽 그림과 같이 두 곡선 $y=f(x)$, $y=g(x)$는 직선 $y=x$에 대하여 대칭이므로 두 곡선으로 둘러싸인 도형의 넓이는 곡선 $y=f(x)$와 직선 $y=x$로 둘러싸인 도형의 넓이의 2배이다.

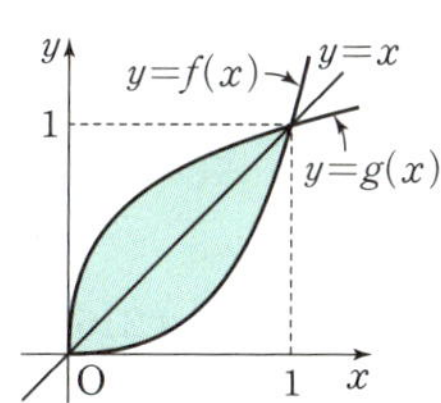

곡선 $y=f(x)$와 직선 $y=x$의 교점의 x좌표는 $x^3=x$에서 $x^3-x=0$

$x(x^2-1)=0$, $x(x+1)(x-1)=0$

$\therefore x=0$ 또는 $x=1$ ($\because x\geq0$)

따라서 구하는 넓이를 S라 하면

$$S=2\int_{0}^{1}(x-x^3)\,dx=2\left[\frac{1}{2}x^2-\frac{1}{4}x^4\right]_{0}^{1}=2\cdot\frac{1}{4}=\frac{1}{2}$$

500 답 ④

곡선 $y=x^3-x^2$과 직선 $y=x-1$의 교점의 x좌표는

$x^3-x^2=x-1$에서

$x^3-x^2-x+1=0$

$(x+1)(x-1)^2=0$

$\therefore x=-1$ 또는 $x=1$

따라서 구하는 도형의 넓이는

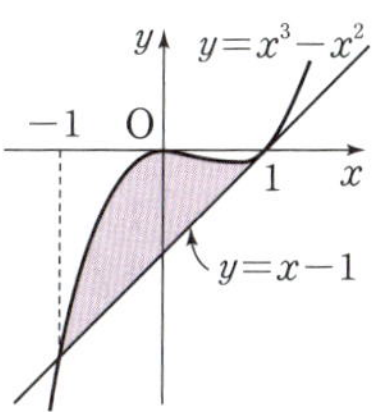

$$\int_{-1}^{1}\{(x^3-x^2)-(x-1)\}\,dx=\int_{-1}^{1}(x^3-x^2-x+1)\,dx$$

$$=\left[\frac{1}{4}x^4-\frac{1}{3}x^3-\frac{1}{2}x^2+x\right]_{-1}^{1}$$

$$=\frac{5}{12}-\left(-\frac{11}{12}\right)=\frac{4}{3}$$

닫힌구간 $[-1, 1]$에서 곡선 $y=x^3-x^2$이 직선 $y=x-1$보다 위에 있다.

501 답 ④

곡선 $y=x^3-3x$와 직선 $y=x$의 교점의
x좌표는
$x^3-3x=x$에서
$x^3-4x=0$
$x(x+2)(x-2)=0$
$\therefore x=-2$ 또는 $x=0$ 또는 $x=2$
따라서 구하는 도형의 넓이는

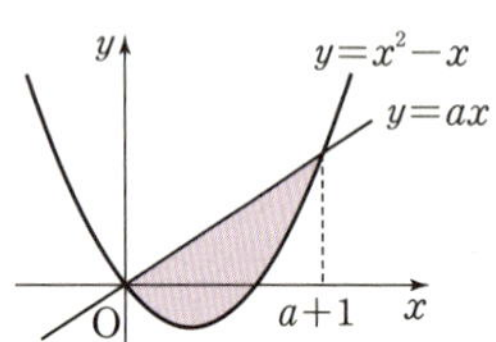

$$\int_{-2}^{0}\{(x^3-3x)-x\}\,dx+\int_{0}^{2}\{x-(x^3-3x)\}\,dx$$

닫힌구간 $[-2,\,0]$에서 곡선 $y=x^3-3x$가
직선 $y=x$보다 위에 있다.

닫힌구간 $[0,\,2]$에서 직선 $y=x$가
곡선 $y=x^3-3x$ 보다 위에 있다.

$$=\int_{-2}^{0}(x^3-4x)\,dx+\int_{0}^{2}(-x^3+4x)\,dx$$

$$=\left[\frac{1}{4}x^4-2x^2\right]_{-2}^{0}+\left[-\frac{1}{4}x^4+2x^2\right]_{0}^{2}$$

$$=\{0-(-4)\}+(4-0)=8$$

502 답 ②

곡선 $y=x^2-x$와 직선 $y=ax$의 교점의
x좌표는
$x^2-x=ax$에서
$x^2-(a+1)x=0$
$x\{x-(a+1)\}=0$
$\therefore x=0$ 또는 $x=a+1$
이때 색칠한 도형의 넓이가 36이므로

$$\int_{0}^{a+1}\{ax-(x^2-x)\}\,dx=\int_{0}^{a+1}\{(a+1)x-x^2\}\,dx$$

닫힌구간 $[0,\,a+1]$
에서 직선 $y=ax$가
곡선 $y=x^2-x$보다
위에 있다.

$$=\left[\frac{a+1}{2}x^2-\frac{1}{3}x^3\right]_{0}^{a+1}$$

$$=\frac{(a+1)^3}{6}-0=36$$

에서 $(a+1)^3=216$
$a+1=6$ $\therefore a=5$

503 답 ②

두 곡선 $y=x^3+x^2-x$, $y=x^2$의 교점의
x좌표는
$x^3+x^2-x=x^2$에서
$x^3-x=0$
$x(x+1)(x-1)=0$
$\therefore x=-1$ 또는 $x=0$ 또는 $x=1$
따라서 구하는 도형의 넓이는

닫힌구간 $[-1,\,0]$에서 곡선 $y=x^3+x^2-x$가
곡선 $y=x^2$보다 위에 있다.

$$\int_{-1}^{0}\{(x^3+x^2-x)-x^2\}\,dx+\int_{0}^{1}\{x^2-(x^3+x^2-x)\}\,dx$$

닫힌구간 $[0,\,1]$에서 곡선 $y=x^2$이
곡선 $y=x^3+x^2-x$보다 위에 있다.

$$=\int_{-1}^{0}(x^3-x)\,dx+\int_{0}^{1}(-x^3+x)\,dx$$

$$=\left[\frac{1}{4}x^4-\frac{1}{2}x^2\right]_{-1}^{0}+\left[-\frac{1}{4}x^4+\frac{1}{2}x^2\right]_{0}^{1}$$

$$=\left\{0-\left(-\frac{1}{4}\right)\right\}+\left(\frac{1}{4}-0\right)=\frac{1}{2}$$

504 답 ④

두 곡선 $y=x^3$, $y=x^2+2x$의 교점의 x좌표는
$x^3=x^2+2x$에서
$x^3-x^2-2x=0$
$x(x+1)(x-2)=0$
$\therefore x=-1$ 또는 $x=0$ 또는 $x=2$
이때 두 곡선 $y=x^3$, $y=x^2+2x$로 둘러싸인

두 도형의 넓이는

$$\int_{-1}^{0}\{x^3-(x^2+2x)\}\,dx=\int_{-1}^{0}(x^3-x^2-2x)\,dx$$

닫힌구간 $[-1,\,0]$에서
곡선 $y=x^3$이 곡선
$y=x^2+2x$보다 위에
있다.

$$=\left[\frac{1}{4}x^4-\frac{1}{3}x^3-x^2\right]_{-1}^{0}$$

$$=0-\left(-\frac{5}{12}\right)=\frac{5}{12}$$

$$\int_{0}^{2}\{(x^2+2x)-x^3\}\,dx=\int_{0}^{2}(-x^3+x^2+2x)\,dx$$

닫힌구간 $[0,\,2]$에서
곡선 $y=x^2+2x$가
곡선 $y=x^3$보다 위에
있다.

$$=\left[-\frac{1}{4}x^4+\frac{1}{3}x^3+x^2\right]_{0}^{2}$$

$$=\frac{8}{3}-0=\frac{8}{3}$$

이므로 $S_1=\dfrac{5}{12}$, $S_2=\dfrac{8}{3}$ $(\because S_1<S_2)$

$$\therefore S_2-S_1=\frac{8}{3}-\frac{5}{12}=\frac{9}{4}$$

505 답 ①

두 곡선 $y=-x^2+4x+2$,
$y=x^2+2ax+2-4a$의 교점의 x좌표는
$-x^2+4x+2=x^2+2ax+2-4a$에서
$x^2+(a-2)x-2a=0$
$(x+a)(x-2)=0$
$\therefore x=-a$ 또는 $x=2$
이때 $a>0$이므로 $-a<2$이고, 색칠한
도형의 넓이가 9이므로

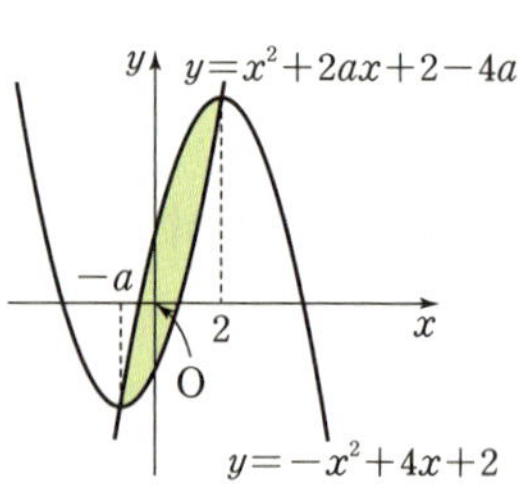

$$\int_{-a}^{2}\{(-x^2+4x+2)-(x^2+2ax+2-4a)\}\,dx$$

닫힌구간 $[-a,\,2]$에서
곡선 $y=-x^2+4x+2$가
곡선 $y=x^2+2ax+2-4a$
보다 위에 있다.

$$=\int_{-a}^{2}\{-2x^2+(4-2a)x+4a\}\,dx$$

$$=\left[-\frac{2}{3}x^3+(2-a)x^2+4ax\right]_{-a}^{2}$$

$$=\left(4a+\frac{8}{3}\right)-\left(-\frac{1}{3}a^3-2a^2\right)$$

$$=\frac{a^3}{3}+2a^2+4a+\frac{8}{3}=9$$

에서 $a^3+6a^2+12a-19=0$, $(a-1)(a^2+7a+19)=0$
$\therefore a=1$ $(\because a^2+7a+19>0)$

506 답 ③

$y=x^2$에서 $y'=2x$이므로
곡선 $y=x^2$ 위의 점 $(1,\,1)$에서의 접선의 기울기
는 2이고, 접선의 방정식은
$y-1=2(x-1)$ $\therefore y=2x-1$
따라서 구하는 도형의 넓이는

$x=1$에서의 미분계수와 같다.

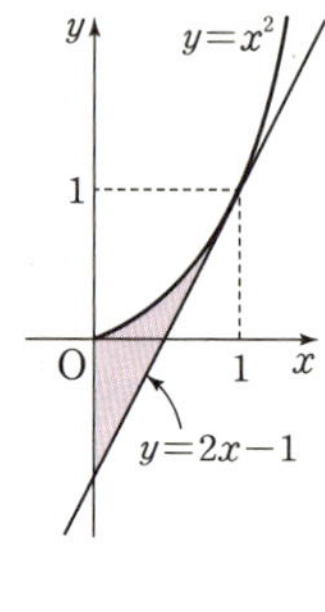

$$\int_{0}^{1}\{x^2-(2x-1)\}\,dx=\int_{0}^{1}(x^2-2x+1)\,dx$$

닫힌구간 $[0,\,1]$에서
곡선 $y=x^2$이
직선 $y=2x-1$ 보다
위에 있다.

$$=\left[\frac{1}{3}x^3-x^2+x\right]_{0}^{1}$$

$$=\frac{1}{3}-0=\frac{1}{3}$$

507 답 $\dfrac{27}{4}$

$y=x^3+1$에서 $y'=3x^2$이므로
곡선 $y=x^3+1$ 위의 점 $(1,\,2)$에서의 접선의 기울기는 3이고, 접선
의 방정식은

$x=1$에서의 미분계수와 같다.

$y-2=3(x-1)$ $\therefore y=3x-1$

곡선 $y=x^3+1$과 직선 $y=3x-1$의 교점의
x좌표는
$x^3+1=3x-1$에서
$x^3-3x+2=0$
$(x+2)(x-1)^2=0$
$\therefore x=-2$ 또는 $x=1$
따라서 구하는 도형의 넓이는

$$\int_{-2}^{1}\{(x^3+1)-(3x-1)\}\,dx=\int_{-2}^{1}(x^3-3x+2)\,dx$$

닫힌구간 $[-2,\,1]$에서 곡선 $y=x^3+1$이 직선 $y=3x-1$보다 위에 있다.

$$=\left[\frac{1}{4}x^4-\frac{3}{2}x^2+2x\right]_{-2}^{1}$$
$$=\frac{3}{4}-(-6)=\frac{27}{4}$$

508 답 ⑤

$y=ax^2+1$에서 $y'=2ax$이므로
곡선 $y=ax^2+1$ 위의 점 $\mathrm{P}(2,\ 4a+1)$에서의 접선의 기울기는 $4a$이
고, 접선의 방정식은 $x=2$에서의 미분계수와 같다.
$y-(4a+1)=4a(x-2)$ $\qquad \therefore y=4ax-4a+1$
이때 색칠한 도형의 넓이가 16이므로

$$\int_0^2\{(ax^2+1)-(4ax-4a+1)\}\,dx=\int_0^2(ax^2-4ax+4a)\,dx$$

닫힌구간 $[0,\,2]$에서 곡선 $y=ax^2+1$이 직선 $y=4ax-4a+1$보다 위에 있다.

$$=\left[\frac{a}{3}x^3-2ax^2+4ax\right]_0^2$$
$$=\frac{8}{3}a-0=16$$

에서 $8a=48$ $\qquad \therefore a=6$

509 답 ④

곡선 $y=-x^2+2x$와 직선 $y=mx$의
교점의 x좌표는
$-x^2+2x=mx$에서
$x^2-(2-m)x=0$
$x\{x-(2-m)\}=0$
$\therefore x=0$ 또는 $x=2-m$
즉, 곡선 $y=-x^2+2x$와 직선 $y=mx$로 둘러싸인 도형의 넓이는

$$\int_0^{2-m}\{(-x^2+2x)-mx\}\,dx=\int_0^{2-m}\{-x^2+(2-m)x\}\,dx$$

닫힌구간 $[0,\,2-m]$에서 곡선 $y=-x^2+2x$가 직선 $y=mx$보다 위에 있다.

$$=\left[-\frac{1}{3}x^3+\frac{2-m}{2}x^2\right]_0^{2-m}$$
$$=\frac{(2-m)^3}{6}-0=\frac{(2-m)^3}{6}$$

한편, 곡선 $y=-x^2+2x$와 x축의 교점의 x좌표는
$-x^2+2x=0$에서
$x(x-2)=0$ $\qquad \therefore x=0$ 또는 $x=2$
즉, 곡선 $y=-x^2+2x$와 x축으로 둘러싸인 도형의 넓이는

$$\int_0^2(-x^2+2x)\,dx=\left[-\frac{1}{3}x^3+x^2\right]_0^2=\frac{4}{3}-0=\frac{4}{3}$$

이므로 닫힌구간 $[0,\,2]$에서 $y=-x^2+2x\geq0$이다.

$$\frac{(2-m)^3}{6}=\frac{1}{2}\cdot\frac{4}{3}$$ S_1은 S_2의 $\frac{1}{2}$배이다.
$$\therefore (2-m)^3=4$$

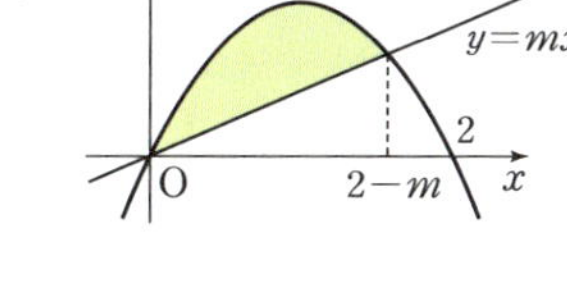

직선 $y=mx$에 의하여 분할된 두 도형의 넓이가 같음을 이용해서 식을 세워도 되
지만 $S_1=\frac{1}{2}S_2$를 이용하면 좀 더 간단히 계산할 수 있어.

510 답 27

곡선 $y=x^2-3x$와 직선 $y=mx$의 교점의
x좌표는
$x^2-3x=mx$에서
$x^2-(3+m)x=0$
$x\{x-(3+m)\}=0$
$\therefore x=0$ 또는 $x=3+m$
즉, 곡선 $y=x^2-3x$와 직선 $y=mx$로 둘
러싸인 도형의 넓이는

$$\int_0^{3+m}\{mx-(x^2-3x)\}\,dx=\int_0^{3+m}\{-x^2+(3+m)x\}\,dx$$

닫힌구간 $[0,\,3+m]$에서 직선 $y=mx$가 곡선 $y=x^2-3x$보다 위에 있다.

$$=\left[-\frac{1}{3}x^3+\frac{3+m}{2}x^2\right]_0^{3+m}$$
$$=\frac{(3+m)^3}{6}-0$$
$$=\frac{(3+m)^3}{6}$$

한편, 곡선 $y=x^2-3x$와 x축의 교점의 x좌표는
$x^2-3x=0$에서
$x(x-3)=0$
$\therefore x=0$ 또는 $x=3$
즉, 곡선 $y=x^2-3x$와 x축으로 둘러싸인 도형의 넓이는

$$\int_0^3\{-(x^2-3x)\}\,dx=\int_0^3(-x^2+3x)\,dx$$

닫힌구간 $[0,\,3]$에서 $y=x^2-3x\leq0$이다.

$$=\left[-\frac{1}{3}x^3+\frac{3}{2}x^2\right]_0^3$$
$$=\frac{9}{2}-0=\frac{9}{2}$$

이므로 S_1은 S_2의 2배이다.

$$\frac{(3+m)^3}{6}=2\cdot\frac{9}{2},\ (3+m)^3=54$$
$$m^3+9m^2+27m+27=54$$
$$\therefore m^3+9m^2+27m=27$$

511 답 $\frac{1}{2}$

두 곡선 $y=-x^3+x^2$, $y=mx^2$의 교점의
x좌표는
$-x^3+x^2=mx^2$에서
$x^3-(1-m)x^2=0$
$x^2\{x-(1-m)\}=0$
$\therefore x=0$ 또는 $x=1-m$

$$\therefore S_2=\int_0^{1-m}\{(-x^3+x^2)-mx^2\}\,dx$$

$$=\int_0^{1-m}\{-x^3+(1-m)x^2\}\,dx$$

닫힌구간 $[0,\,1-m]$에서 곡선 $y=-x^3+x^2$이 곡선 $y=mx^2$보다 위에 있다.

$$=\left[-\frac{1}{4}x^4+\frac{1-m}{3}x^3\right]_0^{1-m}$$
$$=\frac{(1-m)^4}{12}-0=\frac{(1-m)^4}{12}$$

한편, 곡선 $y=-x^3+x^2$과 x축의 교점의 x좌표는
$-x^3+x^2=0$에서
$x^2(x-1)=0$ $\qquad \therefore x=0$ 또는 $x=1$

$$\therefore S_1=\int_0^1(-x^3+x^2)\,dx$$

닫힌구간 $[0,\,1]$에서 $y=-x^3+x^2\geq0$이다.

$$=\left[-\frac{1}{4}x^4+\frac{1}{3}x^3\right]_0^1$$
$$=\frac{1}{12}-0=\frac{1}{12}$$

이때 $S_1=2S_2$이므로

$$\frac{1}{12}=2\cdot\frac{(1-m)^4}{12}$$

$$(1-m)^4=\frac{1}{2}$$

512 답 1

오른쪽 그림과 같이 두 함수 $y=f(x)$,
$y=g(x)$의 그래프는 직선 $y=x$에 대하
여 대칭이므로 구하는 도형의 넓이는 곡선
$y=f(x)$와 직선 $y=x$로 둘러싸인 도형의
넓이의 2배와 같다.

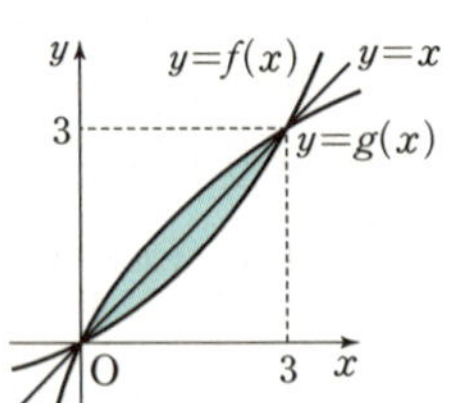

따라서 구하는 도형의 넓이는

$$2\int_0^3\{x-f(x)\}\,dx=2\left\{\int_0^3 x\,dx-\int_0^3 f(x)\,dx\right\}$$
$$=2\left(\left[\frac{1}{2}x^2\right]_0^3-4\right)$$
$$=2\left\{\left(\frac{9}{2}-0\right)-4\right\}=1$$

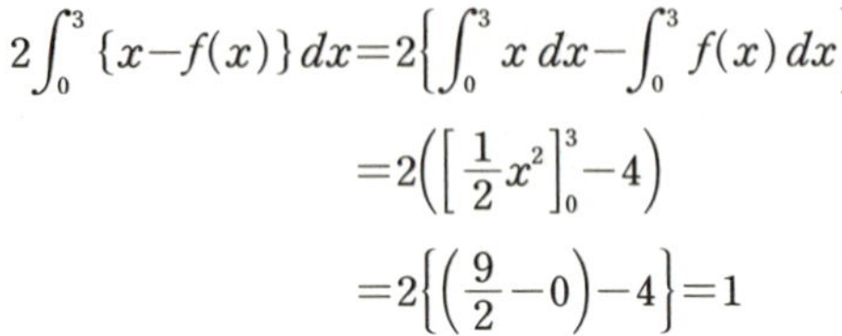

🔔 선생님 톡톡

함수 $y=f(x)$의 그래프와 그 역함수 $y=f^{-1}(x)$의 그래프는 직선 $y=x$에 대하여 대칭임을 기억해야 해.

513 답 ③

오른쪽 그림과 같이 두 함수 $y=f(x)$,
$y=g(x)$의 그래프는 직선 $y=x$에 대하여 대
칭이다.
이때 색칠한 부분의 넓이를 S_1, 빗금친 부분의
넓이를 S_2라 하면
$S_1=S_2$이므로

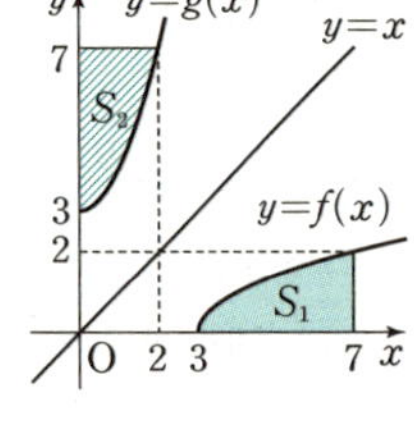

$$\int_3^7 f(x)\,dx+\int_0^2 g(x)\,dx=S_1+\int_0^2 g(x)\,dx$$
$$=S_2+\int_0^2 g(x)\,dx$$
$$=14$$

→ 가로의 길이가 2, 세로의 길이가 7인
직사각형의 넓이와 같다.
즉, $2\cdot7=14$

514 답 9

오른쪽 그림과 같이 두 함수 $y=f(x)$,
$y=g(x)$의 그래프는 직선 $y=x$에 대하여
대칭이다.
이때 두 곡선 $y=f(x)$, $y=g(x)$로 둘러
싸인 도형의 넓이는 곡선 $y=g(x)$와 직선
$y=x$로 둘러싸인 도형의 넓이의 2배와 같
고, 그 넓이가 3이므로

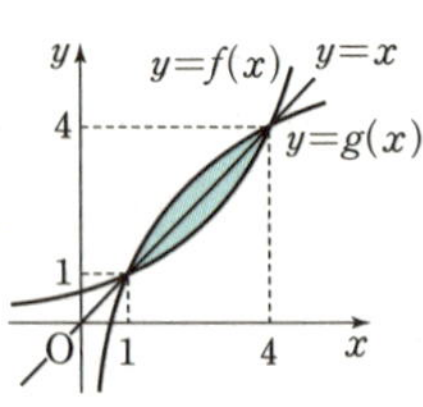

$$2\int_1^4\{g(x)-x\}\,dx=2\int_1^4 g(x)\,dx-2\int_1^4 x\,dx$$
$$=2\int_1^4 g(x)\,dx-2\left[\frac{1}{2}x^2\right]_1^4$$
$$=2\int_1^4 g(x)\,dx-2\cdot\frac{15}{2}$$
$$=2\int_1^4 g(x)\,dx-15$$
$$=3$$

→ 윗변의 길이가 1, 아랫변의
길이가 4, 높이가 3인 사다
리꼴의 넓이와 같다.
즉, $\frac{1}{2}\cdot(1+4)\cdot3=\frac{15}{2}$

에서 $\int_1^4 g(x)\,dx=9$

515 답 ⑤

오른쪽 그림과 같이 두 함수 $y=f(x)$,
$y=g(x)$의 그래프는 직선 $y=x$에 대하여 대
칭이다.
이때 색칠한 부분의 넓이를 S_1, 빗금친 부분
의 넓이를 S_2라 하면
$S_1=S_2$

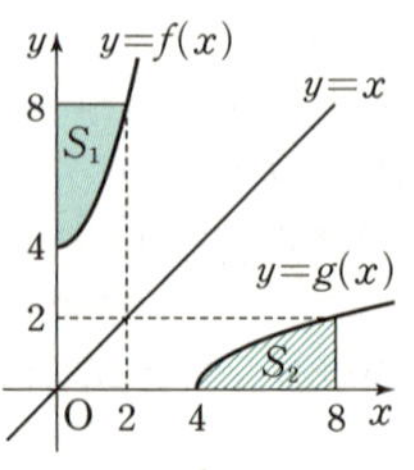

한편, $\frac{1}{2}x^2+x+4=8$에서 $x=2$ ($\because x\geq0$)
이고

→ 가로의 길이가 2, 세로의 길이가 8인
직사각형의 넓이와 같다.
즉, $2\cdot8=16$

$$\int_0^2 f(x)\,dx+S_1=16$$이므로

$$\int_0^2 f(x)\,dx=\int_0^2\left(\frac{1}{2}x^2+x+4\right)dx$$
$$=\left[\frac{1}{6}x^3+\frac{1}{2}x^2+4x\right]_0^2$$
$$=\frac{34}{3}-0=\frac{34}{3}$$

에서 $S_1=16-\frac{34}{3}=\frac{14}{3}$

$$\therefore \int_4^8 g(x)\,dx=S_2=S_1=\frac{14}{3}$$

🇨 개념 체크 Concept

・본문 113쪽

516 답 $\frac{50}{3}$

$$0+\int_0^5(t^2-2t)\,dt=\left[\frac{1}{3}t^3-t^2\right]_0^5=\frac{125}{3}-25=\frac{50}{3}$$

517 답 7

$$1+\int_0^3(2t-1)\,dt=1+\left[t^2-t\right]_0^3=1+(9-3)=7$$

518 답 (1) 2 (2) 6

(1) $\int_1^3(3t^2-6t)\,dt=\left[t^3-3t^2\right]_1^3=0-(-2)=2$

(2) $v(t)=0$에서 $3t^2-6t=0$

$$3t(t-2)=0$$

$$\therefore t=0 \text{ 또는 } t=2$$

즉, $t=2$에서 속도의 부호가 바뀌므로 점 P가 움직인 거리는

$$\int_1^3|3t^2-6t|\,dt=\int_1^2(-3t^2+6t)\,dt+\int_2^3(3t^2-6t)\,dt$$
$$=\left[-t^3+3t^2\right]_1^2+\left[t^3-3t^2\right]_2^3$$
$$=(4-2)+\{0-(-4)\}$$
$$=6$$

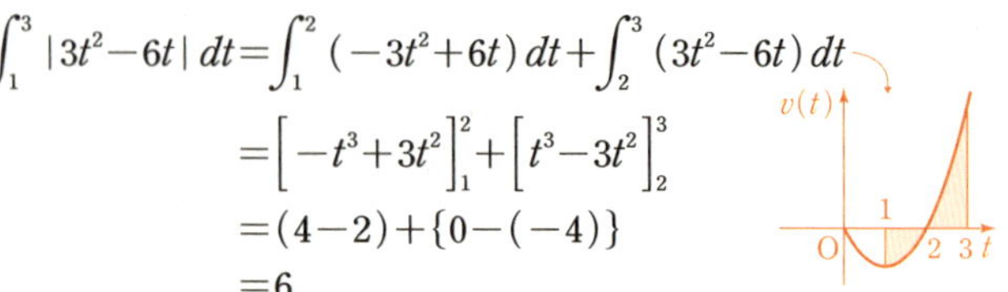

🔔 선생님 톡톡

(1)과 (2)의 차이점을 알겠니? (1)은 점 P의 처음 위치와 나중 위치의 차이를 구하는 문제인 반면, (2)는 점 P가 실제로 움직인 거리를 구하는 문제야. 519에서 한 번 더 연습해 보자.

519 답 (1) 0 (2) 2

(1) $\displaystyle\int_2^4 (2t-6)\,dt=\Big[t^2-6t\Big]_2^4=-8-(-8)=0$

(2) $v(t)=0$에서 $2t-6=0$

$2t=6$ $\therefore t=3$

즉, $t=3$에서 속도의 부호가 바뀌므로 점 P가 움직인 거리는

$\displaystyle\int_2^4 |2t-6|\,dt=\int_2^3 (-2t+6)\,dt+\int_3^4 (2t-6)\,dt$

$\qquad=\Big[-t^2+6t\Big]_2^3+\Big[t^2-6t\Big]_3^4$

$\qquad=(9-8)+\{-8-(-9)\}$

$\qquad=2$

유형 마스터 Pattern

· 본문 114~115쪽

520 답 ②

$v(t)=6-2t=0$일 때 점 P의 운동 방향이 바뀌므로

$6-2t=0$에서 $t=3$

따라서 $t=3$에서의 점 P의 위치는

$0+\displaystyle\int_0^3 (6-2t)\,dt=\Big[6t-t^2\Big]_0^3=9-0=9$

└ $t=0$에서의 점 P의 위치가 0이다.

선생님 톡톡

속도가 0일 때 정지하거나 운동 방향을 바꿔.

521 답 ②

$t=0$에서의 점 P의 위치를 x_0이라 하면 $t=3$에서의 점 P의 위치가 20이므로

$x_0+\displaystyle\int_0^3 (4+2t)\,dt=x_0+\Big[4t+t^2\Big]_0^3$

$\qquad\qquad\qquad\quad=x_0+(21-0)$

$\qquad\qquad\qquad\quad=20$

에서 $x_0=-1$

따라서 $t=0$에서의 점 P의 위치는 -1이다.

522 답 ①

$0+\displaystyle\int_0^3 v(t)\,dt=\int_0^1 (t^2-2t)\,dt+\int_1^3 (-t^2+2t-2)\,dt$

└ $t=0$에서의 점 P의 위치가 0이다.

$\qquad=\Big[\dfrac{1}{3}t^3-t^2\Big]_0^1+\Big[-\dfrac{1}{3}t^3+t^2-2t\Big]_1^3$

$\qquad=\Big(-\dfrac{2}{3}-0\Big)+\Big\{-6-\Big(-\dfrac{4}{3}\Big)\Big\}$

$\qquad=-\dfrac{16}{3}$

523 답 ②

$v(t)=10-2t=-6$에서 $t=8$

즉, 모터보트의 시동을 끈 지 8초 후에 모터보트의 속도가 $-6\,\mathrm{m/s}$이 된다.

한편, $v(t)=10-2t=0$에서 $t=5$이므로 $t=5$에서 모터보트의 운동 방향이 바뀐다.

즉, $0\le t\le 5$에서 $v(t)\ge 0$이고, $5\le t\le 8$에서 $v(t)\le 0$이다.

따라서 구하는 거리는

$\displaystyle\int_0^8 |10-2t|\,dt=\int_0^5 (10-2t)\,dt+\int_5^8 (-10+2t)\,dt$

$\qquad=\Big[10t-t^2\Big]_0^5+\Big[-10t+t^2\Big]_5^8$

$\qquad=(25-0)+\{-16-(-25)\}=34(\mathrm{m})$

524 답 ⑤

점 P가 다시 원점으로 되돌아올 때의 시각을 $t=a\,(a>0)$라 하면 출발한 지 a초 후의 점 P의 위치의 변화량은 0이므로

$\displaystyle\int_0^a (8-2t)\,dt=\Big[8t-t^2\Big]_0^a=(8a-a^2)-0=0$

에서 $a(8-a)=0$ $\therefore a=8\ (\because a>0)$

한편, $v(t)=8-2t=0$에서 $t=4$이므로 $t=4$에서 점 P의 운동 방향이 바뀐다.

즉, $0\le t\le 4$에서 $v(t)\ge 0$이고, $4\le t\le 8$에서 $v(t)\le 0$이다.

따라서 구하는 거리는

$\displaystyle\int_0^8 |8-2t|\,dt=\int_0^4 (8-2t)\,dt+\int_4^8 (-8+2t)\,dt$

$\qquad=\Big[8t-t^2\Big]_0^4+\Big[-8t+t^2\Big]_4^8$

$\qquad=(16-0)+\{0-(-16)\}=32$

525 답 ④

$v(t)=\dfrac{3}{4}t^2-6t=0$에서 $\dfrac{3}{4}t(t-8)=0$

$\therefore t=0$ 또는 $t=8$ ← 속도가 0일 때 정지하거나 운동 방향을 바꾼다.

또한, $v(10)=\dfrac{3}{4}\cdot 10^2-6\cdot 10=15$이므로

$|v(t)|=\begin{cases} -\dfrac{3}{4}t^2+6t & (0\le t\le 8) \\[2mm] \dfrac{3}{4}t^2-6t & (8\le t\le 10) \\[2mm] 15 & (t\ge 10) \end{cases}$

따라서 구하는 거리는

$\displaystyle\int_0^{30} |v(t)|\,dt=\int_0^8 \Big(-\dfrac{3}{4}t^2+6t\Big)dt+\int_8^{10}\Big(\dfrac{3}{4}t^2-6t\Big)dt+\int_{10}^{30} 15\,dt$

$\qquad=\Big[-\dfrac{1}{4}t^3+3t^2\Big]_0^8+\Big[\dfrac{1}{4}t^3-3t^2\Big]_8^{10}+\Big[15t\Big]_{10}^{30}$

$\qquad=(64-0)+\{-50-(-64)\}+(450-150)$

$\qquad=378(\mathrm{m})$

526 답 45 m

공이 최고 지점에 도달했을 때의 공의 속도는 0이므로

$v(t)=30-10t=0$ $\therefore t=3$

공이 최고 지점에 도달했을 때의 높이는

$0+\displaystyle\int_0^3 (30-10t)\,dt=\Big[30t-5t^2\Big]_0^3=45-0=45(\mathrm{m})$

527 답 50 m

물체가 최고 지점에 도달했을 때의 공의 속도는 0이므로

$v(t)=10-10t=0$ $\therefore t=1$

물체가 4초 동안 움직이는 거리는

$\displaystyle\int_0^4 |10-10t|\,dt=\int_0^1 (10-10t)\,dt+\int_1^4 (-10+10t)\,dt$

$\qquad=\Big[10t-5t^2\Big]_0^1+\Big[-10t+5t^2\Big]_1^4$

$\qquad=(5-0)+\{40-(-5)\}=50(\mathrm{m})$

528 답 ③

공이 최고 지점에 도달했을 때의 공의 속도는 0이므로
$v(t)=20-10t=0$ $\therefore t=2$
공이 최고 지점에 도달했을 때의 높이는
$$\underbrace{25}_{\text{처음 공의 위치}}+\int_0^2 (20-10t)\,dt=25+\Big[20t-5t^2\Big]_0^2$$
$$=25+(20-0)=45\,(\text{m})$$
한편, 공이 지면에 떨어졌을 때의 시각을 $t=a\ (a>0)$라 하면
$$\int_2^a |20-10t|\,dt=\int_2^a (-20+10t)\,dt$$
$$=\Big[-20t+5t^2\Big]_2^a$$
$$=(5a^2-20a)-(-20)$$
$$=5a^2-20a+20$$
이때 $5a^2-20a+20=45$이어야 하므로
$5a^2-20a-25=0$에서
$5(a+1)(a-5)=0$
$\therefore a=5\ (\because a>0)$
따라서 공이 지면에 떨어질 때까지 걸린 시간은 5초이다.

529 답 $\dfrac{7}{2}$

구하는 거리는 닫힌구간 $[0, 4]$에서 $v(t)$의 그래프와 t축으로 둘러싸
인 도형의 넓이와 같으므로
$$\int_0^4 |v(t)|\,dt=\frac{1}{2}\cdot 3\cdot 2+\frac{1}{2}\cdot 1\cdot 1=\frac{7}{2}$$

530 답 ⑤

$t=6$에서의 점 P의 위치는
$$3+\int_0^6 v(t)\,dt=3+\left(-\frac{1}{2}\cdot 1\cdot 2+\frac{1}{2}\cdot 4\cdot 4-\frac{1}{2}\cdot 1\cdot 2\right)=9$$

531 답 5

점 P가 출발 후 다시 원점을 지나는 시각을 $t=a\ (a>0)$라 하면
$$\int_0^a v(t)\,dt=0$$
이때
$$\int_0^3 v(t)\,dt=\frac{1}{2}\cdot(1+3)\cdot 1=2,$$
$$\int_3^5 v(t)\,dt=-\frac{1}{2}\cdot 2\cdot 2=-2,$$
$$\int_5^7 v(t)\,dt=-\frac{1}{2}\cdot 2\cdot 2=-2$$
에서
$$\int_0^5 v(t)\,dt=\int_0^3 v(t)\,dt+\int_3^5 v(t)\,dt$$
$$=2+(-2)=0$$
$\therefore a=5$
따라서 점 P가 출발 후 다시 원점을 지나는 시각은 $t=5$이다.

532 답 ④

One Point Lesson

$S_2,\ S_3$을 각각 S_1과 공차에 대한 식으로 나타낸다.

$$S_1=\int_{-1}^0 (-x^2+2x+3)\,dx$$
닫힌구간 $[-1, 0]$에서 $y=-x^2+2x+3\geq 0$이다.
$$=\Big[-\frac{1}{3}x^3+x^2+3x\Big]_{-1}^0$$
$$=0-\left(-\frac{5}{3}\right)=\frac{5}{3}$$
$$S_2+S_3=\int_0^3 (-x^2+2x+3)\,dx$$
닫힌구간 $[0, 3]$에서 $y=-x^2+2x+3\geq 0$이다.
$$=\Big[-\frac{1}{3}x^3+x^2+3x\Big]_0^3$$
$$=9-0=9$$
이때 $S_1,\ S_2,\ S_3$이 이 순서대로 등차수열을 이루므로 이 등차수열의 공
차를 d라 하면
$S_2=S_1+d,\ S_3=S_1+2d$
즉,
$S_2+S_3=S_1+d+S_1+2d=2S_1+3d$
$$=2\cdot\frac{5}{3}+3d=9$$
에서 $3d=\dfrac{17}{3}$ $\therefore d=\dfrac{17}{9}$
따라서 구하는 공차는 $\dfrac{17}{9}$이다.

해설 속 칠판 **등차수열의 일반항**

첫째항이 a_1, 공차가 d인 등차수열 $\{a_n\}$의 일반항은
$$a_n=a_1+(n-1)d\ (\text{단, } n=1, 2, 3, \cdots)$$

533 답 ③

One Point Lesson

곡선 $y=f(x)$와 x축이 만나는 점 중 x좌표가 큰 점의 x좌표를 α라 하면
$\int_0^\alpha f(x)\,dx=0$임을 이용한다.

이차방정식 $-x^2+4x+k=0$의 서로 다른 두 실근 중 큰 값을
$\alpha\ (\alpha>0)$라 하면
$-\alpha^2+4\alpha+k=0$
$\therefore k=\alpha^2-4\alpha$ $\cdots\cdots$ ㉠
이때 $S_1=S_2$이므로 $\int_0^\alpha (-x^2+4x+k)\,dx=0$이다. 즉,
$$\int_0^\alpha (-x^2+4x+k)\,dx=\Big[-\frac{1}{3}x^3+2x^2+kx\Big]_0^\alpha$$
$$=\left(-\frac{1}{3}\alpha^3+2\alpha^2+k\alpha\right)-0=0$$
$\therefore \dfrac{1}{3}\alpha^3-2\alpha^2-k\alpha=0$
㉠을 위의 식에 대입하면
$$\frac{1}{3}\alpha^3-2\alpha^2-\alpha(\alpha^2-4\alpha)=0$$
$$\frac{2}{3}\alpha^3-2\alpha^2=0,\ \frac{2}{3}\alpha^2(\alpha-3)=0$$
$\therefore \alpha=3\ (\because \alpha>0)$
$\therefore k=3^2-4\cdot 3=-3\ (\because ㉠)$

534 답 ①

One Point Lesson

$f(x)$가 일차함수이므로 $f(x)=ax+b$ $(a, b$는 상수$)$라 하고, 주어진 조건을 만족시키는 a, b의 값을 구한다.

$f(x)=ax+b$ $(a, b$는 상수$)$라 하면

$xf(x)=ax^2+bx$이므로 $\displaystyle\int_{-1}^{1} xf(x)\,dx=6$에서

$$\int_{-1}^{1} xf(x)\,dx=\int_{-1}^{1}(ax^2+bx)\,dx$$

피적분함수를 짝수 차수의 항 ax^2과 홀수 차수의 항 bx로 나누어 계산한다.

$$=\int_{-1}^{1} ax^2\,dx+\int_{-1}^{1} bx\,dx$$
$$=2\int_{0}^{1} ax^2\,dx+0=2\left[\frac{1}{3}ax^3\right]_{0}^{1}$$
$$=2\left(\frac{a}{3}-0\right)=6$$

즉, $\dfrac{a}{3}=3$ $\quad\therefore a=9$

또한, $x^2f(x)=ax^3+bx^2$이므로 $\displaystyle\int_{-1}^{1} x^2f(x)\,dx=2$에서

$$\int_{-1}^{1} x^2f(x)\,dx=\int_{-1}^{1}(ax^3+bx^2)\,dx$$

피적분함수를 홀수 차수의 항 ax^3과 짝수 차수의 항 bx^2으로 나누어 계산한다.

$$=\int_{-1}^{1} ax^3\,dx+\int_{-1}^{1} bx^2\,dx$$
$$=0+2\int_{0}^{1} bx^2\,dx=2\left[\frac{1}{3}bx^3\right]_{0}^{1}$$
$$=2\left(\frac{b}{3}-0\right)=2$$

즉, $\dfrac{b}{3}=1$ $\quad\therefore b=3$

따라서 $f(x)=9x+3$이므로

$f(1)=9+3=12$

535 답 ②

One Point Lesson

먼저 주어진 조건을 이용하여 $-1\le x\le 1$에서의 함수 $y=f(x)$의 그래프의 개형을 그려 본다.

조건 (가)에서 $0\le x\le 1$일 때

$f(x)=x(2-x)=-x^2+2x=-(x-1)^2+1$

이고, 조건 (나)에서 함수 $y=f(x)$의 그래프는 y축에 대하여 대칭이므로 $-1\le x\le 1$에서 함수 $y=f(x)$의 그래프는 오른쪽 그림과 같다.

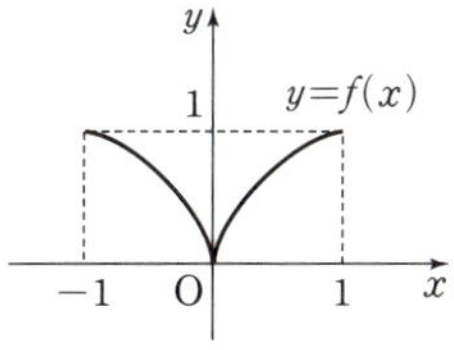

이때 조건 (다)에 의하여 함수 $f(x)$는 주기가 2인 주기함수이므로

$f(x)=x(2-x)$ $(0\le x\le 2)$

또한, 조건 (나)에 의하여 $\displaystyle\int_{-1}^{0} f(x)\,dx=\int_{0}^{1} f(x)\,dx$이므로

$$\int_{1}^{5} f(x)\,dx=\int_{1}^{3} f(x)\,dx+\int_{3}^{5} f(x)\,dx$$
$$=2\int_{-1}^{1} f(x)\,dx=4\int_{0}^{1} f(x)\,dx$$
$$=4\int_{0}^{1}(-x^2+2x)\,dx$$
$$=4\left[-\frac{1}{3}x^3+x^2\right]_{0}^{1}$$
$$=4\left(\frac{2}{3}-0\right)=\frac{8}{3}$$

536 답 ①

One Point Lesson

두 함수 $y=f(x)$, $y=g(x)$의 그래프의 교점의 x좌표는 방정식 $f(x)=g(x)$, 즉 $f(x)-g(x)=0$의 실근과 같음을 이용한다.

주어진 그래프에서 두 함수 $y=f(x)$, $y=g(x)$의 그래프의 교점의 x좌표가 0, 1, 2이므로

$h(x)=f(x)-g(x)$라 하면

$h(0)=f(0)-g(0)=0$, $h(1)=f(1)-g(1)=0$,

$h(2)=f(2)-g(2)=0$에서

$h(x)=f(x)-g(x)=ax(x-1)(x-2)$ $(a\ne 0)$라 할 수 있다. ← $h(x)$는 삼차함수이다.

이때 곡선 $y=f(x)$와 직선 $y=g(x)$로 둘러싸인 도형의 넓이가 2이므로

← 닫힌구간 $[0, 1]$에서 $f(x)\ge g(x)$, 즉 $ax(x-1)(x-2)\ge 0$이다.
← 닫힌구간 $[1, 2]$에서 $f(x)\le g(x)$, 즉 $ax(x-1)(x-2)\le 0$이다.

$$\int_{0}^{1} ax(x-1)(x-2)\,dx+\int_{1}^{2}\{-ax(x-1)(x-2)\}\,dx$$
$$=a\int_{0}^{1}(x^3-3x^2+2x)\,dx+a\int_{1}^{2}(-x^3+3x^2-2x)\,dx$$
$$=a\left[\frac{1}{4}x^4-x^3+x^2\right]_{0}^{1}+a\left[-\frac{1}{4}x^4+x^3-x^2\right]_{1}^{2}$$
$$=a\left(\frac{1}{4}-0\right)+a\left\{0-\left(-\frac{1}{4}\right)\right\}$$
$$=\frac{1}{2}a=2$$

에서 $a=4$

$\therefore f(x)-g(x)=4x(x-1)(x-2)$

$\therefore f(3)-g(3)=4\cdot 3\cdot(3-1)\cdot(3-2)$
$\qquad\qquad\qquad =24$

537 답 ⑤

One Point Lesson

곡선 $y=x^2$을 대칭이동 및 평행이동한 곡선 $y=f(x)$에 대하여 $f(x)$의 식을 구해 본다.

곡선 $y=x^2$을 x축에 대하여 대칭이동한 곡선은

$y=-x^2$

이 곡선을 x축의 방향으로 3만큼, y축의 방향으로 17만큼 평행이동한 곡선은

$y=-(x-3)^2+17=-x^2+6x+8$

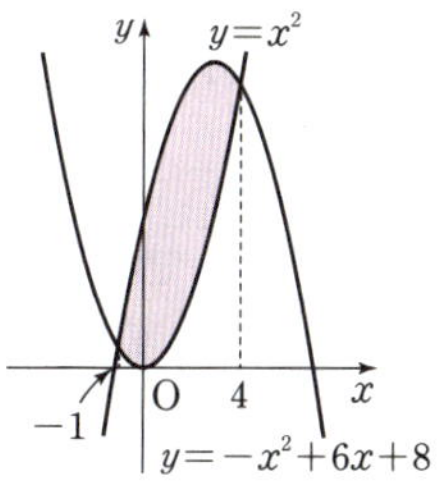

이때 두 곡선 $y=x^2$, $y=-x^2+6x+8$의 교점의 x좌표는

$x^2=-x^2+6x+8$에서

$2x^2-6x-8=0$

$2(x+1)(x-4)=0$

$\therefore x=-1$ 또는 $x=4$

따라서 구하는 도형의 넓이는

$$\int_{-1}^{4}\{(-x^2+6x+8)-x^2\}\,dx=\int_{-1}^{4}(-2x^2+6x+8)\,dx$$

← 닫힌구간 $[-1, 4]$에서 곡선 $y=-x^2+6x+8$이 곡선 $y=x^2$보다 위에 있다.

$$=\left[-\frac{2}{3}x^3+3x^2+8x\right]_{-1}^{4}$$
$$=\frac{112}{3}-\left(-\frac{13}{3}\right)=\frac{125}{3}$$

538 답 9

One Point Lesson

두 접선의 교점의 x좌표가 1이므로 $x=1$을 기준으로 적분구간을 나눈다.

$y=\dfrac{1}{2}x^2$에서 $y'=x$

이때 접점의 좌표를 $\left(t, \dfrac{1}{2}t^2\right)$이라 하면 이 점에서의 접선의 기울기는 t이므로 접선의 방정식은

    → $x=t$에서의 미분계수와 같다.

$$y-\frac{1}{2}t^2=t(x-t)$$

$$\therefore y=tx-\frac{1}{2}t^2 \quad \cdots\cdots \,㉠$$

직선 ㉠이 점 $(1, -4)$를 지나므로

$$-4=t-\frac{1}{2}t^2,\ t^2-2t-8=0$$

$$(t+2)(t-4)=0 \quad \therefore t=-2 \ 또는 \ t=4$$

(ⅰ) $t=-2$일 때, ㉠에서 $y=-2x-2$

(ⅱ) $t=4$일 때, ㉠에서 $y=4x-8$

따라서 구하는 도형의 넓이는

닫힌구간 $[-2, 1]$에서 곡선 $y=\frac{1}{2}x^2$이 직선 $y=-2x-2$보다 위에 있다.

$$\int_{-2}^{1}\left\{\frac{1}{2}x^2-(-2x-2)\right\}dx+\int_{1}^{4}\left\{\frac{1}{2}x^2-(4x-8)\right\}dx$$

닫힌구간 $[1, 4]$에서 곡선 $y=\frac{1}{2}x^2$이 직선 $y=4x-8$보다 위에 있다.

$$=\left[\frac{1}{6}x^3+x^2+2x\right]_{-2}^{1}+\left[\frac{1}{6}x^3-2x^2+8x\right]_{1}^{4}$$

$$=\left\{\frac{19}{6}-\left(-\frac{4}{3}\right)\right\}+\left(\frac{32}{3}-\frac{37}{6}\right)=9$$

다른 풀이

점 $(1, -4)$를 지나는 직선의 방정식을 $y=a(x-1)-4$ (a는 상수)라 하자.

이 직선이 곡선 $y=\dfrac{1}{2}x^2$과 접하므로 이차방정식 $\dfrac{1}{2}x^2=ax-a-4$,

즉 $x^2-2ax+2a+8=0$이 중근을 가져야 한다.

이차방정식 $x^2-2ax+2a+8=0$의 판별식을 D라 하면

$$\frac{D}{4}=a^2-(2a+8)=0$$

$$a^2-2a-8=0,\ (a+2)(a-4)=0$$

$$\therefore a=-2 \ 또는 \ a=4$$

따라서 두 접선의 방정식은

$$y=-2x-2,\ y=4x-8$$

539 답 8

함수 $f(x)$는 연속인 함수이고 조건 (가)에서 $f(1)=1$, $f(5)=5$이므로 함수 $y=f(x)$의 그래프의 개형은 오른쪽 그림과 같다.

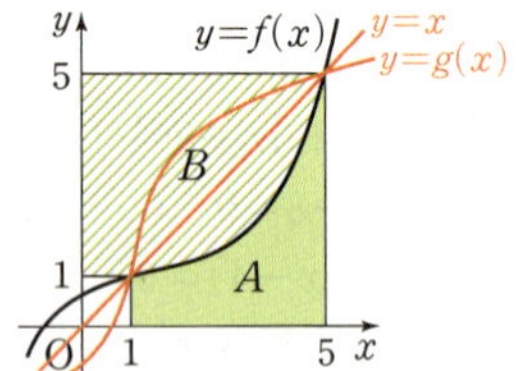

$$\int_{1}^{5}f(x)\,dx=A,\ \int_{1}^{5}g(x)\,dx=B$$라

하면 $g(x)$는 함수 $f(x)$의 역함수이고 두 함수 $y=f(x)$, $y=g(x)$의 그래프는 직선 $y=x$에 대하여 대칭이므로 빗금친 도형의 넓이가 B와 같다.

즉, 조건 (나)에서

$$2\int_{1}^{5}f(x)\,dx=\int_{1}^{5}g(x)\,dx$$

$$\therefore 2A=B$$

따라서

$$A+(빗금친\ 도형의\ 넓이)=A+B=A+2A=3A$$
$$=5^2-1^2=24$$

→ (한 변의 길이가 5인 정사각형의 넓이)
− (한 변의 길이가 1인 정사각형의 넓이)

에서 $3A=24$ $\quad \therefore A=8$

$$\therefore \int_{1}^{5}f(x)\,dx=8$$

540 답 ③

B가 P 지점을 지나 t초 동안 움직인 거리를 x_B m라 하면

$$x_B=\int_{0}^{t}(t^2+2t)\,dt$$

$$=\left[\frac{1}{3}t^3+t^2\right]_{0}^{t}$$

$$=\left(\frac{1}{3}t^3+t^2\right)-0$$

$$=\frac{1}{3}t^3+t^2$$

또한, A가 P 지점을 지나 $(3+t)$초 동안 움직인 거리를 x_A m라 하면

→ B보다 3초 먼저 P 지점을 지나갔다.

$$x_A=\int_{0}^{3+t}3\,dt$$

$$=\left[3t\right]_{0}^{3+t}$$

$$=(9+3t)-0$$

$$=9+3t$$

→ (거리)$=$(속력)$\times$(시간)으로 구할 수도 있다. 즉, $3(3+t)=9+3t$

이때 A와 B가 만나려면 $x_A=x_B$이어야 하므로

$$9+3t=\frac{1}{3}t^3+t^2$$

$$t^3+3t^2-9t-27=0$$

$$(t+3)^2(t-3)=0$$

$$\therefore t=3 \ (\because t>0)$$

541 답 ③

ㄱ. 점 P는 시각 $t=a$, $t=c$, $t=e$에서 $v(t)=0$이고 $t=a$, $t=c$의 좌우에서만 $v(t)$의 부호가 바뀌므로 점 P는 운동 방향을 2번 바꾼다. (참)

ㄴ. $t=b$일 때, 점 P의 위치는 $\int_{0}^{b}v(t)\,dt$이다.

이때 $\int_{b}^{c}v(t)>0$이므로 $\int_{0}^{b}v(t)\,dt<\int_{0}^{c}v(t)\,dt$이다.

즉, $t=c$일 때 점 P는 원점에서 가장 멀리 떨어져 있다. (거짓)

ㄷ. $\displaystyle\int_{0}^{e}v(t)\,dt=\int_{0}^{a}v(t)\,dt+\int_{a}^{c}v(t)\,dt+\int_{c}^{e}v(t)\,dt$,

$\displaystyle\int_{a}^{f}v(t)\,dt=\int_{a}^{c}v(t)\,dt+\int_{c}^{e}v(t)\,dt+\int_{e}^{f}v(t)\,dt$이고,

$\displaystyle\int_{0}^{e}v(t)\,dt=\int_{a}^{f}v(t)\,dt$이므로

$$\int_{0}^{a}v(t)\,dt=\int_{e}^{f}v(t)\,dt$$

한편,

$$\int_{c}^{f}|v(t)|\,dt=\int_{c}^{e}|v(t)|\,dt+\int_{e}^{f}|v(t)|\,dt$$

$$=-\int_{c}^{e}\{v(t)\}\,dt-\int_{e}^{f}v(t)\,dt$$

이므로

$$\int_{a}^{c}v(t)\,dt=\int_{c}^{f}|v(t)|\,dt$$에서

$$\int_{a}^{c}v(t)\,dt=-\int_{c}^{e}v(t)\,dt-\int_{e}^{f}v(t)\,dt$$

$$\therefore \int_0^e v(t)\,dt$$

$$=\int_0^a v(t)\,dt+\int_a^c v(t)\,dt+\int_c^e v(t)\,dt$$

$$=\int_e^f v(t)\,dt-\int_c^e v(t)\,dt-\int_e^f v(t)\,dt+\int_c^e v(t)\,dt$$

$$=0 \quad \rightarrow t=0\text{에서 } t=e\text{까지 점 P의 위치의 변화량이 0이다.}$$

즉, $t=e$일 때 점 P는 원점을 지난다. (참)

따라서 옳은 것은 ㄱ, ㄷ이다.

542 답 1

주어진 두 곡선으로 둘러싸인 두 도형의 넓이가 서로 같으므로

$$\int_0^2 \{ax(x-2)^2-x(2-x)\}\,dx=0 \qquad \textbf{❶}$$

즉,

$$\int_0^2 \{ax(x-2)^2-x(2-x)\}\,dx$$

$$=\int_0^2 \{ax^3-(4a-1)x^2+(4a-2)x\}\,dx$$

$$=\left[\frac{a}{4}x^4-\frac{4a-1}{3}x^3+(2a-1)x^2\right]_0^2$$

$$=\left(\frac{4}{3}a-\frac{4}{3}\right)-0=0$$

에서 $\dfrac{4}{3}a=\dfrac{4}{3}$

$$\therefore a=1 \qquad \textbf{❷}$$

채점 기준	배점 비율
❶ 닫힌구간 $[0,\,2]$에서 두 곡선으로 둘러싸인 도형의 넓이가 0임을 알기	50 %
❷ a의 값 구하기	50 %

543 답 -27

$v(t)=3t^2-6t-9=0$에서

$3(t+1)(t-3)=0$

$\therefore t=3 \ (\because t>0)$

즉, $t=3$에서 점 P의 운동방향이 바뀐다. $\textbf{❶}$

$t>0$에서 함수 $y=v(t)$의 그래프는 오른쪽 그림과 같고 $t=3$일 때 점 P가 음의 방향으로 움직인 거리가 최대이므로 점 P가 원점에서 음의 방향으로 가장 멀리 떨어져 있을 때의 시각은 $t=3$이다.

$\therefore a=3$ $\rightarrow t>3$일 때 점 P는 양의 방향으로 움직이므로 원점에 가까워진다.

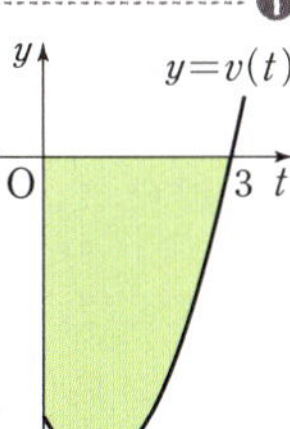

$\textbf{❷}$

따라서 $t=3$에서의 점 P의 위치는

$$0+\int_0^3 (3t^2-6t-9)\,dt=\int_0^3 (3t^2-6t-9)\,dt$$

$$=\left[t^3-3t^2-9t\right]_0^3$$

$$=-27-0=-27 \qquad \textbf{❸}$$

채점 기준	배점 비율
❶ 점 P의 운동 방향이 바뀌는 시각 구하기	30 %
❷ a의 값 구하기	30 %
❸ $t=a$에서의 점 P의 위치 구하기	40 %

메가스터디 고등수학 문제 기본서

CPR 라이트

수학 II

메가스터디 책으로 내/가/스/터/디

공부는 스스로 해야 실력이 됩니다.
아무리 뛰어난 스타강사도, 아무리 좋은 참고서도 학습자의 실력을
그냥 높여 줄 수는 없습니다.

내가 무엇을 공부하고 있는지, 아는 것과 모르는 것은 무엇인지
스스로 인지하고 학습할 때 진짜 실력이 만들어집니다.

메가스터디북스는 **내가스터디**로 실력을 높이는 진짜 공부를 돕습니다.
메가스터디북스는 여러분의 **내가스터디**를 위해 더 좋은 책을 만들겠습니다.

메가스터디BOOKS

www.megastudybooks.com

내용 문의 | 02-6984-6900   구입 문의 | 02-6984-6868,9